カミとホトケの幕末維新

岩田真美・桐原健真❖編

龍谷叢書46　法藏館

カミとホトケの幕末維新——交錯する宗教世界＊目次

第Ⅰ部　維新とカミとホトケの語り

第Ⅱ部　新たな視座からみた「維新」

第Ⅲ部　カミとホトケにおける「維新」の射程

カミとホトケの幕末維新

——交錯する宗教世界

はじめに

一　本書のねらい

二〇一八年は明治維新一五〇年ということで、日本の近代化の出発点を言祝《ことほ》ぐ行事や出版が続いた。たしかに「維新」という漢語が「維《こ》れ新《あら》たなり」という意味なのだから、そうした「革新」性を称《たた》えるような語り方は妥当なものだといってよい。しかしその一方で、「維新」という表現には、「それによってすべてが改められた」といった理解を固定化させてしまっている面もある。だが、そうした理解が全面的に正しいわけでもない。そこには「革新」とともに「継承」もたしかに存していた。

本書は、幕末維新期という時代を、近世と近代とを分断する転換点としてではなく、むしろ両者を架橋する結節点として、文化史とりわけ思想や宗教といった側面から描き出すことを目的とするものである。当該期に関する学術的成果には、歴史学を中心にきわめて多くのものが存在する。しかし、こうした歴史叙述において特徴的なのが、やはり近世と近代との断絶性である。もちろん、幕末維新期をはさんで、この列島における時代状況が大きく変わったことは疑いない。だが、だからといって維新を単に断絶としてのみとらえることは、とりわけ文化史の叙述において多くの危険性をはらむものである。

例えば維新後の文化史に関する教科書的記述において「文明開化」ということばが、最重要単語であることは疑いない。しかしこの時代を、単に「文明開化＝西洋化」という枠組みだけで叙述することは、さまざまな文化的事象に対して、「近代化＝善」という単純化された図式によって理解してしまうおそれがある。一例を挙げれば、一昔前の明治仏教史の標準的な叙述がそれである。すなわちそこでは、「廃仏毀釈《きしゃく》」以後に、「信仰」や「自己修養」といった西洋からもたらされた概念を参考にしてみずからを「近代化」させた仏教者は高く評価される一方で、それまで堅持されてきた教義や戒律、世界観を掲げ続けたものたちは、ときに等閑視されてきた。

「廃仏毀釈」を、「未曾有《みぞう》の法難」ととらえつつ、それまでのみずからのあり方を反省した明治以降の仏教者は、自己変革を唱えて仏教を近代化させていったのだ――といった語り方は、一面では妥当であるにせよ、その裏面には、「廃仏毀釈」以前の仏教を「廃毀《はいき》」されるにふさわしい「堕落仏教」であったとする認識が存在している。こうした「近世仏教堕落史観」が、近世仏教独自の知的営為の存在とその価値をも見失わせてきたことの弊害は、近年つとに指摘されてきたところである。また、あたかも「維新」によってすべてが一変したかのような理解は、あまりに楽観的な発展段階論に支配されているといわざるを得ない。

このような進歩史観に対する反省を念頭に置きつつ、幕末維新期に断絶性だけではなく連続性をも見出そうという本書の視座は、したがって近世の知的営為のうちに近代の萌芽を見出すことを目的とするようなものではない。本書は、そうした近代化論的な視座に立つのではなく、むしろ近代といわれている時代のなかに、近世的な世界観や思惟様式がいかに継承あるいは展開されていったのかを、思想・宗教の面から問うものなのである。

如上の問題意識に基づいて、本書は、次の三つの点から幕末維新期にアプローチを試みるものである。

第一には、幕末維新期に関する思想史や宗教史における叙述の再検討である。そもそもこの時代の思想史は、しばしば「尊王」や「攘夷」あるいは「鎖国」や「開国」といった政治思想的な関心から描かれてきた。このような傾向は、日本史一般における叙述が、政治史を中心に展開されてきたことと無関係ではないだろう。このことは宗教史においても同様である。すなわちその叙述は、水戸学や国学に基づいた尊王攘夷論者による廃仏毀釈運動や維新後の神仏分離政策とこれにともなう混乱を主要なトピックとして描かれることが通例だからである。そこには、思想そのものの構造よりも、その思想が現実の行為や運動をいかに規定したかという政治的な実践に対する強い関心を看取することができる。

こうした政治史中心的な関心に基づく限り、思想・宗教は、あくまで政治を補完するイデオロギーとしてとらえられることとなる。もとより、これらの動向が政治状況とまったく無関係であったわけではないし、「維新」が大きな転換点として存在していたことは確かである。しかし政治体制の劇的な変化に比べれば、それらの動きは多くにおいて漸進的であり、またある面では旧時代を継承していた。思想や宗教の世界におけるその自律的な運動を描き出すこと、それが本書の第一の目的である。

第二には、これまで幕末維新という時代を叙述してきた「ことば」の再検討である。それは、「尊王攘夷」や「護法論」あるいは「神仏分離」といった「ことば」の始原や用法の変遷を言説史的にたどることでもある。政治実践を補完するイデオロギーとして思想や宗教を把握する立場においては、これらの「ことば」は、より整合的に時代状況を説明するための「術語」としてしばしば用いられた。もとよりこのような「術語」が、この時代をよりクリアに照らし出してくれたことは確かである。しかし他方で、あまりに強過ぎる光源は色濃い影を残す。これらの「ことば」が「術語」として無条件に前提とされていることで、かえってこの時代がステレオタイプに把握されてしまう可能性は否定できない。

キリスト教批判を意味する「排耶《はいや》論」ということば一つをとってみても、排撃される「耶蘇《やそ》」の具体的内容は、必ずしもキリスト教そのものとイコールではない。「排耶」には、既存の体制から逸脱したものを「邪宗門《じゃしゅうもん》」として排除する秩序意識が介在していた。こうした前提を閑却して「排耶」を理解することは、キリシタン禁制を単にキリスト教における殉教史の文脈のみで把握する危険性をはらんでいる。これらの「ことば」がいかなる歴史的背景のもとで生まれ、またどのように展開していったかを明らかにし、そしてその用法を考えていくことが、本書の第二の目的である。

そして最後に、「幕末維新」という時代についての語りそれ自体の再検討である。すなわち本書は、幕末維新期における思想や宗教の状況を描き出す一方で、この時代の描かれ方の変遷を明らかにすることを試みている。したがって本書が議論の対象とする時期は、一九世紀にとどまらず、二〇世紀を越えて現代にまで至っている。それは、人々が幕末維新という時代といかに関わり、そしていかに認識したかを問うものであり、「幕末維新」言説の歴史的な考察であるともいえよう。

例えば、「民衆思想」や「民衆宗教」ということばが、幕末維新期の歴史叙述において集中的に用いられるという事実は、この時代を描き出そうとする人々にとって、「民衆」という表現がきわめて魅力的な概念であった（である）ことを示している。このようなことばを通して、幕末維新期という時代を、先人たちがいかに語り、そしてまた今日のわれわれがどのように読み解くべきなのかを問うことが本書の第三の目的である。

これら三つの学術的課題を掲げる本書は、しかしながら、単なる研究論集として編まれたものではない。むしろこの幕末維新期の宗教世界について関心をもつ方々にむけた入門書となることを意図している。

二　幕末維新における「カミ」と「ホトケ」

本書のタイトルは、「カミとホトケの幕末維新」となっている。ここで取り扱われる「カミ」とは、記紀に現れたような「正統」なる日本の神々のみならず、いわゆる民衆宗教の「カミ」をも含んでいる。しかしこうした「民衆」的な「カミ」に対する信仰の形態やその抑圧された軌跡を追うことは、必ずしも本書の中心的なテーマではない。本書では、むしろこれらの「カミ」が、社会的そして学術的にいかなる形で語られてきたのかという言説史的な検討が中心であって、その意味では、これまでの民衆宗教研究そのもののあり方を改めて問い直すものである。

また本書で取り扱われる伝統的な「カミ」は、「ホトケ」から分離独立を遂げ、国家神道へとなだれ込むような従来の枠組みに収まるようなものではない。「ホトケ」が苦難に直面する一方で、実際には「カミ」もまた決して安閑としてはいられなかった。神仏分離にともなう「カミ」の純化は、それまで「カミ」の周辺で生を営んでいた伊勢の御師《おし》のような人々にとって、ときにその日用の糧《かて》を失わせるものでもあったからである。これらの人々にとって維新とは、その新たな生存闘争の時代の到来を告げるものでもあった。本書では、これら伝統的な「カミ」のあり方や語られ方についても、文化史的・社会史的な視座から検討していこうとするものである。

さらに、このような伝統的な「カミ」の語りについては、儒学も視野に入れられるべきであろう。すなわち近世において、多くの仏者が中世以来の神儒仏の三教一致を堅持しつつ、みずからの教説の優越性を主張し、また儒者は神儒一致を唱えることで、この列島における教説から仏教を排除することを訴えたように、儒学は「カミ」と「ホトケ」との語りと強く関わっていた。

とりわけ近世に現れた神儒一致に関していえば、儒学は、神道がみずからを体系化するための一つの源泉でもあった。例えば、仏式に代わる新たな葬祭のあり方が模索された際に、朱子学による祖先の祀《まつ》りが参考とされたことが挙げられよう。あるいは「敬神崇儒」(「弘道館記」一八三八)を掲げた後期水戸学が、建御雷神《たけみかづちのかみ》(常陸国一宮・鹿島神宮祭神)を祀るとともに孔子を奉じて釈奠《せきてん》を行なったことは、まさに神儒一致の実践であった。

このように幕末の宗教世界において、儒学が決して無視することはできない存在であったことは明らかである。しかし維新以後における「カミ」の純化という大きな流れのなかで、儒学の存在はしばしば見失われがちであった。その理由の一つには、「神仏分離」と「廃仏毀釈」という激流のかたわらで、ひそやかに「神儒分離」がなされていたことがある。このように考えると、神儒一致を掲げた後期水戸学の国体論が、果たしてどのような形で明治国家に継承されたのかということは、大きな疑問となって立ち現れてくるだろう。本書では、こうした「カミ」と「ホトケ」とにおける儒学的な語りをも視野に入れて議論を進めていこうとするものである。

また幕末維新期において、「カミ」は外からもやってきた。すなわち禁圧から二〇〇年以上を経てふたたび来訪したカトリックのみならず、プロテスタントやロシア正教会といった諸教派の宣教師らによって、キリスト教の「カミ」が外からもたらされた。この古く、しかし新しい「カミ」の語りもまた本書の検討対象である。

もとより、キリシタン禁制によって、この列島からキリスト教についての語りが消滅したわけではない。むしろ宗門改めや寺檀制度、あるいはこれらの網の目のただなかで信仰を守った潜伏キリシタンの存在、さらには漢訳教義書のみを通してその信仰に接近した「京坂「切支丹」一件」のような現象を考えたとき、キリスト教は近世日本の宗教世界において、伏流水のように存在し続けていた。このようなキリスト教の「カミ」が、社会的・思想的な次元において前面に現れてきたのが、幕末維新期という時代だったのだといってもよいだろう。この時代の日本知識人が、キリスト教を奉ずる西洋という他者をいかに認識し、さらにはこの他者に対峙する日本という自己をいかに認識したのかを問うことは、本書の重要な議論の一つにほかならない。

このようにみてくると、幕末維新期における「カミ」と「ホトケ」の関係が、まさに「交錯」というにふさわしい状況であったことがわかるであろう。この「交錯する宗教世界」を描き出すために、本書は、全体を「維新とカミとホトケの語り」「新たな視座からみた「維新」」「カミとホトケにおける「維新」の射程」という三つの部門に分け、さらに各々に四章を置くこととした。以下、この三部・全一二章についてその概要を紹介していこう。

三　本書の構成

第Ⅰ部　維新とカミとホトケの語りでは、幕末維新期の宗教世界に対する学術的な叙述そのものについて検討する。例えば、「民間」の国学者である平田篤胤《あつたね》の唱えた神道は、ときに「草莽《そうもう》の国学」といわれるほどの広がりを得たにも関わらず「民衆宗教」と呼ばれることはない。それは「民衆宗教」の定義のゆえであるにせよ、「民衆宗教」として語られてきたもののどこが「民衆」的であったのかという問いは、「民衆宗教」なることばの言説史的検討を促すものでもある。このような検討の眼差しは、「神仏分離」と「廃仏毀釈」という、しばしばこの時期の宗教状況を叙述する際に用いられることばに対しても向けられている。

ことばは、認識のもっとも根源的な基礎としての観念を形作る。それゆえ、ひとたびことばが造られると、ひとはそのことばに基づいて世界を観察し、叙述するのが常である。第Ⅰ部では、ことばの有するこうした機能をみすえつつ、幕末維新期における宗教状況がいかに描かれてきたのかを明らかにしていく。

上野大輔「神仏分離研究の視角をめぐって」

神仏分離を「神に関する事物と仏に関する事物を分けて離すこと」と理解したうえで、その研究史を概観すると、まず仏教史と関わる調査・研究蓄積が注目される。「廃仏毀釈」とつなげて、神仏習合をも視野に収めたここでの議論は、その後の神仏分離研究に大きな影響力をあたえるものとなり、戦後の近代史研究においてもその大枠は維持されていった。また、これら仏教史・近代史の立場からの神仏分離令の論述は、実際の法令とはズレが存していたのであり、そこには「廃仏毀釈」や「仏教抑圧」を強調しようとする研究者の態度を看取することができよう。一方こうした神仏分離理解に対して、神道史の立場から神仏習合や「廃仏毀釈」自体の再検討がなされたことは重要であろう。

ところで、近世において神仏はかなり分離していたが、非分離状況も確認でき、地域差・宗派差にも注意を要しよう。これに続く明治維新期の神仏分離は、「神道」を国民統合の結集軸とし、その組織的基盤となる皇室・神社・神職などを仏教と分離するものであった。

仏教の法難史観を相対化し、諸主体の動向や分離の対象・レベル・時期差・時代差などを念頭に、研究を進めることが求められるだろう。

オリオン・クラウタウ「日本宗教史学における廃仏毀釈の位相」

「廃仏毀釈」は一つのトラウマ的な事件のように、さまざまな意味において日本の仏教を「近世」と「近代」に分けるものとして今もなお語られるものである。

こうした問題を踏まえて本章は、明治初年の神仏判然令にともなう「廃仏毀釈」といわれる一連の暴力的なインシデントを「史実」として探るのではなく、その分岐点としてのイメージが成立するプロセスに光を当てていく。すなわち、「廃仏毀釈」をめぐる一九一二年の『仏教史学』特集号から、一九二六年の『明治維新神仏分離史料』を経て、マルクス主義史学の影響下でその語りの方向が変遷していく一九三〇年代までに焦点を当て、「記憶の場」としての「廃仏毀釈」の形成を通して、近代日本仏教のアイデンティティそのものが生み出されていく背景を考えるものである。

三浦隆司「「世直し」の再考察――宗教史的観点から」

本章では、幕末の民衆宗教および民衆運動研究において中心的な役割を果たしてきた「世直し」という枠組みについて考察するものである。

方法論的前提として、研究者が規定するエティック（学術用語）としての「世直し」と、エミック（資料用語）である世直しという概念を区別して扱った。そのうえで、後者の意味で、江戸中期から後期に登場した世直し神・世直し大明神という新たな神格を、幕末の宗教世界のなかに位置づけようとするのが本章の試みである。

主として反封建や革命というテーマと結びつけられることが多い「世直し」だが、そうした戦後歴史学の枠組みではとらえきれない世直しもあったはずである。本章は、民衆運動史のなかで、どちらかといえば付随的な言及をうけてきた世直し神そのものを、宗教史の視点から改めて検討している。

青野誠「「民衆宗教」は誰を語るのか――「民衆宗教」概念の形成と変容」

本章は、「民衆宗教」という概念がいかに形成され、その後どのように変遷していったのか。そしてこのような概念が生み出された時代背景について、宗教史研究者の村上重良《むらかみしげよし》（一九二八～九一）と民衆思想史研究者の安丸良夫《やすまるよしお》（一九三四～二〇一六）をはじめとした諸研究を対象に考察したものである。

村上は「民衆宗教」がいかに国家神道の圧力を受けてきたかという点に主眼を置いた。その背景には同時代の政治と宗教に対する強い危機感があった。これに対し安丸は、「民衆」が最終的に天皇制イデオロギーに迎合していくという幕末維新期における思想的限界を認めつつも、彼らが国家権力の統制に対抗し主体形成をしていく可能性を描き出した。この背景には、安丸が活躍した同時代における近代化論の流行、あるいは国家主義の台頭やこれに抵抗する社会運動への強い関心があった。

近年の研究においては、教祖と信者、あるいは教団内と教団外の相互関係という双方向的な視点によって、幕末維新期の社会における「民衆宗教」の意義づけをより明確にしようという取り組みがなされている。こうした「民衆宗教」概念の形成と変容の歴史は、現代社会における歴史観の画一化に抵抗し、相対化する視点を提供してきたと評価できるものであると本章では結論している。

第Ⅱ部　新たな視座からみた「維新」は、幕末維新期の文化史的な叙述において、近代化を主題とするなかでは等閑視されてきた事象に改めて光を当て、単線的な歴史叙述を再構成することを目的としている。幕末維新期という時代が、政治的な側面では強い断絶性を示すことは確かだが、一方で非政治的側面では、ときに維新以後にも展開する文化史的状況を準備したという意味で連続性を有している。

例えば近代日蓮主義の基礎は、近世後期における非職業的な在家者の活動に見出すべきであるし、明治期に広範にみられる出家者による社会への発信も、幕末における海防論・排耶論という形ですでに現れていたのであり、必ずしも「廃仏毀釈」後にみずからの「堕落」を反省した結果ではない。また、維新後に伊勢の宗教空間が変貌させられていく一方で、地域社会と神宮との関係は形を変えつつも維持されていったように、そこには断絶と連続の両面をみることができよう。カミとホトケとが、いかに維新を過程したかを問うのが、第Ⅱ部の眼目である。

岩田真美「幕末護法論と儒学ネットワーク——真宗僧月性を中心に」

近世日本において、儒学や国学など諸思想からの排仏論（仏教排斥論）は常に存在していたが、これに対する仏教からの擁護論は、護法論と呼ばれる。幕末期の護法論には、護法・護国・防邪（キリスト教を防ぐ）の一体論がみられ、その特徴を最もよく表したものとして真宗僧月性《げっしょう》（一八一七〜五八）の『仏法護国論』が挙げられる。このような特徴をもつ護法論は明治期まで尾を引いて残り、「近代仏教」の形成を妨げたといわれてきた。

本章では『仏法護国論』を中心として護法・護国・防邪の一体論が、排仏論への対抗というよりは、月性が交流した儒者たちとの同志的ネットワークを通して形成された点に注目する。また同時に、仏教者の自己認識がどのように展開したのかを明らかにし、「近世」と「近代」をつなぐ思想として幕末期の護法論のとらえ直しを試みた。

桐原健真「排耶と攘夷——幕末宗教思想における後期水戸学の位相」

近世日本では、排耶論が単純にキリスト教批判を意味するのではなく、むしろ既存秩序の混乱者を排除するための体制イデオロギーとして機能したとしばしば指摘される。本章は、このような理解に基づきつつ、後期水戸学（以下水戸学）における排耶論の具体的内容を明らかにしようとするものである。

本章は、水戸学における攘夷論の内実が排耶論であったことを明らかにし、テクノロジーをめぐる物理的な戦場の攘夷が現実的に不可能であることが明らかになるにしたがって、徳川斉昭《なりあき》や会沢正志斎《あいざわせいしさい》らの水戸学者たちがイデオロギーをめぐる観念的な紙上の攘夷へと傾斜していったことを指摘する。もとより幕末志士は、一八六〇年代にはこうした観念的なイデオロギー闘争を放棄する。しかし、水戸学によって呼び起こされた排耶論は、鵜飼（養鸕《うがい》）徹定《てつじょう》のような仏者として排耶を唱えるものたちによって継承されていったのだと本章は結論する。

ジャクリーン・ストーン「維新前後の日蓮宗にみる国家と法華経——小川泰堂を中心に」

近現代の日蓮系仏教は、明治以降、寺院中心の諸門流とともに、さまざまな組織構造や教理解釈をもつ在家教団や新宗教、社会的運動などをも含みこんでいた。そこによくみられる特徴として、在家中心主義や精力的な折伏《しゃくぶく》の促進、またときに政治参加も挙げられる。

こうした近現代の展開は明治日本における近代化と国家建設という、同時代的な要求だけではなく、徳川時代、とくに幕末の日蓮法華宗の思想と在家活動に深く根差している。そのルーツを辿《たど》るにあたって好例を示すのが、幕末維新の激動期に生きた在家居士《こじ》の学者・小川泰堂《おがわたいどう》（一八一四〜七八）である。

泰堂は文献批判を踏まえた日蓮遺文集である『高祖遺文録』の編纂と長く人気を博した日蓮伝・『日蓮大士真実伝』の執筆によってよく知られている。本章はこの二つの大業績を紹介し、さらに泰堂の著した諸々の建議書を通して、彼が心に描いた新時代における法華信仰の社会的役割を、近代日蓮仏教の展開を理解するための一つの鍵として追究するものである。

ジョン・ブリーン「明治維新にみる伊勢神宮――空間的変貌の過程」

伊勢神宮は、明治維新を契機に抜本的な改革を強いられた。日本でもっとも人気のある巡礼地である伊勢神宮は、明治を経て近代国家のもっとも聖なる空間へと変貌していく。それは近世的な聖地が近代的な聖地として創出されていく過程であった。本章は、その変貌を空間的なアプローチをもって探る試みである。

本章ではまず、近世的な伊勢を意味づけた参拝者・神職・茶汲み女などの「行為者」の活躍を視野に入れつつ、伊勢独自の空間――外宮と内宮の聖なる空間と古市《ふるいち》遊郭の俗なる空間――に光を当てていく。そして、このような伊勢が明治維新直後から崩壊を始め、近代的な伊勢の空間が形作られていく力学を探るため、国家官僚・神宮の神職、そして宇治山田の企業家らの活動に注目していく。

第Ⅲ部　カミとホトケにおける「維新」の射程は、維新以後におけるカミとホトケの語り方を主題としている。今日でも、「御一新《ごいっしん》」によってすべてが「維れ新た」となったと考えるものは少なくない。しかし実際には、新たにもたらされたキリスト教の「カミ」についての語りもまた、それまでの「キリシタン」という文脈のなかで再構成されていったのであり、そこには、無視し得ない連続性をみることができる。また、出版や学術といった世界が、「文明開化」の掛け声の下に一気に西洋化したわけでもない。近代化をもって善とみなすような思考においては、近世に由来する文化的・学術的な主張または社会的・経済的な関係は、「反近代的」や「前近代的」といったレッテルによって、その存在が閑却されてしまうことがしばしば生じる。しかし、こうした事象を丹念に掘り起こし、その意味を問い直すことで、維新後における宗教世界の実像を描き出していくことが、第Ⅲ部における主要な課題である。

星野靖二「幕末維新期のキリスト教という「困難」」

本章は、幕末維新期のキリスト教について、基本的な情報を確認したうえで、それを検討する際の方法論的な「困難」について論じるものである。

研究の視点として、実態としてのキリスト教と、表象としてのキリスト教という二つを仮に設定できるとし、前者については、文化史的視点を取り入れた日本キリスト教史研究が近年出されていることに触れ、それを踏まえて再検討していく必要性を述べている。後者は、近世以来の邪教観をも含み込む形で形成された重層的なものであるが、そこには必ずしも実態としてのキリスト教と直接関係をもたない表象も組み込まれており、その意味で従来のキリスト教史の枠組にはうまく収まらない面があることが指摘されている。

このようにみるならば、幕末維新期のキリスト教を検討するためには、キリスト教の実態と表象とをともに視野に入れる必要があり、そのためには従来の諸研究領域を横断するような俯瞰的な視点が必要ではないかと、本章では問題提起がなされている。

引野亨輔「幕末／明治前期の仏書出版」

明治時代になって日本社会に活版印刷が導入されると、技術的な限界に達していた木版印刷はたちまち衰退したとされる。しかし、本章では、このような紋切り型の定説を再検討した。まず江戸時代の文化環境に注目すると、仏教諸本山や茶道・華道の家元《いえもと》などさまざまな文化的権威の乱立をその特徴として挙げることができる。そして、民間書林はこれら文化的権威と結託し、門人層向けの書物を安定的に売りさばいていたので、木版印刷は幕末期に至るまで有用な技術であり続けたのである。

しかし、明治前期に東京で創業した仏教系新興出版社は、急速に活版印刷を導入していく。既成仏教教団の影響を抜け出て、広く世間一般へ仏書を流布させようとした彼らは、開明思想を載せる器として、新技術を選びとったと思われる。もっとも、京都に集中的に存在した老舗《しにせ》出版社は、読経《どきょう》用の折本経典などをドル箱商品としていたため、伝統技術は明治時代を通じて根強く生き残ったのであった。

明治時代とは、江戸時代の伝統的な文化環境や組織がときに温存されつつ、そこに適合的な新技術が巧みに導入され、漸進的に社会が変容していく時代であったと本章は指摘する。

谷川穣「仏教天文学を学ぶ人のために――佐田介石と幻の京都「梵暦学校」が意味するもの」

仏典に記された世界観・須弥山《しゅみせん》説に即して、天体の航行を説明し暦の作成にも役立てようとする学問、それが仏教天文学（梵暦《ぼんれき》）である。幕末においては護法意識を背景とした学問僧たち、その普及活動に影響をうけた末寺僧侶、そして寺院外の人々の間にも、仏教天文学への関心が高まっていた。なかでも当時を代表する天文学僧・佐田《さだ》介石《かいせき》（一八一八〜八二）は、視実等象儀《しじつとうしょうぎ》という天文器械を用いて、より実証的に自説を展開しようとした。

その影響は明治に入ってからも及び、須弥山儀を用いた説教を禁じる政府通達の下でも、幕末の先学にならい盛んに天文講義を行ない、幅広い人々を引きつけた。京都ではその熱狂的支持者・角谷隆音《すみやりゅうおん》が、梵暦学校を開く計画をも進めようとした。だがそれは幻に終わり、介石が牽引した仏教天文学自体も、彼自身の舶来品排斥論とあいまって単なる西洋拒絶の頑固者が信奉するものとみなされ、その死没とともに急速に一つの時代を終えるのである。

林淳「社寺領上知令の影響――「境内」の明治維新」

本章は、明治初年に政府が断行した上知令《あげち》について検討するものである。この社寺の土地を没収する上知令は、版籍奉還・地租改正という土地制度改革の一環であったことが指摘されてきたが、先行研究では、その影響を蒙《こうむ》った神職・僧侶の苦境を配慮することなく、あくまで制度論として語られてきた。

上知令は、一八九九年の国有土地山林原野下戻《したもどし》法につながり、行政裁判所訴訟において被害をうけた僧侶が声をあげることになった。そこでは法制史学者の中田薫《なかだかおる》と、国史学者の三上参次《みかみさんじ》・辻善之助《つじぜんのすけ》・芝葛盛《しばかずもり》の間で激しい論争が展開され、最終的には、朱印状は所有権の付与を意味しないという中田の説が広く承認されることになった。近世の朱印状の文言の解釈をめぐって学者たちは競い合ったが、法律的な見方が浮上して優位になる時代へと移り変わっていったのだと本章は結論する。

以上、全一二章のほか、本書では各章に関連する内容のコラムを設けた。これらのコラムは、これまでの幕末維新史研究においては、ほとんど注目されてこなかった視点からなされたものであり、論文と併せて読み進められることをお勧めしたい。なお、先にも述べたように、本書は単なる研究書ではなく、むしろ入門書としての性格をもっている。したがって、資料の引用に際しては、読みやすさを第一に考え、漢文についてはこれを書下し、また原文の意義を失わない限りで振り仮名や送り仮名を付し、さらに用字等についても改めてあるほか、文章を補うにあたっては亀甲括弧（〔　〕）を用いている。

一九六八年一〇月二三日、「明治」と改元された日に合わせて、政府主催の「明治百年記念式典」が挙行された。日本社会のさまざまな次元で賛否両論の喧《かまびす》しかったこの明治一〇〇年を思えば、今回の明治一五〇年は、比較的に落ち着いたものであるといえるだろう。とはいえ、第七三回国民体育大会（二〇一八）に「明治一五〇年記念」と冠されたように、気がつくと、色々な場面で、官民を問わず「明治一五〇年」は顔を出している（一方で「国民文化祭」には冠されなかったのは面白い現象ではある）。このことは、「維新」とこれに続く日本の近代というものが、今日においても言祝がれるべき対象として認識されていることをよく示している。

「幕末維新」という時代を、いかに語るべきなのか、あるいは語ることができるのか、という問いは、「維新」さらには「明治一五〇年」がさまざまな場面で喧伝《けんでん》されるような時代状況のなかで、改めて考える必要のある課題であろう。本書が、これからの幕末維新期の思想・宗教そして文化における研究の道標の一つとなることができれば幸いである。

桐原健真

二〇一八年八月

コラム

明治百年と一九六八年の宗教界

大澤広嗣

その時代

一九六八（昭和四三）年一〇月二三日、東京九段の日本武道館にて、政府主催による「明治百年記念式典」が行なわれた。昭和天皇と香淳皇后の臨席のもと、官民各界の代表など一万人が参加した。同日に開催されたのは、慶応四年九月八日（一八六八年一〇月二三日）の改元にちなんだからである。出席者は、明治天皇の遺徳を偲び、明治維新を経て近代国家となった日本の過去百年を懐古した。

しかし、華やかな慶事を寿ぐ人々だけではなかった。日本社会党（現・社会民主党）と日本共産党に所属する国会議員は、式典に反対して欠席した。日本歴史学協会では、明治百年問題特別委員会（委員長、東京教育大学教授和歌森太郎）が組織され、「近代化過程での国民大衆の苦痛や他国に与えた戦禍をかえりみない」として反対声明を出したのである。文部省（現・文部科学省）では、全国の学校に日の丸を掲揚して午後を休みとの通達を出したが、京都府などの学校では、平常通りの開校であった。

一九六八年は、どのような時代であったか。世界史では「政治の季節」といわれ、ベトナム戦争の激化と反戦世論の拡大、パリ五月革命やプラハの春があった年として記憶される。日本でも、各地で市民や若者により、盛んに平和運動や大学紛争が行なわれ、デモ行進が多くみられたが、時には火炎瓶と投石をともなう暴力も繰り広げられた。

一方で、復古と伝統の価値観が強調された時代でもあった。一九六七年から、二月一一日が国民の祝日「建国記念日」となったが、戦前の紀元節を復活したものとして批判もあった。一九六八年には、小学校社会科の歴史教育に神話を入れた新学習指導要領を告示した。また日本遺族会などが、靖国神社を特殊法人として国家の管理下におく（国家護持）法案を要望して、一九六九年に国会へ提出されたが、一九七四年までに五回の廃案があり、成立しなかった。このほか元号法制化問題も議論されていた。明治百年記念式典は、こうした世相のなかで開かれたのである。

写真1　明治百年記念式典の様子
（総理府大臣官房編『明治百年記念行事等記録』〈同官房、1969年〉より）

宗教界では、明治百年をどのようにとらえたのか。主な動向をみてみよう。

神社界

全国の神社を束ねる宗教法人神社本庁では、標語「明治維新しのぶ心が国興す」の下、活発な動きをみせた。同庁参事の小野迪夫《みちお》によれば、「神社界では、此の年を国家民族的な一つの転機」（『中外日報』一九六八年一〇月二五日）として位置づけた。小野は、本庁が企画した記念事業の担当者の一人であった。

明治天皇と昭憲皇太后を祭神とするのが、東京代々木の明治神宮である。一九六八年の元日に際して、神宮側では、明治百年で多くの参拝客の来訪をみこして、早くから三〇〇平方メートルの大きな賽銭箱を用意し、新しく英文おみくじを作成して、準備を進めていた。警視庁の警備本部では、「元日夕方までに、戦後最高の百万人に達するとみて警官二千人を動員」（『朝日新聞』一九六八年一月一日）したという。

明治神宮では、五箇条誓文発布にちなみ一九六八年三月一四日に明治維新百年祭を行ない、前日の一三日には日本武道館で記念大式典を行なった。六月には神社本庁の協賛を得て東京体育館で一週間にわたり奉祝大会を開き、国民意識の向上を図った。一一月三日の例大祭を中心に、二週間にわたって「秋の明治維新百年大祭」を行なったが、その一環として、日本橋三越で「明治天皇展」、神宮外苑球場では記念の野球大会が開かれた（『神社新報』一九六八年一一月九日）。

明治神宮のみならず、各地の神社で、明治百年の記念行事が行なわれた。京都霊山《りょうぜん》護国神社では、一九六八年に、護持組織として霊山顕彰会（現・公益財団法人）が設立された。かつては、霊山官祭招魂《かんさいしょうこん》社として、国費により幕末維新の志士たちの諸霊を祭祀していた。しかし戦後は国費の補助がなくなり、次第に人々から忘れ去られた。神社側では、関西財界人に協力を求めたところ、松下電器産業（現・パナソニック）創業者の松下幸之助が顕彰会初代会長に就任して、明治百年を期して活動が始まったのである。

仏教界

仏教界では、明治初年の神仏分離が大きく影響した。伝統仏教の連合組織である全日本仏教会では、会長の大谷光暢《こうちょう》（当時、東本願寺第二四代法主、真宗大谷派管長）が、一九六八年に際して次のように年頭の挨拶をした。

「今年は明治百年にあたるので……私ども仏教徒にとりましても、この百年は、まことに感慨の深いものがあります。思えば明治の廃仏毀釈の嵐は、維新政府の指導理念と結びついて、まことにはげしいものでありましたが、幸にも、仏教各宗に傑僧が輩出され……粉骨砕身の努力が傾けられたことでありました」（『全仏』第一三二号、一九六八年一月）。大谷がいうように、「傑僧」が出たからこそ、各宗派は廃仏から立ち直ったのである。

その全日本仏教会では、一九六八年一〇月に第一六回全日本仏教徒会議岡山大会が開かれたが、記念講演は、笠原一男《かさはらかずお》（東京大学教授）の「明治百年と仏教

——仏教徒の使命」であった。笠原は、「明治百年にあたる岡山大会に、お世辞をいうために来たのではない。私も一仏教徒として、みなさまと共に真剣に仏教

写真2　明治百年記念切手（1968年10月23日郵政省発行）
左は政府制定の百年祭マークと薩摩藩が建造して江戸幕府に献上した昌平丸。右は明治神宮外苑内の聖徳記念絵画館の壁画である小堀鞆音《こぼりともと》画「東京御着輦」（筆者蔵）

の歩んだ道をふりかえってみよう。……仏教は〝いかに生きる〟かを民衆と共に考え、開祖の精神をもう一度真剣にたずねなければならない」（『全仏』第一四一号、一九六八年一二月）と熱弁した。

　明治百年を記念した仏教書のなかで、着目すべきは、常光浩然《つねみつこうねん》『明治の仏教者　上・下巻』（春秋社、一九六八～六九年）である。常光は、浄土真宗本願寺派の僧侶であるが、仏教タイムス社の創業者としても知られる。ジャーナリストらしい筆致で、明治以降の仏教者たちの様子を、生き生きと描いた。

キリスト教界

　賀川豊彦《かがわとよひこ》と武藤富男《むとうとみお》の創業によるキリスト新聞社が編集した『基督《キリスト》教年鑑　一九六八年版』（同社、一九六七年）は、「明治百年記念特集」号として位置づけた。巻頭に特集が組まれて、久山康《くやまやすし》（関西学院大学教授）の「明治百年とキリスト教」、それに同社編の「日本キリスト教年史」が掲載された。年史にある年表の起点は一八六八年ではなく、ペリーが来航した一

八五三年である。つまり明治維新よりも、西洋各国との修好条約を機に、宣教師が来日して、再びキリスト教が広まることになった時点を重視していたのである。特集号の刊行は、「この記念の年に、明治・大正・昭和の三代、百年間にわたってこの世に果たして来たキリスト教の役割を再び顧みることは、今後の日本宣教に大きなプラスになる」（同書、編集後記）と述べている。いわば年鑑は、明治百年を肯定した立場といえよう。

だが、反対の立場もあった。プロテスタントで最大の教派である日本基督教団は、日本基督教団宣教研究所・社会委員会編『明治百年と神社問題』（日本基督教団出版局、一九六八年）を刊行して、久世了《くぜさとる》「明治百年祭」批判」などの論考が掲載された。同教団は、一九六七年に「第二次大戦下における日本基督教団の責任についての告白」を表明していた。また、エキュメニカル（教会一致促進）運動を進める日本キリスト教協議会（ＮＣＣ）が編集する雑誌『月刊キリスト』（教文社）をみると、宮崎彰《みやざきあきら》「明治百年と信教の自由」（第二〇巻第二号、一九六八年二月）をはじめ、同年には明治百年に関する複数の論稿が掲載された。

友松円諦の発言と実践

このように、明治百年をめぐって各宗教によって対応が分かれた。とはいえ、友松円諦《ともまつえんたい》が述べたように、「明治維新というものは日本の各宗教、神道、基督教、仏教にそれぞれ大きな変革をあたえた」（「明治一〇〇年の宗教」『真理』第三一巻第一号、一九六五年一月）ことには、間違いない。

友松は、現代の仏教復興を唱えて真理運動を主宰した仏教学者である。かつて、フランス留学の際に、東洋学者シルヴァン・レヴィからの助言を受けて、明治期の仏教資料の収集を志し、帰国後に明治仏教史編纂所を主宰した。収集した多くの資料は、現在では慶應義塾大学附属研究所の斯道《しどう》文庫に寄託され、その遺産は、大いに活用されている（友松・斯道文庫についてはコラム「明治は遠くなりにけり」を参照）。

第I部 維新とカミとホトケの語り

総禅寺跡（姶良市）

総禅寺跡（姶良市《あいら》）

総禅寺は、島津氏の分家が一五世紀末に建立した曹洞宗の寺院で、以後、同家の菩提寺となる。しかし一八六九年に、薩摩で廃仏毀釈運動が勃発すると堂宇は破壊され、墓地も荒廃した。写真奥に見える「御屋地《おやぢ》様の墓」には、分家当主の島津朝久《ともひさ》に嫁いだ千鶴（関ヶ原の戦いで敵陣突破退却を敢行した島津義弘の長女）が眠る。千鶴は、朝久没後も領民に慕われ、「御屋地様」と呼ばれたという。こうした由緒ある寺院まで破却したことからも、薩摩における廃仏毀釈の激しさが理解できよう。現在は、姶良市により「総禅寺墓地」として史跡指定されている（撮影・写真提供：川田達也）。

神仏分離研究の視角をめぐって

上野大輔

一　用語と研究史

1　学術用語と史料用語

神仏分離といえば、明治維新期に新政府が王政復古・祭政一致の立場から発した神仏分離令（神仏判然《はんぜん》令）が想起されよう。神仏習合（神仏混淆《こんこう》）の禁止や神道の「国教化」といったフレーズ（語句）も、連想されるのではないだろうか。高等学校の日本史教科書でも、概してこのような記述がなされている。当時の法令上の用語は「神仏判然」であり、これは「神仏混淆」と対をなすが、今日の学術用語からすれば「神仏分離」と「神仏習合」ということになる。本章では、これまでの研究にも倣《なら》い、神に関する事物と仏に関する事物を分けて離すという意味で、神仏分離の語を用いる。一方、神仏習合については、神に関する事物と仏に関する事物を一つに合わせることと理解しておく。

ところで「神仏分離」や「神仏習合」の語がいつから用いられるようになったかといえば、この点はよくわかっていない。「分離」は神仏の問題に限らず適用される語彙《ごい》で、明治維新期の政務文書にもみえる。「神仏分離」の語は、例えば一八九三（明治二六）年出版の内務省社寺局編『現行社寺法規』（報行社）に「神仏分離」という項目が確認できることから、当時の法令・行政上の用語であったことがわかる。これを踏まえて修多羅亮延《しゅたらりょうえん》「神仏分離と神官僧侶」（『仏教史学』二―一、一九一二年）以降（阪本　二〇〇五、二四～二五頁）、学術用語にもなると思われる。

一方「習合」の語は、真言系の神道を指す「両部習合神道」などとして中世段階から史料上にみえ、明治維新期の政務文書でも類語を確認できる。それだけでなく「神仏習合」の語も、明治維新期の史料上にみえる。学術用語としての「神仏習合」の使用は、明治以降の出版書で確認する限り、足立栗園《りつえん》『近世神仏習合弁』（警醒社、一九〇一年）、同『神道発達史』上巻（開発社、一九〇一年）が早い例であるが、林淳《まこと》によれば、辻善之助《ぜんのすけ》「本地垂迹《ほんちすいじゃく》説の起源について」（『史学雑誌』一八―一・四・五・八・九・一二、一九〇七年）が用語の定着を決定づけた（林　二〇一八）。「神仏分離」や「神仏習合」といった用語の初出や共有過程については、さらなる検討を要する（鈴木　二〇一八）。

2　仏教史と関わる調査・研究蓄積

続いて、明治維新期の神仏分離に関する研究史を概観したい。まず仏教史と関わる調査・研究蓄積が注目される。一九二〇年代後半には『明治維新神仏分離史料』全五巻（辻・村上・鷲尾編　一九二六～二九）が刊行された（写真1参照）。おそらく本書は、「神仏分離」という学術用語を定着させるうえでも重要な役割を担った。仏教史と関わる議論においては、「廃仏毀釈」とつなげた把握がなされ、神仏習合も視野に収められていることが確認できる（「廃仏毀釈」の研究史については論文「日本宗教史学における廃仏毀釈の位相」を参照のこと）。この議論は、昭和敗戦後の諸研究にも影響を及ぼすこととなった。この点をいくらか確認してみよう。

例えば、辻善之助は著書『明治仏教史の問題』の冒頭をなす「第一題　神仏分離と廃仏毀釈」において、「明治初年に、神仏分離の令が一たび出《い》でてより、千有余《ゆうよ》年、民庶の信仰を支配したる神即《そく》仏といふ思想の形式は、一朝にして破壊せられ、之《これ》について廃仏毀釈が盛《さかん》に行はれ、歴史に富み由緒の深き神社仏閣が、この破壊的蛮風《ばんぷう》に荒されたるものが少なくないのである」と記している（辻　一九四九、二頁）。本書は『明治維新神仏分離史料』第一巻に収録された辻の論考「神仏分離の概観」を引き継ぐものである。

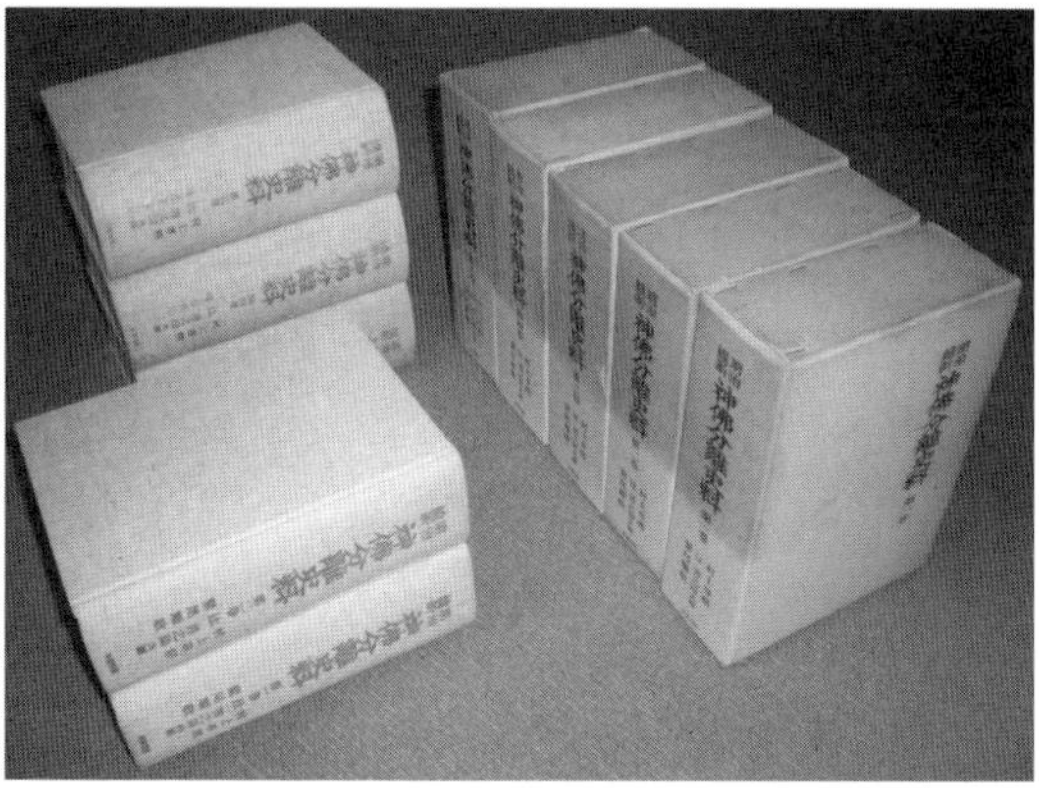

写真１　『明治維新神仏分離史料』（名著出版の復刻本）

辻ののちにこの分野の研究を主導した圭室《たまむろ》文雄は、『神仏分離』（圭室　一九七七）という著書をまとめるとともに、『国史大辞典』の「神仏分離令」と「廃仏毀釈」の解説を担当している。この内「神仏分離令」の解説では、「明治政府は江戸時代の仏教国教化政策を否定し、神道国教化政策をすすめた。その過程で神社の中から仏教的色彩を排除しようとしたのが、神仏分離政策である。（中略）神仏分離に端を発した一連の廃仏毀釈運動は、まさに焚書坑儒《ふんしょこうじゅ》の再来ともいうべきもので、全国いたるところで、数多くの文化財が灰燼《かいじん》に帰し、多くの寺院が破却された」と記している（圭室　一九八七、九二〇頁）。こうした見方は、程度の差はあれ近代仏教史研究においても共有されるところとなった（柏原　一九九〇、吉田　一九九八）。

3　近代史・神道史の立場からの研究

一方、一九七〇年代後半の安丸良夫《やすまるよしお》の研究（安丸　一九七七、一九七九）により、近代天皇制国家の支配体制と民衆との葛藤が宗教の側面から照射されたことを一つの契機として、一九八〇年代以降、近代史や神道史の立場からの取り組みが大きく進展した（安丸・宮地校注　一九八八、羽賀　一九九四、阪本　二〇〇七）。ここでの成果は、村上重良《しげよし》らがリードした従来からの「国家神道」論とも深く関連してくる（村上　一九七〇、島薗　二〇〇一）。

安丸は『日本史大事典』の「神仏分離」と「廃仏毀釈」の解説を担当したが、前者では「明治初年に維新政府が天皇の神権的権威の確立のためにとりいれた、神道保護と仏教抑圧のための宗教政策」であるとし、「明治維新以前の日本の宗教は、神仏習合を基本的性格としていた」とも記している（安丸　一九九三、一四七七頁）。

また、羽賀祥二《はがしょうじ》は『日本近現代史研究事典』の解説「御一新《ごいっしん》と神仏分離」で、「暴力的な排仏という形を取らずとも、明治一〇年代まで続いた神社改正（中略）を通じて神々の領域と仏教の領域とは制度上、施設上で分離が進んでいった。神仏が融合した宗教のあり方（神仏習合）（中略）を破壊し、さらに純粋な神道信仰と組織を作り上げようという創造の運動として、それはあった（中略）維新の宗教改正の源は、水戸・長州・土佐各藩などの天保改革にあった。そこでは僧侶への統制、寺院廃合などの排仏政策、皇国の正統な神々ではない路傍の石祠《せきし》の撤去（「淫祀解除」）などが行われていた」とする（羽賀　一九九九、四五～四六頁）。

安丸や羽賀の議論には、もちろんオリジナルな要素も含まれているが、神仏分離をめぐる基本的な事実関係の理解は、辻や圭室とさほど変わっていないことに気づかされる。その意味では、神道史の立場から、神仏習合の転換や「廃仏毀釈」といった事柄自体が再検討されたことが、むしろ重要ではないかと思われる（佐藤　二〇〇三、阪

本　二〇〇七）。つまり、明治維新期以前を単なる神仏習合の時代とみなすことはできず、そうした前史に規定されて各地で多様な神仏分離が進行した。また、「廃仏毀釈」という歴史把握には、寺院・僧侶サイドの法難史観も色濃く影を落としている。これらのことに一層注意が払われるようになり、再検討が進められている。

二　関連法令と論述

1　圭室・安丸の論及した法令

ここで、圭室や安丸が前掲の辞書での解説に際し論及した、政府の法令にも触れておきたい。発令主体・伝達範囲は詳述できないが、いずれも一八六八（慶応四・明治元）年の、神社に関する法令である。

まず三月一三日令では、「普《あまね》ク天下之諸神社・神主《かんぬし》・禰宜《ねぎ》・祝《ほうり》・神部《かんべ》ニ至迄《いたるまで》、向後《こうご》右神祇《じんぎ》官附属ニ被仰渡候《おおせわたされそうろう》」とあり、全ての神社や神職は神祇官に属することとされた（内閣官報局編　一九七四、第一五三。引用に当たり、闕字《けつじ》を略し、発令部局を適宜注記する）。同月一七日には、「諸国大小ノ神社ニ於テ僧形《そうぎょう》ニテ別当《べっとう》或ハ社僧抔《しゃそうなど》ト相唱へ候輩ハ復飾《ふくしょく》被仰出《おおせいだされ》候、若《も》シ復飾ノ儀無余儀差支有之《よぎなくさしつかえこれある》分ハ可申出《もうしいだすべく》候」とあって、神社の別当や社僧の復飾が命じられるが、差し支えがあれば申し出よとされた（同第一六五、神祇事務局）。同月二八日令は、狭義の神仏判然令とされるものだが、「某権現《ぼうごんげん》或ハ牛頭天王《ごずてんのう》之類、其外《そのほか》仏語ヲ以《もって》神号ニ相称候神社不少《すくなからず》候、何《いず》レモ其神社之由緒委細ニ書付、早々可申出候事」とあるように、権現・牛頭天王その他の仏語を神号とする神社は由緒を提出せよとし、また「一、仏像ヲ以神体ト致候神社ハ以来相改可申《もうすべく》候事、附《つけたり》、本地抔ト唱へ仏像ヲ社前ニ掛、或ハ鰐口《わにぐち》・梵《ぼん》鐘《しょう》・仏具等之類差置《さしおき》候分ハ早々取除キ可申《もうすべき》事」とあって、仏像を神体とする神社は改めるように、仏像・鰐口・

梵鐘・仏具などは取り除くようにとされた（同第一九六、太政官《だじょうかん》）。

これを受けて破壊活動が展開することもあったため、四月一〇日令が出された。そのなかに「社人共俄《にわか》ニ威権ヲ得、陽ニ御趣意ト称シ、実ハ私憤ヲ霽《はら》シ候様之所業出来《しゅったい》候テハ御政道ノ妨《さまたげ》ヲ生シ候而已《のみ》ナラス、紛擾《ふんじょう》ヲ引起可申《もうすべき》ハ必然ニ候、左様相成候テハ実ニ不相済《あいすまざる》儀《ぎ》ニ付、厚ク令顧慮《こりょせしめ》、緩急宜《よろしき》ヲ考ヘ、穏ニ可取扱《とりあつかうべき》ハ勿論、僧侶共ニ至リ候テモ生業ノ道ヲ不失《うしなわず》、益《ますます》国家之御用相立候様、精々可心掛《せいぜいこころがくべく》候、且《かつ》神社中ニ有之《これあり》候仏像・仏具等取除候分タリトモ一々取計向《とりはからいむき》伺出、御差図可受《うくべく》候、若《もし》以来心得違致シ粗暴ノ振舞等於有之《これあるにおいて》ハ屹度《きっと》曲事可被仰付《くせごとおおせつけらるべく》候事」とあるように、社人が俄かに威権を得て御趣意と称して私憤を晴らすような所業に至っては、御政道の妨げとなるだけでなく紛擾を引き起こしてしまい、許されるものではないので、穏やかに取り扱うようにとし、僧侶も生業の道を失わず、国家の御用に立つように心がけよとされ、神社の仏像・仏具を取り除く場合も一々伺って指図を受けることとし、もし粗暴の振る舞いがあれば処罰するとされた（同第二二六、太政官）。こうして破壊活動を抑制する姿勢が示されることとなった。

また、閏四月四日には「別当・社僧之輩ハ還俗《げんぞく》之上神主・社人等之称号ニ相転《あいてんじ》、神道ヲ以勤事《きんじ》可致《いたすべく》候、若亦無拠《またよんどころなき》差支有之、且ハ仏教信仰ニテ還俗之儀不得心之輩ハ神勤相止《あいやめ》立退可申候事」とあるように、別当・社僧は還俗して神主・社人などに転じ、神道を以て勤仕せよとされ、もし差し支えがあり、または仏教を信仰していて還俗を承知できない者は、神への勤めをやめて立ち退くようにとされた。そして「是迄神職相勤居候者ト席順之儀ハ、夫々《それぞれ》伺出可申候、其上御取調《とりしらべ》ニテ御沙汰可有之《これあるべく》候事」とあるように、従来の神職と席順をどうするかは、伺いを受けて取り調べ、沙汰するとある（同第二八〇）。同月一九日には「神職之者、家内ニ至迄以後神葬祭相改《しんそうさいにあいあらため》可申事」とあって、神職の一家は神葬祭にせよとされ、また「別当・社僧還俗之上者《は》、神職ニ立交《たちまじわり》候節《せつ》モ神勤順席《じゅんせき》等、先是《まず》迄之通相心得可申事」とあるように、別当や社僧が還俗して神職に加わった場合の席順などは、まずこれまでの通りとせよとされた（同第三二〇、神祇事務局）。従来の神職より下位とするわけではないことがわかる。

そして九月一八日には「破仏《はぶつ》之御趣意ニハ決テ無之《これなく》候処《ところ》、僧ニ於テ妄《みだり》ニ復飾之儀願出候者《もの》往々有之不謂《いわれざる》事ニ候」として、破仏の趣意では決してなく、僧侶でみだりに復飾を願い出る者が往々にしているが、いわれのないことであるとされた（同第七五二、行政官）。法令で無理やり復飾させられるのとは異なる、僧侶の動きもうかがいうる。

2　法令と論述のズレ

圭室や安丸の前掲の解説では、以上の法令をもとに「廃仏毀釈」や「仏教抑圧」とつなげた論述がなされているわけだが、必ずしも法令の文面と合致していない。実はこの他に、寺院に関する法令が出ており、一八六八年以降、神仏分離が徐々にエスカレートしているようである。寺院から神道的要素を除く法令もあるが、圭室・安丸の前掲の解説では取り上げられず、神社から仏教的要素を除く法令が注目され、「廃仏毀釈」へとつなげられる。その意味では、偏った論述となっている。

寺院から神道的要素を除く法令として目を引くのは、例えば次の法華《ほっけ》宗諸本寺宛の一八六八年一〇月一八日令である（内閣官報局編　一九七四、第八六二）。

王政御復古・更始《こうし》維新之折柄、神仏混淆之儀御廃止被仰出候処、於其宗《そのしゅうにおいて》ハ従来三十番神《さんじゅうばんしん》ト称シ、皇祖太神

ヲ奉始《はじめたてまつり》、其他之神祇ヲ配祠《はいし》シ、且曼荼羅《まんだら》ト唱ヘ候内エ天照皇太神・八幡太神等之御神号ヲ書加エ、剰《あまつさ》ヘ死体ニ相着セ候経帷子《きょうかたびら》等ニモ神号ヲ相認《したため》候事、実ニ不謂次第ニ付、向後禁止被仰出候間、総テ神祇之称号決テ相混シ不申様屹度相心得、宗派末々迄不洩様《もれざるよう》可相達旨、御沙汰候事

　但、是迄祭来《きたり》候神像等、於其宗派《そのしゅうはにおいて》設候分ハ速ニ可致焼却《しょうきゃくいたすべく》候、若又由緒有之、往古ヨリ在来《ありきたり》之分ヲ相祭候類ハ、夫々取調、神祇官へ可伺出候事

すなわち、神仏混淆は廃止となったが、法華宗では三十番神と称して天照大神やその他の神祇を祀《まつ》り、曼荼羅の内に天照大神・八幡大神などの神号を書き加え、そのうえ、死体に着せる経帷子などにも神号をしたためており、実にいわれのないことで、今後は禁止となったので、神祇の称号を決して混在させないように心得、宗派の末端まで通達するようにとの旨が記されている。そして但書では、これまで祭ってきた神像など法華宗で設けた分は速やかに焼却せよとされ、もし由緒があって往古より祭っている類はそれぞれ取り調べて神祇官に伺い出るようにとされている。明治以降の法華曼荼羅で天照大神などの神号を欠くものが多くあるのは、神仏分離のためである。

また、一八六九年正月の東京府の伺いに対する同年五月二七日の神祇官の指示に示されるように、寺内の神号を仏説に基づき改称して破却を免れようとする寺院に対し、改称を認めず仏像は本堂に移すこととして社《やしろ》の撤去を命じた事例も確認できる（東京都編　二〇〇一、七八七～七九六頁）。一概に神を優遇し、仏を抑圧する政策ではないことをも意味しよう。

一方、前掲『現行社寺法規』一八九三年版で「神仏分離」の項目に挙がっている法令が三件ある。一件目は、圭室や安丸も挙げた一八六八年三月二八日令である。次は同年四月二四日令で、これは石清水・宇佐・筥崎《はこざき》などの八

幡大菩薩の称号をやめ、八幡大神と称えるように命じたものである（内閣官報局編　一九七四、第二六〇）。そして最後が、先述の法華宗諸本寺宛の同年一〇月一八日令である。一八九三年時点で「神仏分離」に関する主要な法令として採録されたものと考えられる。

このように、実際に出された法令と研究者の論述との間にはズレがある。これは研究者独自の視点や課題設定の関係上、やむを得ない面もあるが、こうしたズレ自体にも自覚的であることが求められよう。神仏分離というテーマもまた、研究者が関連史料を選択的に引用・読解しつつ論じてきたものであり、場合によっては特定の史料が研究者の論述に過度に従属させられたのである。

三　近世の神仏関係

1　統治下での身分的・宗派的分離

ところで、神仏分離自体は明治維新期に限定されないテーマであり、神仏関係の長期的な推移を問う立場からの、さらなる検討が求められる。以下では、明治維新期の歴史的前提をなす近世の神仏関係をめぐる、いくつかの論点に触れておきたい。これは明治維新期の神仏分離を考えるうえでの手がかりともなるだろう。

一九九〇年代以降、近世史研究では宗教論が盛り上がりをみせ、神仏分離をめぐる知見も提起されている。例えば、江戸幕府が一六六五（寛文五）年に定めた諸社《しょしゃ》禰宜《ねぎ》神主《かんぬし》法度《はっと》を後ろ盾とした京都の吉田家（吉田神社）による神職の編成や、その下での神職と社僧らとの紛争を通じた神社祭祀の変容などが具体的に示されており、高埜《たかの》利彦によれば「プレ神仏分離」ということになる（高埜　二〇一四、澤　一九九九、引野　二〇〇八）。ここでの、国家論・社会論と積極的に関連づけて神仏関係をとらえる姿勢は注目される。このような姿勢に学びつつ、私見を補足しておきたい。

まず、幕藩領主による寺社領の宛行《あてがい》、寺社法度の制定、寺社帳の作成などに着目すると、寺院と神社、僧侶と神職が区別されているようである。例えば、江戸幕府による一六六五年の諸宗寺院法度《しょしゅうじいんはっと》と諸社禰宜神主法度も、別個に出されている（『寛文年録』第三巻、二〇九〜二一一頁・二一七〜二一八頁・二二一〜二二三頁・三〇九〜三一一頁）。

諸宗寺院法度は、宗派を超えて寺院・僧侶を統制する基本法となるもので、将軍徳川家綱の朱印状「定」と老中の連署下知状《げちじょう》「条々」を合わせて発布された（老中が連署して発給する条目を下知状と称する）。「定」の内容だが、①諸宗法式の遵守、②住持の一宗法式を知る義務と新義禁止、③本末の規式の遵守と本寺の末寺に対する理不尽の沙汰禁止、④檀越《だんおつ》の寺院選択権、⑤徒党・闘諍《とうじょう》・不似合《ふにあい》事業の禁止、⑥国法違反者の身柄引き渡し義務、⑦寺院仏閣修復時の美麗禁止と仏閣の掃除、⑧寺領の売買・質入れ禁止、⑨みだりな出家の禁止などが定められており、先例に背かないことも命じられた。「条々」は付則をなすもので、①僧侶の衣体《えたい》と仏事作善《さぜん》の儀式を分相応にすること、②檀那が建立した由緒をもつ寺院の住職については檀那が取り計らうこと、③金銀による後住《ごじゅう》契約の禁止、④在家《ざいけ》を借り仏壇を構え利得を求めることの禁止、⑤従来からの妻帯《さいたい》（真宗など）を例外とし、寺院・坊舎に女人を抱え置かないことなどが規定されている。

一方、諸社禰宜神主法度は、神社の禰宜・神主に対する統一的法度で、家綱の朱印状「定」として発布され、諸宗寺院法度と対応するものである。その内容だが、①神祇道を学び神体を知り神事祭礼を勤めること、②伝奏《てんそう》を介した位階昇進の継続、③無位の社人は白張《はくちょう》（白布の狩衣《かりぎぬ》）を着用し、その他の装束は吉田家の許状《きょじょう》に準拠すること、④神領の売買・質入れ禁止、⑤神社破損時の修復と神社の掃除などが定められている。そして②により有力神社は神社伝奏の公家を介して朝廷とつながることが保障され、③を根拠に吉田家（吉田神社）は許状の発行を通じて神職への支配を拡大することとなった。

右のような身分・職分の枠づけを付与する統治のもと、宗教者の主体的動向もあいまって、僧侶・神職などの身分集団化が進展した。ここには身分的分離という、近世独自の論理が見出される。また、諸宗の教団組織が発達し、幕府の宗派分割方針にも規定されて、宗派的分離が実現した。こうして身分・宗派に応じた教義・儀礼なども整えられていった。この点と関わり梅田千尋は最近、「分業としての初期の神仏分離」が進行して神職の身分意識も醸成され、神道説と関わる書物・知識の共有がなされ、離檀・神葬祭《しんそうさい》運動も展開するといった、神道の自立化に論及している（梅田　二〇一四）。

一方で、非分離状況も確認できる。天台宗・真言宗をはじめ、真宗以外の宗派に顕著であるが、寺院の境内に神社が設けられ、あるいは神社の祭礼を社僧が務めるといったことが広範に展開し、それを根拠づける習合説や由緒などが唱えられた。また、公家の子弟が入寺することで公家社会と独自のつながりをもつ門跡《もんぜき》寺院もあった。

2　思想・認識レベルでの分離と習合

続いて、思想・認識レベルの問題を補足しておきたい。仏教や儒教と並ぶ「我国（日本）の道」としての神道という認識が近世に一般化していたとする、小林准士《じゅんじ》の指摘は注目されるところである（小林　二〇一七）。こうして神儒仏の関係もさまざまに問われるわけだが、三教《さんきょう》一致論は文字通り三つの分離を前提とし、これらの内容の一致を説くものである。本地垂迹説・神仏一致説のように、神仏を区別したうえで結合させる思想も、中世に引き続き展開した。民間では、神仏の緩やかな区別とともに習合も確認できる。また、神仏のいずれかに帰属させられ

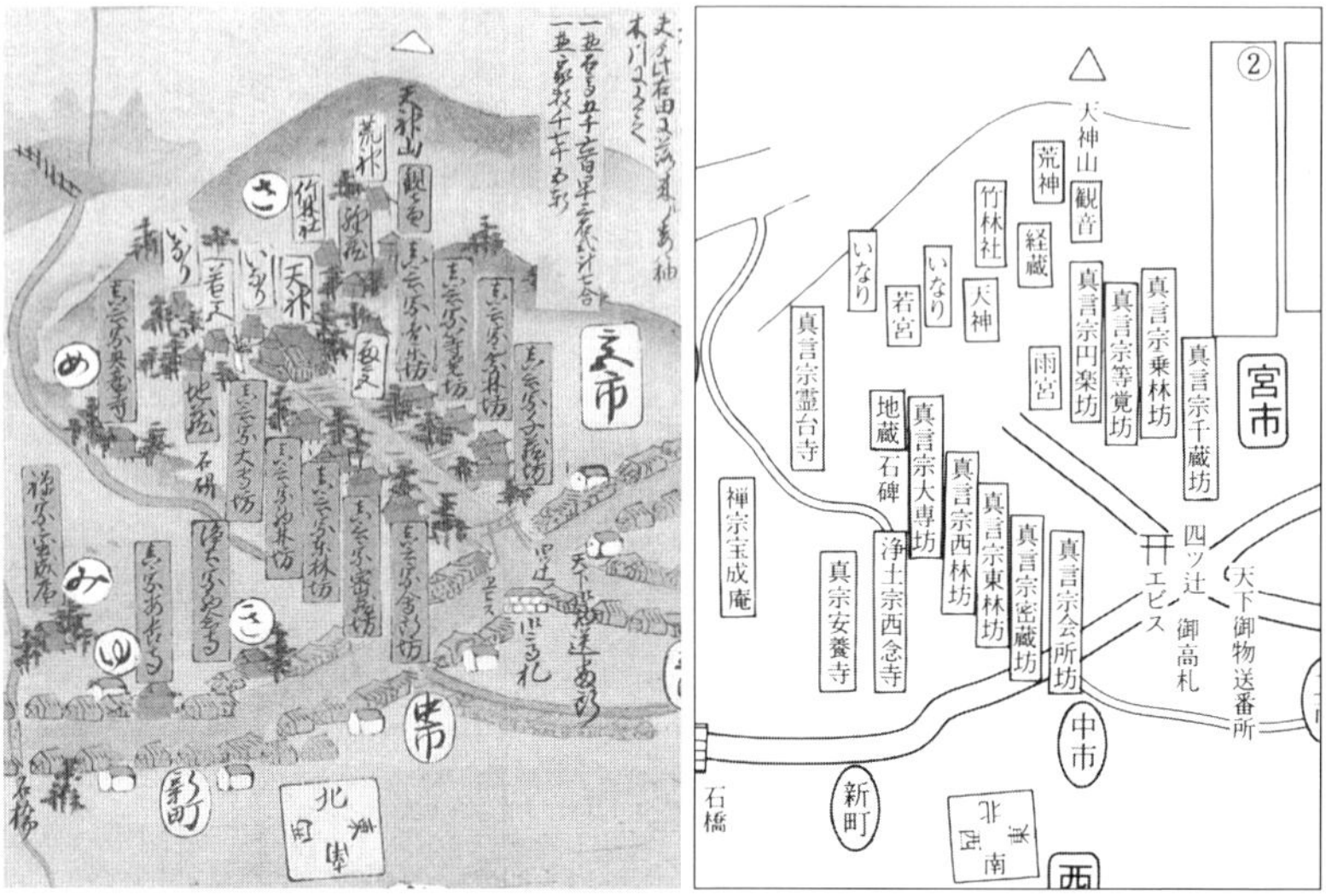

図1　「御国廻御行程記」周防国宮市とトレース図
（山口県文書館編『絵図でみる防長の町と村』〈山口県文書館、1989年〉78・79頁より転載）

ないような、いわば民俗的な次元も存在し、神仏とつながっていたことが知られている。

神仏をめぐる宗派性の強い思想も展開した。例えば真宗では、帰依対象が阿弥陀仏に限定されるが、阿弥陀仏と神との関係も説かれた。真宗僧侶である仰誓《ごうせい》の著『僻難対弁《へきなんたいべん》』（一七六五〈明和二〉年。妻木編　一九一三）をみると、神社を権社《ごんしゃ》と実社《じっしゃ》に区分し、権社の霊神は天照大神をはじめことごとく仏・菩薩の化身として疎かにせず、実社を邪神として排除するような立場が示されている。一方、伊勢神道は仏教を忌避する性格をもち、伊勢神宮と近隣寺院との紛争も発生した。この点と関わる記録が神宮文庫（三重県伊勢市）などに所蔵されている。もっとも、近世段階においては独自の神仏共存の仕組みがあったことも指摘される（塚本　二〇一四）。

また、法令・支配帳簿以外の文献上での、寺社や神仏の区別も確認できる。具体的には地誌や絵図などがわかりやすい例となるが、これらには幕藩領主の役所で作成されたものや民間で作成されたものがある。絵図上で寺院と神社が色分けされることもあった。例えば、萩藩絵図方雇《やとい》の有馬喜惣太《きそうた》らが六代藩主毛利宗広《むねひろ》の御国廻《おくにまわ》りに際して作成した絵図である「御国廻御行程記」（一七四二〈寛保二〉年。山口県文書館「毛利家文庫」三〇地誌五七）では、「寺」「堂庵《どうあん》」「本宮」「小宮」「市恵美須《いちえびす》」などの宗教施設の絵が赤で彩色され、「寺」「堂庵」名の四角囲みを緑で彩色し、「本宮」「小宮」名の四角囲みを桃色で彩色する方針がとられている。実際には一定しない部分も若干あるが、神仏が識別されていることが明白である。**図1**として「御国廻御行程記」中の周防国宮市の絵図とそのトレース図を抜粋したが、天神・いなり（稲荷）・竹林社・荒神・雨宮・若宮の四角囲みは桃色で彩色され、他の寺・坊・庵・経蔵・観音・地蔵などの四角囲みは緑で彩色されている。天神は現在の防府天満宮に当たるが、近世段階では神仏習合形態をとっており、九つある社坊の内の大専坊が別当として管理を主導し、円楽坊がそれを補佐しており、社人との紛争も生じた。明治維新期の神仏分離に際しては、大専坊・円楽坊など社僧の多くが社人に転じ、席次も定められた（防府天満宮編　二〇〇五、一四〇～一四二頁・二二二～二二七頁）。

以上のように、近世において神仏はかなり分離していたが、そうでない局面も確実にあり、単純に分離していたとはいい切れない。小林准士も指摘しているように（小林　二〇一七）、地域差・宗派差にも注意を要する。それがひいては、明治維新期の神仏分離政策への反応の差ともなったことが想定される。こうした近世と近代のさまざまな交錯の在りようを把握することが求められる。それでは、改めて明治維新期の神仏分離とは何であったのか、そして神仏分離研究に求められる視角は何なのかという問題に説き及ぶことで、本章の結びに代えたい。

四　近代化と神仏分離

1　「神道」による国民統合に向けた神仏分離

近代化という語を掲げたが、本章では国民国家化・資本主義化・市民社会化の三つの契機からなる時代の変化として理解している。周知のように、日本の近代化は欧米の圧倒的な影響下で進行した。国民国家化と資本主義化は「富国強兵」「殖産興業《しょくさんこうぎょう》」というキーワードで語られる。人々が天皇のもとに均質的な国民として統合され、このような国民国家の独立と利益を守るために国民からなる軍隊が編成され、軍事物資を含むさまざまな製品が工場などで大規模に生産されるようになった。また市民社会化とは、理念的にいえば、個人の尊厳・権利を認めたうえで諸個人が対等に関係を結んで社会を構築・運営することを指す。日本での現実の動きとしては、自由民権運動や大正デモクラシーが目を引くところである。政府の側でも体制のあり方が模索され、明治憲法体制が形づくられた。このような国家体制の強化が植民地支配をともなったことも知られている。こうして大まかにいえば、国民国家化・資本主義化・市民社会化の諸契機が組み合わさり、相互に矛盾も生じながら展開するのが、近代化であると思われる。同時代人にとっても、決して順調に進むわけではない試行錯誤の過程があった。

この内の国民国家化の内実が問題となる。すなわち、人々を天皇のもとに均質的な国民として統合するための結集軸として「神道」が求められたのである。ここでの「神道」とは、神祇信仰というよりもナショナリズムの表現に他ならない。羽賀祥二『明治維新と宗教』で用いられる「神道」の語も、同様の意味ではないかと思われる（羽賀　一九九四）。

そして「神道」の組織的基盤となる皇室・神社・神職などを仏教と分離する必要が生じ、先に挙げた法令などでそれが試みられたわけである。この分離によって神と仏の両系列がより明確な像を結ぶこととなるが、そのイメージを簡単に示すと図2のようになる。皇室に「神道」を体現させるべく、仏教的要素の排除が進められた。一八七一年には門跡制度が廃止された。また、神社・神職・神体と寺院・僧侶・仏像を制度的・空間的に分離し、特定の仏号・神号の禁止といった用語上の統制も図られた。一八六八年の神祇官の復興にともない神社・神職などは同官に付属することとなったが、一八七一年に社格と管轄が再編される。また、同年における神祇官の神祇省への格下げ、翌年の教部省への改組、一八七七年の同省廃止と内務省社寺局設置を経て、一九〇〇年に同局が神社局と宗教局に分かれ、前者が非宗教としての神社・神職に関する問題を扱うこととなった。以上のような意味では、仏教抑圧は神仏分離の主たる目的・趣旨ではないと考えられる。とはいえ、神仏分離の実施と関わり、藩や県によっては仏教抑圧が先鋭化するケースもあった。

神	仏
皇室	
神社	寺院
神職	僧侶
神体	仏像
神号	仏号
⋮	⋮

図2　明治維新期の神仏分離

人々への「神道」の教化も重要な課題となる。一八六九年に宣教使《せんきょうし》が設けられ、翌年には大教宣布《たいきょうせんぷ》が天皇の名で命じられた。宣教使の任務を継承する教部省の政策とその挫折をはじめ、教化の体制は紆余曲折を経るが、最終的には「国民皆学」の教育制度の確立が、「神道」教化にとっても決定的な役割を担ったに違いない。かくして「神道」は、さまざまな試行錯誤を経て、近代日本のナショナリズムとしてかなりの定着をみた。また、実は仏教もナショナリズムの構成要素となった。この点と関わる多くの「日本仏教」論が説かれたところである。こうした神仏をめぐる動向は、宗教史の問題であるとともに、宗教史を超えた問題である。

ところで、神仏分離と「廃仏毀釈」によって日本人の精神構造が大きく転換し、過剰同調的特質が付与されたという安丸良夫の主張（安丸　一九七九）は一見奇異だが、「神道」を結集軸とする国民国家化（国民統合）という脈絡でとらえると、それなりに頷けるのではないだろうか。安丸自身の理解としては、国家権力に対する人々の精神的自立の基盤となる宗教が強制的に破壊・再編されたということなのであろうが、先述のような近世の状況や明治維新期の史料を踏まえ、国民国家化の過程としてさらに追究できるはずである。そして国民の過剰同調的特質が顕著に発現するのが、いわゆる「総力戦体制」であり、山之内靖によれば昭和の敗戦後もそれは継続する（山之内　二〇一五）。このように、近代化ないし近代史の問題として批判的に継承することで、明治維新期の神仏分離は私たちにとって、より身近な存在となるだろう。

2　求められる視角

最後に、神仏分離研究を進めるうえで求められる視角に触れておきたい。これまでの研究史や関連史料を踏まえると、まず仏教にとっての法難史観的な議論の相対化が求められるだろう（否定ではなく相対化である）。「廃仏毀釈」と一体化させた議論を見直す余地は、少なくない。

次に、明治維新期（神仏判然令）から神仏分離で、それ以前は神仏習合という過度な単純化がしばしばなされ、これに対して明治維新期以前も分離していたことや、多様な分離があったことが主張される場合もある。ところが、これらの議論は以下の四つの分析事項を必ずしも踏まえず、単純に習合か分離かを争う場合があり、この点は反省されてよいはずである。

四つの分析事項というのは、第一に神仏分離をめぐる諸主体である。すなわち、それぞれ一枚岩でなく相互に関係し合う政府・寺社・住民の内の、どの主体の動向なのかを区別して、分析を進める必要がある。特定地域の結果からさかのぼって、単純に政府の意図へとつなげるのは危険である。また、これまでの研究では、例えば政府内における平田派・大国《おおくに》派の神道家の動向が注視されてきた。

第二に、分離の対象である。施設（寺社）・人（宗教者）・モノ（神仏像・典籍など）を区別する必要がある。先にみた通り、これらは法令上でも区別されているが、研究者も何の分離が問題となっているかに自覚的であることが求められる。

第三に、分離のレベルである。制度上の分離なのか、空間的な分離なのか、特定の言葉の禁止など用語上の問題なのか、あるいは思想（信仰）の中身に踏み込んだ問題なのか、といったさまざまなレベルに注意する必要があるだろう。例えば神祇官は、事案への対処に当たり、神仏習合思想を批判することがあった。

加えて第四に、神仏分離の時期差・時代差の問題もある。一八六八年以降の時期的段階差はもちろんだが、それ以前の時代の状況や、今日の事情も重要なテーマとなるに違いない。本章では、近世の状況を把握することに力点を置いたつもりである。

もとより本章自体、右のような四つの分析を全体的に踏まえて神仏分離を説明できたとはいいがたい内容であり、今後につなげていくしかない。法難史観を相対化しつつ、四つの分析事項を念頭に、具体的な史料に即した検討を進めることで、明治維新期はもちろんのこと日本史全体にとっても、有益な知見がさらに獲得されるだろう。神仏分離という問題は、より広くとらえれば、日本列島における神と仏の関係史を問うことに他ならない。

参考文献

『寛文年録』第三巻（野上出版、一九九三年）

梅田千尋「近世の神道・陰陽道」（『岩波講座日本歴史』第一二巻・近世三〈岩波書店、二〇一四年〉）

柏原祐泉『日本仏教史　近代』（吉川弘文館、一九九〇年）

加瀬直弥・岡田荘司・嵯峨井建・藤田大誠・阪本是丸『神仏関係考——古代・中世・近世・近現代』（神社新報社、二〇一六年）

小林准士「神道と仏教」（佛教史学会編『仏教史研究ハンドブック』〈法藏館、二〇一七年〉）

阪本是丸「講演録　神仏分離・廃仏毀釈の背景について」（『明治聖徳記念学会紀要』四一、二〇〇五年）

——「神仏分離研究の課題と展望」（同『近世・近代神道論考』〈弘文堂、二〇〇七年。初出二〇〇五年〉）

佐藤眞人「神仏分離」（大久保良峻・佐藤弘夫・末木文美士・林淳・松尾剛次編『日本仏教34の鍵』〈春秋社、二〇〇三年〉）

澤　博勝『近世の宗教組織と地域社会——教団信仰と民間信仰』（吉川弘文館、一九九九年）

島薗　進「一九世紀日本の宗教構造の変容」（『岩波講座近代日本の文化史2　コスモロジーの「近世」』〈岩波書店、二〇〇一年〉）

ジョン・ブリーン「明治初年の神仏判然令と近代神道の創出」（『明治聖徳記念学会紀要』四三、二〇〇六年）

鈴木正崇「公開講演　仏教と山岳信仰」（『駒澤大学大学院仏教学研究会年報』五一、二〇一八年）

高木博志「皇室の神仏分離・再考」（明治維新史学会編『明治維新史研究の今を問う——新たな歴史像を求めて』〈有志舎、二〇一一年〉）

高埜利彦『近世日本の国家権力と宗教』（東京大学出版会、一九八九年）

——「江戸時代の神社制度」（同『近世の朝廷と宗教』〈吉川弘文館、二〇一四年。初出二〇〇三年〉）

田中秀和『幕末維新期における宗教と地域社会』（清文堂出版、一九九七年）

圭室文雄『神仏分離』（教育社歴史新書、一九七七年）

——「神仏分離令」（『国史大辞典』第七巻〈吉川弘文館、一九八七年〉）

塚本　明「仏教の受容と忌避」（同『近世伊勢神宮領の触穢観念と被差別民』〈清文堂出版、二〇一四年。初出二〇一〇年〉）
辻善之助『明治仏教史の問題』（立文書院、一九四九年）
辻善之助・村上専精・鷲尾順敬編『明治維新神仏分離史料』全五巻（東方書院、一九二六〜二九年）
妻木直良編『真宗全書』五九（蔵経書院、一九一三年）
東京都編『東京市史稿』市街篇・第五〇（臨川書店、二〇〇一年）
内閣官報局編『明治年間法令全書』第一巻（原書房、一九七四年）
羽賀祥二『明治維新と宗教』（筑摩書房、一九九四年）
――「御一新と神仏分離」（鳥海靖・松尾正人・小風秀雅編『日本近現代史研究事典』〈東京堂出版、一九九九年〉）
林　淳「「神仏混淆」から「神仏習合」へ――用語の再検討」（羽賀祥二編『近代日本の地域と文化』〈吉川弘文館、二〇一八年〉）
引野亨輔「近世後期の地域社会における「神仏分離」騒動」（澤博勝・高埜利彦編『近世の宗教と社会3　民衆の〈知〉と宗教』〈吉川弘文館、二〇〇八年〉）
防府天満宮編『防府天満宮神社誌』社史編（防府天満宮、二〇〇五年）
村上重良『国家神道』（岩波新書、一九七〇年）
村田安穂『神仏分離の地方的展開』（吉川弘文館、一九九九年）
安丸良夫『日本ナショナリズムの前夜』（朝日新聞社、一九七七年〈のち、洋泉社MC新書、二〇〇七年〉）
――『神々の明治維新――神仏分離と廃仏毀釈』（岩波新書、一九七九年）
――「神仏分離」（『日本史大事典』第三巻〈平凡社、一九九三年〉）
安丸良夫・宮地正人校注『日本近代思想大系5　宗教と国家』（岩波書店、一九八八年）
山之内靖『総力戦体制』（ちくま学芸文庫、二〇一五年）
吉田久一『近現代仏教の歴史』（筑摩書房、一九九八年〈のち、ちくま学芸文庫、二〇一七年〉）

コラム　孔子の変貌——儒学と明治日本

桐原健真

神儒分離

　近世日本の公教育において主導的地位を占めていた儒学が、維新後の文明開化のなかで、その地位を失ったということはしばしば指摘される。徳川幕府における文教の中核であった湯島聖堂（現・東京都文京区）が明治新政府へ移管され、ここに儒学のみならず国学をも教授する大学本校（一八六九）が設置されたことはまさに象徴的である。もとより近世的な神儒一致の立場からいえば、両者の共存はあり得ない話ではなかっただろう。しかし大学本校は、明らかに国学に対して儒学を従とする体制であり、こうしたなかで国学者は、大学に新たな学神を祀《まつ》るべきことを主張する。しかし、孔子を奉斎する聖堂に、それ以外の学神を祀ることは、儒者にとって受け入れがたいことであり、ここに学神祭論争が勃発するに至る。「神仏分離」がこの列島全体で展開されていた一方で、「神儒分離」もまた、講壇の世界において進展していたのである。

　結局のところ、この論争は収拾がつかず、最終的に大学本校自体の廃校という形で幕を閉じた。かくて本来の目的を失った聖堂は、新政府にとって便利な「ハコモノ」として取り扱われることとなる。すなわち一八七二年には、洋学を主とする大学南校の「蔵品博覧会」の会場となり、さらに一八七五年には「書籍《しょじゃく》館《かん》」に活用されているのである。

「蔵品博覧会」が今日の東京国立博物館の源流であり、「書籍館」が同じく国立国会図書館の前身となったように、維新官僚に支配された聖堂は、「博物館」や「図書館」といった「文明開化」を象徴する空間へと作り替えられ、孔子を奉斎する場という聖堂の本旨は失われていったのである。維新以後の公教育における儒学の退潮は、これほどまでに激しいものであった。

「儒学」から「漢学」へ

しかし、だからといって儒者が逼塞《ひっそく》していたわけではない。むしろ彼らは、みずからの私塾でその教育実践を活発に行なっていたのである。それは時代の要請でもあった。

写真１　湯島聖堂・大成殿（筆者撮影）
関東大震災で焼失後、1935年に再建

すなわち、あの明治の漢文訓読的な布達・法令の解釈、あるいは在清宣教師による漢訳洋書の読解や洋書翻訳に際しての造語創出には、一定の漢文能力の修得が不可欠であった（河野　二〇一一、二五頁）。それゆえ立身出世のために高等教育や官途を目指す明治青年たちは、儒者の営む私塾に通い続けたのであった。「開化」のために地歩を失った「儒学」は、まさにその「開化」によってその新たな場を得たともいえる。だが同時にそれは、「聖賢の学」としての儒学とは異なった、「英学」「独学」「仏学」などと並置される言語習得の学としての「漢学」への転換（転落？）をも意味するものでもあった。

しかしながら儒者によるこうした「漢学」としての生存戦略も、やがて曲がり角を迎えざるを得なくなる。すなわち「漢学」だけを教授する私塾はその存在意義を失っていったからである。それは、漢語や漢文を系統的に教える体制が公教育内で整えられたためだけではない。かつての「独学」や「仏学」が、単なる語学の域を越えて、各々ドイツやフランスにおける哲学・

史学・文学そして法学・医学といった近代的な学問へと発展的解消を遂げたように、「漢学」もまた専門分化し、アカデミズムの体系に組み込まれていったからである。

国民道徳論における儒学の語り

もとより一八九〇年に渙発された教育勅語の文言にみられるように、儒学的な教説自体が、明治国家の公的イデオロギーとしての国民道徳論から退場することはなかった。しかしながら、どれほど儒学的な表現が用いられようとも、「徳」は「皇祖皇宗」の立てるところであり、「道」は「皇祖皇宗の遺訓」なのだと宣言するこの勅語において、孔子が登場する余地はなかった。たしかに勅語は、「皇祖皇宗」以来の神話的歴史と、儒学における徳目とが結合した神儒一致の構造を成しているようにみえる。しかしやはりそこでは、独立した教説としての儒学そのものは、神道と分離し、ひそやかに退場させられてしまっているのである。

こうした国民道徳論の文脈で孔子が現れてくるには、

写真2　湯島聖堂の孔子像
（筆者撮影）

二〇世紀転換期ごろからはじまる修養論をまたねばならなかった。この新たな道徳の語りは、道徳の主体たる個人を「臣民」や「国民」と規定し、単純に天皇や国家へと収斂《しゅうれん》させてしまう教育勅語のような教説ではなかった。むしろ修養論は、みずからを道徳的に主体化することにより「個」としての自己実現を説くものであって、この時期から顕在化してきた「個」への欲求（個人主義）と結びつくことで初めて成立したものである。このような潮流のなかで、孔子が再登場するのだが、しかしそれは決してかつての儒学そのものの復権を意味しなかった。

「聖性」を失った孔子

一九〇七年、湯島聖堂を、文字通り孔子を祀る釈奠《せきてん》の場たらしめることを目的に孔子祭典会（のち斯文会《しぶんかい》に合流）が発足する。しかしそこでの孔子は、もはや維新以前に一般的であった超越的な存在としての聖人孔子ではなかった。すなわち当時すでに国民道徳論の中心的人物であった井上哲次郎（一八五五～一九四四）が、聖堂での釈奠に際して演説したように、彼らは孔子を「偉大」な「人格」をもった人間孔子として語り、そして祀ったのである（井上　一九〇七、七二七頁）

写真3　井上哲次郎
（国立国会図書館 web サイト「近代日本人の肖像」より）

孔子は「絶対的に完全」ではなく、あくまで「最も欠点の少ない人」である。だからこそ「入り易い所があるからして誰でもやればやれる」のだ――と井上はいう（同前）。「聖人、学びて至る可《べ》し」（程頤《ていい》『近思録』一一七六年刊）すなわち「学べば誰でも聖人になれる」とは、朱子学の重要なテーゼであった。だが、「孔子を模範とし、孔子のようになれ」という井上の主張は、こうした伝統的な教説とは本質的に異なっている。

孔子は「聖人」ではなく「人間」だからこそ、宗教的・超越的な高みではなく、あくまで現世的な人格の陶冶《とうや》を目指す「修養」での模範となり得ると井上は考えた。彼のいう孔子は、われわれと同じ次元に生きる「人間」として描かれており、維新以前の日本知識人の多くが思い描いていた「絶対的に完全」な「聖人」からは大きく乖離《かいり》していた。こうして、かつては三教一致、あるいは神儒一致といった形でこの列島における主要な教説の地位を占めていた儒学は、維新を経て、近代的な「偉人」としての「人間孔子」の語りのなかに溶解していったのである。

参考文献

井上哲次郎「孔子の人格に就いて（孔子祭典会講演）」一九〇七年（同『日本朱子学派之哲学（増訂五版）』〈冨山房、一九一五年〉）
桐原健真「『論語講義』再考――近代論語のなかの渋沢栄一」（見城悌治ほか編『渋沢栄一は漢学とどう関わったか――「論語と算盤」が出会う東アジアの近代』〈ミネルヴァ書房、二〇一七年〉）
河野有理『明六雑誌の政治思想――阪谷素と「道理」の挑戦』（東京大学出版会、二〇一一年）

日本宗教史学における廃仏毀釈の位相

オリオン・クラウタウ

一　思想としての「廃仏毀釈」

著名な仏教史学者・圭室文雄《たまむろふみお》は、「廃仏毀釈《はいぶつきしゃく》」を「仏教寺院や僧侶を排斥する思想や行動」として定義している（圭室　一九九〇、四六七〜四六八頁）。確かに、時代や地域を問わず、これは我々がもつ「廃仏毀釈」の一般的なイメージであることは、間違いない。すなわち、「廃仏毀釈」を広くとらえれば、二〇〇一年にアフガニスタンのバーミヤン渓谷で起きた石仏の破壊もそれに当てはまり、さらに中国での三武一宗の法難をはじめ、歴史的に展開してきたインドやチベットでの仏教迫害にも適合されることになる。

むろん、明治初期の「神仏判然令」にともなって展開した仏教寺院への一連の破壊行為もこれにあたり、日本で「廃仏毀釈」といえば、まずこれらの事件が想起されるであろう（「神仏判然」「神仏分離」については、論文「神仏分離研究の視角をめぐって」を参照されたい）。すなわち、一八六八（慶応四）年三月、明治新政府によって「神」と「仏」とを「判然」させるための諸令が発せられると、これらは必ずしも仏教施設の破壊を求めるものではなかったが、国学や水戸学の影響の下にこれを拡大解釈した人々により、今日「廃仏毀釈」として知られる一連の暴力運動が勃発し、例えば同年四月には、近江国の日吉山王社《ひえさんのう》で仏像・経巻の破却が行なわれた。そして廃仏毀釈は破却という形態のみならず、一部地域では、宗派ごとの廃寺・合寺が強行され、一八六八（明治元）年一一月には、佐渡国五百余カ寺がわずか八〇カ寺に統廃合されている。

このような事件が起きた理由としては、一般的に、次のように説明される。すなわち、江戸期において、宗門は幕府との密接な関係のために衰微の道を歩み、経済的・社会的な安定を獲得した僧侶は、堕落していく。そこで、排仏論からの外部批判が生じるが、僧侶は対応せず、国学思想の下で作成された神仏判然の諸令が発布され、それが一種の破壊運動に展開していくこととなる。そして、廃仏毀釈に直面した僧侶は、その「堕落」から「覚醒」して、自身の立場を再考していったのだ――と（クラウタウ　二〇一四、四二〇～四二二頁）。かかる展開は、オンライン百科事典のみならず、高校の教科書も含め、数多くの参考図書に示されている（石井ほか編　二〇〇一、二四六頁）。かくて廃仏毀釈は、近代史学の語りの枠組みで重要な位置を占める事件となり、日本仏教史を「近世」と「近代」に分ける転換点として描かれるようになった。

ただし、「廃仏毀釈」という四字熟語は、日本以外の漢字文化圏では確認できず、日本でも固有な歴史的過程を経て、定着したものである。そこで本章は、「廃仏毀釈」の歴史的展開を「史実」として描くのではなく、以上のような定説が近代の枠組みでいかなるプロセスを通して、形を成していったかについて考えていきたい。具体的には、明治末期における「廃仏毀釈」にまつわる研究の曙を描き、それが昭和初期に至って成熟していく過程を示す。そして、一九三〇年代の展開も検討し、戦後に至る我々の「廃仏毀釈」の理解をめぐっていささか指摘し、本章を締めたい。

二　明治末期の廃仏毀釈論

「廃仏毀釈」（あるいは排仏棄釈など）という四字熟語は維新期から存在しており、明治期を通して、専門書のみならず、数点の一般書にもみられる。例えば、早い用例として、一八六八年六月二二日に新政府から出された「太政官より本願寺外三ケ寺へ達」（『太政類典《だじょうるいてん》』）で、「排仏毀釈」は朝廷の意志ではないことが示され（村上ほか編　一九二六、一二〇～一二三頁）、それを受けた浄土真宗西派の広如（一七九八～一八七一）も新政府への建言において「朝庭《ママ》廃仏毀尺〔釈〕の御処置」問題に触れている（大谷　一八六九、九丁表）。近代的な仏教史学が確立していく段階で、村上専精《むらかみせんしょう》（一八五五～一九二九）の『日本仏教史綱』（下巻、金港堂、一八九九年、二四五頁）や、加藤咄堂《とつどう》『日本宗教風俗論』（森江書店、一九〇二年、九七頁）などでの使用も確認できるが、歴史研究の用語として流布するのは一九一〇年代からである。この時期までは、同音の熟語――すなわち、廃仏毀釈、排仏毀釈、廃仏棄釈、排仏棄釈――が区別されることなく用いられていたが、一九一〇年代以降、今日の我々が主に用いる「廃仏毀釈」の表記が他のそれを圧倒していくようである。

以上の定着プロセスは、近代日本における学問分野としての「仏教史学」の定着と密接に関わっている。明治末期に、次第に「廃仏毀釈」という言葉の下で語られていった一連の事象の経験者は最晩年をむかえ、その総括的な「記録」の保存収集が試みられた。その第一歩として、一九一一年三月、創刊から間もない雑誌『仏教史学』は特集号を組み、次のように原稿募集を呼びかけた。

写真1　『仏教史学』表紙

> 明治初年の排仏毀釈は、我国空前の事変であつて、大に国民の思想を動揺して諸方面に影響を及ぼしました。当時の騒《そう》擾《じょう》は今尚ほ国民の記憶《きおく》に新なることでありますが、吾輩《わがはい》は未だその状況を詳細に記録したものがあることを聞き及びません（中略）乃《そこ》で今日吾輩が先づ我『仏教史学』の読者に謀り、明治初年の排仏毀釈の事実談を募集いたしたう思ひます。当時実際事変の関係者、及び見聞者が、吾輩の微意を諒とし、事実談を示されんことを切望いたします。殊に読者が此企《このくわだて》に援助を与へられんことを切望いたします。／一、神仏分離に関する事実談。／二、寺院の建築物等の移転売却破壊等に関する事実談。／三、仏像法具等の売却破壊等に関する事実談。／四、僧尼の復飾還俗《ふくしょくげんぞく》等に関する事実談。／以上は大要の目を挙げたるまでゝありますから、苟《いやしく》も排仏毀釈の事実に関することは、大小に論なく示されたい。
>
> （「稟告《りんこく》　明治初年排仏毀釈の事実談を募集す」〈『仏教史学』一―三、一九一一年六月〉）

以上、本誌の編集を担当していた大内《おおうち》青巒《せいらん》（一八四五～一九一八）や鷲尾《わしお》順敬《じゅんきょう》（一八六八～一九四一）は、寺院や仏像の「売却破壊」のみならず、僧尼による「復飾還俗」という経験にまつわる「事実談」をめぐっても原稿を募集していたことから、この時期から「排仏毀釈」はもはや物理的な破壊運動に止まらず、社会構造の次元でも仏教界を変えた事件であった、という認識が存在していたことがうかがえよう。そしてこうした「排仏毀釈」への学術的関心の高まりは、この『仏教史学』の編集にも携わっていた青巒が、特集号の募集から二カ月後の八月号に寄稿した「廃仏毀釈の因由《いんゆう》」にもみることができる。

明治維新の初めに当たりて廃仏毀釈の行はれた事実を研究しやうといふには、先づ其の原因由来を考へて見るの必要がある（中略）〔その原因由来は〕大体の上に於て内憂と外患との二つに分けて考へなければならず、又之を空間的にも時間的にも考へて見なければならぬことと思ふ。其中に就て今は内憂の方の事、すなはち仏教界の各宗各派に於て内から廃仏毀釈を誘致したる事実は且《しば》らく之をお預かりとして置て、其の外患の方の事、すなはち外敵から排斥残暴を蒙《こう》むつた経歴を、時間的に考へて見れば約三百年に渉り、空間的には日本全国に渉りて、其の外敵は神道と儒教との両方面から、古来未曾有の圧迫を受けたのを、固より内憂を内憂とも知らずに栄華の夢を貪つて居た各宗派の大小の僧侶が、毫も彼の強敵に対して外患とも思はず、之を防ぐの策も講せず自ら守るの計も作さず、遂に必然の結果として王政復古とともに廃仏毀釈の事実となつて顕はれたのであると思ふのである。

（大内　一九一一、一一～一二頁）

このように青巒は、のちの「廃仏毀釈」につながるような「外敵」からの「排斥」の要因を、僧侶自身の態度に求める姿勢を示していくが、こうした把握は当時において、決して新しいものではなかったことも念頭に置くべきである。例えば、早いものとしては、幕末期の真宗東派僧侶・龍温《りゅうおん》（一八〇〇～八八）が幕末期の代表的な護法論である『総斥排仏弁』（一八六五年ころ成立）で類似の論理を展開していることが挙げられよう（柏原・藤井校注　一九七三、一〇六～一四六頁）。こうした「廃仏毀釈の因由」を僧侶の堕落に求める理解は、青巒がこれを執筆した一九一〇年代当時の学界において、すでに一種の定説を成していたことは、筆者が以前の研究で示した通りである

〔クラウタウ　二〇一二、一八九〜二九八頁〕。

すなわち、「廃仏毀釈の因由」で、青巒は「外患」を中心に考え、神道および儒教といった「外敵」からの批判的思想の成立に焦点を当てる。短い論考であるため、彼は要点を紹介したにすぎないが、本章では特に、「神道」をめぐるその結論に着目したい。

〔平田篤胤《ひらたあつたね》には〕著述が多くあつて其の大半は排仏説である、此に至りて彼の〔真言僧の〕契沖《けいちゅう》〔一六四〇〜一七〇一〕・〔荷田《かだの》〕春満《あずままろ》〔一六六九〜一七三六〕・〔賀茂《かもの》〕真淵《まぶち》〔一六九七〜一七六九〕の三大人《うし》が単純に日本の古言を調査し歌道を興復せられたのが、遂に一種の新しき神道と名くる宗教になつてしまふたのである。抑《そもそ》も此の日本の上世の神々を仏教の仏菩薩のやうに解釈することは、行基菩薩や弘法大師伝教大師などが俑《よう》を作つたので、本地垂迹《ほんじすいじゃく》であるとか両部神道であるとか唯一神道であるとか、色々なことを唱へたのが本であるが、〔本《もと》居《おり》〕宣長《のりなが》や篤胤は其れに反動して逆襲を企てたのであるから、勢ひ排仏を主張せねばならぬのことになつたのである（中略）彼れ此れして居るうちに徳川幕府の大政返上となり、王政復古といふことになつたのであるから、彼の儒教方面からの排仏者と此の神道の方面からの排仏者とが力を戮《あわ》せて、愈々《いよいよ》廃仏毀釈の実行となつたのである。〔大内　一九一一、一〇〜一一頁〕

ここで着目すべきなのは、契沖らに代表される神仏の習合的把握に基づいた「本地垂迹」の永き伝統とは一線を画し、さらにこれを否定した人物として宣長や篤胤のような国学者を描き出した青巒の筆法である。すなわち彼は、国学（およびそれから展開する神道思想）を、本質的には否定せず、神仏判然令とそれにともなう「廃仏毀釈」は、あくまで思想のレベルにおいて、その「習合」といういわば融和的な態度に対して反動的で奇矯《ききょう》な一部の人々の影響によって実施されたと説明するのである。この青巒による論考の発表から約八カ月後の一九一二年四月に、『仏教史学』の「廃仏毀釈」特集号が刊行される。同号は、次に掲げる目次からも、原稿を募集した一年前の「稟告」で構想された通りのものが実現されていたことがわかる。

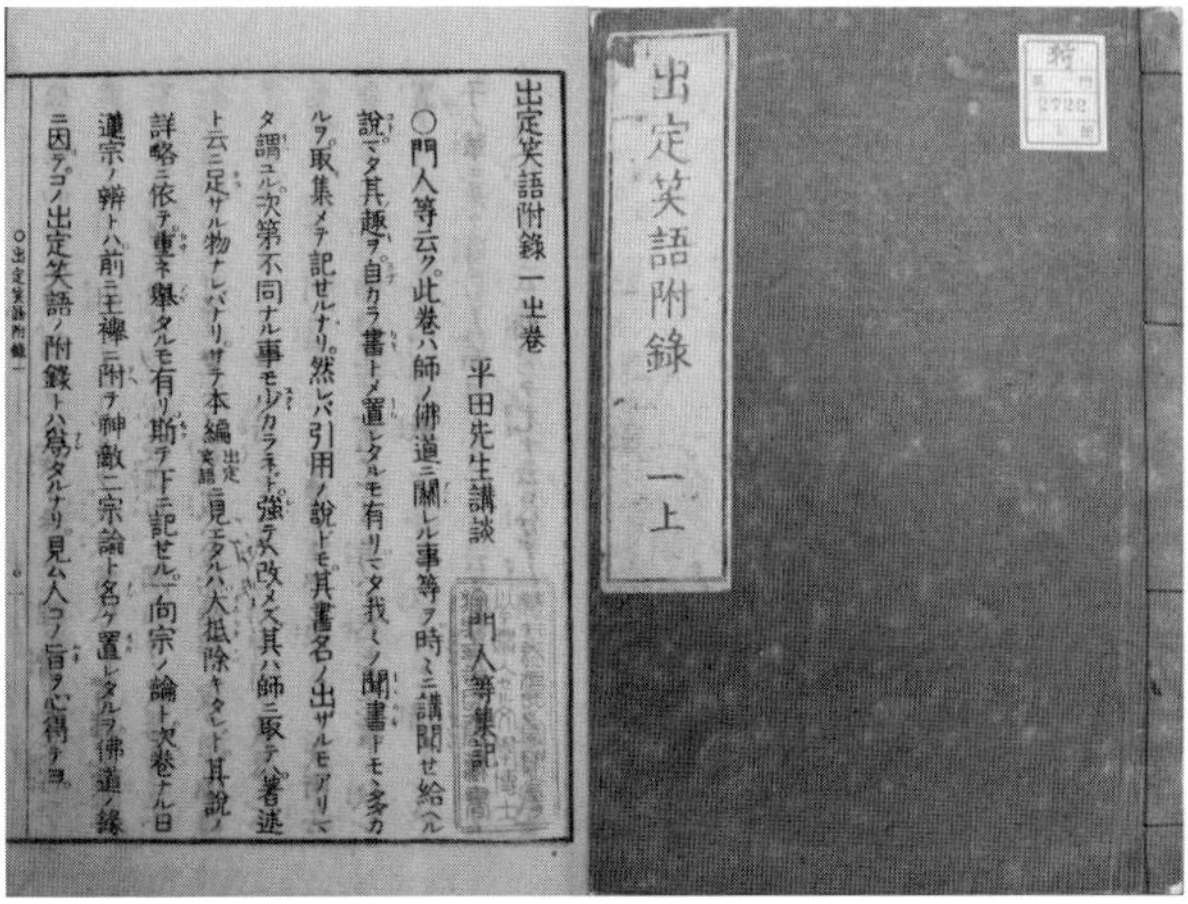

写真2　平田篤胤『出定笑語附録・神敵二宗論』（東北大学附属図書館・狩野文庫蔵）
「廃仏家」たる篤胤は、浄土真宗と日蓮宗の「二宗」をとりわけ攻撃した。

鷲尾順敬「毀鐘《きしょう》鋳砲《ちゅうほう》の勅諚《ちょくじょう》」「日吉権現神改めの始末」「神仏分離に関する法令」／大隈重信「明治初年の廃仏毀釈」／下田義照「廃仏毀釈の由来及び実況」／修多羅亮延「神仏分離と神官僧侶」／権田雷斧《ごんだらいふ》「越後地方の廃仏毀釈」／豊田毒湛《どくたん》「美濃地方の廃仏毀釈」／竹村五百枝「伊豆地方の廃仏毀釈」／岡田重家「富山藩の寺院合併」／佐伯利麿「津和野藩の寺院処分」／千秋季隆《せんしゅうすえたか》「熱田神宮の神仏分離史料」／伊藤泰歳《やすとし》「香取神宮別当寺廃止の始末」／八代高嶺「廃仏毀釈と香取神宮本地仏」／静川慈潤「明治初年の鶴ヶ岡八幡」／田中巌道「深川八幡別当寺の変遷」／沼田頼輔《よりすけ》「伯耆大山の廃仏毀釈」／天沢文雅「廃仏毀釈と麟祥院」／高津柏樹《はくじゅ》「宇佐八幡の宝物」／水木要太郎「明治初年の南都諸大寺」／北川智海「南都諸大寺に於ける仏典の焼棄」

（「目次」『仏教史学』二―一、一九一二年四月、一～二頁）

鷲尾順敬が編集の中心となったであろう同号掲載の論考は、男爵・千秋季隆（一八七五～一九四一）のものを除くすべてが、のちに鷲尾自身に加え、村上専精と辻善之助《つじぜんのすけ》（一八七七～一九五五）の編集になる『明治維新神仏分離史料』（一九二六、以下『分離史料』と略す）に収録されることとなり、「廃仏毀釈」を語るうえでの史料的な裏づけとしての役割をはたしていくのである。とりわけ、大隈重信の「明治初年の廃仏毀釈」にうかがえるように、「内憂→外患→覚醒」の基本的な筋書は維持され、定着していった（大隈　一九一二、三一～三三頁）。この態度は、次節でも確認するように、その後の日本宗教史学のゆくえを大きく方向づける『分離史料』にも生かされていくのであり、それと異なる視点が示されるのは、一九三〇年代におけるマルクス主義史学の隆盛をまたなければならなかった。

三　『明治維新神仏分離史料』の意義

明治維新から半世紀を迎えた一九一〇年代後半になると、「廃仏毀釈」の理解はいっそう深まりをみせていくことになる。とはいえ、近代的な学術世界の枠組みでのより本格的な研究は、一九二〇年代をまたなければならなかった。例えば、真宗在家信者の羽根田文明《はねだあやはる》（一八四八～一九二七）は一九二五（大正一四）年に、『維新前後仏教遭難史論』を発表している。その表紙には、わざわざ「東京帝国大学文学部史料参考書」であることが記されており、これに選定された「事由」が以下のように示されている。

去る大正五年（一九一六）二月大谷大学に於て、同大学長南条文雄《なんじょうぶんゆう》博士が維新後に於る、真宗大谷派本願寺史講述の際、同博士の懇請《こんせい》に由り本書の原稿が其講本に加はり、数回に渉つて講述せられその筆録が、同大学の機関誌たる「無盡燈《むじんとう》」第壱巻第二号以下に連載なつてある／又同十三年七月四日付にて東京帝国大学文学部、史料編纂掛《しりょうへんさんがかり》辻善之助博士より懇篤なる書状を以て、本書仏教遭難史論の稿本借用方の懇請に接し、二三次書状往復の後、稿本を東京大学へ提供。（中略）同年九月十七日同大学より稿本返送に就て、辻善之助博士より「偖《さて》高著仏教遭難史論、永々拝借致し難有存知候《ありがたくぞんじそうろう》、拝読大に裨益《ひえき》を得申候《えもうしそうろう》」云々との謝状を添られたり。

（羽根田　一九二五、巻頭付記）

『維新前後仏教遭難史論』が本格的に評価されていく背景に、羽根田と同世代の仏教学者・南条文雄（一八四九～一九二七）による一九一六年の一連の講義があったことが挙げられる（南条　一九一六）。維新前後の「仏教遭難」は、宗門の枠組みでも記憶すべき事件として語られるようになったのである。本書は、この文章からもうかがえるように、以後の研究に影響を及ぼすことになる。当時、『分離史料』の編集作業に従事していた日本仏教史研究者・辻善之助は、当史料集刊行開始の約二年前に羽根田の草稿を入手し、それが公開されるにあたっての「序」も寄稿している。そこで辻は、「我国民文化の世界に於ける地位」を考えるうえで鍵となる「神仏調和本地垂迹の思想」は、明治初年の「廃仏毀釈」の歴史的意義を検討せずして、正確に把握できないと述べている（羽根田　一九二五、「序」三頁）。

羽根田自身は、その「自序」において「皇室と仏教の契縁」を強調し、明治初期における事件としての「廃仏毀釈」の例外的な性格を仄《ほの》めかす（羽根田　一九二五、七～八頁）。彼は、まず「前記」において、「古来神仏混淆《こんこう》の状態」や「維新以前の廃仏論」を扱い、次いで「本記」で、王政復古から教導職の設置までの時期を語り、これらを受けて「後記」では、「古社寺保存法」の発布や各宗高僧への大師号の授与など、明治一〇年代以降の事例を取り上げ、仏教と国家とが再接近していくさまを描き出している。もとより維新以降、天皇が仏教を信仰しているわけではない点で、前代とは一線が画されていることを、明治天皇の事例から指摘したうえで、彼は「自由信教」を肯定する以下の言葉で本書を締めている。

兎も角、皇威を借て教法を弘めんとする、旧式思想は、宗教界より排斥せねばならぬ、宗教は人の信否に依らず、たとへば人は信ぜずとも、独り自己の、是とする所に依て、堅き信念を養ひ、堅実なる不動的に、熱烈なる自信を披露し、以て他をも感化せしむるのが、宗教家の本務であることを、忘れてはならぬ。

（羽根田　一九二五、二八〇頁）

羽根田は、国家と仏教との再接近を喜びつつも、新時代において「皇威」に頼らざる「宗教」のあるべき姿を訴えるが、しかし、本書全体のストーリーとしては、いわば、歴史の〝例外〟としての「廃仏毀釈」の描出が目立つ。このようなプロットは、必要な変化を加えて、やはりアカデミズムの主流を占める帝国大学系の研究者の語り方のなかで定着していくこととなる。

例えば、東照宮三百年祭記念会の寄付によって、一九二〇年からその編纂作業が展開していた『分離史料』でも、そのような姿勢をうかがうことができよう。一九二六（大正一五／昭和元）年、すなわち羽根田『維新前後遭難史論』公刊の翌年から刊行が始まった『分離史料』の巻頭言で、日本における「宗教統一の美風」を軸に、「廃仏毀釈」の問題を取り上げた最晩年の村上専精は次のように述べている。いわく、「本国」のインドをはじめとして、中央アジアの各地、そして中国や朝鮮など、仏教が歴史的に伝播してきたあらゆる国では、釈迦の教法はすでに廃滅しているか、そうでない場合は中国のように「熱烈なる廃仏毀釈の暴政」に遭っているが、日本はこれらすべての国と異なっているのだ——と（村上　一九二六、五頁）。

他邦には廃仏毀釈の事ありしに、我が日本国に限り、廃仏毀釈の事あるに至らずして、無事に経過せしものなるや、疑問が当に起るべきところだ。吾輩一言以て之に答ふるに、古来本邦の美風として、宗教の統一あるに由るものと言ひたい。他にも又其の原因となれるものがないでもあるまい、されど吾輩は宗教の統一是れ其の重もなる原因であると思ふ。（村上　一九二六、六頁）

すなわち日本では、仏教は神道および儒教と調和的に共存してきており、両部神道のような習合的なパラダイムすら成立したと専精は指摘する。そしてそれは以下のように、日本固有の皇室の有り様と深く関係していることも明らかであると彼はいう。

我が日本帝国は、外国に於て其の例あることなき皇統一系といふ芽出度き国体上の美風あると共に、又此に宗教統一といふ信仰上の美風が久しく存在して居た、是れ又外国に其の例の希れなことである。吾輩此の国体上の美風と宗教上の美風とが結び付いて、彼此相扶け合ふところがあつたやうに思ふ、是れが国民の思想統一上に影響することも少なからなんだこと、思ふ。（村上　一九二六、一四～一五頁）

写真３　最晩年の村上専精
（境野黄洋『支那仏教史の研究』〈共立社、1930年〉より）

ところが、「日本宗教史の美風も、無限に継続する訳には参らなんだ、遂に破綻の時を迎へた」のであり、それはやはり、すでに青巒や羽根田が指摘していたのと同様に、「徳川時代」のことであると主張される。つまり、近世において、「宗教統一」の長い伝統は「破綻」していくのである（村上　一九二六、一五頁）。江戸期の初期から状況が変化し、家康のアドバイザー役も務めていた天台宗の南光坊天海《なんこうぼうてんかい》（一五三六〜一六四三）および臨済宗の金地院崇伝《こんちいんすうでん》（一五六九〜一六三三）が儒者の藤原惺窩《ふじわらせいか》（一五六一〜一六一九）や林羅山《はやしらざん》（一五八三〜一六五七）から批判を浴び始めたのはその起点となろう。とはいえ、専精によれば、惺窩や羅山は必ずしも「廃仏家」ではなかったと強調しつつも、その「語気」は確かに「廃仏的」としてとらえられることも認め、それがのちの排仏論へとつながるともいう。そしてこうした構図は儒者のみならず、賀茂真淵や本居宣長にもみられるのだと、彼は指摘する。すなわち、国学思想を代表するこの二人は、確かに仏教信奉者ではなかったが、「廃仏家」でもなかったというわけである。しかし平田篤胤は、日本から仏教を積極的に一掃しようとした点において、これら二人と本質的に異なっていると、専精は断ずる。こうした彼の議論はまさに青巒と軌を一にしているといってよい（村上　一九二六、一七〜二〇頁）。

こうして、専精が描出するように、僧侶の堕落のような仏教内部の事情に加え、篤胤が促進した排仏思想のような外部からの圧力も働き、「統一の美風」が「破綻」するに至ったのである。すなわち、江戸幕府による仏教への特別待遇に数百年の不満を募らせた神儒二道は、明治維新によって、表舞台に復帰する機会を見出した。ここで専精は、「廃仏毀釈」とその前後の諸事件の体験者としての立場を主張し、神仏判然諸令の目的は必ずしも廃仏的ではなかったにせよ、そのように解釈されることも可能だったという。そして一連の暴力事件の前後に設立された一八六八年の神祇官の趣旨も、翌年に発布された宣教使設置の「詔勅」も、専精によれば「その御趣意の存するところは、全く平田篤胤の嘗《かつ》て主張せしところ」なのである。しかし、それは「嘗て篤胤の教育を直接に又は間接に受けし者共が、今や廟堂に立て同志相依り、遂に時の　天皇陛下をして、斯くのごとき詔勅を奐〔渙〕発せしむることになつたのであるまいか」とも推測する（村上　一九二六、二四〜二七頁）。

専精はさらに、「天皇陛下は固《もと》より廃仏毀釈の叡慮《えいりょ》で御在《おま》しまさなんだであろう」と注意深く廃仏毀釈が「叡慮」つまり、天皇の意志ではないとしつつも、「天皇の御親政に参与するの光栄を有せし人々」に「排仏家」が多く、彼らが篤胤のような「所説に惑はされ」たために「廃仏毀釈」が推し進められたのだと結論する（村上　一九二六、二八頁）。このような論理展開からは、神仏判然令にともなう廃仏毀釈の諸事件のみならず、明治初期の宗教政策のほぼ全てを、ただ篤胤とその排仏思想の影響にのみ見出そうとする専精の姿勢をみることができる。こうした青巒や羽根田から専精に至る一連の語りの基調をまとめると以下のようになるだろう。すなわち日本での「廃仏毀釈」は、それが繰り返された他のアジア諸地域と異なって、あくまで例外的な事件であり、さらにその結果は仏教の破壊よりも堕落僧侶の覚醒をもたらし、日本仏教のいわば国家的性格を彼らに想起させる効果を与える出来事だったのだ――と。

篤胤のイメージも含め、少なくとも明治末期から展開していったこのような基本的なプロットは必要な変化を加えて、例えば維新期の宗教史について著しい成果をもたらした大谷大学教授・徳重浅吉（一八九三〜一九四六）や、辻善之助にもみられるものであった（徳重　一九三四、辻　一九三五）。そしてこのような「廃仏毀釈」の理解は、本質的に否定されぬまま、次世代の若手研究者によって新たな視点から深められていった。次節では彼らについてみていくこととしよう。

四　廃仏毀釈とマルクス主義史学

前節で確認したように、昭和初期に至るまでの廃仏毀釈論はいわば、長い「統一」の伝統に刺激を与え、例外的な事件かのごとく語られたのである。すなわち廃仏毀釈は、僧侶の堕落という内部的な原因とともに、病的なまでに仏教を嫌悪した篤胤とその思想的影響を受けた新政府の行動にもよるもの、という通説がここに形作られたのである。しかし、一九三〇年代から、この通説に強い不満を覚え、覆すとまではいえなくとも、その新たな分析視座の確立に努める若手研究者が次第に現れ、学界における自身の立場を主張していく。

例えば、一九三三年に結成された「日本宗教史研究会」はその好例である。若手を中心として、社会経済史的な視点による日本宗教の再考を目的に、月一回の頻度で開かれた研究会には、圭室諦成《たまむろたいじょう》（一九〇二～六六）、竹内理三《りぞう》（一九〇七～九七）、川崎庸之《つねゆき》（一九〇八～九六）、伊東多三郎（一九〇九～八四）など、戦後の学界を牽引していく研究者が数多く参加していた。その活動宣言ともいうべき『日本宗教史研究』の「序」では、「社会的存在」としての宗教の意味が強調されており、そのなかでも「廃仏毀釈」は、核心的な問題の一つとして、以下のように取り上げられている。

廃仏毀釈の研究に於ても、その動機を思想問題として片付け、例へば平田派の神道者に攻撃を集中し、思想の根底に横はる封建社会の崩壊期に於ける苦悩に対しては一瞥《いちべつ》すら与えざる如き、況《いわん》やこの事件を契機として起つた新宗教形態発生の問題の如き、未だ提出すらして居ない現状である。

（日本宗教史研究会　一九三三、一〜二頁）

こうして『日本宗教史研究』は、大内青巒や羽根田文明をはじめとして村上専精に至るような、一種の篤胤犯人論への不満を表明しつつ同会の主要課題を示す。もちろん、「平田派の神道者」の影響自体が否定されることはないが、「封建社会の崩壊期」の一要素たる「廃仏毀釈」を、より構造的に理解する必要性があると主張されていることもまた明らかである。研究会の中心メンバーである伊東多三郎はさらに、同年の論考「廃仏毀釈の社会史的考察」において、次のように説明している。

廃仏毀釈は、大体二つの方向にわけて考へることが出来る。その一つは、仏教の物質的構造の破壊、すなはち寺領その他種々の封建的特権の剝奪《はくだつ》、寺院の整理、寺院組織の改革、僧侶の身分に関する新しい規定等で、他の一つは、仏教信仰そのもの丶否定で、これは、また神道国教主義の強行、神葬祭の奨励となつてあらはれる。

（伊東　一九三三年、一一五五頁）

やや時期が下るが、同じく日本宗教史研究会の中心メンバーだった圭室諦成も一九三九年に刊行の『明治維新廃仏毀釈』で、「社会経済的」の立場からの研究の必要性を主張している（「序」一頁）。この点については、日本宗教史研究者の林 淳《はやしまこと》が、「東京帝国大学史料編纂所に勤務した若い研究者が社会経済史的方法を用いた歴史研究を進めた

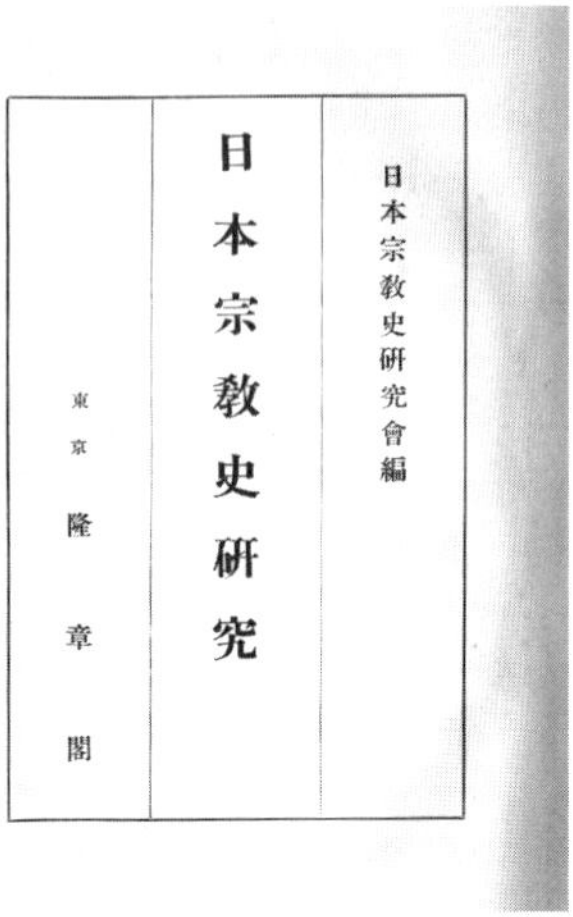

写真4　『日本宗教史研究』表紙

のも、共産党の組織とは関係なく、マルクス主義の思想や学問から甚大な影響を受けた事例であったと見てよい」と指摘している通りである（林　二〇一六、一〇六頁）。『日本宗教史研究』の「序」を執筆したであろう圭室や、あるいは「廃仏毀釈」＝「仏教の物質的構造の破壊」と主張する伊東も、自称「マルクス主義者」ではなかったにせよ、平田国学を可能たらしめた下部構造の理解と、かかる構造の「崩壊」そのものがもたらした新思想の成立の把握に迫ろうとしていることがわかる。当然、すでにみたように、平田国学などの影響自体はこれら一連の研究でも否定されることはないが、しかしもはやそれだけでは十分な説明とみなされることもなかった。すなわち彼らは、単に「廃仏毀釈」を過激な思想に導かれた特殊で一過性の「事件」として片づけることなく、むしろ中世にさかのぼる寺院の構造をめぐる社会経済史的変遷との関係からとらえ直そうとしたのである。

　このようにみていくと、史的唯物論の影響下で、「廃仏毀釈」の語り方が徐々に変容していったことがわかるだろう。林淳が指摘するように、彼ら若手研究者は、「廃仏毀釈」の描写を含むそれまでの学説の「価値を理解しながらも、社会経済史的な方法を適用することによって」、その「道徳的な判定を乗りこえようとした」のである（林　二〇一六、一一一頁）。圭室や伊東など、日本宗教史研究会のメンバーは、厳密な意味での「マルクス主義者」でなかったことは確かであろうが、ある「物質的構造」の「崩壊」を示すものとして「廃仏毀釈」を理解するという点においては、共産主義の旗を高く掲げた思想家たちと一致していた。このことは、哲学者・永田広志《ひろし》（一九〇四〜

四七）の業績を事例として検討していきたい。

永田はこれまで取り上げてきた人物とは異なり、僧侶や在家信者でもなければ、いわゆる「国史学者」としての訓練も受けていたわけではない。永田は、一九二四年に東京外国語学校の露語部を卒業後、平安北道警察部に勤務すべく朝鮮の新義州に渡航した。この町は当時、対外開港として流域の物資集散地でもあった満洲の安東（現・丹東市）との国境にあり、ロシア語の通訳を任務としていた永田は、朝鮮に入ってくる文献の検閲や取り締まりも担当していた（鰺坂ほか編　二〇〇八、一八頁）。ただし、妻・喜美子の病気を理由にわずか半年で辞職し、長野県に帰郷する。この時期の彼は、プレハーノフ（一八五六～一九一八）、アクセリロード（一八六八～一九四六）そしてレーニン（一八七〇～一九二四）など、ソ連の思想家による数多くの著作を次々と翻訳し続けた。やがて一九三〇（昭和五）年に上京した彼は、プロレタリア科学研究所などのマルクス主義研究会に参加し、一九三二年に戸《と》坂《さか》潤《じゅん》（一九〇〇～四五）らと唯物論研究会を設立する。翌年に、初めての研究書『唯物弁証法講話』を白揚社から発表し、以降、彼は唯物論研究会の機関誌などで独自の業績を寄稿していく。

写真５　永田広志
（鰺坂ほか編『日本における唯物論の開拓者――永田廣志の生涯と業績』〈学習の友社、2008年〉より）

日本における唯物論研究の中心的存在となっていった永田は、一九三六年九月に、彼の主著ともいうべき『日本唯物論史』（白揚社）を発表している。同書の「序」からもうかがえるように、その成稿は永田を含む「日本資本主義発達史講座」の執筆者陣がいわゆる「コム・アカデミー事件」（同年七月一〇日）で、治安維持法によって一斉に検挙される数日前のことである。すなわち、官学アカデミズムの頂点に立つ村上専精や辻善之助、あるいはこれら二人のスタンスに反発しつつも東京帝国大学の史料編纂所を中心に集まった日本宗教史研究会の若手グループとも異なり、国家による思想統制の対象者として危険視されながらも、『日本唯物論史』の最終校正に務めた永田は、マルクス・レーニン主義の影響、そして「反宗教運動」が展開していた時代的文脈のなかで、本書の目的を、「日本における現代唯物論の前史を究明する」ことであると主張する。日本におけるブルジョア唯物論の成立を理解するためには、「フランスの哲学、ドイツの思想、イギリスの哲学等の機械的移入」の検討だけは不十分であると指摘する彼は、「徳川時代における宗教批判や「実学」が如何に唯物論を準備したか、明治初頭の反仏教闘争や啓蒙《けいもう》が如何に唯物論の生長を助成したか」などの問題の吟味も必要なのだと断ずる（永田　一九六九、ⅰ頁）。彼は、一連の反宗教運動を唯物論発展の証拠としてとらえたのであり、それはすなわち、やがて来るべき革命の不可欠なステップたるブルジョワジーが確立するうえで必要な展開であった（永田　一九六九、一頁）。彼の「廃仏毀釈」へのアプローチはまさに、かかる視点からだったのである。

明治初頭の廃仏運動は、徳川時代における儒者および国学者の排仏論によって思想的に準備され、当時の政治的事情によって促されたものであって、直接に唯物論的、無神論的世界観を背景としたものでもなく、またその中から直接に唯物論が生まれたのでもなかった。だがそれは、一般的には明治思想史、特定的には唯物論史に対して全く無影響に終りはしなかった。却《かえ》って、廃仏毀釈は明治初年の啓蒙やそれに続く唯物論哲学のための途《みち》を清掃し、同時にこの啓蒙および哲学的唯物論の任務や役割を制約した。廃仏毀釈が洋学の流入の旺盛化を制約し、そして明治日本における啓蒙および唯物論的世界観が洋学に依拠した限り、また廃仏毀釈によってブルジョア唯物論の主要任務の一つたる宗教批判の仕事が不具的にではあるが遂行された限り、明治初頭のこの反寺院闘争を理解することは、ブルジョア唯物論の歴史の理解のために欠くべからざる条件となる。

（永田　一九六九、二三九頁）

維新期の「廃仏毀釈」が引き起こした諸事件についての永田の解釈は、結論的には同時代の研究者と異なるものの、その論理構造の面からすれば、軌を一にしているところも多々あることは明らかである。すなわち、近世の宗門が幕府との密接な関係によって得られた経済基盤のために僧侶が惰眠を貪り、それが外部からの批判の誘因となり、維新期の神仏判然令とそれにともなう「廃仏毀釈」に展開した――という語りである。

社会経済史の立場からの研究を展開した圭室や伊東とは異なり、思想史的なナラティヴを提供している永田の存在は、当時のマルクス主義史学の多様性を示すものでもあろう。確かに、日本宗教史研究会の若手グループと永田を始めとする講座派の人々とでは、研究動機やアプローチは異なるものの、その根底に流れるのは、「廃仏毀釈」を、「神仏習合」や「統一の美風」などの伝統への一時的な例外としてではなく、日本（仏教）史のコースを本質的に変更させた事件として理解しようとする態度にほかならなかった。

五　「廃仏毀釈」という記憶の場

以上、明治末期から昭和前期にかけて、「廃仏毀釈」に対する二つの視座が存在したことをみてきた。まず、「廃仏毀釈」をめぐる学術研究の曙と同時に成立し、長らく通説の位置を占める、青巒や専精の言説に代表されるような理解である。「神仏習合」や「宗教統一」を万世一系の日本帝国の根本的な精神の表現としてとらえ、その長き伝統への「反動」を意味する事件として「廃仏毀釈」が位置づけられる。いわば融和的アプローチとも称すべきこの研究視座は、神仏判然令の基本的な動機となる国学思想からの仏教批判も相対化し、また国学を本質的には否定することなく、そのなかでの篤胤の特異性を強調する。こうしたアプローチにおいては、「廃仏毀釈」は結局のところ、篤胤に系譜する一部の参政者の企てであって、天皇の意志によらざるものであったと結論されるのである。

これに対してマルクス主義の影響下で「廃仏毀釈」をとらえようとした研究者たちは、日本（仏教）史を前後に分けるような事件としてこれを示そうと試みた。かかる断絶的なアプローチからすれば、「廃仏毀釈」のインパクトは物質や精神の両方面において、重大な転換点をもたらしたのである。このようなスタンスは、戦前に主流となることはなかったが、戦後学界の枠組みで、むしろ通説の位置を占めるようになっていった。

例えば、戦後日本における「民衆史学」の泰斗である安丸良夫《やすまるよしお》（一九三四～二〇一六）も、その姿勢を継承している。名著『神々の明治維新――神仏分離と廃仏毀釈』により、「廃仏毀釈」の研究を新たな方向に向けさせた安丸は、同書全体の趣旨を次のように説明している――「神仏分離と廃仏毀釈を通じて、日本人の精神史に根本的といってよいほどの大転換が生まれた、と主張するものである」（安丸　一九七九、一～二頁）。「廃仏毀釈」と「国体神学」の成立を同じ事柄の両面ととらえる安丸説は、二一世紀の学界においても強く根づいている。

ただし、着目すべき一つの点としては、村上専精に代表されるような融和的アプローチにも、永田広志のような断絶的なアプローチにも、事件としての「廃仏毀釈」のトラウマ的な性格が強調されていることである。「宗教統一の美風」の例外であれ、日本列島の下部構造に大変化をもたらしたものであれ、いずれもこれを分岐点としてとらえていることには変わらない。後者はいうまでもないが、前者においても、「廃仏毀釈」は江戸期を通して「堕落」の道を歩んでいった僧侶の「覚醒」を促し、否定すべき過去と可能性の現在を分けるイベントとして描かれる（クラウタウ　二〇一二）。かかる理解は維新から一〇〇年以上も経過した二〇世紀の後半まで生き続けただけではなく、宗教学者の柴田道賢《どうけん》のように〝第二〟の「廃仏毀釈」を求めるかのような研究者すら出現するに至っている――「仏教を新時代に更生させる仏天のはからいであったかもしれない。平和に慣れ、安逸を貪る今日の仏教徒にとって、激動期に展開された「廃仏毀釈」のごとき宗教運動を思い起こすことは、決して無意味でもなかろう」（柴田　一九七八、五頁）。

このように、そのとらえ方はさまざまであるにせよ、その発端である神仏判然から一五〇年以上が経過した今もなお、「廃仏毀釈」なるものは宗派や寺院レベルでも、一つの大きな「記憶の場」を構成し続けているのである（Nora　一九八四、二七頁）。すなわち、「廃仏毀釈」が現在においていかに語られているのかを把握していく作業は、近代日本仏教のアイデンティティーそのものが生み出されていく背景のさらなる解明へとつながる。本章を通して示したように、今も生きる「廃仏毀釈」の歴史を描くことは、もう一つの、未完の仕事なのである。

参考文献

鯵坂真・上田浩・宮田哲夫・村瀬裕也編『日本における唯物論の開拓者――永田廣志の生涯と業績』（学習の友社、二〇〇八年）
石井　進ほか編『詳説日本史』改訂版（山川出版社、二〇〇一年）
伊東多三郎「廃仏毀釈の社会史的考察」（『社会経済史学』二―一一、一九三三年）
大内青巒「廃仏毀釈の因由」（『仏教史学』一―五、一九一一年八月）
大隈重信「明治初年の廃仏毀釈」（『仏教史学』二―一、一九一二年四月）

大谷光沢（広如）「本願寺建言」一八六九四月（『江東雑筆』三巻、東京大学史料編纂所、00063127/2014-222、一九二五年謄写）
柏原祐泉・藤井学校注『日本思想大系57　近世仏教の思想』（岩波書店、一九七三年）
クラウタウ、オリオン『近代日本思想としての仏教史学』（法藏館、二〇一二年）
――「廃仏毀釈」（蓑輪顕量編『事典　日本の仏教』〈吉川弘文館、二〇一四年〉）
柴田道賢『廃仏毀釈』（公論社、一九七八年）
圭室諦成『明治維新廃仏毀釈』（白楊社、一九三九年）
圭室文雄「廃仏毀釈」（国史大辞典編集委員会編『国史大辞典　第11巻』〈吉川弘文館、一九九〇年〉）
辻善之助『廃仏毀釈』（国史研究会編『岩波講座　日本歴史』〈岩波書店、一九三五年〉）
徳重浅吉『維新精神史研究』（立命館出版部、一九三四年）
永田広志『日本唯物論史』（『永田広志日本思想史研究』三、法政大学出版局、一九六九年）
南条文雄「明治維新後に於ける大谷派本願寺史談」（『無盡燈』第二一巻・三～一一、一九一六年）
日本宗教史研究会編『日本宗教史研究』（隆章閣、一九三三年）
羽根田文明『維新前後仏教遭難史論』（国光社出版部、一九二五年）
林　淳「圭室諦成」（オリオン・クラウタウ編『戦後歴史学と日本仏教』法藏館、二〇一六年）
村上専精「序辞」（村上ほか編『明治維新神仏分離史料』〈後掲〉収録）
村上専精・辻善之助・鷲尾順敬編『明治維新神仏分離史料』（東方書院、一九二六年）
安丸良夫『神々の明治維新――神仏分離と廃仏毀釈』（岩波新書、一九七九年）
Nora, Pierre, "Entre mémoire et histoire: la problématique des Lieux" (in Pierre Nora, dir., *Les lieux de mémoire. Tome 1: La République*, Paris: Gallimard, 1984) 長井伸仁訳「記憶と歴史のはざまに」（ピエール・ノラ編、谷川稔監訳『記憶の場――フランス国民意識の文化＝社会史』第1巻〈岩波書店、二〇〇二年〉）

関連文献

林　淳「「神仏混淆」から「神仏習合」へ――用語の再検討」（羽賀祥二編『近代日本の地域と文化』吉川弘文館、二〇一八年）

Ketelaar, James E. *Of Heretics and Martyrs in Meiji Japan: Buddhism and its Persecution* (Princeton, N.J.: Princeton University Press, 1990) 岡田正彦訳『邪教／殉教の明治――廃仏毀釈と近代仏教』（ぺりかん社、二〇〇六年）

コラム

廃仏毀釈と文化財

碧海寿広

日本の近代仏教は、廃仏毀釈を受けた仏教界の危機感をバネにするかたちでスタートしたと、しばしば語られる。もちろん、廃仏毀釈の激しさのレベルは地域ごとに異なるので、その「衝撃」を強調しすぎるのは適当でない、といった慎重な指摘も、ときになされる。だが、廃仏毀釈による直接的な被害の有無を問わず、これが広く仏教界を動揺させ、その後の改革運動を促した事件であったことは、疑いの余地がない。廃仏毀釈を近代仏教の起点とする見解を、完全に否定するのは、おそらく不可能である。

そして、廃仏毀釈は近代仏教の起点であったと同時に、日本の文化財保護制度の起点にもなった。この見解も、ほぼ揺るぎない定説だろう。古社寺の建造物や、そこに所蔵されてきた仏像や宝物は、今日の代表的な文化財の一種である。これらが、廃仏毀釈によって存続の危機に瀕した。直接的に破壊される建物があれば、古物商や海外のコレクターに廉価で売り払われる宝物もあった。そうした破壊や逸失から、寺社をめぐる価値あるモノをいかに護るのか。この問題意識の先に、近代の文化財保護制度が立ち上がっていく。

日本の文化財保護制度の設計に関与した人物は少なくないが、ここでは、九鬼隆一《くきりゅういち》とアーネスト・フェノロサについて、ごく簡単に論じてみたい。

九鬼隆一の構想

九鬼は、明治期に文部少輔や帝国博物館総長を歴任しながら、初期の文化財行政の元締め的な存在として活躍した。彼は、日本を西洋列強に対抗可能な国家として演出し、また国民のナショナリズムを高揚させるため、文化財の活用を企図した。そして、皇室にゆか

写真1　九鬼隆一肖像
（『教育報知』復刻版6巻〈ゆまに書房、1986年〉より）

りの深い美術品や、歴史的な価値の高い社寺宝物の、保護と公開を進めた。そのため、奈良や京都などでの古社寺調査に、莫大な資金や多くの専門家を投入し、並行して博物館の整備にも尽力した。また、個々の文化財の歴史的意義を明らかにする、日本美術史の物語を、岡倉天心らに描かせた。

九鬼にとって、仏像をはじめとする古社寺の宝物は、まずもって信仰の対象ではなく、国威発揚の役に立つ、世俗的に有用なモノであった。彼は、東京に続き奈良と京都に帝国博物館を創設するにあたり、これら二つの旧都の古社寺には「名器重宝」が星の数ほど存在しているので、そこに博物館を建てれば、それらの「名器重宝」＝文化財が豊富に寄託されるだろう、と述べている。この九鬼の発言に、古社寺やその宝物に対する信心は、ほとんど感じられない。あるいは、古社寺は博物館に「名器重宝」を提供するための施設であるかのように認識されており、それらを宗教施設として尊重する意識も希薄である。

このような九鬼の発想は、古社寺やその宝物に対する信心の篤い人々には、不敬な考え方のように感じられるかもしれない。だが、ひるがえって奈良や京都の古社寺に対する、現代人の一般的な態度を想起してみれば、むしろ明治時代の九鬼のそれと、大いに通じる部分がないだろうか。

つまり、奈良や京都に「信徒」ではなく「観光客」として訪れる、現代の大半の日本人や、あるいは外国人にとって、社寺の建築や仏像などに期待されるのは、何よりその文化財としての魅力であろう。それらのモノの信仰対象としての意義ではない。

こうした古都の社寺に対する世俗的な発想の優勢ぶ

りは、九鬼たちによる文化財保護制度の施策が徹底したことの帰結か、あるいはまた別の要因が大きいのか、ここでは詳しく検討できない。だが、廃仏毀釈の後に日本にも導入された文化財の思想や制度が、こうした現状に対して一定の影響を与えているのは、間違いない。

フェノロサと近代仏教

一方、フェノロサは明治の御雇外国人として、岡倉天心とともに、美術品や文化財の調査や研究に取り組んだ人物として知られる。日本画や仏像などを「日本美術」として高く評価した彼は、その収集と保護に努め、また日本人に対して日本美術の素晴らしさを説いて聴かせた。一八九七（明治三〇）年に公布された、日本の文化財保護制度の画期となる法律、「古社寺保存法」に規定された「国法」の概念も、彼の発案であったとされる。

九鬼と同じくフェノロサにとっても、古社寺や仏像はまずもって拝むものではなく、その美しさや文化財としての価値を検討するためのモノであった。よく知られるエピソードとして、彼は一八八四年に、岡倉らと一緒に調査目的で法隆寺を訪れ、夢殿を開扉させて、秘仏となっていた観音像をその眼で確かめた。この際、寺院の僧侶は、秘仏を開扉すると仏罰が下るとして公開をためらったが、こうした懸念をフェノロサたちは無視した。ここでも、信心よりも文化財への意欲のほうが優勢である。

写真2　アーネスト・フェノロサ
（アーネスト・フェノロサ『東亜美術史綱』上巻〈フェノロサ氏記念会、1921年、国立国会図書館デジタルコレクションより〉）

重要なのは、フェノロサは宗教そのものを軽視していたわけではなかった、という点である。実際、彼はこの秘仏開扉の翌年に、滋賀県の園城寺《おんじょうじ》法明院《ほうみょういん》の桜井敬徳から、在家信徒向けの菩薩戒を授かっている。彼は自覚的な仏教徒であったのだ。しかし、秘仏を衆目にさらすと罰が当たるといった、非科学的な発想には左右されなかった。彼にとって宗教とは、内面的な信仰や道徳的なレベルでのみ力をもつべきものであったのである。

このようなフェノロサの宗教心のあり方は、近代仏教においてポピュラーな宗教思想のかたちでもあった。東京大学でフェノロサの講義を受けていた清沢満之《きよざわまんし》は、近代仏教思想を代表する人物だが、信仰の内面性を重視し、祈禱儀礼のような習俗には否定的であった。清沢とその門下とはライバル的な関係にあった新仏教徒同志会のメンバーも、「健全な信仰」を強調し、「迷信」を徹底的に批判した。

すなわち、廃仏毀釈の延長線上で生まれた、近代仏教に一般的な思想と、同じく廃仏毀釈を契機として発達していった文化財の思想が、フェノロサという人物において、見事に共存していたのである。この二つはルーツが重なるので、当たり前といえば当たり前の事態ではある。だが、両者の関係性については、改めて深く考えるに値する。

社寺の建築や宝物が文化財と化していく過程と、宗教において伝統的な儀礼や習俗よりも個人の内面的な信仰が重視されていく過程は、おおよそ同時的に進行した。ここに、近代日本における宗教の変容や、あるいは世俗化の特徴をめぐる、大きな問題が潜んでいるように思うのだ。

「世直し」の再考察
——宗教史的観点から——

三浦隆司

一　幕末の宗教世界と世直し

一九世紀の民衆宗教や民衆運動を「世直し」という枠組みでとらえる研究は膨大な数にのぼる。一口に「世直し」といっても、その意味するところは研究者の視点によって微妙に変化する。また研究者が学術用語として規定する「世直し」と、江戸時代を通して文献に認められる資料用語としての世直しの間にもズレが存在する。エティック（学術用語）とエミック（資料用語）の違いである。本章では、このズレを明らかにしたうえで、幕末維新期の宗教世界において、歴史性をもったエミック概念としての世直しがどのように展開したのかを考察する。特に江戸時代中期から後期にかけて顕著になった世直し神、世直し大明神といった新たな神格の台頭に注目したい。世直し神に言及する先行研究はあるものの、あくまで民衆運動史を主体とし、その文脈のなかで間接的に触れているものが多く、日本宗教史の流れのなかに世直し神を位置づけようとするものは少ない。また反封建や革命が主要のテーマとなる学術用語としての「世直し」ではなく、あくまで文献に認められるエミックの世直しをベースとして、世直し神の登場を考察する作業は今まであまりなされてこなかったのである。

なお本章では、エミックとエティックを区分するうえでの便宜を図るため、学術用語として言及する場合は「世直し」と括弧つきで表記し、資料用語として言及する場合は括弧なしで世直しと表記する。

二　学術用語としての「世直し」

まず、「世直し」という学術用語がどのように使われてきたのかまとめておきたい。「世直し一揆」「世直し状況」「世直し意識・観念」など、さまざまな枠組みが提起されてきたが、その一つひとつが何を指し、どういった判断材料をもってある事象を「世直し」と規定するのか、それを把握することは本来最も基本的な作業でなければならない。だが実際は、「世直し」という表現は定義づけされることなく曖昧な使い方をされることが多いし、エティックとエミックを明確に区別する研究も少ない。以下、宗教学とはあまり接点のない議論も含まれるが、エミックの世直しを宗教史の観点から理解するうえにおいて必要な行程であるので、ご寛恕願いたい。

1　世直し一揆

堀江英一《ひでいち》や庄司吉之助《しょうじきちのすけ》らによって進められた「世直し一揆」の研究は、戦後歴史学を代表するものである。堀江は百姓一揆の類型を代表越訴《おっそ》型、惣百姓一揆型、世直し一揆型の三つにまとめた。

一番ふるい第一の類型は庄屋層指導の代表越訴型であり、つづいてあらわれる第二の類型は庄屋層または村役人層が指導しているが、しかし商品生産者層を中核とした一般農民層がかれらをおしあげかれらをささえている惣百姓一揆型である。最後の幕末にはいってもあらわれる第三の類型は商品生産者的中農層が分解をはじめて村役人層と没落する中農層を中核とする一般農民層とが分裂して、一般農民層が村役人層を攻撃する世直し一揆型である。

（堀江　一九五四、九〇～九一頁）

このように、領主に対して展開された代表越訴や惣百姓一揆を、農民が村役人層を標的とした幕末の「世直し一揆」と区別した。この「世直し」の根底にあるものは、農民層分解であり、それは村落共同体秩序を揺るがすものであった。「世直し一揆」が顕著になる時期としては、一八三七（天保八）年の大塩平八郎の乱から、一八八四（明治七）の秩父事件までの維新期を、惣百姓一揆から「世直し一揆」への転換の過渡期とした。堀江は、農村内部における一般農民と村落支配者間の対立を幕藩領主との直接的対決として同一視するのは正しくない（同前、四頁）としつつも、「世直し一揆」を討幕運動の底流として位置づけ、「反封建のブルジョア民主主義運動の萌芽」であると主張した（同前、一〇頁）。

庄司吉之助もまた、「世直し一揆は反封建闘争として大きな意義をもつ」（庄司　一九七〇、七頁）とし、「世直しは封建社会を変革する革命的運動と理解する」とも述べた（同前、一二頁）。特に一八六五（慶応元）年から一八七一（明治四）年までの期間に注目し、そのなかで「世直し」の発展を三段階に分けてとらえている。第一段階を「世直しの端初形態」と表し、一八六五年の東白川郡一揆や一八六六年の信達一揆の例を挙げ、その根底にあったのは堀江と同じく「農村内部に形成された階級間のたたかい」であるとした（同前、二五～二六頁）。第二段階は戊辰戦争前後の時期を指し、旧役人の排除などを含む「世直し」の綱領を打ち立て、さらに第三段階は明治四年までの新政府反対運動を中心に展開した（同前、二八～三二頁）。

以上明らかなように、「世直し一揆」というカテゴリは、多少の差異はあるものの、おおむね幕末および維新期に顕著にみられた百姓一揆の形態に「世直し」という名称を研究者が冠したものである。その範疇には、一揆に参加した農民自身が世直しという言葉を使った事例もあるが、そうでないものも含まれる。つまりエミックの世直しの有無にかかわらず、ある特定の形態をもった一揆を「世直し」とみなしてきたのである。また「世直し一揆」というカテゴリを通して強調されるのは、一九世紀中盤における一揆の反封建性、革命的な側面である。その議論は明治維新という日本史上の大きなエポックを起点として発展されてきたことはいうまでもない。

また「世直し一揆」という枠組みの構築は、一九五〇年代から六〇年代にかけて盛り上がりをみせた民衆運動史の一環としてとらえられなければならない。「百姓一揆＝階級闘争」という図式の上に成った民衆運動史は、反封建または革命が「世直し一揆」の主要な側面であるという前提のもと、それに沿った解釈によって研究が推し進められていた。そして反封建・革命としての「世直し」または「世直し一揆」という枠組みはその根幹をなすものであった。エティックとしての「世直し」が先行するなかで、エミック概念としての世直しを包括的に理解するという作業は二義的なものになっていたといわざるを得ない。

2　世直し状況論

人民闘争史の研究は、佐々木潤之介《じゅんのすけ》らの「世直し状況論」によって継承された。佐々木は、「幕末期から、明治初年にかけてのわが国の社会状況を、わが国での特徴的な封建社会解体期の変革状況」という意味で「世直し状況」と定義づけている（佐々木　一九七九、六五頁）。農民層分解により、労働力販売によってでしか生活を保てない半プロ（半プロレタリア層）が生まれた。半プロは小生産者農民への回帰を求めるが、それには豪農と対立し、生産諸条件を獲得することが必要であった。この豪農と半プロの衝突である「世直し騒動」が幕末維新期に革命的情勢を生み出したとしという。「世直し状況」の時代的変遷を佐々木は以下のようにまとめている。

A　宝暦年間前後―開港の時期　世直し状況の歴史的前提の時代
（1）宝暦―化政期　歴史的前提前期
（2）天保―開港　歴史的前提後期
B　開港―廃藩置県の時期　世直し状況の時代
（3）開港―文久年間　世直し状況成立期
（4）元治・慶応年間　世直し状況昂揚期
（5）明治初年　世直し状況解体期

宝暦年間（一七五一～六四）まで前提の時代としてさかのぼっているので、従来の「世直し一揆」よりも年代的に幅が広いものとなっている（同前、六五頁）。「世直し状況論」は「世直し一揆」の研究同様、農民層分解がその基盤となっており、さらにブルジョア革命という規範に基づいて維新期の運動に評価を下すという性格を有している。佐々木は全国各地の詳細な事例をもとにこの「世直し状況」論を体系化した。

また佐々木は一九七九年の著書『世直し』でこう述べている。

この数年、いろいろの人がそれぞれの意味で、世直しという言葉を使ってきている。世直しという語は、それ自体歴史的用語なのであり、それ故に、はっきりした歴史性をもった言葉である。にもかかわらず、その内容を抜きに、言葉だけが右往左往している状態にしている責任が、歴史学を勉強している私たちにも、少なくともその一斑があると思うということが、本書を記すにあたっての、全く個人的な動機である。（同前、八頁）

これは歴史的用語としての世直しをみつめ直そうという呼びかけである。事実、佐々木は同書で、当事者が世直しという表現を使った事例を多く紹介している。しかし、それと同時に、学術用語としての「世直し騒動」また「世直し状況」も同時並行で使用しているので、エティックとエミックの使い分けが曖昧になっている。エミックの世直しがともなわない事例も多数「世直し状況」の枠組みのなかに組み込まれている。

3　世直し観念

「世直し」の枠組みを、百姓一揆や村方騒動以外の事象へと広げ、また宗教史と結びつけて活用したのが、安丸《やすまる》良夫《よしお》とひろたまさきであった。両者は「世直し」または「世直し観念・意識」を次のように定義している。

「世直し」あるいは「世直り」の観念は、民衆が困苦せる生活の渦中でうみだす解放への幻想である。近代的政治理論が困苦せる民衆の解放の論理とならないかぎり、世直し的観念はたえず再生産され、解放を求めてやまない民衆の心を捉える。それは、伝統的な民衆意識のなかに存在し、またそこから内発的に形成される社会変革についての幻想的観念である。世直しの観念をこのように広義に解すれば、古今東西、民衆の困苦せる生活が存在するところではどこでも、それはきわめて多様な形態で普遍的に存在した。ヨーロッパ中世における千年王国説、中国では漢末の五斗米道以来のさまざまの宗教的秘密結社を経て太平天国まで、日本ではミロク信仰、「ええじゃないか」、丸山教の「お開き」、大本教の「立替立直」観念などは、すべてそうしたものである。

（安丸・ひろた　一九六六〈上〉、一頁）

ここでは「世直し」は人民闘争史の枠組みを超えて、民衆に内在する変革思想として普遍化されている。この広義の意味での「世直し」は、「世直し一揆」や「世直し状況」の根底にあった農民層分解、村落共同体内での対立という構造的解釈から離れ、民衆の意識に焦点を当てていることに特徴がある。民衆の求める解放とは具体的に何を指すのかは明らかにされていないが、この汎歴史的ともいえる民衆意識を規定することにより、さまざまな事象を「世直し観念」の表出として解釈する方法論を打ち出した。それは「民衆の困苦せる生活が存在するところはどこでも」というように、日本だけでなく、ヨーロッパや中国の事象にも言及している。生活に困苦しない民衆が、はたして歴史上存在したのかどうかは疑問であるし、「世直し」があまりにも広義に解釈されているため、その沿革が見出せない（世界各地のどのような事象でも、民衆の生活苦を克服しようとするものであれば「世直し」と解釈してしまえる）という難点はあるが、ここに「世直し」は民衆運動史のみではなく宗教学や民俗学といった分野にも用いられる分析概念として確立した。今日宗教学の文脈において「世直し」という言葉が使われる場合、このような意味合いで使われる場合が多い。

安丸とひろたは、特に丸山教とその背景となるミロク信仰と富士信仰に着目した。二人にとって、「世直し観念」の表出にともなう呪術性・幻想性を民衆が「克服」し、「確固とした思想形成＝主体形成」をなしえるかということが一つの大きなテーマであった（安丸・ひろた　一九六六〈下〉、五九頁）。呪術性・幻想性を脱却できない「世直し」は、近代資本主義の前では敗北を運命づけられているのである。従来の研究とは一線を画した二人の「世直し」観だが、宗教的世界観に頼るがゆえに敗北を運命づけられた民衆とその葛藤を描いているという点では、戦後日本歴史学の基本的アプローチを共有していたともいえる。

宮田《みやた》登《のぼる》もまたミロク信仰と関連づけて、「世直し意識」について言及している。宮田も「世直し」を、幻想性をともなう潜在意識としてとらえ、次のように述べている。

「世直し」観念は、民衆が現実の世に絶望し、新らたな世に変革させようとする思考形態である。これは各民族の間に伝承的に形成され、ひっきょう各民族のいだく世界観に係わる問題となる。「世直し」観は、民衆意識の内奥から発現するゆえに、集団的・類型的であり、かつ時代的な諸条件に規制されながら、くり返しくり返し再生産されるという特徴を持っている。（宮田　一九七〇、一九二頁）

「世直し」の意識は、民衆に内在しているもの、内側から生じるものとしている。またこの「世直し意識」は近世・近代では、天理教や丸山教、そして戦後日本では、世界救世教《せかいきゅうせい》、天照皇大神宮教《てんしょうこうたいじんぐう》、霊友会《れいゆう》といった新宗教によって表現されていたとする。それと同時に、「世直し」は「宗教の次元に止まる限りにおいて、政治理論・経済闘争・土地改革と結びつかず、幻想と呪術に彩られたものであったのである」（同前、一九三頁）と限定的な評価に止めている。ここでも本来あるべき抵抗、変革の姿と比べて「世直し」がどれだけいたらなかったのかという敗北のナラティブが展開されている。

宮田はまた『近世の流行神《はやりがみ》』という一九七二年の著書でも、「流行神と世直し」という項目を設けて数々の事例を紹介している。しかし、ここで言及される事例も、エミックの世直しが含まれるものは若干数である。やはり安丸、ひろたと同様、広義の意味での「世直し」が中心となっており、その範疇のなかに福徳神、流行り踊り、稲荷信仰など多義に亘る宗教現象が含まれるという形をとっている。

4　千年王国論としての「世直し」

英文での日本研究でも「世直し」というカテゴリはよく使われる。特に一九世紀に焦点を当てた研究で頻繁に用いられ、world renewal という英訳で使われる場合と、yonaoshi とそのままローマ字で表記される場合がある。そして英文の研究では、「世直し」を幕末に登場した千年王国論の一種として位置づけるものが多い。いつごろから「世直し」と千年王国論を結びつける傾向がみられるようになったのかは、研究不足で定かではないが、今日では既成事実化しているといってよい。特に幕末期、幕府の衰退を感じとった民衆が、新たな世界を求めて「世直し」の声をあげ、激しい打ちこわしや「ええじゃないか」といった運動を起こし、その千年王国論的なエネルギーが幕府瓦解の重要な要素だったとする切り口が多い。その代表的なものが、ジョージ・ウィルソンによる明治維新の研究である *Patriots and Redeemers in Japan* である。その一節で、ウィルソンは「民衆意識のなかに芽生えた世直しの夢」に言及し、それは「江戸時代末期の混迷状態から民衆を救い出す千年王国的な変革を求めたもの」であったとしている（Wilson 一九九二、一〇頁、訳は筆者による〈以下同〉）。また「最終的に世直しの時が来たのであった。世直しとは、世の中を一新する、千年王国的衝動であった」とも述べている（同前、五九頁）。

ウィルソンの場合も、日本国内の研究と同様、エミックとエティックを明確に区分していない。そのため、千年王国論的特徴をもった運動を「世直し」と呼称しているのか、エミックの世直しそのものを千年王国論的概念として理解しているのかという点が曖昧である。いずれにしても、幕末の民衆運動を千年王国論と結びつけるアプローチに違和感を覚える人も多いだろう。安丸良夫は、日本近代社会成立期の民衆闘争は多くが非宗教的であり、これは世界史的にみても稀なものであるとしている（安丸　一九七四、八九頁）。宮田登もまた、『終末観の民俗学』で「世直し意識から至福千年運動へと展開しようとした事実はまだ認められていない」と明言している（宮田　一九八七、五〇頁）。これは「世直し」研究における日本国内と海外の研究との間においての大きなギャップである。

以上学術用語としての「世直し」という枠組みについて述べてきた。「世直し」の範疇には一揆から民間信仰、民衆宗教（あるいは新宗教）まで、多種多様な運動形態、意識形態が含まれる。したがって「世直し」とは何かという問いに簡潔な答えを示すことは難しい。だが大まかにいえば、「世直し」は、反封建的・革命的要素を含む変革思想または運動形態を指す用語として使われてきたといえるだろう。

しかし、これらはあくまでエティックの「世直し」の用途である。すでに言及した佐々木潤之介の引用文にもあるように、世直しとは歴史性をもった概念であり、その概念がそれぞれの文脈でどのように発展していったかを検討することにも意義があるはずだ。しかし、そのエミック概念としての世直しは、革命や変革を中心的なテーマとするエティックの「世直し」の影に隠れてしまっていた。

分析概念としての「世直し」によって得たものも大きいが、その枠組みには完全に収まらない世直しの姿もあったはずである。そのようななかで、変革思想としての「世直し」ではとらえきれないエミックの世直しに光を当てる研究もみられる。北原糸子《いとこ》に代表される安政江戸地震を主題とした災害社会史などがそれである（例えば北原一九八三〈二〇〇〇〉）。これらの研究に共通していることは、革命状況または変革思想としての「世直し」を規定し、その枠組みのなかで特定の歴史的事象を解釈してきたそれまでの研究とは違い、あくまで地震などの災害時または災害後の社会情勢を当事者たちがどのように世直しと理解したかということに注目している点である（これについては後述）。

次節では、こういった研究の前提となるものとして、幕末以前の文献にみられる世直しについてまとめてみたい。江戸時代を通じて、世直しという言葉はどのように使われてきたのか、それを理解することによって幕末の宗教世界のなかでの世直しをみつめ直すことができるだろう。

三　幕末以前の資料用語としての世直し

世直しという言葉を聞くと、一九世紀とりわけ幕末を連想する人が多いかもしれないが、世直しという言葉はそれ以前にも浄瑠璃、能、仮名草子など、さまざまな文脈で使われている。断片的な使われ方が多いが、その意味合いは①厄除けと②縁起直しの二種に要約できる。

1　厄除けの呪文

『日本振袖始』は近松門左衛門の人形浄瑠璃で、初演は一七一八（享保三）年である。近松の作品としては珍しく、神代を題材としており、『日本書紀』中の素戔嗚尊《すさのおのみこと》による八岐大蛇《やまたのおろち》退治や、木花開耶姫《このはなさくやびめ》と磐長姫《いわながひめ》（作品中では岩長姫）の説話などをモチーフとしている。物語の序盤、美しい木花開耶姫は、瓊瓊杵尊《ににぎのみこと》と内裏で抱擁を交わす。姉で醜女の岩長姫は、二人の仲を妬み、後をつける。御殿では、女房たちが、岩長姫がそばにいるのも知らず姉妹の品評をしている。

さりとは違うた御兄弟。妹君は天下の美人姉御の面は何に似た。盥口に蓮切鼻。猴眼に鉢額。耳は木耳頤は蝶螺殻。畚尻に鰐足あるきぶりは家鴨の所知入。物ごしは破れ鍋あの様な悪女と。夫婦になる男はよくよくの運の尽き。それでも枕をならべて側にがさりと寝たらば。毬栗頬髭いばら髭。どさ打ちおろしの荒筵。雁木鑢鮫肌。突く様で。刺す様でしつくりぼつくりがつくりしやつくり寝返り打つたら寝られまいと。どっと笑へば岩長姫。ヤイそりや誰が事ぢや。ま一度ぬかせ。頤蹴て蹴て蹴放さうと御殿もゆるぐ雷鳴聲。わつと平伏し女房達。世直し世直し桑原と生きたる心地はなかりけり。

（日本名著全集刊行会編　一九二七、二一八頁）

女房たちは、岩長姫の容姿を酷評したためその逆鱗に触れてしまい、「雷鳴聲」で怒鳴られる。その災難を避けるために「世直し世直し」とまじないを唱えている。落雷を避けるための「桑原《くわばら》」とほぼ同じ用途である。まじないとしての世直しは、雷だけではなく、地震に対しても使われていた。浅井了意による『要石』は、一六六二年の京都地震のルポルタージュともいえる仮名草子だが、その一節に京都の住民が「世なをし世なをし」と唱えるシーンがある。同じような例は、能の演目『道成寺《どうじょうじ》』や、同じく近松門左衛門による『嫗山姥《こもちやまうば》』などにもみられる。

なぜ世直しと唱えることにより、災難を避けることができると思われていたのかは不明だが、凶事を一新したいという願いを込めて唱えられたものと考えられる。

2 縁起直し

『色道大鑑《しきどうおおかがみ》』は藤本（畠山）箕山《きざん》による全一八巻にも及ぶ色道論書である。京都の上層町人家庭に生まれた箕山は、若くして遊郭の世界に魅了され、やがて諸国の遊郭を巡った。長年の研究をもとに、遊郭の営み、作法、しきたりなどを解説した遊郭百科とも呼べる『色道大鑑』を著した。一六七八（延宝六）年ごろ成立したとされるこの書は、いわゆる「色道」の確立に大きな役割を果たし、井原西鶴の好色物など、のちの文学にも影響を与えた。

本書の第四巻に収録されている「異見百首」には、遊女が心がけるべき事柄が短歌形式で網羅されている。内容は、接客上の態度、客の前での振る舞い方といったものが多いが、その一つに「あひそめし　あけやをきゃくのきらうとも　よなをしいひて　やどをかゆるな」というものがある（野間編　一九六一、一〇一頁）。「あけや」＝揚屋とは客が遊女を呼んで遊興させた店である。その店を変えて仕切り直しをするという意味で、「よなをし」という言葉が使われている（それをしてはいけないという内容である）。世の中を良くするとか、変革をもたらすとか、そういった意味合いでは全くなく、ある好ましくない状況を一新して、やり直す、または景気直しをするということである。世直しの「世」は、必ずしも社会や世間を指すものではなかったということもうかがえる。

『崑山集《こんざんしゅう》』は鶏冠井《かえでい》令徳《りょうとく》の編集による俳諧撰集である。一六五一（慶安四）年の成立で、俳諧流派貞門《ていもん》派の三大撰集の一つとして知られている。三大撰集のなかで、連歌の冒頭部分である発句を撰集しているものは『崑山集』のみで、八〇〇〇近い句が、春夏秋冬の四季に分類されている。収録されている句のなかには、貞門派の著名な俳人による句に加え、『犬子集』や『山の井』など他の撰集に収録されていた句も含まれ、俳諧の集大成という位置づけで編成された（荻野　一九六五）。

『崑山集』の「春」の部の「家桜」の項に、「風にゆらは世なおしと先家さくら」という一句がある（近世文学書誌研究会編　一九七四、三六一頁）。ここでは、冬から春への季節の変わり目を「家さくら」で表し、またそれを世直しとかけている。新しい始まり、暖かさの到来や生命の息吹などを強調する意味で世直しと表現していると思われる。

似た例が、小林一茶の俳文集である『おらが春』にもみられる。成立は一八一九（文政二）年だが、刊行は一茶没後二五年経った一八五二（嘉永五）年である。一八一九年の元日から歳末までの回想や身辺雑記なども含む。そのなかの一句に「稲妻や一切れづつに世が直る」とある（小林　一九一六、四九頁）。ここでの「世」とは、稲の作柄を指すものとされている。稲妻が、稲の生命力を再生、一新する様子を表している。先の家桜の句とも通ずるところがある。

また江戸時代の例ではないが、島崎藤村の『夜明け前』にも世直しが言及される箇所がある。以下は一八六二年の疫病についての一節である。

おりからの悪病流行で、あの大名ですら途中の諏訪に三日も逗留を余儀なくせられたくらいのころだ。江戸表から、大阪、京都は言うに及ばず、日本国じゅうにあの悪性の麻疹が流行して、全快しても種々な病に変わり、諸方に死人のできたこともおびただしい数に上った。世間一統、年を祭り替えるようなことは気休めと言えば、気休めだが、そんなことでもして悪病の神を送るよりほかに災難の除けようもないと聞いては、年寄役の伏見屋金兵衛なぞが第一黙っているはずもなく、この宿でも八月のさかりに門松を立て、一年のうちに二度も正月を迎えて、世直しということをやった

（島崎　一九五〇、二九一頁）

疫病によって多くの人が苦しんでいる年を送って、新たな年を迎えてしまおうということである。門松を立て正月を迎えたことにして、世直しをした。凶事を転換させるための縁起直しである。

以上、幕末以前の世直しについて厄除けと縁起直しとしての側面を述べたが、どちらの場合も現状を好転させるという意味合いで使われているといっていい。しかし革命や反封建を思わせる要素は皆無である。またこの時点では、ある特定の社会的事象と結びつけて、その事象を世直しとして解釈しているのではない。そういった使われ方が顕著になるのは一八世紀後半である。それと同時に世直しを執行する権威をもつ世直し神や世直し大明神が登場する。

四　世直し神

1　世直し神の台頭

世直し神が最初に登場したのは、一七八四（天明四）年である。三月二四日、当時権勢を振るっていた老中田沼意次の嫡男、若年寄田沼意知が江戸城で斬りつけられた。斬ったのは新番佐野政言で、江戸で評判の悪かった田沼親子に一撃を与えたということで一躍時の人となった。斬られた意知は、怪我のため数日後死亡、佐野もまた切腹を命じられ、四月三日に死去した。時を同じくして、高騰していた米の値段が下がり、その結果江戸中の人が佐野の葬られた浅草徳本寺に押しかけ、佐野を世直し大明神として崇めた。

これを契機として、日本各地で世直し神、あるいは世直し大明神が次々と現れる。一七九六（寛政八）年、津藩で起きた寛政一揆では、処刑された首謀者の三人が、困苦せる村人を救った世直し大明神として祀られた。さらに

写真1　佐野政言の墓（筆者撮影）

世直し神が登場する一揆は、岡藩（現・大分県竹田市付近）の文化大一揆など、一九世紀前半にも発生した。この二例から明らかなように、世直し神が活躍したのは、幕末の一揆のみではない。すでに一八世紀後半からその例はみられるのである。幕末の混迷を正すために世直し神が崇められたという解釈だけでは、こういった幕末以前の世直し神の意義を説明できない。

さらに一揆以外のコンテクストでも世直し神は現れた。その一つに、幕臣がその仁政を称えられ世直し神として祀られたケースが挙げられる。韮山《にらやま》代官江川英龍《ひでたつ》と福井藩士鈴木主税《ちから》の二名は、ともに一八三〇年代に世直し神として崇められた。江川は倹約を徹底し、地元への金銭的負担を減らしたとして、甲斐国都留《つる》郡で世直し大明神として祀られた。鈴木は、地元住民の声に応じて、「あをだ」と呼ばれる悪税を廃止したため、世直神社に祀られた。この世直神社は福井市に現存している。韮山と福井、離れた地域で忠実な幕臣として活動した両名だが、幕臣が被統治者によって世直しの神と祀られた事例は、変革思想としての「世直し」が先行してきたため注目されてこなかった。

従来の研究で用いられてきた「世直し」という学術的枠組みを規定したうえでこの江川や鈴木の事例をみれば、その内容はあまりにも期待外れといわざるを得ない。革命どころか、幕藩権力者の徳政を称えて、神として崇めているのである。だがそれを世直しとして歴史の当事者が認識していたということも事実である。ここに研究者が規定する「世直し」と、当事者が世直しと認識した事象にギャップが生じる。世直し神の実態を考察するには、こうした従来の「世直し」観とそぐわない事例も除外することなく検討されるべきである。

さらに、すでに触れた北原糸子の研究からも明らかなように、安政江戸地震後の江戸では、鯰絵《なまずえ》にみえる地震鯰が、世直し鯰として江戸を席巻した。安政二（一八五五）年一〇月二日夜一〇時ごろ、大規模な地震が江戸を襲った。幕府の調査によれば、この地震による死者は四二〇〇人余り、負傷者は二七〇〇人以上であった。地震後間もなく、災害後の江戸を揶揄する錦絵が大流行する。その多くには地震を引き起こしたとされる地震鯰がユーモラスに描かれている。鯰絵は一〇〇種類以上あるが、ベースとなる共通のナラティブがある。それによると、地震鯰は通常鹿島大明神が要石という巨大な岩で動きを封じている。しかし地震が起きたのは一〇月であり、日本中の神々が出雲大社に集まるといわれる神無月であった。一〇月二日の夜も、鹿島大明神は出雲に出向いており不在であったため、地震鯰を抑える力が弱まり、そのため江戸で地震が起きてしまったという（北原　一九八三〈二〇〇〇〉）。

写真2　福井市内の世直神社（筆者撮影）

地震直後は、被害にあった江戸の住民が地震鯰を叩きのめして鬱憤を晴らすといった内容のものが人気を博した。だがその後、地震鯰を世直しの使いとして好意的に描くものも増えていった。地震は大工や他の低賃金労働者に経済的恩恵をもたらした。災害後の建築ラッシュで、労働者の賃金は急騰した。また、災害後に施行《せぎょう》をすることを半ば義務づけられていた江戸の富裕層は、溜め込んでいた富を江戸の貧民と分け合うことを余儀無くされた。鯰絵は、労働者の経済的潤いと富裕層による富の再分配とを合わせて世直しと称し、地震を起こした鯰を世直しの神（または鹿島神の使い）とした（同前）。

以上みたように、世直し神の台頭は、一八世紀後半から一九世紀中盤にかけ

写真3　『鹿嶋恐』
震災後一儲けした大工たちが鯰を囲み、世直しを祝っている（国立国会図書館デジタルコレクションより）。

ての、新たな宗教的潮流ともいえるものであった。その実像は必ずしも、革命や反封建というテーマが前面に出ているものではなく、あくまで既存の秩序のなかでの経済的悪の是正を中心としたものだった。この世直しは、前節でみた縁起直しとしての世直しと関連しているのではないだろうか。縁起直し、景気直しとしての世直しに、経済的恩恵を主とした現世利益的要素が加わった、そのように世直し神の登場を解釈できないだろうか。少なくとも、戦後歴史学のアジェンダをアプリオリに当てはめていくよりは、エミックの世直しに基づいた解釈の方が、世直し神の実像に近づけるのではないかと思う。

2　維新期の世直し神

ここまで一九世紀中盤に至るまでの世直し神の隆盛をみてきたが、本項ではより維新期に近い年代の事例を検証してみたい。明治改元の二年前、一八六六（慶応二）年には、凶作、第二次幕長戦争による物価急騰などを背景として一揆が急増する。その多くは、年貢軽減、物価値下げ、施米、施金などを要求した。この年の一揆を代表するものが、六月に秩父郡上名栗村から派生した武州一揆や福島信達地域における一揆である。両一揆には、世直し大明神が登場し、また一八六八（慶応四）年には、会津世直し一揆も発生している。これらの一揆はこれまでの研究で言及されていることが多いから、本項では比較的言及されることが少ない一八六八年の上州一揆の世直し大明神を中心に検討したい。

上州一揆は一八六八年二月、戊辰戦争の最中に発生した。上野《こうずけ》国緑野《みどの》郡吉井宿の打ちこわしから始まり、そこから同時期の一揆に多くみられるように、村役人の不正追及、借金証文の破棄、質物の無償変換、米価引き下げなどを要求するに至った。一揆の直接的な引き金は、幕府関東取締出役が農兵取り立ての用金を課したことにあったが、背景には米価の異常な高騰や、二年前の武州一揆と同じく、開港以降に富を得た商人などへの憤激もあった。一揆勢が村役人に書かせた証文には、世直し大明神様と記されているものがある。

一　今般被仰出之通り、拾七ヶ年已来質物証文且又借用証文相返し、並ニ金百五拾両米百俵隣村迄茂施被仰渡、慥《たしか》ニ承知仕候、依此如件。

慶応四辰三月十四日

田面村　百姓代　作左衛門
組頭　吉蔵
当人　弥兵衛

世直シ大明神様

（萩原起久司家文書〈中島　一九九三、一七五頁収録〉）

さらに三月六日早朝には、高崎藩群馬郡本惣社村役人儀作の家に次のような張り紙がみつかったという。

一　此天下之御政事向相破れ、凡横浜表江交易相開キ引続而世之中動乱と相成、世間一統物持之義ハ不及申ニ其他質屋・金貸・酒造方・種屋・穀、右之者共私欲ヲ以利息等高利ヲ取リ、其上銭欠ヲ取自分勝手ヲ致候者共村々ニ多分有之候間、貧民為助之世直し大明人《ママ》天下り、前書之者共へ申付質物ハ相返し可申候、若違背ニ及候者共は此方廻村先迄罷出可上申者也

一　今般右之者共此義捨置候上者、無用捨打潰し可致事、以上

（石井隆司家文書〈同前、一八五頁収録〉）

この二つの資料からは、一揆勢自身が世直し大明神と名乗ったようにも読めるし、自らを世直し大明神の使いと理解したというようにもみえる。いずれにせよ、世直し大明神は地域社会を蝕んでいた経済的悪（物価高騰、理不尽な貧富の差など）を是正するために出現した。佐々木が指摘するように、世直し大明神という神格は、農民の動員、行為の正当化、要求実現という三つの側面において作用を発揮し、一揆にある種の宗教的権威をもたらした（佐々木　一九七九、一〇四〜一〇五頁）。

さらにこの一揆で特筆すべきことは、一揆勢が自分たちを鎮圧する目的で武力を用いた領主に対して、敵討ちを想定していた点である。

世直し廻状

上高尾村ヨリ

鬼定
鬼金

以廻状申述候、就而者先達中世直しニ付、人数旁ヨリ差出候得共、為差義も無之、其上人殺し等も之有趣ニ付、我等江頼入候故、此度先儀違変取調之上、人殺し敵討ニ付、村々人数壱軒ニ付壱人ツツ借用仕度、且又、目立候ものハ焚出し頼入候、若又手向被成候村方は壱軒も不残焼払申上候、此度之儀者、敵討方故、村方ニ而も鉄砲有之ものハ鉄砲持参可被成候、右廻状以刻付、早々令順達候、以上

上州群馬郡
高崎領　本郷村
頭取諱名
鬼定
鬼金

最寄村々江

（萩原家文書〈中島　一九九三、二一二～二一三頁収録〉）

この廻し状は三月一九日ごろから群馬郡一帯にまわされたという。鬼定、鬼金という二人の頭取は、地元の博徒であった。この内容に示されているものは明らかに通常の一揆の範疇を超えている。陣屋が襲撃されたり、領主の悪政を糾弾したりする例は前例があるが、一揆が鎮圧される段階で命を落とした仲間の敵討ちというのは珍しい。

しかしこの上州一揆も、革命や反封建というテーマに結びつけて考えるのは早計ではないだろうか。指摘しなけ

ればならないのは、この敵討ちの場合でさえ、仁政の約束を反故にした領主に対する怒り、という枠組みを超えてはいないということである。戊辰戦争最中の政権移行期は、権力の空白期間などといわれるが、それは思想やイデオロギーの空白ではなかった。我々は安丸良夫の以下の言葉に立ち返らざるを得ない。

近世中後期から明治にかけて頻発する農民一揆と打ちこわしは、しばしば世直し的方向を強く志向していた。特権商人、高利貸、村役人などの家宅や家財の打ちこわし、帳簿・借金証文類の焼却などは、あきらかに世直しであり、農民一揆はしばしば世直し一揆へと発展した。だが、こうした民衆闘争の思想史的特質に注目するとき、私たちはつぎの二点を指摘せざるをえない。第一に民衆による独自の政治権力の構想が欠如していた。日本近代社会成立期の民衆闘争はもっとも激化したばあいでさえ、現存の政治権力を自明の前提とし、その権力にたいして封建負担の軽減をもとめ、あるいはその権力のもとで商業高利貸資本の収奪から解放されようとするものだった。もっとも発展した綱領をもった明治元年の会津領と越後の世直し一揆においても、私たちはそこに「ブルジョア民主主義共和国」の萌芽を読みとることができない。（安丸　一九七四、八八頁）

幕末の一揆は、「維新前夜」という時代的性質上、とかく反体制、秩序の転覆といったテーマに結びつけて語られがちである。それぞれの一揆を歴史的文脈に位置づけることは無論必要な作業であるが、明治維新という歴史的ナラティブが、目的論的解釈の枠組みになってしまう恐れもある。それは、本章で扱った世直し神に限らず、明治維新を起点とする研究全般にいえることである。

五　宗教学からみた世直し

宗教学的観点から、世直し神や世直し大明神といった江戸中期および後期に台頭した新たな神格を考察する際、変革思想としての「世直し」ありきの視点では、その実像が歪められてしまう恐れがある。もちろん従来の研究においても文献に認められる世直しという表現に言及することはあったが、学術用語としての「世直し」とはっきり区別してこなかったのではないだろうか。また、世直しあるいは世直りという表現を文献に認めた際、そこに反封建的、革命的意味合いを半ば強引に投影してきてはこなかっただろうか。

エミックの世直しを研究の基盤とすることによって、歴史の当事者たちが何を考え、何を求めて行動したのか、それをより鮮明にすることができる。研究者がある枠組みを規定し、その枠組みに照らし合わせて、歴史の当事者たちがどれだけ至らなく愚昧であったか、何を欠如していたのかを説くのでは、敗北のナラティブを乗り越えることは永遠に不可能である。近世の民衆に主体性を求める以前に、民衆の視点を主体と認める姿勢が必要である。世直し神、世直し大明神といった近世特有の神格が登場したという事実を、日本宗教史のなかで位置づける作業に取り組むうえにおいては、革命・反封建といった枠組みに囚われない柔軟な視点も必要かと考える。そこから本当の意味で、幕末における宗教的世界の一端をうかがい知ることができると思う。

参考文献

北原糸子『地震の社会史――安政大地震と民衆』（講談社学術文庫、二〇〇〇年〈初出一九八三年〉）

近世文学書誌研究会編『崑山集　上』（勉誠社、一九七四年）
小林一茶『おらが春』一九一六年
佐々木潤之介『世直し』（岩波新書、一九七九年）
島崎藤村『島崎藤村全集　第七巻』（新潮社、一九五〇年）
庄司吉之助『世直し一揆の研究』（校倉書房、一九七〇年）
中島　明『幕藩制解体期の民衆運動――明治維新と上信農民の動向』（校倉書房、一九九三年）
日本名著全集刊行会編『近松名作集（下）』一九二七年
野間光辰編『色道大鏡』一九六一年
荻野秀峰「崑山集の基礎的研究」（『日本文學誌要』一三号、一九六五年）
堀江英一『明治維新の社会構造』（有斐閣、一九五四年）
宮田　登『ミロク信仰の研究――日本における伝統的メシア観』（未來社、一九七〇年）
――――『近世の流行神』（評論社、一九七二年）
――――『終末観の民俗学』（弘文堂、一九八七年）
安丸良夫『日本の近代化と民衆思想』（青木書店、一九七四年〈のち、平凡社、一九九九年〉）
安丸良夫・ひろたまさき「「世直し」の論理の系譜（上）――丸山教を中心に」（『日本史研究』八四号、一九六六年〈のち、後掲の（下）とともに前掲安丸『日本の近代化と民衆思想』に収録〉）
――――「「世直し」の論理の系譜（下）――丸山教を中心に」（『日本史研究』八五号、一九六六年）
George M. Wilson. *Patriots and Redeemers in Japan: Motivives in the Meiji Restoration*, University of Chicago Press. 1992.

コラム　宗門檀那請合之掟

朴澤直秀

概要

「宗門《しゅうもん》檀《だん》那《な》請合《うけあい》之《の》掟《おきて》」（以下「請合之掟」と略述）などとして知られる、江戸時代半ばに作られた、偽の法令がある。これは、全国各地に写本の形で広く流布し、各地の寺院に伝えられてきた史料のみならず、地《じ》方《かた》史料や、幕府・藩の関係史料などのなかにも、多数現存している。

　流布している写本には、いくつかのヴァージョンがあり、表現の異同も大きい。同宗派・同地域内で、違ったヴァージョンのものが混在して流布していることから、体系的な流布が希であったことがうかがえる。表題も、元々は「宗門寺檀那請合之掟」だったと思われるが、「宗門檀那請合之掟」「宗門檀那請合掟」といったものや、「東照神君様御条目」「東照宮御垂範」といったもの、両者が組み合わせられたものなど、多様なものがある。

　元は全体で一五カ条からなっていたと思われ、大御所徳川家康存命中の一六一三（慶長一八）年五月付としているものが多い。「奉行」から天下諸寺院向けの、幕府法令の形式をとるものが多い。内容は、キリシタンや、仏教のなかで禁止されていた不受不施派《ふじゅふせは》・悲田《ひでん》

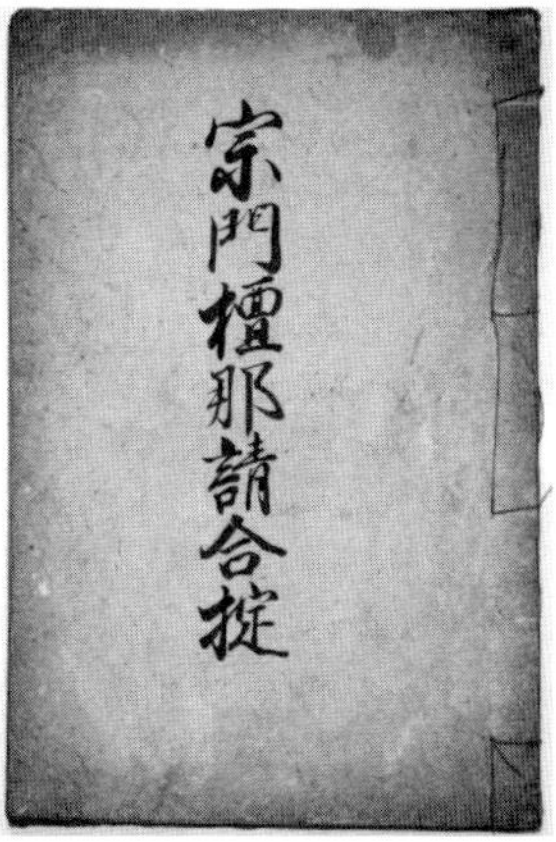

写真１　『宗門檀那請合掟』（個人蔵）表紙

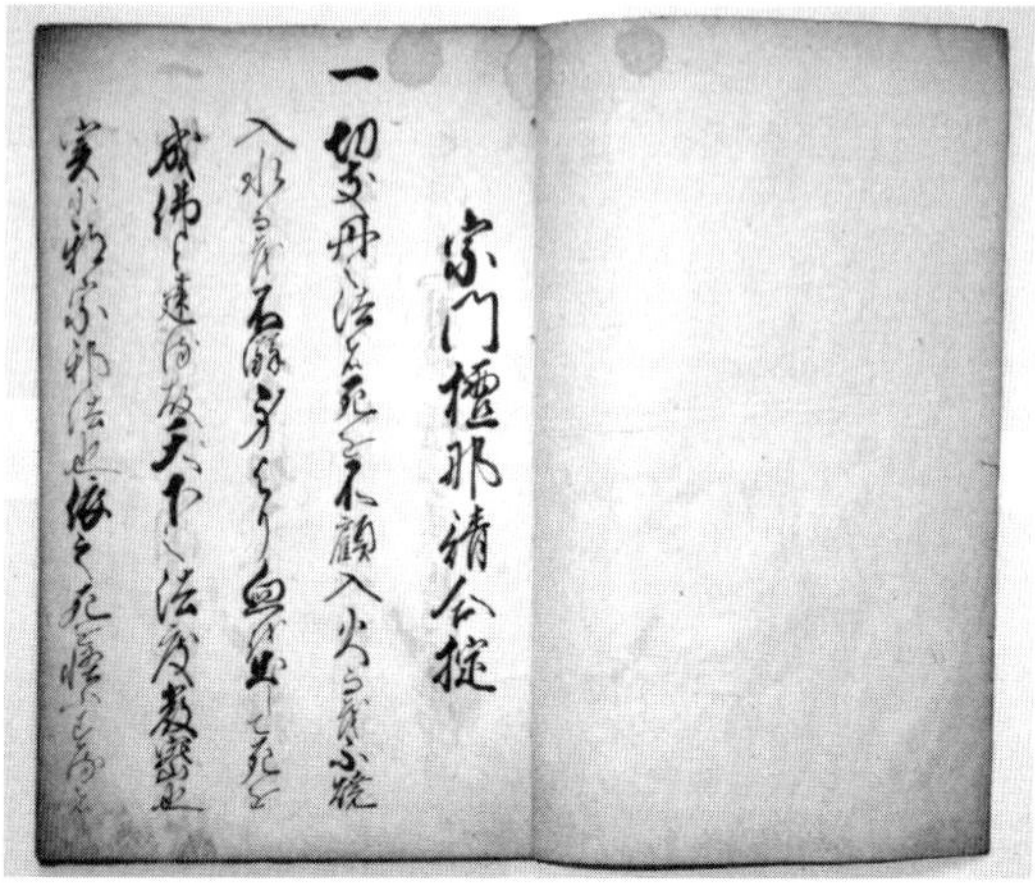

写真２　『宗門檀那請合掟』冒頭

宗《しゅう》の信者の見分け方を示して、宗門改を厳重に行なうように指令するものである。基本的には、その指令に背いたら神仏の罰を被るとする、起請文《きしょうもん》の形式をとっている。

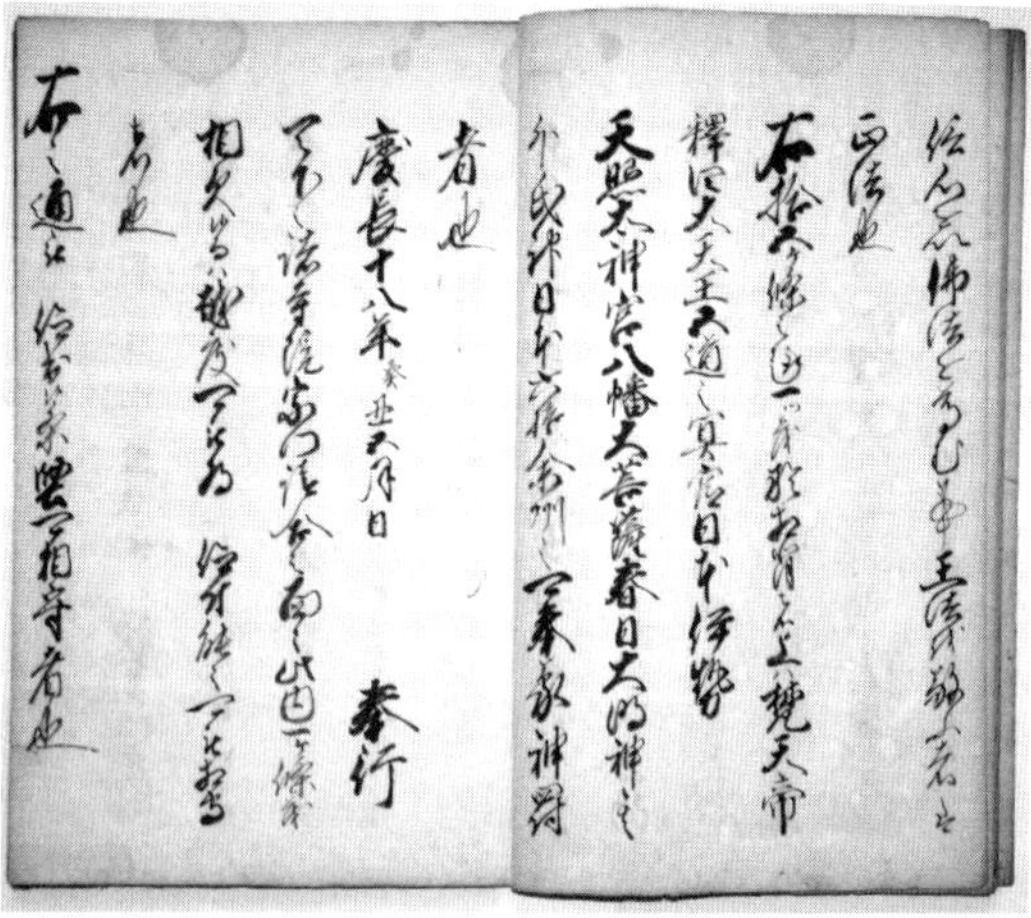
写真３　『宗門檀那請合掟』末尾

内容

具体的にみていくと、キリシタンについては、次にみるように荒唐無稽なイメージが語られている（以下丸数字は代表的な条数。なお、禁教下において「増幅」されたキリシタンのイメージについては、論文「幕末維新期のキリスト教という「困難」」を参照のこと）。

①切支丹《きりしたん》の法は死を顧みず、火に入っても焼けず、水に入っても溺れず、身から血を出して死ぬことを成仏とするので、天下の法度《はっと》により厳密に取り締まられる。実に邪宗邪法である。これによって死を惜しまないものは厳重に取り調べよ。

②切支丹に基づく者は、韃単国《だったんこく》より毎日金七厘を与え、天下を切支丹にして神国を妨げる邪法である。この宗に基づく者は釈迦の法を用いないので、檀那寺の檀役を妨げ仏閣の建立を嫌う、これによって取り調べよ。

⑦悲田宗・切支丹・不受不施、これらの三宗はともに一派である。彼等が尊ぶ本尊は「牛頭吉利死丁頭仏」ともいう、ゆえにデウス・大ウスと名付けるのである。この仏を頼んで鏡をみれば仏面となり、宗旨をころんでみたならば、鏡の影は犬にみえる。これは邪法の鏡である。一度この鏡をみるものは深く牛頭吉利死仏を信仰し、日本を魔国に成す。そうではあるが宗門吟味の神国なので、一応、宗門寺に帰依している人に交り、内心不受不施で、宗門寺へ出入しない。これによって取り調べよ。

しかし、次のように、何らかの地下信仰の実態を踏まえたかのような条文もみられる。

④切支丹・不受不施は、先祖の年忌に僧の弔いを受けず、その当日だけ宗門寺へ一通りの志を述べ、内証で俗人だけで一統打ち寄り、弔い僧がきたときは無愛想にして用いない。これによって取り調べよ。

また、キリシタン・不受不施・悲田宗の信者である証拠として、檀那寺に対する義務を果たさないことを取り上げていることや、檀那寺以外の寺に仏事を依頼することを咎めていることも特徴的である。

③頭檀那であっても、その宗門の祖師忌・仏忌・盆・彼岸・先祖の命日に参詣することがなければ、（宗門改の）判形を引き、宗旨役所へ断り、厳重に取り調べよ。

⑤檀那役を勤めず、しかもわがままに任せて宗門請け合いの住持役を用いず、宗門寺の用事を身上相応に勤めず、内心に邪をいだいているのを不受不施という、このことを心得よ。

⑪先祖の仏事を、他の寺に依頼して法事を勤めることは堅く禁止されている。しかしながら、他国・他の地で死去したものはまた別である。よくよく取り調べよ。

⑫先祖の仏事に、きちんと歩ける者が参詣せず、疎略にする者は取り調べよ。また、その者の持仏堂や供え物をよくよく見届け、邪宗正法を取り調べよ。

利用と流布

「請合之掟」の原型がいつ作られたのか。悲田宗の禁止が一六九一（元禄四）年だから、それ以降に偽作された法令ということになるが、明確な時期はわからない。残存事例や、訴訟文書における言及などから考えると、遅くとも明和年間（一七六四〜七二）ごろには確実に存在していたと思われる。一八世紀後半に多系統の流布がみられることに鑑みると、一八世紀前半に原型が成立したと考えても違和感はない。

現時点ではむしろ、利用・流布の局面に着眼したい。利用の事例としては、一八世紀後半に、神職が自ら神葬祭を行なうために、檀那寺との寺檀関係を断とうとする運動を起こしたときに、それを阻止するために藩当局に対して、家康以来幕府が定めた掟として寺院による宗門改が必要なのだ、とする論拠として利用されている。また、一八二七（文政一〇）年に捕縛された、「京坂「切支丹」一件」という「異宗」摘発事件で処罰された者たちの多くが真宗各派の門徒だったことから、真宗各派で、末寺に対して「請合之掟」に言及しつつ、宗門改の徹底を求めている（コラム「京坂「切支丹」一件」を参照のこと）。寺院の、宗門改担当者としての自意識の強調に、「請合之掟」が用いられているのである。こういった機会などに、檀那寺から檀那に対して「請合之掟」が提示される局面もあった。しかし、先に述べたように体系的な流布は希であり、一八世紀後半以降、さまざまな系統の写しが、幕府周辺も含めて、多方面に流布していく。

近代に至り、司法省により編纂された江戸幕府法制史料集『徳川禁令考』の、一八九五（明治二八）年刊行の第五帙に、「請合之掟」は幕府法令と誤認されて収載される。さらに昭和期に至ると、「請合之掟」は偽法令であることが確認されつつも、寺請制度のもと、檀那からの収入に依存する仏教・僧侶の堕落の局面において偽作・利用されたものとして、取り上げられるようになってきたのである。

参考文献

朴澤直秀『近世仏教の制度と情報』（吉川弘文館、二〇一五年）

「民衆宗教」は誰を語るのか

――「民衆宗教」概念の形成と変容――

青野　誠

一　「民衆宗教」は誰を語るのか

本章が対象とするのは、これまでの「民衆宗教」研究がどのような人々を「民衆」としてとらえ、いかなる特徴に注目してきたのかという点である。

幕末維新期はさまざまなかたちで宗教的事象が活性化した時期でもある。代表的なものとして「ええじゃないか」や御陰参りが挙げられるほか、梓巫《あずさみこ》や狐憑きに代表される霊の憑依現象、山そのものを信仰対象とした修験《しゅげん》道《どう》などの山岳信仰はこの時期に多数見受けられる。ところがこういった事象は民間社会に広く浸透していたにもかかわらず、歴史学の領域において「民衆宗教」として取り扱われることは稀である。創唱宗教の教祖が神がかりにより開教する事例は多く、富士講などは山岳信仰の系譜を汲むにもかかわらず、これらの宗教現象と「民衆宗教」は区別がなされているのである。逆にいえば、この時期は「民衆宗教」になりきれなかった宗教を多数、輩出した時代ともいえるだろう（大橋　二〇一四、一二六〜一三六頁）。

さらに「民衆宗教」として扱われるもののなかでも、どの教団に着目するかについては偏りが存在する。富士講などの山岳信仰、烏伝《うでん》神道のような神職などの宗教者によって開かれた創唱宗教も、広い意味では「民衆宗教」に含まれている（烏伝神道については、コラム「維新は迎えられずとも」参照のこと）。だが、今日まで「民衆宗教」研究の中心となってきたのは、農民などのいわゆる「民衆」が神がかりというかたちで開教した創唱宗教である。

こうした事例が示すように、「民衆宗教」とは単に民間社会に普及していた宗教という意味ではなく、なんらかのイデオロギーが含まれた言葉である。そして、その概念が含意するものは研究者ごとに微妙な差異を有している。思想史学者・子安宣邦《こやすのぶくに》はそうした差異が、研究者が歴史のどの側面を切り取り、どのように「民衆」を語りたいかという意識を反映したものにほかならず、「民衆宗教」とは「歴史家・知識人の語るナラティブ」に過ぎないのではないかと厳しく指摘した（子安　一九九二）。だが、この指摘は裏を返せば、各研究が歴史のどの側面を切り取り、どのような「民衆」を描こうとしたのか。そうした視点が必要とされた社会背景をうかがうことが可能であることを示唆しているだろう。

本章ではそうした「民衆宗教」という概念がどういった意図で形成され、どのように変容していったかを検討する。そして、研究者たちが誰を「民衆」として語り、「民衆宗教」という切り口からどのように現代社会へ問題提起を行なってきたのかについて考察を試みたい。具体的には宗教学者・村上重良《むらかみしげよし》（一九二八～九一）と歴史学者・思想史学者の安丸良夫《やすまるよしお》（一九三四～二〇一六）という「民衆宗教」概念を開拓した二人を中心として、「民衆宗教」概念がいかに形成され変容したか、そして各研究の視点にいかなる共通点・相違点がみられるかについて検討を加える。そのために、研究者自身の「民衆宗教」および「民衆」についての発言に着目し比較検討を試みたい。さらに各研究がなされた当時の時代背景と研究者の問題意識に着目する。そうすることで、各研究が「民衆宗教」を媒介にすることによって、現代社会に何を訴えようとしたかをうかがいみることが可能になるだろう。

二　「民衆宗教」と「新宗教」

「民衆宗教」概念の形成過程の考察に入る前に、類似の概念である「新宗教」との差異について確認しておきたい。両概念の差異を明確にすることによって、より「民衆宗教」研究が、何を問題としてきたのかを認識しやすくなると考えられる。両者の相違については、宗教学者・島薗進《しまぞのすすむ》の研究（島薗　一九九五）に詳しい。それによれば、「民衆宗教」とは主に歴史学・思想史学の立場で用いられる場合が多く、近代天皇制国家の確立前に成立したか否かを重要な指標とする。そして政治的な支配体制に対する対抗の運動であるとみなされる。それに対して「新宗教」とは宗教学・宗教社会学で用いられる場合が多く、一九世紀初頭の如来教の成立以降、現代までをその射程に含んでいるとされる。そして重視されるのは仏教やキリスト教、イスラム教などの世界宗教のなかでどこに位置づけられるのかという点である。もちろん、この分類に当てはまらない用法は「民衆宗教」「新宗教」どちらにも見受けられる（付言すると、世界的には「民衆宗教」に相当する言説は韓国を中心とする東アジアの一部を除いてほとんど見受けられない）。だが、「民衆宗教」という語句をあえて用いる以上、そこにはなんらかの抵抗のニュアンスが含まれているといえるだろう。

以上をふまえて、次節以降では、「民衆宗教」概念がいかに形成され変容していったのかを、研究者ごとに分析していきたい。

三　村上重良による「民衆宗教」の提唱

「民衆宗教」という概念がはじめて用いられたのは一九五八年、村上重良による『近代民衆宗教史の研究』においてである。そこで村上は「民衆宗教」という概念について以下のように述べている。

本書でとりあげた諸宗教の大半は、「教派神道」の名で一括されるが、幕末から明治前期にかけて成立した、共通の歴史的性格をもつ一連の民衆的諸宗教を総称する適当なことばがないので、本書では、かりに「近代民衆宗教」とよぶことにした。これら諸教は、系譜的・性格的に現在の「新興宗教」に連なるものである。

〔村上　一九五八〈一九七二、五頁〉〕

ここでは「幕末から明治前期にかけて成立した」という限定はされるものの、あくまで「かりに「近代民衆宗教」とよぶ」のであり、明確な定義づけはなされていない。さらに「新興宗教」への連続性が語られていることから、当初は「民衆宗教」と「新宗教」の明確な区別はなされていなかったことがわかる。事実、文中においてもその用法は統一されたものではなく、当初の「民衆宗教」概念はきわめて曖昧なものとして誕生したのである。だがたとえ暫定的にであっても「民衆」という概念が用いられたのには、なんらかの意図があるといわざるを得ない。なぜここで「民衆」という語句が選ばれたのか、村上の「民衆」のとらえ方についてみてみよう。

近代以前の政治権力は、例外なく宗教的権威を負って民衆を威圧したが、これとたたかう階級もまた、すすんでその行動に神聖な外被をつけて、支配者に対抗したわけである。（村上　一九五八〈一九七二、二五頁〉）

ここからは政治権力に対抗する「たたかう階級」が意識されていることが着目されよう。つまり、村上は幕末維新期の宗教世界を、政治権力とそれに対抗する存在という構図で描いたのであり、そうした人々の対抗を表現するために「民衆」という概念が用いられたのである。

こうした「民衆」概念を踏まえたうえで、村上のいう「民衆宗教」が具体的にどのようなものを指しているのかみておこう。『日本思想大系67　民衆宗教の思想』の解説（村上　一九七一、五六八～五七〇頁）において、彼は「民衆宗教」諸教に共通する思想的特徴として以下の四点を指摘している。

①政治的・社会的変革の時期を反映する、強力な一神教的な最高神による救済の教義

如来教の如来、黒住《くろずみ》教の天照大神、天理教の天理《てんり》王命《おうのみこと》、金光教の天地金乃神《てんちかねのかみ》、丸山教の大祖参神《もとのおやがみ》などに典型的にみられる特徴である。このような救済神としての神格ゆえに、封建支配や近代天皇制といった絶対主義的支配の動揺と危機を反映して、天理教や丸山教では世直し思想へと発展した。

②徹底した現世中心主義

如来教など一部の例外を除いて、最重視されるのは死後についてではなく、病貧争のない「この世の極楽」についてであり、病気なおしなどの現世利益が一貫して強調されている。

③人間本位の教義

幕末維新期の「民衆宗教」に共通する最大の課題は、まずしい生活者であり被支配層である「民衆」の救済にあった。そこで語られている人間は、支配するゆたかな者たちではなく、勤勉で無名な存在としての「民衆」であるとされた。そうした「民衆」の全生活的な救済の使命感を支えるものは、素朴な人間愛であり、人間の本性への楽天的な信頼であると考えられていた。こうした教義には、祖霊崇拝を核とするイエの宗教とも、共同体の生産と生活のための祭祀であるムラの宗教とも異なる、一人の人間としての「民衆」の救済の願望、世直しの願望が結集されていた。この願望が、各宗教の思想上・組織上の急激な発展の大きな原動力になった。

④政治権力・社会・民族への観点

国家観・民族観においては、日本中心の排外民族主義への傾斜がつよくみられた。こうした傾向がのちに国家神道体制に組み込まれる過程で、天皇崇拝と国家主義に容易に迎合した一因となった。

こうした特徴をもとにして、村上の「民衆宗教」観をまとめると以下のようになるだろう。村上にとって「民衆」とは、被支配者であり無名の存在であるといえよう。こうした人々が社会との矛盾に直面したときに、「民衆宗教」の超越的な存在との結びつきにより現世利益的な救済を求めたのである。そして、それはときに「世直し」というかたちをとることもあったが、最終的には天皇制イデオロギー、すなわち国家神道に迎合していくものとして描かれたのであった。

このように「新宗教」との混同を有しながらも誕生した「民衆宗教」概念であるが、村上は七〇年代を契機として、この二つの概念を意識的に使い分けるようになる。これは村上の現代社会における問題意識が深化したことに関係している。やや時代が下るが、一九八二年に村上は以下のような問題を提起している。

幕末維新の変革期に始まり、国家神道体制下に及ぶ一連の民衆宗教の成立発展は、国家神道と本質的に相いれない民衆救済の宗教運動に他ならなかった。（中略）一九八〇年代の日本社会では、とめどのない右傾化が進行し、戦前への回帰が声高に叫ばれている。靖国神社への首相・閣僚の公式参拝が既成事実化され、これを突破口に、国家神道の復活が日程にのぼりつつある。国家神道と民衆宗教の対決は、けっして過去の問題ではなく、日本における信教の自由・政教分離の確立と定着が、今や民主主義の前進のための重要な国民的課題となっていることを、本書から読みとっていただければ、著者として望外のよろこびである。

（村上　一九八二〈二〇〇六、三一〜四頁〉）

写真１　靖国神社（筆者撮影）

ここでは信教の自由と政教分離が「民主主義の前進のための重要な国民的課題」であるとされ、現代社会と強く結びつけられているのが明確である。国家神道に「相いれない」対抗軸として「民衆宗教」が位置づけられていることが読みとれよう。つまり村上にとっては「新宗教」では表現できない、国家権力への対抗という意図が込められた概念である「民衆」が必要とされたのである。

こうした変容の背景として、七〇年代に村上が靖国神社国営化への反対運動や政教分離違憲訴訟などの政治運動へと傾倒していったことが挙げられる。靖国神社国営化に向けた法案が国会に提出されるなど、「明治百年」以降の社会における宗教と政治の関係をめぐる危機感から、村上は

「民衆」をより前面にうちだしていく姿勢をとったのである（同時期の宗教界の状況については、コラム「明治百年と一九六八年の宗教界」を参照のこと）。この危機感の根源としては村上自身の時代経験があったと考えられる。村上はかつて戦時中にみずから海軍経理学校へと入学した軍国少年であり、戦後の民主化のなかで政教分離の重要性を自覚する経験を有していた。そのため国家神道というイデオロギー統制が、人々を画一化していく危険性を自身の経験として痛感していたのである。こうした経験をもつ村上がなにより重視したのは、現代社会においても宗教的側面から国家権力の統制が存在しているという危機を提示し、人々の関心を喚起することだったのである。

四　安丸良夫による「民衆宗教」への言及

村上の国家神道論の思想分析を批判・継承したのが安丸良夫である。村上と安丸は国家神道の影響下にあった近代社会の性格について見解を異にしていたが、国家神道と「民衆宗教」の対立関係をいかにとらえるか、という問題意識は共通していた。安丸もまた、国家や天皇制といった中央権力との対比を明確にするために「民衆」という概念を用いたのである。

安丸が「民衆」という視点に注目したのは、丸山眞男《まるやままさお》に代表される従来の思想史研究への違和感からであった。それは、近代の方向へすすむ思想を非常に高く評価し、近代的性格を有したと考えられた荻生徂徠《おぎゅうそらい》や本居宣長《もとおりのりなが》などの頂点思想家の思想分析に重点が置かれたものであった。これに対して安丸は、「民衆」を対象に含みつつ、伝統的な思想の内部で起こる思想形成の過程を分析することで、思想史の全体性をとらえる必要性を唱えたのである。

ここでは安丸の「民衆宗教」概念について考察し、村上との共通点・相違点について比較検討を試みたい。安丸の最初期の「民衆宗教」への言及として、一九六六年に書かれたひろたまさきとの共著である「「世直し」の論理の系譜」が挙げられる。そこでは「民衆宗教」がいかなるものとして認識されているのか、以下に引用する。

> 幕末から明治にかけて成立した民衆的な新宗教には、原蓄過程の嵐にまきこまれて没落してゆく民衆の立場にたった世直し的性格をもつものがあった。明治初年の天理教、明治十年代後半から二十年代初頭にかけての丸山教、明治中期以降の大本教がそれである。これらの新宗教は、太平天国や東学党に比較しうべくもない小さなものだし、思想的にも未熟なてんが多かった。また、やがてきわめて容易に天皇制イデオロギーに妥協し融合するてんにも大きな問題がある。しかし、日本の民衆のもっとも土着的な意識から出発しながら、変革的な思想形成を試みた民衆思想の羽ばたきとしては興味津々たるものである。
>
> （安丸・ひろた　一九六六〈一九九九、一七四～一七五頁、傍点原文ママ〉）

この時点では「民衆宗教」という表現は用いられず、「民衆的な新宗教」という表現が用いられている。この時点においては、安丸も明確な「民衆宗教」概念をもちえていなかったということがわかる。ここでは「民衆宗教」とは、「変革的な思想形成を試み」つつも「きわめて容易に天皇制イデオロギーに妥協し融合する」ものであったとし、教団の思想的限界点を示す一方で、「変革的な思想形成を試みた民衆思想の羽ばたき」として評価されている。ここからは天皇制イデオロギーと「民衆宗教」の対立という構図が、おぼろげながらすでにこの時点で構想されていたことがわかる。この対立の構図が明確化されるのは七〇年代であり、一九七七年に刊行された『出口なお』および『日本ナショナリズムの前夜』において如実に表れている。

江戸時代の民衆が支配される対象であり、その意味で「愚民」とされたのに、近代日本では民衆はなんらかの意味で国家の能動的な担い手であるように求められていた。この要請に背をむけて、民衆がみずからの生活と精神の境位に固執し、それを国家に拮抗して自立させることはむずかしかった。

（安丸　一九七七〈二〇〇七、三頁〉）

民衆とは、自己と世界の全体性を独自に意味づける権能を拒まれている人たちのことであり、神がかりとはこうした人たちが神という現存の秩序をこえる権威を構築することによって、自己と世界との独自な意味づけに道を拓く特殊な様式のことである。

（安丸　一九七七〈二〇一三、ｖ頁〉）

ここからは「民衆」が国家権力に抵抗することが非常に困難であったという安丸の認識を読みとることができる。しかも彼らは強制的に国家権力に従属させられるのみならず、勤勉・倹約・孝行・正直・謙譲などといった通俗道徳の実践によって、知らず知らずのうちに国家権力へ能動的・自発的に従属していってしまう存在なのである。彼らはあくまで集団を構成している一人に過ぎず、「個人」という意識を有することは非常に困難であった。それは、神という超越的存在と自己が結びつくことで「現存の秩序をこえる権威を構築する」行為である神がかりによって初めて可能になると考えられたのである。安丸の関心はそのような神がかりを可能とした人々へと向けられていく。その最たる事例として大本教の開祖である出口なおに関する記述が挙げられよう。『出口なお』の記述をみてみよう。

なおの生は、広汎な民衆の生の様式につらなるものとしてとらえられ、なおの個性的諸側面は、こうした歴史的な生の様式の具体的なあり方や、そこにおけるなおに特有の奮闘ぶりとして分析されている。さきにのべたように、民衆は自己の内的真実を語るうえで大きな困難をもっているのだが、なおはこの困難を踏みこえてすすんだ重要な事例である。（安丸　一九七七〈二〇一三、二七五頁〉）

なおの自己形成の方向は、なお個人をこえて歴史的に形成された生の様式なのであって、個々人の辛抱づよい努力（勤勉や倹約）→「家」の繁栄→個人の幸福の確保というサイクルで、個人の内面的世界を社会体制のなかへ統合してゆくものであった。それは、こうした統合の方式としての有効性を歴史的な一つの時代のなかできたえてきたものであるがゆえに、なおの個人的な事情を通しながら、じつはそれをこえたずしりと重い歴史の重みでなおをとらえていたのである。（安丸　一九七七〈二〇一三、一五頁〉）

ここでは出口なお、すなわち教祖が一人の「民衆」として描かれている。彼女が経験した神がかりという事例は非常に先鋭的であり、多くの「民衆」はこのような地点まで到達することは不可能であった。だが、彼女の思想形成が「広汎な民衆の生の様式につらなるもの」であり、「個人をこえて歴史的に形成された生の様式」である以上、多くの「民衆」が同様に主体形成を行ない、通俗道徳の枠組みを超えうる可能性は存在したのである。国家による文明の名の下に断行された近代化とは異なる、主体化した「民衆」によるもう一つの近代化の可能性があったことを安丸は示したのである。それは、「近代化してゆく日本社会を単純な成功譚や天皇制神話に還元することへの、きびしい異議申し立て」（安丸　二〇一三、二九二頁）だったのであり、近代化＝善という構図の外に追いやられた

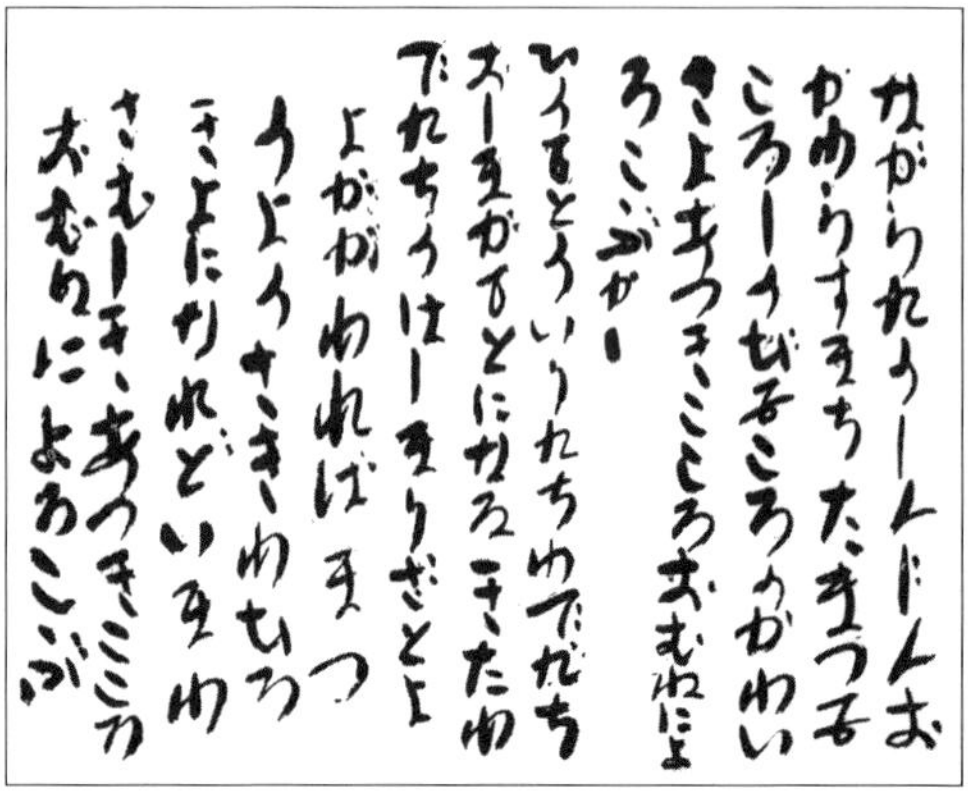

写真２　出口なおのお筆先
（服部静夫『大本教祖出口直子伝』〈明誠館、1920年〉、国立国会図書館デジタルコレクションより）

「民衆」側の視点からとらえた幕末維新期像の提示であった。

このように安丸の論は七〇年代を境として、「民衆」が通俗道徳に基づいた主体形成をしていくことによって、結果的には自発的に国家権力への従属を受け入れていくという限界性を示したものから、近代化にともなう国家権力の抑圧に対して「民衆」がいかに抵抗していくことが可能であったかという可能性を模索していく方向へと推移していった。こうした視点に基づく研究の結晶となるのが一九七九年の『神々の明治維新』や、一九九二年の『近代天皇像の形成』であった。

では、こうした変容はどのような要因によって引き起こされたのであろうか。安丸によれば六〇年代から七〇年代にかけての社会状況の変化として、「社会状況の激動、とりわけ急進的な学生運動や新左翼運動」と、近代化論が「新たな秩序を求めて国家主義的傾向を強めようとしている」状況を列挙している。

そういった社会背景の下で、安丸は自身が前者から受けた影響として民衆運動への関心の推移を、後者から受けた影響として「批判の主要な対象を新たな国家主義の台頭に求める傾向を強く」したことを挙げている（安丸　二〇一〇、二七～三四頁）。安丸は七〇年代はじめの国家主義の台頭に危機感を抱き、同時にそれへの反対運動に希望をみたのである。そのような社会情勢を反映した安丸の「民衆宗教」概念の主眼は、超越的存在との結びつきの自覚という宗教的な主体形成によって、国家権力に「民衆」が抵抗する可能性があったという点に希望を見出そうとしたものだといえるだろう。

五　村上説と安丸説の比較検討

村上と安丸の問題意識を比較した際に、国家権力と「民衆」の対立という共通点をみつけることはたやすいであろう。しかし同様の問題を扱いながらも、両者の視点は異なっていることがわかる。島薗はこの差異について、村上が「民衆宗教」に限定して図式的に概観を描くことに力点があったのに対し、安丸は「民衆宗教」の周辺をも広く見渡しながら「民衆」の宗教の実際に近づくことに力点があったと分析している（島薗　二〇一〇、一五〇～一五一頁）。これに付言し、両者の差異をまとめると以下のようになるだろう。

村上は宗教学の立場から、政教分離がなされていない状況がいかに危機であるかを提示することに主眼が置かれていた。国家神道をはじめとするイデオロギー統制を受ける対象は教団であり、「民衆」は集団として描かれた。対して安丸は歴史学の立場から、村上が唱えるようなイデオロギー統制の危機を踏まえながら、それに対抗しうる希望として「民衆」の主体形成に主眼を置いたのであった。そこでは、国家権力に対抗する一人ひとり（それは教祖など一部の人々に限定されてはいたが）の思想形成に目が配られており、より「個」という意識を生み出すものとして「民衆宗教」のはたらきが積極的に意義づけられているのである。このように両者にとってはじめは曖昧であった「民衆宗教」概念は、七〇年代を一つの画期として変容し、現在に至るまで続く原型がこの時期に成立したのである。

そして七〇年代とは、「民衆」概念が現実社会と乖離していく時期でもある。それは社会的にみれば高度経済成長以降、人々の間に中流意識が蔓延していったことが一因である。そうしたなかで安保闘争や急進的な学生運動に代表されたような政治への関心は次第に沈静化していき、人々の関心は私生活を中心とした経済へと推移していった。さらに石油危機による生活への不安は社会全体の保守化を推進した。こうした社会的背景に加え、学界においても社会史の概念が導入されたことで、研究者たちの問題関心は人々のより日常的な営みにかかわるものへと推移していった。そうした風潮のなかで、権力とたたかう主体としての「民衆」を語る意義は失われていき、これ以降の研究はより広範な社会全体のなかでの人々の位置づけを考える方向へと移行していくことになる。

しかしではなぜ、そうした風潮のなかで、「民衆宗教」という概念は今日まで用いられているのであろうか。「新宗教」概念では表現しきれないものとはなんなのか。その問いに対する一つの答えとして安丸の発言を以下に引用する。

> 自分のイデオロギー性を突き放して観察する醒めた眼は大切だが、この小論で繰りかえしてのべたように、「民衆」や「大衆」とは私たちの生きる世界の全体性を眺め渡すさいの方法概念なのであり、そうした方法概念とそこに固有の立場性なしには、私たちは有意味な認識ができないのだと考える。
>
> （安丸　二〇〇二〈二〇一二、一〇七頁〉）

ここで安丸はある固有の立場性に立つことの必要性を示唆している。私たちの生きている世界を見渡す際には、完全なる俯瞰などは不可能であり、誰しも無意識のうちになんらかの色めがねをかけて、どこか固有の視点に立っているのだと自覚する必要がある。その視点の一つとして「民衆」という方法概念の有効性が説かれるのである。

六　多様な「民衆宗教」の視点

「民衆宗教」概念は村上と安丸によってその原型がつくられ、これを基軸に批判・検討を加えるかたちで今日まで展開してきたといってよい。ここでは、これ以降の研究が、二人の研究をどのように踏襲・批判してきたのかについてみていきたい。

生き神信仰の研究で知られる小沢浩《こざわひろし》（一九三七〜）は、「民衆宗教」の主神の多くが「生き神」というかたちでこの世に具現している点に着目し、以下のような意義づけをした。

人間の無限の可能性を信ずる豊かなオプティミズムと、しかも瞬時たりともとどまることを許さないきびしい自己変革の要求に裏づけられた文治〔金光教の教祖・赤沢文治《あかざわぶんじ》〕の生き神思想は、宗教意識の変革を不可避的な課題とする幕末の民衆解放思想が、所与の歴史的条件のなかで考えられる可能性をぎりぎりのところまで切り開いたものである、とみることができる。いいかえれば、このような生き神思想の成立においてはじめて、幕藩体制解体期における民衆の自己解放の要求に、一つの思想的表現と方法的内実があたえられたのである。

（小沢　一九八八、二八頁）

ここでは「生き神」という主神の性格こそが、幕末維新期という時代において、限界性はありながらも「解放思想」の可能性を「ぎりぎりのところまで切り開いた」ものであると評価されている。安丸と同様に「民衆」の主体形成に主眼が置かれた研究であることが読みとれよう。

こうした性格の「生き神」は、いかに国家神道と相容れないものであり、天皇制国家に対抗しうるものであったのだろうか。小沢によれば、国家神道においては、神の権威の体現者が「現人神《あらひとがみ》」たる天皇に集中しており、民衆はすべてその権威の下になびき伏すべき「民草」ととらえられる。一方、「民衆宗教」においては、すべての「民衆」が神の分身を心に宿した「生き神」たりうる存在であるとされる（小沢　一九八八、三七～三八頁）。ここではすべての「民衆」が「現人神」と相対する存在になりうる可能性が示されていることがわかる。安丸の研究が、「民衆」の代表としての教祖の思想分析に限定されていたのに対して、「生き神」という視点に立つことで、より広範な人々の主体形成を視野にいれたものであったといえるだろう。

小沢の研究もまた、「民衆」が主体形成することによって国家権力に対抗する可能性があったという希望を語るものになっている。小沢はそうした自身の研究が、すべて六〇年安保にこだわり続けてきた「一人の日本人の、ささやかな精神の記録」であったことを吐露している（小沢　一九八八、三〇五～三〇六頁）。小沢のような安保経験と自身の研究の問題関心の結びつきは、安丸をはじめとする「民衆思想史」研究者たちに広く共有している点である。ここからも、国家権力の統制に対していかなる抵抗が可能かという視点が、学生時代に安保闘争と、それに関連した社会変動を経験したこの世代に担わされていた命題の一つであったことがわかる。

一九世紀初頭に尾張国の百姓であった女性教祖・きのによって創唱された如来教を対象とした研究者である神田《かんだ》秀雄《ひでお》（一九四九～）は、教祖以外の「民衆」の思想も重視するべきであるとし、「信者」という視点に着目する。

信仰上の指導者と言える教祖は、僧侶のような訓練を受けた専門家ではないと同時に、信者たちの身近におり、信者たちは、そうした教祖との直接的な応答を通じて信仰生活を繰り広げている場合が多かった。そのため、「幕末維新期の民衆宗教」では、教義（宗教思想）の内容にも信者たちの生活上の要求がかなり具体的に反映されている場合が多いと言える。（神田　一九九〇、二一頁）

神田は、これまでの「民衆宗教」研究が、教祖の思想分析に偏重したものであった点を指摘している。安丸らの研究が、あくまでその苦難の人生を通じた「民衆（＝教祖）」個人の思想に主眼が置かれていたのに対し、神田の主眼はそれをとりまく「信者」の思想へと向けられていくのである。そこには信者が教祖の教説を一方的に受けいれるだけではなく、自分たちの願望を叶えてくれる教祖を求めるという双方向性に着目することで、より広範な人々の主体性に着目しようとする視点があったのである。

さらに神田は、「民衆宗教」の多くが幕末維新期に成立した意義に着目するべきだと主張する。ここで神田が注目するのは、幕末維新期が、国民国家の形成期にあたるという点である。「家」や「家族」といった共同体が国民国家を下から支える役割を担っていったのに対して、「民衆宗教」がそれとは異なるもう一つの共同体を形成したことに価値を見出している。そこには国家権力のイデオロギーに従属していくだけでなく、抵抗する意識が「民衆意識の一形態」として存在していたという点に希望を見出したのであった（神田　一九九九〈二〇〇〇〉、二〇一一）。

神田はこうした「民衆宗教」が歩んできた歴史を通して、現代社会に潜むさまざまな暴力的な関係をあばき出すことが可能なのではないか、と提言する。それは職場での諸会議から、セクシャルハラスメントや家庭内暴力、さらには家族や知人に関わる保険金殺人といった事例にまで及ぶ。そうした問題を抱える現代社会において、幕末維新期の社会に潜む暴力的な諸関係とわたりあった「民衆宗教」の教祖からなんらかの示唆を得るべきではないかというのである（神田・浅野　二〇〇三、viii頁）。ここでは、国家権力に対抗する「民衆」という構図がイメージしがたい近年の社会においても、暴力性・権力性は目にみえないかたちで潜在化していることが危機として認識されている。そうしたものを無批判に受け入れるのではなく、抵抗していくために、「民衆」という視点を有効に用いるべきだとする神田の意図が読みとれよう。

神田と同様に教祖以外の人々に注目する必要性を主張したのが、備中の貧農である赤沢文治を開祖とする金光教を中心に研究した桂島宣弘《かつらじまのぶひろ》（一九五三〜）である。桂島はかつての研究が教祖の思想形成に着目したことによって、教祖たちの思想や生涯についてかなりの部分が明らかにされたと評価する。だがその一方で、「その周辺にいた人々（支持者であれ反対者であれ、周囲に存在していた民衆）の眼差しがどのようなものであったのかという点については、直接的主題とはなりづらかった」（桂島　一九九六〈一九九九、一七頁〉）ことを問題視している。ここで桂島は「反対者」までをも含む社会全体のなかに「民衆宗教」を配置することを試みたのであり、一教団史に限定されない、幕末維新期における「民衆宗教」の意義について問うたのである。

さらに桂島は、村上が挙げた「民衆宗教」の特徴に対し、以下のような違和感を呈している。

> 民衆宗教の神信仰や信仰共同体に窺える神々の世界、「生き神」の世界を洗い出す意味とは、こうした近代天皇制の〈近代化〉に対抗し得る民衆的近代の地平を問うことに他ならない。私が、民衆宗教の近代性の特質として「強力な一神教的な最高神」「方位・日柄を否定する合理性・開明性」と述べられていることに抵抗を覚えたのも、そこに天皇制の側からする〈近代化〉の臭いを嗅いだからであったのである。そして、もしその〈近代化〉のヴェールを剥いだ所に、「神代」に体現される、泥くさい、しかし全ての人間が「生き神」になり

得るという優れて戦闘的な民衆的近代の地平を見るとするならば、われわれは今日、それをどのように継承していくべきなのであろうか。

（桂島　一九八四〈二〇〇五、一六〇頁〉）

ここで桂島は「一神教的な最高神」や「合理性・開明性」といった点に「天皇制の側からする〈近代化〉の臭い」を感じとっている。国家神道への対抗として描かれた「民衆宗教」概念が、図らずも近代化論の影響を受けているというのである。そうした近代化論の視点に対し、桂島は神がかりや病気なおしといった特徴に着目することで、「近代天皇制の〈近代化〉に対抗し得る民衆的近代の地平」を明らかにしようとしたのであった。

こうした問題関心の背景として、桂島は一九八九年一月七日の昭和天皇逝去という「Xデー」前後の社会状況について言及する。「大葬」をはじめとするさまざまな「異常」事態が、意外なほど「日常」に調和していたという点に、天皇制のもつイデオロギー性が現代においても機能していることを再認識し、問題視するのである。そして改めて、天皇という存在を「日常」のなかに許容することで「日本国家の支配や国民統合が維持されてきた」ということの意味を考えていく必要性を投げかけている（桂島　二〇〇五、一～一一頁）。

七　「民衆宗教」研究は何を語るのか

以上、村上と安丸における「民衆宗教」概念の形成と七〇年代を中心にした変容、そして小沢・神田・桂島の「民衆宗教」概念について比較を交えながら考察を試みてきた。ここで改めて各研究の主眼とその研究背景について確認しておきたい。

村上は「民衆宗教」がいかに国家神道の圧力を受け、統制の下に屈服してきたかという点に主眼を置いた。その背景には靖国神社国営化・政教分離違憲訴訟という現代の政治と宗教の癒着問題に対する危機感があり、その問題性の自覚を広く社会に訴えていこうとする目的があった。

安丸は「民衆」が革命主体とはなりえず、最終的に天皇制イデオロギーに迎合していくという幕末維新期における思想的限界を認めつつも、彼らが国家権力の統制に対抗し、主体形成をしていく可能性を描き出した。教祖という一人の「民衆」の思想形成に着目することで国家権力への抵抗を見出し、そこに希望を見出したものだったといえる。この背景には六〇年代後半から七〇年代にかけての近代化論の流行と国家主義の台頭があり、それに抵抗する社会運動への関心があった。

近年の研究においては、「民衆」概念が希薄化して中心的課題でなくなった影響もあり、国家権力への対抗が念頭に置かれつつも、より多角的な視点からの検討が進められている。そうした研究動向の一つとして、教祖と信者の、教団内と教団外の相互関係という点に視線が向けられており、この双方向的な視点によって、幕末維新という時代においての「民衆宗教」の意義づけをより明確にしようという取り組みがなされている。オウム真理教などの新興宗教の勃興や、スピリチュアルブームといった人々の精神世界への関心がこれらの研究動向に影響を及ぼしたことは間違いないだろう。さらには宗教学の立場からの「新宗教」研究との応答も影響していよう。

こうして各研究における「民衆宗教」概念をみると、いずれも国家権力による宗教統制の対抗軸として「民衆宗教」が位置づけられていることがわかる。そしてそこには絶えず天皇制に対する意識が保持されていた。そこで描かれた「民衆」とは、現代社会の課題を背負わされた存在であり、国家権力に相対する視点が必要とされた際に、「民衆」という概念は絶えず再生産されるのである。

「民衆宗教」とは幕末維新期という社会変動のなかで、国家権力による宗教統制という画一的なイデオロギーの押しつけに対抗し、自身たちの信仰世界を相対化しようとたたかった、「民衆」の歴史であった。そして「民衆宗教」研究史とは戦後の社会変動のなかで、国家権力や特定のイデオロギーに基づく画一的な歴史観の提示に対抗し、「民衆」という視点に立つことによって日本の近代化を相対化しようとたたかった、研究者たちの歴史であったのである。

明治一五〇年・天皇の代替わりという「Xデー」に際して、今後ますます固有のイデオロギーに基づいたさまざまな「物語」が、あたかも自明の事実のように生み出されることが予想される。私たちはそうした聞こえがよい「物語」を唯一無二のものとして無批判に受容するのではなく、絶えず相対化する視点をもっていかなければならない。「民衆宗教」概念の形成と変容の歴史は、現代社会における歴史観の画一化を疑問視し、相対化する視点をもつことの重要性を私たちに語りかけているのである。

参考文献

大橋幸泰『潜伏キリシタン――江戸時代の禁教政策と民衆』（講談社、二〇一四年）
桂島宣弘「民衆宗教における神秩序と信仰共同体――新しい共同社会の地平」（桂島宣弘『幕末民衆思想の研究――幕末国学と民衆宗教　増補改訂版』〈文理閣、二〇〇五年〔初出一九八四年〕〉）
――『思想史の十九世紀――「他者」としての徳川日本』（ぺりかん社、一九九九年）
――「民衆宗教研究・研究史雑考」（『日本思想史学』三四号、二〇〇二年）
神田秀雄『如来教の思想と信仰――教祖在世時代から幕末期における』（天理大学おやさと研究所、一九九〇年）
――「一九世紀日本における民衆宗教の終末観と社会運動」（歴史学研究会編『再生する終末思想』〈青木書店、二

〇〇〇年〔初出一九九九年〕〉）
――「『民衆宗教』再考――如来教関係史料から見えてくるもの」（『宗教と社会』一七号、二〇一一年）
――『如来教の成立・展開と史的基盤――江戸後期の社会と宗教』（吉川弘文館、二〇一七年）
神田秀雄・浅野美和子編『如来教・一尊教団関係史料集成』一巻（清文堂出版、二〇〇三年）
小沢　浩『生き神の思想史――日本の近代化と民衆宗教』（岩波書店、一九八八年）
子安宣邦「「民衆宗教」観の転換――桂島宣弘『幕末民衆思想の研究』」（『思想』八一九号、一九九二年）
島薗　進「民衆宗教か、新宗教か――二つの立場の統合に向けて」（『江戸の思想』一巻、ぺりかん社、一九九五年）
――「宗教研究から見た安丸史学――通俗道徳論から文明開化論へ」（安丸良夫・磯前順一編『安丸思想史への対論――文明化・民衆・両義性』〈ぺりかん社、二〇一〇年〉）
永岡　崇「民衆宗教研究の現在――ナラティヴの解体にむきあう」（『日本思想史学』四九号、二〇一七年）
――「近代日本と民衆宗教という参照系――安丸良夫における「論理」と「活力」」（『日本史研究』六三三号、二〇一七年）
林　淳「村上重良の近代宗教史研究――政教分離をめぐる生き方」（安丸良夫・喜安朗編『戦後知の可能性――歴史・宗教・民衆』〈山川出版社、二〇一〇年〉）
村上重良『近代民衆宗教史の研究　改訂版』（法藏館、一九七二年〈初出一九五八年〉）
――『国家神道』（岩波書店、一九七〇年）
――「幕末維新期の民衆宗教について」（村上重良・安丸良夫校注『日本思想大系67　民衆宗教の思想』〈岩波書店、一九七一年〉）
――『国家神道と民衆宗教』（吉川弘文館、二〇〇六年〈初出一九八二年〉）
――『新宗教――その行動と思想』（岩波書店、二〇〇七年〈初出一九八〇年〉）
安丸良夫『日本ナショナリズムの前夜――国家・民衆・宗教』（洋泉社、二〇〇七年〈初出一九七七年〉）
――『出口なお――女性教祖と救済思想』（岩波書店、二〇一三年〈初出一九七七年〉）
――『神々の明治維新――神仏分離と廃仏毀釈』（岩波書店、一九七九年）

――――『近代天皇像の形成』〈岩波書店、二〇〇七年〈初出一九九二年〉〉
――――「民衆宗教と「近代」という経験」〈安丸良夫『文明化の経験――近代転換期の日本』〈岩波書店、二〇〇七年〔初出一九九七年〕〉〉
――――「戦後思想史のなかの「民衆」と「大衆」」〈安丸良夫『現代日本思想論――歴史意識とイデオロギー』〈岩波書店、二〇一二年〔初出二〇〇二年〕〉〉
――――「回顧と自問」〈安丸良夫・磯前順一編『安丸思想史への対論――文明化・民衆・両義性』〈ぺりかん社、二〇一〇年〉〉
安丸良夫・ひろたまさき「「世直し」の論理の系譜――丸山教を中心に」〈安丸良夫『日本の近代化と民衆思想』〈平凡社、一九九九年〔初出一九六六年〕〉〉

コラム

維新は迎えられずとも――烏伝神道の断絶と「民衆」

青野　誠

従来の「民衆宗教」研究で中心的に取り上げられてきたのは、如来教や天理教、大本教などである。これらの教団は、封建的な社会のなかで辛苦を重ねてきた一人の「民衆」である教祖が、神がかりによって既存の秩序を超えた世界観を周囲に提供した点に特徴がある（従来の研究における「民衆宗教」および「民衆」のとらえられ方については、論文「「民衆宗教」は誰を語るのか」を参照されたい）。こうした教団の事例は「民衆宗教」の特徴を非常にわかりやすく表しているため、「民衆宗教」研究の中心的な地位を占めてきたのである。では逆に「民衆宗教」とされながらも、あまり注目されてこなかった教団はなにゆえ関心が寄せられてこなかったのだろうか。

ここではその一例として烏伝《うでん》神道に注目する。烏伝神道は京都・上賀茂神社の社家に生まれた梅辻規清《うめつじのりきよ》（一七九八～一八六一）によって創唱された「民衆宗教」である。烏伝神道を「民衆宗教」の一つとみなす見解は、一九五八年、村上重良の『近代民衆宗教史の研究』以降、おおむね一致しているといえる（藤田一九八九、末永　二〇〇一など）。

烏伝神道の特徴

規清は神道に留まらず広く国学や朱子学、天文学などを修め、知見を深めるため諸国を漫遊し水戸藩の藤田東湖《とうこ》（一八〇六～五五）をはじめとする各地の学者と交友した。そうした経験を踏まえて成立したのが烏伝神道である。「烏伝」と称されるのは梅辻家（賀茂氏）の祖先である八咫烏《やたがらす》から伝わったとされることに由来している。

この烏伝神道の特徴として特筆すべき点は徹底した

天人唯一思想（天人合一思想）を主張したことにある。天人唯一思想とは、天地と人とは本来一つのものであり、すべての人の「心」には天が宿っているというものである。こうした解釈自体は垂加神道や伊勢神道などにも広くみられる。だが烏伝神道では「尊卑に拘はらず修行熟練の上は、誰人によらず天地の感応あるは固りの義也」（『陰陽外伝磐戸開』下之巻　無心之感之部）と唱えられている。つまり身分の尊卑にかかわらず、どのような人であっても同じように天地と結びつくことが可能であると強調されているのである。

　このような主張を展開する規清は、必ずしも封建制を否定したわけではない。しかし天地との結びつきという点において、そこには身分にかかわらない根源的な平等意識を垣間見ることができるだろう。規清は江戸市中においてこうした教説を積極的に講釈し続けたため、やがて幕府に危険視され、処罰を受け八丈島へと遠流されることとなる。近世においては新儀を唱えることは処罰対象とされたが、多くは謹慎や出版統制に留まっており、規清への処罰は重いものであったといえる。逆にいえばそれだけ、規清が唱える平等性というものが幕府にとっては秩序維持のうえで不都合なものであったことの証左となるだろう。

写真1　梅辻規清
（『陰陽外伝磐戸開』〈国立国会図書館デジタルコレクション〉より）

　こうして教祖が遠流され、さらに長子の呈清《のぶきよ》の死によって梅辻家が絶家したことで道統が後世に保たれることはほとんどなかった。教団としては一八七三（明治六）年に東京に瑞烏園《ずいうえん》学校というかたちで存在し、規清の著作を出版するなどの活動をしていた。ほかには規清が遠流される途中、三宅島において井上正鐵《まさかね》との交流があったため、烏伝神道の布斗麻邇《ふとまに》の法（神の意思を問う行法）などが一部、正鐵を教祖とする禊《みそぎ》教に受け継がれた。だがそれらは部分的な伝授にすぎず、一八六一（文久元）年の規清の死をもって烏伝神道の社会への影響力は衰退していくのである。

こうして規清が明治維新を迎えることができず、その影響が限定的である点が、烏伝神道への関心が薄い要因の一つだといえよう。近代化にともなう国家権力の宗教統制を受けることも、明確な国家権力への抵抗を示すこともなく、国家権力と「民衆」の対立という構図が描きにくいために「民衆宗教」研究の中心からは外れる結果となったのである。

菅野八郎への影響

では、烏伝神道が幕末維新期において「民衆」に影響を与えることはできなかったのであろうか。規清が自身の最晩年に八丈島で影響を与えた一人に菅野八郎《かんのはちろう》（一八一三〜八八）という人物がいる。八郎は奥州伊達郡（現・福島県伊達市）の小前百姓でありながら、ペリー来航に危機感を抱き、老中へ海防献策を直訴するなどの政治活動を展開していた。そうした動向が幕

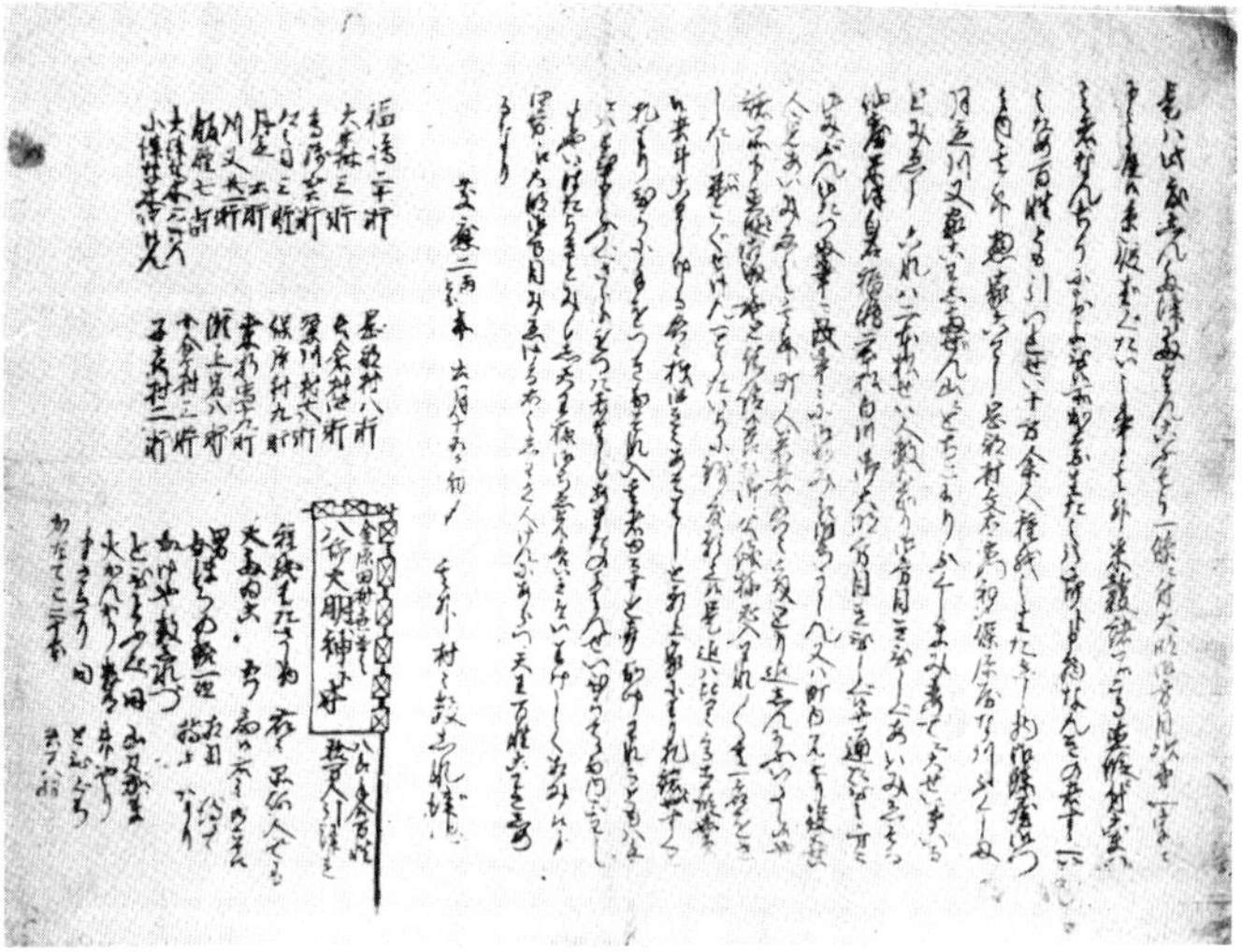

写真２　菅野八郎を世直し大明神と伝えた瓦版
（庄司吉之助『近世民衆思想の研究』〈校倉書房、1979年〉より）

府の目に留まり、安政の大獄で処罰され八丈島へと遠流されていたのであった。

　規清と八郎のあいだに交流があったのはわずか一年足らずであったとされる。また佐野智規が指摘する（佐野　二〇一〇）ように、規清が、蚕のことを人々に絹という贅沢品への憧れを抱かせる「亡国の虫」だと非難する一方で、八郎は八丈島に養蚕技術を普及させるなど、八郎は必ずしも規清の思想をすべて継承したわけではない。だが、文久年間（一八六一～六四）における八郎の著作には自身を「百姓」「土民」とみなし、政治に関与すべきではないと卑下する一方で「己聖賢に非《あらず》とも體《からだ》は同人の體ならずや」（『金原田八郎遠島中書記しの綴』）という記述がみえる。自分自身は聖賢の身ではないが、人間である点において自身と聖賢の人々のあいだに違いはないのだという根源的な平等思想を形成するに至っていることがわかる。

　さらにこうした烏伝神道の影響は明治に入っても見受けられる。八郎は特赦によって故郷である奥州伊達郡で明治維新を迎えた。だが、かつてペリー来航という異国の接近に対する危機感から活動していた彼にとって、西洋文明を無批判に受け入れ、従来の人々の価値観を認めようとしない明治政府の政策は受け入れがたいものであった。明治期の彼の記述からはそうした失望と葛藤をうかがうことができる。彼が求めたのは、「仁慈」や「忠義」に基づいた政治が行なわれることによって、「万民腹鼓を打って楽む」ような社会である。だが明治政府はそうした願望を「旧弊」だとみなし、「我は我だけ貴様はきさまだけ」と自らの利益のみを考え「我身斗《ばか》り大切に」することこそが「開化」で「独立」だと主張する。そして政府がそのような悪政を行なうのは文明的なものばかりに気をとられ、人は天地と結びついているという「真理」を忘れているためだと批判がなされるのである（『真造辨　八老信演』）。ここからも明らかなように、八郎にとって国家権力への批判の根底には烏伝神道の天人唯一思想があった。

　烏伝神道は他の「民衆宗教」と比較した際に、国家権力との関係性で論じることは難しい教説であるといえるだろう。だが八郎の言動からもうかがえるように、烏伝神道は「民衆」に世俗権力とは別次元に位置する「天」という超越的存在との結びつきの自覚による主体形成を促し、根源的な平等意識を抱かせたことは明確である。烏伝神道は明治維新を迎えることができなかった「民衆宗教」であり、その影響範囲は限られたものであるといわざるを得ない。だがそこには、国家権力が「民衆」を従属化させていくような近代化とは異なる、主体形成した「民衆」によるもう一つの近代化の可能性が、紛れもなく潜んでいたのである。

参考文献

佐野智規「愚鈍の潜在力——八郎のテクストにおけるさまざまな力」（須田努編『逸脱する百姓——菅野八郎からみる一九世紀の社会』〈東京堂出版、二〇一〇年〉）

末永恵子『烏伝神道の基礎的研究』（岩田書院、二〇〇一年）

藤田　覚「天保期の江戸と民衆宗教——賀茂規清の市中改革策と宗教思想」（藤田　覚『幕藩制国家の政治史的研究——天保期の秩序・軍事・外交』〈校倉書房、一九八九年［初出一九八五年］〉）

村上重良『近代民衆宗教史の研究　改訂版』（法藏館、一九七二年〈初出一九五八年〉）

第Ⅱ部

新たな視座からみた「維新」

戦後再建された水戸東照宮

水戸東照宮（水戸市）

水戸東照宮は、一六二一年に初代水戸藩主の徳川頼房（家康十一男）によって創建されたものである。東照大権現（家康木像）を中央にすえ、左に山王権現、右に麻多羅神（薬師十二神）が配され、山王神道に基づき天台宗を中心に祭祀が執行されていた。こうした神仏習合の空間も、藩主・徳川斉昭を中心とする水戸藩の天保改革によって、一八四三年に神仏分離が断行され、仏教的祭神や僧侶の排除が断行された。斉昭の失脚により旧態に復したが、維新までの時間はそう長くは残っていなかった。現在の社殿は、一九四五年に戦災で焼失したものを一九六二年に再建したものである（編者撮影）。

幕末護法論と儒学ネットワーク
——真宗僧月性を中心に——

岩田真美

一　幕末期の護法論

近世を通じて儒学や国学など諸思想からの排仏論（仏教排斥論）は常に存在していたが、これに対する仏教からの擁護論は、護法論と呼ばれる。本章では、このうち幕末期の護法論を取り上げたい。

柏原祐泉《かしわばらゆうせん》によれば、幕末期の護法論には「護法・護国・防邪の一体論」がみられるという。すなわち幕末の護国思想は西洋諸国に対する夷敵思想と表裏をなしていたが、仏教においては防邪（キリスト教を防ぐ）意識が夷敵思想とそのまま一つになり、それが護法意識の中心観念となった。その論理はいわゆる勤王僧によって醸成されたといわれており、なかでも幕末の護法家の間で指針とされた月性《げっしょう》（一八一七～五八）の『仏法護国論』には、その特徴が最も端的に説かれていると指摘される（柏原　一九七三、五四五頁）。そして、このような特徴をもつ護法論は明治中期ごろまで尾を引いて残り、「近代仏教」の形成を妨げたといわれる（吉田　一九九八、四二頁）。しかし二〇〇〇年代以降になると近代主義批判の視点から、「護法論」言説の積極的な意味づけを行なおうとする研究も現れた。森和也は「護法論とは仏教とはいかなるものであると、仏教者が認識していたかを知ることのできる資料」であり、それは儒学や国学などの排仏論に向き合うなかで引き出されたものであったとして、仏教者の自己認識という新たな側面に注目した（森 二〇〇七）。

本章でも仏教者の自己認識に着目し、幕末期の代表的な護法論である月性の『仏法護国論』を検討する。またその論理の形成過程を明らかにすべく、同書に大きな影響を与えた真宗僧超然《ちょうねん》（一七九二～一八六八）の『護法小品』という護法論を取り上げたい。そもそも『仏法護国論』は、超然の推挙により、一八五六（安政三）年に月性が西本願寺の法主広如《こうにょ》（一七九八～一八七一）へ提出した「護法意見封事」という意見書がもとになっている。その前年に超然は『護法小品』を刊行するが、同書には超然の護法論に対する儒者たちの批評が掲載されていた。そこには他者（儒者）の意見を取り入れることで、自己（仏教）への認識を見直そうとする動向がみられ、同書の成果は『仏法護国論』につながったと考えられる。さらに超然は月性と交流があった吉田松陰（一八三〇～五九）にも『護法小品』の批評を依頼しており、松陰は『仏法護国論』の出版や普及にも関わっていたようである（蔵本二〇〇一）。

これまで護法論は排仏論に向き合うなかで形成されたものとして、仏教と諸思想との対立の側面が強調されがちであったが、僧侶と儒学的知識人による同志的ネットワークによって形成された面もあったと筆者は考える。そして、そのようなネットワークを通して仏教者は何を学びとったのか。それは近代移行期の仏教にいかなる影響を与えたのかという視点から、『仏法護国論』と『護法小品』を中心に幕末期の護法論を再考したい。

二　超然の『護法小品』

1　『護法小品』における護法思想

超然は西本願寺の法主広如から重用され、広如を補佐したブレーン的存在の学僧であったとされる。その略歴を述べれば、超然は一七九二（寛政四）年、近江国犬上郡高宮村（現・滋賀県彦根市高宮）の円照寺の次男として誕生した。父大濤《だいとう》は、西本願寺における学階の最高位である勧学《かんがく》を務めた学僧であり、超然は幼少期より父から宗学を学び、のちに西本願寺の学林などで研鑽を重ねた。一八〇八（文化五）年には、近江国神崎郡福堂村（現・滋賀県東近江市福堂町）の覚成寺《かくじょうじ》に入寺している。超然が著した書物は七六部三四二巻に及ぶが、特に近世の西本願寺最大の法論となった三業惑乱《さんごうわくらん》の顚末を描いた『反正紀略』は著名で、その後の三業惑乱研究に多大な影響を与えた。それは膨大な当時の史料を集めて作成されたものであり、超然の著作には仏教に歴史学的手法を取り入れようとしたものも多い。また幕末以降は教団の行く末を案じ、護法対策のために仏教以外の学問（外学《げがく》）を学び、海外情報の収集にも余念がなかったとされる（宮崎　一九七三）。

続いて、超然の『護法小品』の検討に移ろう。本書の成り立ちは、一八四六（弘化三）年、超然が自身の護法思想を書き記し、大坂での遊学を終えて帰郷しようとする友人の月性（号は清狂《せいきょう》）に贈った文章（「清狂道人に送る序」）がもとになっている。これに月性と親交があった儒者たちの批評を掲載して、『護法小品』と題し、安政二（一八五五）年に出版したものであった。そこには超然の護法論に対する厳しい批判も記されていた。僧侶が仏教に批判的な儒者に対して、護法論の批評を依頼した意図はどこにあったのか。まず『護法小品』における超然の護

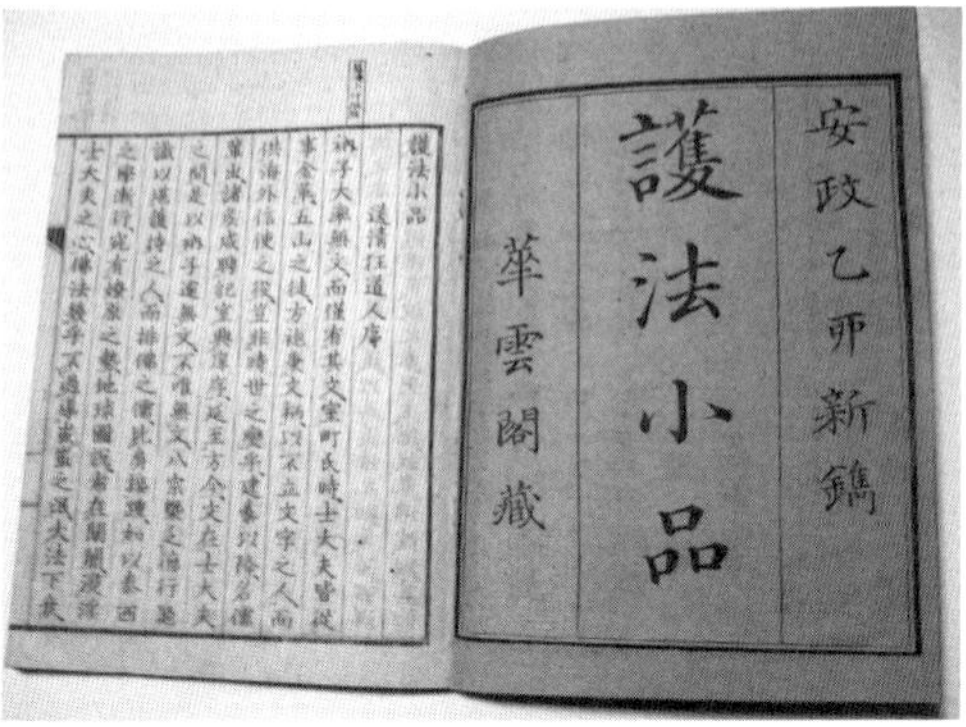

写真１　超然『護法小品』（筆者蔵）

法思想からみていこう。

同書には仏教を取り巻く状況に対する強い危機意識が表れている。すなわち江戸時代には学問の中心は儒学となり、多くの優秀な儒者が誕生した一方で、僧侶の学識は低下しつつあり、仏教は日々衰退していると超然はいう。やがて儒者は排仏論を唱えるようになり、幕末には西洋の学知やキリスト教の流入が加速しつつあった。また西洋の学説を用いた排仏論も横行し、とりわけ地球説や地動説によって仏教の宇宙観としての須弥山《しゅみせん》説が否定されたことに、大きな脅威を感じていた（須弥山説などについては、論文「仏教天文学を学ぶ人のために」も参照のこと）。超然は西洋の地球説や地動説は、須弥山の周りにある四つの大陸のうち、私たちが住むとされる南《なん》贍部洲《せんぶしゅう》（閻浮提《えんぶだい》）をとらえているに過ぎず、須弥山世界の全体を見通すことはできないと主張し、須弥山説擁護論を展開する。そして西洋天文学を反駁すべく、その流入がもたらす危険性を警告した。すなわち「皇国」では日月を神明《しんめい》とし、日の神（天照大神《あまてらすおおみかみ》）の霊を継ぐ皇子が皇位を継承することを「天日嗣《あまつひつぎ》」と称してきたが、西洋人はそれらを軽視し、月や日を単に「一大円球」だという。さらには天地をまつる大礼である郊祀《こうし》をも侮辱し、人倫を乱す「邪説」であり、西洋の学説は仏教のみならず、神道や儒教にも害を及ぼすものだと主張した（超然　二丁表裏）。

また超然は仏教と比較しながら、キリスト教が「邪教」である理由を次のように述べる。

夫《そ》れ仏法の東漸するや、梵より漢、漢より漸《ようや》く皇国に至る。所在の人主・大臣、崇《あが》め尚《とうと》び、以て民間に覃《およ》ぶ。而して真俗二諦《しんぞくにたい》の説有りて、其の国政を輔翼し、以て風俗を正す。此れ其の人天乗〔世間乗〕を兼ぬる所以《ゆえん》なり。固《もと》より漢を化して梵と為し、和を化して漢と為すに非ず。是《ここ》を以て仏の儒及び神道に与《くみ》し、以て和会し皇国に幷《なら》び行ふべし。正教と為す所以は茲《ここ》に在り。西洋の教〔キリスト教〕たる、貨を分かち薬を施し、天主の仁に託し、以て拓土の餌と為す。故に西洋諸国、恒《つね》に他州を侵伐す。方今、印度《インド》等の地、割裂し、峩羅斯《ロシア》英吉利《イギリス》諸国の併《あわ》す所と為る。職として〔専ら〕此れ之れに由《よ》る。邪教と為す所以は茲《ここ》に在り

（超然　三丁裏、原漢文）

仏教はインド（梵）から中国（漢）、そして「皇国」へと伝来したが、他国を侵略するようなことはない。また仏教には真俗二諦説があり、国政を扶翼し、人倫をただし、神道や儒教とともに「皇国」を支えてきた「正教」であるという。これに対してキリスト教は人々に金品を与え、新奇の説を説き、民心を惑わすことを手段とし、インドがイギリスによって領有されたように、他国を侵略する「邪教」であるとした。特にキリスト教の流入に関しては、これが国内に広まれば仏教は滅びるという強い危機意識をもっていた。

また超然は聖徳太子が斉《ひと》しく神儒仏の三教を興し、国を治めたことを例に挙げながら、今日においては三教が鼎《てい》立《りつ》し、各々が「正法」であると言い争っており、そのような状況を改めるべきだという。そして、西洋の侵略から「皇国」を護るためには、神道・儒教・仏教の三教が協力一致して西洋（キリスト教や天文学などの諸思想も含めて）を防ぐことが急務であると主張した（超然　四丁表）。

2　月性と儒学ネットワーク

『護法小品』には超然の護法思想に続き、月性について言及している部分がある。それらの記述から超然が月性をどのように評価していたのかをみていこう。

すでに述べたように、超然は仏教を取り巻く現状を憂い、護法策を講じようとしていた。しかし宗門の僧侶たちは護法意識に乏しく、超然が目指す「護法」を実践できるような人物は見当たらなかった。そのようななかで月性との出会いがあったという。両者が初めて会ったのは一八四四（弘化元）年五月であった（超然　四丁裏）。

写真２　「月性剣舞の図」と大坂への遊学の途に発つ際に月性が作った詩「将東由遊題壁」（男児立志の詩）
（資料提供：公益財団法人僧月性顕彰会）

月性は周防国大島郡遠崎村（現・山口県柳井市遠崎）の妙円寺の出身であり、豊前の恒藤醒窓《つねとうせいそう》の蔵春《ぞうしゅん》園で漢学を学び、佐賀の善定寺の不及《ふぎゅう》から宗学を学んだ。九州遊学の際に巨大な外国船を目撃し、急速に海防問題に関心を寄せるようになったといわれる。その間も坂井虎山《さかいこざん》のもとに出入りし、広瀬旭荘《ひろせきょくそう》の咸宜《かんぎ》園などで修学を重ねた。そして一八四三（天保一四）年、月性は当時大坂で最大級の漢学塾であった篠崎小竹《しのざきしょうちく》の梅花社に入った。梅花社において月性は都講《とこう》（塾頭）を務め、篠崎小竹のもとへ出入りする野田笛浦《のだてきほ》、梁川星巌《やながわせいがん》、梅田雲浜《うめだうんぴん》など名高い儒者や文人たちと交際するようになった。超然と月性が出会ったのも、この時期である。一九世紀前半にはアヘン戦争を発端として、西洋に関する情報は幕府の統制を超えて広がり、そこには各地の知識人（儒者）をつなぐネットワークが形成されつつあったが、月性もこうした儒学ネットワークに身を置いていた（上田 二〇一六）。すなわち超然が月性を高く評価したのも、月性が構築したネットワークに要因があったと考えられる。超然は月性の号である「清狂《せいきょう》」を解釈するなかで、次のように述べている。

清は正なり、狂は奇なり。其の正なる者は、内に護法の志を蓄え、禦侮《ぎょぶ》を以て任と為すなり。其の奇なる者は鉅儒碩師《きょじゅせきし》の間《かん》を周旋し、緇服の儒（仏儒混交）の行《こう》の嫌ひを屑《いさぎよ》しとせず。夫《そ》れ世の衲子《のうす》（僧侶）、其の正にして奇たらず。椎魯《ついろ》（愚鈍）に自ら居り、文を以て単に末芸と為し、甚だしきは則ち以て害有りて益無しと為す。特《た》だ梵土の仏子、一日を三分し、其の一分を以て外道の法を学ぶの説有るを知らざるのみ

（超然 四丁裏〜五丁表、原漢文）

超然は「清狂」の「清」とは「正」であり、それは月性が内に護法の志をもって活動していること。また「狂」とは「奇」であり、月性が著名な儒者たちの間を周旋《しゅうせん》し、ネットワークを築いていたことであるという。それは当時の僧侶としては珍しく、「奇」なる存在であったといえよう。一方で、そこには仏教の現状に対する批判も込められていた。すなわち僧侶の多くは宗門内にとどまって、儒者と交際することはなく、仏教以外の教え（外道《げどう》）を学ぼうとはしない。超然はインドの仏者を例に挙げながら、彼らは外道も学んでいたとして、内省を促そうとしている。そもそも月性が梅花社に入った理由は、真宗の教えは儒者たちには広がっておらず、彼らのなかには排仏

論を唱えるものも多いことから、儒者と同等の学識を身につけたうえで対話をすることが、「護法」につながると考えたことにあった（神根　一九三六、一七四頁）。このような月性の「護法の志」を超然は高く評価していた。したがって遊学を終えて故郷の周防に帰ろうとする月性に、超然が「清狂道人に送る序」として自説の護法論を託したのも、そのネットワークを活かした月性の護法活動に期待をかけていたからであろう。

また超然は月性の儒学ネットワークを通して、さまざまな情報を入手していた。一八四六年に月性が斎藤拙堂《さいとうせつどう》（一七九七～一八六五）を訪問し、『海防策』について討論した際も、その帰りに月性は超然のもとに立ち寄り、意見交換を行なっている。そのなかで超然は「拙堂の策中に、民心を結ぶに仏法を藉《か》りるの説あり。また我が心を獲《え》る」（超然　五丁表裏）と述べており、斎藤拙堂の『海防策』をめぐる討論から仏法と護国を結びつけるヒントを得たようである。

3　儒学的知識人による批評

『護法小品』の末尾には超然の護法論に対する批評として、篠崎小竹、後藤松陰、斎藤拙堂、奥野小山、坂井虎山、広瀬旭荘など儒者たちの意見が掲載されていた。それまで儒者との交流の機会をほとんどもっていなかった超然は、月性の儒学ネットワークを通じて批評を依頼したようである。彼らは超然の護法論をどのようにとらえていたのか、主要な意見を取り上げてみよう。まず広島藩儒の坂井虎山（一七九八～一八五〇）は、次のような点を批判していた。

我れの其の護法の言に疑ひ無き能はざるは何ぞや。儒と釈とは皆法《みな》なり。皆国を護る所以なり。国は自ら《おのずか》安ずる能はず。故に法を仮り以て之を治む。国にして治安たれば、法無きと雖《いえど》も可なり。故に我の天主を悪《にく》むは、其の儒と異なるを悪むに非ざるなり。其の国を乱すを悪むなり。上人の天主を悪むは、其の意、然《しか》らざるに似たり。其の法、仏と相《あい》似て戻《もと》り、彼れ〔天主〕若し盛行せば、此れ〔仏〕将《まさ》に衰滅せんとす。故に悪みて之れを去らんと欲す。其の起念は護国に在らずして、護法に在り。

（超然　一一丁裏、原漢文）

坂井虎山は、仏教も儒教も「法」であり、その「法」によって国の治安を護るべきだとし、改めて「護法」とは何かを問いかけた。そして、儒者はキリスト教が国の治安を乱すため、これを排斥せんとするが、超然がキリスト教を排斥するのは、もし国内でキリスト教が興隆すれば、仏教が衰滅するとの思いによるものだと指摘する。そのうえで超然の説は「護国」ではなく、仏教を護ろうとする意味での「護法」に重点が置かれていることを批判した。また虎山以外にも、超然の説は「護国」のために仏教は何をなすべきか、その具体策が示されておらず、「護国」思想が十分ではないという意見もあった。

津藩士で藩校の督学《とくがく》も務めた斎藤拙堂は、超然の護法論を次のように批評している。

西洋天教の如き、皇国においては蛇蝎《じゃかつ》の毒たり。官、之れを厳禁すること宜《むべ》なるかな。但《た》だ天文・地理・鉄砲の術、西洋の寸長《すんちょう》有るものは、官、亦《ま》た之れを採用すること、猶《な》ほ我が漢字・梵音を用いるがごとし。其の長ずるを取る所以、亦た何ぞ可ならざらんや。虞淵《ぐえん》老師〔超然〕の邪教を拒むの余り、並びに其の天文・地理・鉄砲の術に及ぶこと太甚《たいじん》を免れず。

（超然　一〇丁表、原漢文）

斎藤拙堂はキリスト教が「皇国」を害するため、幕府もこれを禁教にしており、超然〔虞淵老師〕がキリスト教を「邪教」として批判することに理解を示す。しかし、これと同様に西洋天文学や地理学をも排斥するのは間違いであるという。拙堂はアヘン戦争を契機として海外事情に関心をもち始め、『海防策』を著したことでも知られていた。その一方で、西洋のものでも優れたものは取り入れていくという考え方をもっていた拙堂は、仏教の須弥山説が批判されるからといって、西洋学術の流入を拒むべきではないと指摘した。

さらに『護法小品』が出版されたのち、超然は月性を通じて同書を吉田松陰に送り、批評を求めていた。同書を読んだ松陰は次のように言及している。

> 西洋の教たるや、儒と仏と皆与に倶《とも》に天を載《とも》くべからずといふは、詢《まこと》に然り。而《しこう》して徒《いたず》らに之れを大難に附し、之れを児戯《じぎ》に附するは、善く弁ずる者に非ず。夫れ天文地理、医術暦法は形なり、理に非ざるなり。須弥界《しゅみかい》の壊るるは、何ぞ仏教を害せん。〔中略〕但《た》だ神道を以て儒仏に比して、三道鼎立《ていりつ》と曰《い》ふと云へるは、我れ未だ其の解を得ざるなり。儒仏は正に神道を輔《たす》くる所以《ゆえん》なり。神道豈に儒仏を以て比すべけんや。神道は君なり。儒仏は相なり、将なり。相将にして君と鼎立す。是れ安《いず》んぞ誅を免かれんや。
>
> 〔『吉田松陰全集』二巻、三四頁、原漢文〔以下『松陰全集』と略す〕〕

松陰も超然がキリスト教を「邪教」として排斥することに理解を示しつつ、これと同様に西洋学術の脅威を強調するのは間違いであり、両者の違いを区別すべきだという。そして、松陰は西洋の「天文地理、医術暦法」などの学術は「形」であるのに対し、仏教自体は本来「理」であるから、その「理」から派生した「形」でしかない須弥山説が否定されたところで、それは仏教そのものを否定するものではないのだと主張する。つまり両者を、いわば形而上と形而下の関係でとらえ、形而下の物理的存在（形）は形而上の道理（理）とは一致せず、「理」は「形」に対して超越したものとしてとらえていた。さらに超然が神道・儒教・仏教の三教が対立する状況を改めるべきだと主張したことに対しても、神道は「君」であり、儒教と仏教は「君」に仕えるものであるから、三道を同等に並べて「鼎立《ていりつ》」などというのは間違いであると指摘した。

超然は儒学的知識人たちに護法論の批評を求めることで、彼らと共通の敵は西洋思想全般ではなく、キリスト教であり、これを防ぐことが急務だと認識するようになった。これ以降、超然は『斥邪漫筆』『斥邪二筆』『寒更霰語』などの排耶《はいや》論（キリスト教排斥論）を著しているが、そこには須弥山説擁護に関する主張はみられなくなり、キリスト教を研究して教理面からも批判を行なうようになっていく。また超然は儒者たちの批判をかわすためには仏教の「護国」思想を強調し、仏教の役割を示すことが必要だと認識するに至った。そしてこれらは、「護法・護国・防邪の一体論」を特徴とする『仏法護国論』を作成するための思想的基盤になったと考えられる。

三　月性の『仏法護国論』

1　吉田松陰とその周辺

一八五五年に『護法小品』を出版した超然は、その翌年、西本願寺の法主広如《こうにょ》に月性を推挙している。当時、超然は広如から『真宗法要典拠』の校補を命じられ、西本願寺別邸であった京都東山の翠紅館《すいこうかん》に滞在していた。このとき超然は『真宗法要典拠』校補の手伝いという名目で月性を翠紅館に滞在させ、広如に提出する意見書を執筆するように取り計らっている。その作成には、おそらく超然も関わっていたものと考えられる。この意見書は「護法意見封事」と名づけられ、一八五六年一〇月に広如へ提出された。月性が意見書を広如に提出した時期、吉田松陰の兄である杉梅太郎《すぎうめたろう》（一八二八～一九一〇）が月性に宛てた書状には次のように記されていた。

御本山御用向《ごようむき》も未《いま》た聢《しか》と相分《あいわか》り不申由《もうさずよし》、乍併《しかしながら》尋常之事には無之様遠察被仕候《これなきようえんさつつかまつられそうろう》、虞淵《ぐえん》老師〔超然〕之学を以て根拠となし、上人の才識弁舌《べんぜつ》とを以て、鼓舞《こぶ》動作被成候はば、河決の勢誰か能之《よくこれ》を拒かん、僕窃《ひそ》かに恐る、天下の権尽《ことごと》く真宗に帰せし事を、併《しか》し真宗にても僧徒にても何にても尊王攘夷の功が神州にて調候《ととのいそうら》へば、誠に目出度事候《めでたきことにそうろう》、御勉励之奉祈候

（一八五六年一〇月二一日付、妙円寺蔵、原カタカナ）

杉梅太郎は月性が西本願寺法主に推挙されたことに関し、その用向きは尋常のことではないと察するが、超然（虞淵老師）の「学を以て根拠」とし、月性の「才識弁舌《べんぜつ》」をもって振る舞えば上手くいくに違いないと彼を励ましている。また梅太郎は真宗についても「尊王攘夷の功」が調えば大変めでたいと言及しており、月性が「護法意見封事」を提出した目的の一つは、広如に進言して西本願寺を尊攘派につかせることにあったと考えられる。さらには月性の背後にも、その動きを支援する長州藩士の存在があったこともうかがえる。月性は「護法意見封事」の提出後も、約一年近く西本願寺別邸の翠紅館に留まって志士たちと交遊しており、西本願寺は月性のネットワークを通じて外部の情報を集めていたとされる。そこには月性と交流をもつ長州藩士をはじめ、梁川星巌、梅田雲浜、野田笛浦、斎藤拙堂、頼三樹三郎《らいみきさぶろう》、池内大学《いけうちだいがく》、伊丹重賢《いたみしげかた》、小林良典《こばやしよしすけ》、春日潜庵《かすがせんあん》、丹羽正庸《にわまさつね》、飯田忠彦《いいだただひこ》、清水寺の月照《げっしょう》など、尊攘派の志士たちも多数来訪していた（宮崎　一九四四、六四頁）。

「護法意見封事」はその後、『仏法護国論』（ないしは『護国論』）と改題され、内容を一部改変したうえで刊行された。しかし出版された『仏法護国論』には、仏教界の現状を批判し、教団改革を主張した部分、月性と長州藩との関わりを示す部分などが削除されていた（岩田　二〇一一）。また同書は月性の没後、西本願寺から上梓されたといわれるが、その出版については未だ不明な点も多い。まず『仏法護国論』の版本は二種類あり、内容はほぼ同じであるが、一方は『仏法護国論』と書かれた赤表紙の版本、他方は『護国論』と書かれた青表紙の版本がある。ともに奥書がなく、版元・発行年月日などがわからない。また『仏法護国論』は松下村塾からも出版されたといわれている（蔵本　二〇〇一）。管見の限りでは、山口県内に現存する版本は青表紙のものが多く、松下村塾との関連がうかがえる。

写真３　吉田松陰の肖像
（「吉田松陰画像附松陰自賛」〈京都大学附属図書館所蔵〉部分）

吉田松陰の書状などには、『仏法護国論』（『護国論』）について言及している箇所がいくつかある。一八五九（安政六）年一〇月二三日付の吉田松陰から水戸藩士鮎沢《あいざわ》伊《い》太夫《だゆう》に宛てた書状には、次のように記されていた。

郷友に清狂（名月性・字《あざな》知圓）と申す奇衲之れ有り、尊攘の志あるものに御座候所《ござそうろうところ》、昨年物故致し候。辰年比《たつどしごろ》上京、梁川星巌・藤森弘庵《ふじもりこうあん》・大久保《おおくぼ》要《かなめ》等も大に愛したる人に御座候《ござそうろう》。此の僧の〔仏法〕護国論と申すもの一少冊之れ有り、上梓仕《つかまつ》る筈《はず》に御座候。上梓出来候はば関東の一向宗信者へ与えたく存じ奉り候（中略）何卒清狂と口羽との両稿、久坂玄瑞《くさかげんずい》へ御申遣わし御取り寄せ、御一読下さるべく候。（中略）私情にて之れ致すに非ず、また憂国之れ已得る者なり、責て同志へ残し後輩へ托したき語、服膺《ふくよう》仕り候。右両稿もまた其の媒介と存じ奉り候

（『松陰全集』六巻、四一五～四一六頁）

このなかで松陰は、月性を「尊攘の志あるもの」だと紹介したうえで、月性の『仏法護国論』が出版されるはずだから、久坂玄瑞を通じて同書を取り寄せ、関東の真宗門徒に広めてほしいと言及していた。さらに松陰は『仏法護国論』について「同志へ残し後輩へ托したき語」の「媒介」になるとまで述べている。また江戸獄において刑死の前日（一八五九年一〇月二六日）に松陰が書いた遺言書ともいうべき『留魂録』にも「清狂〔月性〕の護国論及び吟稿、口羽の詩稿、天下同志の士に寄示したし、故に余是を水人鮎沢伊太夫に贈ることを許す、同志其吾に代て此言を践まは幸甚なり」（『松陰全集』四巻、五一二頁、傍線筆者）とある。ここでも松陰は『仏法護国論』を「天下同志の士」に読ませたいと述べており、同志的ネットワークによって同書を広めようとしていたことがうかがえる。

2　『仏法護国論』と僧侶による民衆教化

仏教の護法論であるはずの『仏法護国論』について、吉田松陰が「天下の同志」に読ませたいと強く望んだ理由は、どのような点にあったのか。同書の内容を検討してみたい。

『仏法護国論』では日本近海にアメリカ、ロシア、イギリス、フランスが姿を現すようになり、対外的危機が迫りくるなかで、仏教は「護国」のために何をなすべきかを論ずることに力点が置かれている。そして、そこにはキリスト教排撃（「邪教」を防ぐ＝防邪）の主張が強く表れてくる。

それ彼の諸夷人の国を取に二術あり。何ぞや曰く教なり戦なり、戦を以てするは、已《やむ》ことを得ざるに出て、彼も亦甚《はなはだ》このむ所にあらず。教を以てするは、先その国の人心を取なり。人心を取に術あり。厚利をもつてこれに啗《くら》はしめ、妖教《ようきょう》〔キリスト教〕もつてこれを監し、其術きはめて機巧《きこう》なり。故に他邦人これか為に誑誘せられ、遂にその属国となるもの、あげて数ふべからす（月性　四丁裏、原カタカナ）

同書のキリスト教観は端的に上記の箇所に表れているが、『護法小品』のキリスト教観と同じく、西洋の軍事的侵略とキリスト教が一対のものとして機能している点を指摘する。西洋諸国は他国を侵略するのに、キリスト教と軍事力の二つの手段をもっており、まず人々をキリスト教の教えに引き入れて民心を惑わし、その後、軍事力によって他国を侵略するという。一方、仏教については護国経典の一つである『仁王経』（『仁王般若波羅蜜経』）を引用して仏法と王法の相資相依の関係を示しながら、幕末の国家存亡の危機に際し、国が滅びれば仏教もまた滅びると警告する。そして「教」（キリスト教）と「戦」（軍事力）という二つの手段をもった西洋諸国の侵略に対して、こちらも「教」（仏教）と「戦」をもってキリスト教を防ぎ、国を護るべきだと主張した（月性　二丁表裏）。

では、仏教は護国のために何をなすべきか。同書では、僧侶の教化によって、西洋の侵略と一体となったキリスト教に惑わされないよう、民衆の心を一つにすることが肝要であると主張される。また、その具体的方法として次のように説かれた。

門徒を教化するに専ら中興《ちゅうこう》法主作るところの掟の文に根拠し、はじめ他力の信心の旨を述して曰く。それ此の信心は、宗祖聖人勧化の本にして、阿弥陀仏大願業力《だいがんごうりき》を以て増上縁《ぞうじょうえん》とする。仏願所成の真心なり。惑ひ易き凡夫《ぼんぶ》の迷心にはあらざるなり。此信すなはち衆生往生の正因《しょういん》。凡夫成仏の浄業《じょうごう》なるがゆえに、汝等よく聴聞し、内心に深蔵するもの、後生は浄土に生を得、無上の極果を証《さと》ること、固《もと》より論をまたず。その現世にあるも亦一心堅固《いっしんけんご》、猶金剛《なおこんごう》のごとく然《しか》り。天下誰かよくこれを惑はし、これに敵するものあらんや。次に守護地頭方にむきても、われは信心を得たりといひて、疎略の義なく、いよいよ公事《くじ》をまたくすべし、掟の文を述て曰く、凡《おおよそ》下民たるもの信心を得ずといへども、公事を勤め国家の洪恩《こうおん》を報ずべきは勿論なり

（月性　一一丁裏〜一二丁表、原カタカナ）

ここでは本願寺中興の祖と称された第八代法主の蓮如《れんにょ》（一四一五〜九九）の『御文章《ごぶんしょう》』（『御文《おふみ》』）における「掟の文」を根拠とし、僧侶が門徒を教化するよう説かれた。すなわち聴聞《ちょうもん》を重ね、他力の信心を獲得《ぎゃくとく》すれば、それは往生の正因となる。金剛のように堅固な信心を得たものは、もはや何者にも妨げられない。したがって、キリスト教に惑わされることもないであろう。現世においては、その信心を「内心」におさめ、「掟の文」に説かれるように「公事」を全うすべきだという。そして、未だ信心を得ていないものに対しても「公事を勤め国家の洪恩」に報いるよう教化すべきだと説かれた。ここでいう「掟の文」とは、蓮如の『御文章』の以下の文などを指している。

そもそも、当流の他力信心のおもむきをよく聴聞して、決定《けつじょう》せしむるひとこれあらば、その信心のとほりをもつて心底《しんてい》にをさめおきて、他宗・他人に対して沙汰すべからず。また路次《ろし》・大道われわれの在所なんどにても、あらはに人をもはばからずこれを讃嘆《さんだん》すべからず。つぎには守護・地頭方にむきても、われは信心をえたりといひて疎略の儀なく、いよいよ公事《くじ》をまつたくすべし。また諸神・諸仏・菩薩をもおろそかにすべからず。

これみな南無阿弥陀仏の六字のうちにこもれるがゆえなり。ことにほかには王法《おうぼう》をもつておもてとし、内心には他力の信心をふかくたくはへて、世間の仁義をもつて本とすべし。これすなはち当流に定むるところの掟のおもむきなりとこころうべきものなり。あなかしこ、あなかしこ。

（『浄土真宗聖典（註釈版）』二〇〇四、一一一七〜一一一八頁）

すなわち蓮如は、まず他力信心の趣意をよく聴聞し、信心を決定《けつじょう》させるべきだと説く。そして信心は「内心」におさめ、「ことにほかには」と前置きしつつ、王法をもって「おもて」とし、世間の仁義をもって「本」とするよう説示した。つまり、仏法と王法を内と外に使い分けながら、仏法を内心におさめて、外相においては王法を守り、荘園制社会体制における「公事《くじ》」を果たすべきだという。またそれは当流（本願寺）で定めた「掟《おきて》」だと主張した。このような王法為本の「掟の文」は一四七四（文明六）年から一四七八（文明一〇）年ごろに集中しており、北陸の一向一揆が起こる政治的緊張状況のもとで書かれたものとされる（満井　一九九六、一三三頁）。

これを月性は幕末の対外的危機に置き換え、上記のような「掟の文」に基づいて、僧侶が門徒に「公事」を全うするよう教化すべきだと主張した。しかし、月性がいう「公事」は蓮如とは異なり、「天下の為に外寇《がいこう》を攘《はら》ひて以て国家を護るは、これ公事なり」（月性　一八丁裏）とあるように攘夷を実行することであった。そのためには僧侶の教化によって、キリスト教に惑わされないよう民心を一つにし、護国につとめることが肝要であるとされた。そして「皇国」のために公事を全うする者は、現世において「勤王の忠臣」となり、来世には「往生成仏」して現当《げんとう》二世《にせ》の利益《りやく》を得ると説かれた（月性　一九丁表）。そこには近代真宗教学の基本理念となる真俗《しんぞく》二諦《にたい》説に連なる点も見いだせるだろう。

すなわち『仏法護国論』では西洋諸国の植民地政策への脅威を背景として、キリスト教排撃が尊王攘夷と結びつき、それが護法思想の中心観念となって、「護法・護国・防邪の一体論」が形成されることとなった。『護法小品』と比べ、護国思想が強調され、仏教による民衆教化という役割が示された。同書に示された仏法護国の説は、大坂での遊学を終えた月性が、防長二州で行なっていた法談の要旨でもあった。月性の法談は「海防」や「攘夷」という国家問題に向き合い始める多数の人々を生み出したといわれる（上田　二〇一六）。松陰が『仏法護国論』を流布させようとした理由も、護国＝攘夷のために民心を一つにすべく、仏教の民衆教化に期待した部分が大きかったのではなかろうか。

四　近代移行期の西本願寺と『仏法護国論』

1　西本願寺と長州藩

月性の『仏法護国論』は、近世から近代への転換期の西本願寺の動向に大きな影響を与えたといわれる。『本願寺史』には、一八六三（文久三）年に法主広如《こうにょ》が出した消息で、教団の勤王路線を決定づけたとされる「勤王の直諭」について、

この直諭は、覚成寺超然の紹介によって広如法主に召され、京都東山の本願寺の別邸翠紅館において志士と談合した周防遠崎妙円寺月性の『仏法護国論』の主張と密接な関連が考えられるが、これは本願寺と維新政権との関係には長州藩の僧侶が介在していることを思わしめるものである。（本願寺史料研究所編　一九六九、九頁）

と指摘されており、月性が広如に提出した「護法意見封事」（『仏法護国論』）の主張は、西本願寺の勤王路線や長州藩との関係に影響を及ぼしたことを示唆している。実際に一八六三年以降、西本願寺は朝廷へ金一万両を献じ、また五万両の巨費を投じて、朝廷の避難経路を確保するため御幸橋の架設（荒神口の架橋工事）を行なっている。一方、このころ長州藩は尊王攘夷を掲げて朝廷に影響力を有していたが、一八六三年八月一八日の政変で京都を追われて失脚。翌年には急進派が勢力奪回を図ろうとするも敗退する。いわゆる「禁門の変」が起こり、敗れた長州藩士の一部は西本願寺へ逃げ込んだといわれる。このとき西本願寺がかくまった長州藩士のなかには山田《やまだ》顕義《あきよし》、品川《しながわ》弥二《やじ》郎《ろう》らがいた（三島　一九七五、八三頁）。その後、一八六五（慶応元）年、新撰組の屯所が西本願寺に移転することになるが、それは西本願寺と長州藩との関係に疑いをもたれたことが要因であり、両者のつながりを絶つことに狙いがあったとされる（コラム「幕末京都の政治都市化と寺院」も参照のこと）。かくして、一八六八（慶応四）年、鳥羽・伏見の戦いが勃発すると西本願寺は僧俗数百人を動員して御所の警護に当たり、しばしば維新政権へ多額の献金も行なっていた。他教団が政治的去就を決めかねていた段階において、このような西本願寺の動向は、明治維新後、仏教界の先頭に立って政府との折衝に当たるほどに教団の相対的地位を向上させる最大の要因になったとされる（児玉　一九七九、九七頁）。

すなわち、その源流には「勤王僧」と称された超然や月性の活動があった。彼らの活動は、戦前・戦中には天皇制国家と教団との関係性を強調すべく称賛された時期もあったが、やがて戦後になると批判の対象となった。しかし彼らが武士たちと対等に天下国家を論じ合えるだけの儒学的教養を有していた点、またその儒学ないしは漢学ネットワークに注目することで、幕末期の新たな宗教像がみえてくるのではないか。本章では、その一端を解明したに過ぎないが、今後の課題としてさらに検討を進めたい。

2　教団改革の主張

西本願寺の動向に影響を与えたとされる『仏法護国論』は、幕末の教団の行方を模索すべく、綿密な計画のもとに執筆されたものと思われる。超然は西本願寺の法主広如に「護法意見封事」を提出する計画について、早くから準備を進めており、彼の日記には本山の御用僧らと内談を重ねていたことが記されていた。超然が儒者たちに護法論の批評を求め、月性が「護法意見封事」を提出する前年に『護法小品』を刊行したのも、その準備の一環として自身の護法策の弱い面を知り、意見書の作成に反映させるためであったと考えられる。かくして、「護法意見封事」は『仏法護国論』と改題され、出版されることになった。柏原祐泉も指摘したように、同書には「護法・護国・防邪の一体論」がみられる（柏原　一九七三）。しかしその論理の形成過程には、儒者らの意見を取り入れることで転換を遂げた仏教の自己認識があった。それは仏教と他思想との対立によって引き出されたというよりは、僧侶と儒学的知識人による同志的ネットワークを通して形成されたものといえよう。

また同書には、もう一つ大きな特徴があった。それは「護法・護国・防邪」を実現するためには、仏教を改革するということが前提になっていたことである。『仏法護国論』のもとになった「護法意見封事」には、具体的な教団改革の主張があった。月性は法主広如に対して、次のように主張した箇所がある。

伏して願はくは、今より以後大法主益《ますま》す智荘厳《ちしょうごん》を盛んにし、学徳を挙げ賢才を用ひ、言路を開き下情を通じ、土木を興さず、宮室《きゅうしつ》を崇ふせず、賄賂請託《わいろせいたく》の路を防ぎて、以て諸々福荘厳《ふくしょうごん》の国家に害あるものを除かば、則ち天下の門徒信心の行者、靡然《びぜん》として風動し、一心敵愾《いっしんてきがい》の誠を生じ、大挙して勤王の義に趣くも難《かた》からざるなり、果して然《しか》らば則ち夷狄《いてき》は防ぐに足らざるなり、皇国は護るに足らざるなり、而して宗門以て国と存すべし。臣僧故に曰く、今の時国家以て中興すべし、今の勢ひ宗門を以て再び隆《さか》りなるべし、何ぞ神州の陸沈し仏法の滅亡するを憂《うれ》ふることかこれあらんや

（干河岸《ひがし》 一九〇一、九〇〜九一頁）

「護法意見封事」では教団改革案として、今後は世襲によらず、門末から有能な人材を登用すること、下情を理解すること、不急の土木工事は止め、倹約に努めること、賄賂や請託の道を排することなどを要求し、これらを改革してこそ門末が一丸となって「夷狄《いてき》」を防ぎ、「皇国」を護ることができると主張された。また、このときすでに月性は討幕的視点に立っており、天皇を中心とする国家を中興させたうえで、宗門を興隆させるべきだとし、そのためには教団体制を改革することが必要だと考えていた。しかし、これらの主張は出版された『仏法護国論』では、削除され改変されている（岩田 二〇一二）。

その後、月性は一八五八年に没したが、彼の門弟の世良修蔵《せらしゅうぞう》、赤根武人《あかねたけと》、大洲鉄然《おおずてつねん》らは討幕運動に奔走している。特に西本願寺の僧侶でもあった大洲鉄然は、月性の後を引き継いで仏法による護国論を説いて民衆への教化活動を行ない、他方では教団改革を主唱するようになった。彼は島地黙雷《しまじもくらい》、赤松連城《あかまつれんじょう》らとともに、地元の防長二州の寺院改革から着手し、明治政府が成立すると本山改革へと動き出した。その後、彼らは坊官制など教団の封建的身分制を廃し、僧侶の手による宗政《しゅうせい》を実現させたが、その起点となったのは「護法意見封事」における教団改革の主張にあったと考えられる。

幕末期の『仏法護国論』に代表される「護法・護国・防邪の一体論」を特徴とする護法論は「近代仏教」の形成を妨げるものとされてきたが、近世と近代をつなぐ思想としてとらえ直すことも可能であろう。同時にそれは近代

主義を乗り越えて、「仏教の近代化」とは何であったのかを問い直す一視座となり得るのではないだろうか。

参考文献

岩田真美「幕末期西本願寺と『仏法護国論』をめぐって――月性「護法意見封事」との相違について」（『仏教史学研究』五三巻二号、二〇一一年）
上田純子「儒学と真宗説法――僧月性と幕末の公論空間」（塩出浩之編『公論と交際の東アジア近代』〈東京大学出版会、二〇一六年〉）
上野大輔「幕末期長州藩における民衆動員と真宗」（『史林』九三巻三号、二〇一〇年）
海原　徹『月性――人間到る処青山有り』（ミネルヴァ書房、二〇〇五年）
柏原祐泉「護法思想と庶民教化」（柏原祐泉・藤井学校注『日本思想大系57　近世仏教の思想』〈岩波書店、一九七三年〉）
神根悊生『明治維新の勤王僧』（興教書院、一九三六年）
川邉雄大編『浄土真宗と近代日本――東アジア・布教・漢学』（勉誠出版、二〇一六年）
桐原健真『松陰の本棚――幕末志士たちの読書ネットワーク』（吉川弘文館、二〇一六年）
桐原健真・クラウタウ、オリオン「幕末維新期の護法思想・再考」（『日本思想史学』四四号、二〇一二年）
蔵本朋依「松下村塾の出版活動」（『国語国文』七〇巻一二号、二〇〇一年）
月　性『仏法護国論』（年代不詳、妙円寺蔵）
児玉　識「月性と真宗教団」（三坂圭治監修『維新の先覚月性の研究』〈マツノ書店、一九七九年〉）
小林健太「本願寺と「勤王僧」――月性の京都における活動を中心に」（『本願寺史料研究所報』五三号、二〇一七年）
島薗進・高埜利彦・林淳・若尾政希編『シリーズ日本人と宗教2　神・儒・仏の時代』（春秋社、二〇一四年）
末木文美士・頼住光子『日本仏教を捉え直す』（放送大学教育振興会、二〇一八年）
谷川　穣「明治維新と仏教」（末木文美士ほか編『新アジア仏教史14　日本Ⅳ　近代国家と仏教』〈佼成出版社、二〇一

一年〉）
――――「維新期の東西本願寺をめぐって」（明治維新史学会編『講座明治維新11　明治維新と宗教・文化』〈有志舎、二〇一六年〉）
超　然『護法小品』（華雲閣、一八五五年）
西村　玲『近世仏教論』（法藏館、二〇一八年）
千河岸貫一『釈月性』（博文館、一九〇一年）
本願寺史料研究所編『本願寺史』三巻（浄土真宗本願寺派宗務所、一九六九年）
前田　勉「仏教と江戸の諸思想」（末木文美士ほか編『新アジア仏教史13　日本Ⅲ　民衆仏教の定着』〈佼成出版社、二〇一〇年〉）
三島了忠「革正秘録光尊上人血涙記」（『真宗史料集成』一二巻〈同朋舎、一九七五年〉）
満井秀城『蓮如教学の思想史』（法藏館、一九九六年）
宮崎円遵『本願寺派勤皇僧事績』（大乗文化協会、一九四四年）
宮崎円遵・石田充之・千葉乗隆・中川浩文・福間光超・星野元貞「覚成寺超然とその資料の調査報告」（『仏教文化研究所紀要』一二集、一九七三年）
森　和也「近代仏教の自画像としての護法論」（『宗教研究』三五三号、二〇〇七年）
――――『神道・儒教・仏教――江戸思想史のなかの三教』（ちくま新書、二〇一八年）
山口県教育会編『吉田松陰全集』（岩波書店、一九三四～三六年）
吉田久一『近現代仏教の歴史』（筑摩書房、一九九八年〈のち、ちくま学芸文庫、二〇一七年〉）

コラム

勤王・護法の実践——真言宗の勤王僧

高橋秀慧

勤王僧の多様な形態

「勤王僧」とは、護法・護国・防邪の三位一体の思想を共通点とし、尊王攘夷運動（のちには倒幕運動）に参加していった僧侶たちを指す総称である。彼らは、思想の点では一定程度共通点があるものの、個々人の個性や置かれた環境の違いに加え、依拠している宗派・宗学を異にしているため、各々の「仏教」を背景とした勤王・護法の実践（つまり運動への関与方法）にも多様性がみられる。

例えば、本願寺派（西本願寺）の月性《げっしょう》は、護法思想家として「護法意見封事」を著し、同派の勤王路線を推し進める思想的な原動力を果たしたかと思えば、吉田松陰や梅田雲浜《うめだうんぴん》らと交わり、周旋活動も行なうなど勤王の志士的な役割も果たしている。

また、月性の門弟大洲鉄然《おおずてつねん》は、僧兵隊を組織して、長州征討の際に幕府軍と交戦するなど、勤王の志士顔負けの武闘派勤王僧として倒幕運動に参加していった（月性らの活動については、論文「幕末護法論と儒学ネットワーク」参照のこと）。

ここでは、先の浄土真宗の事例と宗派・宗学を異にするという点で、浄土真宗とは対照的に密教の加持祈禱を実践することが宗学の中核にある真言宗の勤王僧を取り上げて、勤王僧の多様な形態の一端を紹介することとしたい。

瀧谷寺道雅

道雅《どうが》（一八一二〜六五）は、京都出身の新義真言僧で、江戸浅草の大護院にいた道本に師事した後、本山である京都の智積院《ちしゃくいん》に登って真言密教や漢詩文などの研鑽を積む。

智積院では、一八五二（嘉永五）年に勤修《ごんしゅう》された伝法大会という新義真言宗の大きな法要に出仕した記録が残っており、真言僧として大成したことが確認できるが、この間に尊王論に関する著述活動や、尊攘派として知られる梅田雲浜、梁川星巌《やながわせいがん》、頼三樹三郎《らいみきさぶろう》らと交流し、密議をもったとされる。

ところが、一八五六（安政三）年に、道雅は京都から離れた越前三国（現・福井県坂井市）にある瀧谷寺《たきだんじ》の住職として晋山《しんざん》することとなる。瀧谷寺は、智積院の最高指導者である能化《のうけ》職を輩出している名刹ではあ

写真１　道雅（瀧谷寺蔵）

るが、この晋山の背景には、洛中における道雅の諸活動に対する影響があったともいわれる。なお、梅田雲浜、梁川星巌らは道雅が越前に退いてからも訪ねてきて、議論を交わしたという。
その後、安政の大獄で同志が続々と倒れていくなか、道雅は依然三国の地にあって、勤王僧として中央で華々しく活動することはなかったようであるが、一八六三（文久三）年に起こった足利三代将軍木像梟首《きょうしゅ》事件に関しての評論を残すなど、京都の情勢への関心は継続してもっていたことがうかがわれる。
道雅は漢学の高い素養をもっていたため、一八六二年に三国の豪商らが創設した「斯文館《しぶんかん》」という塾で住職の傍ら教授として請われ教鞭をとった。これと同時に、瀧谷寺においても、のちに北海道庁長官や衆議院議長を務めた杉田定一《ていいち》（鶉山《じゅんざん》）を指導しており、杉田は道雅を生涯の師として慕った。
このように、道雅が尊王論を語るうえで基礎としてもっていた漢詩文や史学などの教養が、地域に根ざした形で、地元の将来を担う人材の育成に役だったとい

う事実は、勤王僧を研究するなかでも興味深い事例であるといえる。

道雅は思想的な面で、水戸天狗《てんぐ》党の首領、武田耕雲《こううん》斎《さい》に共鳴するところがあったが、その晩年、天狗党が敦賀で処刑されたことを強く哀しみ、それを契機として体調を崩して亡くなったという。

月照・信海兄弟と高野山

次に、清水寺成就院《じょうじゅいん》の月照《げっしょう》（一八一三～五八）および信海（一八一八～五九）兄弟と、高野山の安政期の動向を辿りながら、真言僧の勤王運動における「祈禱」の意味について着目してみたい。

なお、清水寺は法相《ほっそう》宗の寺院というイメージがあるが、平安時代以来、法相宗と真言宗を兼学していた。月照も密教の修行である四度加行《しどけぎょう》を実践し、近隣の智積院や奈良の長谷寺、紀伊の高野山などを歴訪し、密教儀礼の灌頂《かんじょう》や修法《しゅほう》の伝授を受けるなど、密教の素養を多分にもった僧侶であった。また弟の信海も東大寺真言院で灌頂を受け、月照の後を継いで清水寺成就院に晋山する前には、高野山で修行し、山内の万勝院住職を務めるなど、真言僧といっても差し支えない経歴をもっていた。

写真2　改築前の清水寺成就院
（『京都維新史跡写真帖』〈京都大学附属図書館所蔵〉掲載写真を改変）

さて、月照および信海は、清水寺が奈良一乗院門跡と本末関係を結んでいたため、一乗院門跡尊応（のちの青蓮院《しょうれんいん》宮、中川宮）と縁をもち、近衛家とは歌道の師弟関係にあった。さらには近衛家と薩摩藩島津家とは「縁家」関係にあったから、有名な月照と西郷隆盛の入水《じゅすい》のエピソードも元々は近衛家と薩摩藩の関係性の上に成り立つものであった。

写真3　月照・信海の石碑（筆者撮影）

そうしたなかで、幕末安政期に起こった二つの政争「将軍継嗣問題」および「条約勅許問題」に対して、月照・信海兄弟は青蓮院宮、近衛家の協力者として一橋派の政治工作に関与することとなった。

月照は一橋派間の情報伝達を主な活動としていたようであるが、信海は高野山との縁をもっていたため、朝廷が攘夷祈禱を高野山に依頼する際の取次の役目を担っていたようである。

一八五八年、高野山では、信海が近衛らから取り次いだ攘夷祈禱の依頼を受け、正智院《しょうちいん》良基《りょうき》、宝性院《ほうしょういん》海雄《かいゆう》など山内の主要な僧侶が協議のうえ、大元帥法、五大明王運座護摩などの護摩祈禱を複数回実施した。

この後、安政の大獄で月照・信海は幕府から追及される身となり、兄の月照は逃亡の末、逃げ切れないと悟り、西郷隆盛とともに薩摩錦江《きんこう》湾に入水を遂げる。また弟の信海は逮捕され、獄死することになる。

一方、幕府に無断で祈禱を実施した高野山の良基や海雄は、幕府から隠居の処分を受けることとなったが、良基は一八六二年に赦免され、明治維新後は真言宗管長を務めた。この事件は、朝廷が攘夷のため、祈禱の現世利益《げんぜりやく》に期待したという直接的な意味もあるが、条約勅許を巡っての幕府に対する不満から、仏教勢力を動員したものとも考えられる。

また、高野山側からみれば、勤王・護法の実践として、真言僧のアドバンテージがこれ以上ないほど活かされた出来事であったともいえる。

攘夷の祈禱は、ペリー来航以来、洛中の寺社でも度々実施されており、それが宗教勢力に期待された役割でもあったのだが、政局が熟すにつれ、より世俗的な護法の実践に身を投じた僧侶も登場してくる。先にみた大洲鉄然による僧兵隊の組織化などはその最たるもので、僧侶が取り得る勤王・護法の手段としてみた場合、極めて世俗的・現実的であり、それは真言僧の祈禱による勤王・護法の実践とは対極にあるものであったといえるかもしれない。

参考文献

飛鳥井雅道「月照の近衛家立入り」（清水寺史編纂委員会編『清水寺史　第二巻』〈音羽山清水寺、一九九七年〉）
柏原祐泉『日本仏教史・近代』（吉川弘文館、一九九〇年）
谷川　穣「明治維新と仏教」（末木文美士ほか編『新アジア仏教史14　近代国家と仏教』〈佼成出版社、二〇一一年〉）
智山年表編纂室編『智山年表近世編』（真言宗智山派宗務庁、二〇一四年）
友松円諦『月照　人・思想・歴史』（友松圓諦遺稿刊行会音羽山清水寺、一九七五年）
――『月照』（人物叢書）（吉川弘文館、一九八八年〈初出一九六一年〉）
西村天囚『高野勤王僧』一九三五年
森　和也『神道・儒教・仏教――江戸思想史のなかの三教』（ちくま新書、二〇一八年）
山田秋甫『瀧谷寺道雅』（道雅上人遺徳顕彰会、一九三三年）

排耶と攘夷
――幕末宗教思想における後期水戸学の位相――

桐原健真

一　排耶の語り

1　京坂「切支丹」一件の影響

コラム「京坂「切支丹《きりしたん》」一件」にもふれられたように、一八二七（文政一〇）年に発覚したこの一件は、当時の為政者に大きな衝撃を与えるものであった。もとよりその内容が、「キリシタンの信仰用語を取り入れた新興宗教」（同コラム）であったことは確かである。しかし厳格なキリシタン禁制の時代にあってもなお、みずからの知的・宗教的な関心からキリスト教に接近し、その独自な解釈の下で信仰を形成したという事実は、為政者たちにとって強い警鐘となったであろう。そしてこの鐘声に敏感に反応した人物の一人が、水戸藩主・徳川斉昭《なりあき》（一八〇〇～六〇）であった。

斉昭とその周辺の後期水戸学者たちは、この一件を、たんなる不届者《ふとどきもの》の所行とみなすことはなく、体制そのものを揺るがしかねない事件であると深刻に受け止めた。事実、一八五三（嘉永六）年のペリー米国艦隊来航に際して、幕府海防参与であった斉昭が老中・阿部《あべ》正弘《まさひろ》に提出した意見書にもその影響をみることができる。斉昭は、米国側の要求を断固拒絶すべき理由を一〇カ条にわたって述べ上げており、その第二条には次のように記されている。

切支丹の儀は、御当家〔徳川将軍家〕御法度《はっと》の第一に相成居《あいなりおり》、国々末々迄《まで》も高札建置《こうさつたておき》候処《そうろうところ》、夫《それ》にてさへ、文政年中、大坂表に於て、右宗門内々相弘《あいひろめ》候もの之れ有り、御仕置に相成候由。邪教の毒、夢々御油断相成らず候。況《いわん》やアメリカを新たに御近付けに相成候はゞ、何程御制禁之れ有り候ても、自然右宗門再起の勢必然の儀、憚《はばか》り乍《なが》ら祖宗〔家康〕の神霊に対せられ、御申訳之れ無く、是れ決て和すべからざるの〔第〕一ヶ条に候。

（徳川　一八五三、九～一〇頁）

この「文政年中、大坂表に於て、右宗門内々相弘候もの」というのが、京坂「切支丹」一件のことである。キリシタン禁制を「御法度の第一」ととらえる斉昭にとって、米国との国交樹立は、一件同様の事件を再現させうるものであった。

もちろん尊王攘夷を唱えた後期水戸学（以下「水戸学」）の中心的人物が、キリスト教を邪教視することはそれほど不思議ではないだろう。しかし、ここで彼が警戒しているのは、宣教師によるキリスト教布教だけではなかった。すなわち彼は、たとえ「御制禁」があっても、キリシタンが「自然」に「再起」する可能性を恐れているのである。実際、京坂「切支丹」一件において、本来潜伏キリシタンではなかった水野軍記《ぐんき》らは、中国・明朝宮廷で活躍したイエズス会宣教師マテオ・リッチ（中国名は利瑪竇《りまとう》）の『天主実義』（一六〇三）のようなテキストに拠ってキリスト教へ接近したのであり、このことは、日本国内におけるキリシタンの自然発生を証明するものとして、斉昭には認識されたに違いない。

2　「排耶」と近世日本

　キリシタン禁制を含め、キリスト教（耶蘇《やそ》教）を排撃することを、「排耶」という。近世初期の朱子学者である林《はやし》羅山《らざん》には、『排耶蘇』（一六〇六〈慶長一一〉）の書があり、このことばが比較的早い段階から存在していたことをうかがわせる。こうした排耶を掲げての発言や行為が——その攻撃対象の内実は別にして——近世日本における体制秩序の正統性を証明するものとなっていたことはしばしば指摘されてきた（Paramore　二〇〇九）。したがって、斉昭が「邪教」に対する強い警戒感を示したのは、決して水戸学固有のものではないといってよい。

　しかしながら、数次にわたる建策や出版活動といった斉昭による排耶の実践は、たんにそれが徳川日本における支配イデオロギーであったからという理由だけでは説明しきれないほどの膨大なエネルギーをかけた大事業であった。「排耶は手段であって決して目的ではない」（三浦　二〇〇九）という指摘は極めて妥当だが、水戸学ではその手段が徹底された結果、かえって自己目的化してしまったようにすらみえる。本章は、水戸学において、儒仏神の三教やキリスト教がいかに認識され、またこれらに対するいかなる実践が展開されたかを、彼らが掲げた「尊王攘夷」なるイデオロギーとの関わりから検討するものである。このことは、幕末宗教思想における水戸学の位相を明らかにするとともに、維新以後における諸教説の語りの変容を考えることに資するものともなろう。

二　水戸学における儒仏神

1　水戸藩天保改革と神仏分離

一八二九年に水戸藩主となった斉昭は、以後、一八四四（弘化元）年に幕府より隠退を命ぜられるまで藩政改革を主導した。これを水戸藩の天保改革という（天保年間＝一八三〇〜四四）。彼が失脚した理由の一つに、厳格な寺院整理や水戸東照宮の脱仏教化（一八四四）などにみられる強権的な排仏政策があったとされる。そのなかには、毀鐘鋳砲《きしょうちゅうほう》（鐘を毀《こぼ》ち砲を鋳《い》る）すなわち海防のための大砲製作を口実とした露仏《ろぶつ》や梵鐘の鋳つぶしの強制（一八四二）といった極めて暴力的な施策もあった。

この水戸藩天保改革で吹き荒れた神仏分離の嵐は、多くのものに、それから四半世紀のちに勃発する廃仏毀釈運動を想起させるであろう。またこうした宗教政策のみならず、水戸学が、天皇を中心とする明治国家におけるイデオロギー的淵源の一つであったともしばしばいわれる。事実、藩校創設に際して斉昭が撰した「弘道館記」（一八三八年、以下「館記」）と、約半世紀後の教育勅語（一八九〇）とが、その精神において一致しており、それゆえ水戸学と国民道徳論とは同体なのだといった主張は、近代の水戸学者の常套語であった。また戦後においても、水戸学と近代天皇制とりわけ国家神道との思想的連続性——例えば「祭政一致」——に着目した研究は少なくない（小島　二〇〇七、また本書論文「神仏分離研究の視角をめぐって」参照）。

たしかに神仏分離をはじめとした幕末水戸藩の諸政策が、維新以後の政策に与えた影響は否定できない。しかし、その実態と影響とはできるだけ分けて考える必要がある。言論や思想は、ときにそれを発信したものの意図をはるかに越えて、まったく違った形で受容されることがあるからである。この点では、神仏分離を推し進めた斉昭たちもまた同様であり、彼らはみずからが模範とした徳川光圀《みつくに》（一六二八〜一七〇〇）の施策と、実際には思想も内容も異にしていた。

2　「義公」の神仏分離

斉昭たちが天保改革を断行したとき、彼らは「義公」（光圀の諡《おくりな》）の精神に帰ることを唱えて諸政策を推進した。これは、改革者がみずからの正統性を歴史のなかに求めるというしばしばみられる政治的手法であり、天保の神仏分離もまた光圀時代に倣うものと主張された。たしかに「義公」は「淫祠《いんし》三千八十八」および「新建の寺院九百九十七」を破却し、「三百四十四寺」の「破戒の者」を還俗《げんぞく》させるといった徹底的な寺社統制を進め、また士人に対し仏葬ではなく自葬祭を行なわせるために『葬祭儀略』（一六六六〈寛文六〉）を編纂・頒布するなど、天保改革同様、その排仏的傾向は顕著であった（栗山　一七二―三）。

しかし光圀は、同時に「古刹《こさつ》廃寺の若《ごと》きは、皆な修葺《しゅうしゅう》興復」（同前）したように、藩内のみならず藩外の寺院をも積極的に保護する人物でもあった。例えば、彼が京都六条堀川の本圀寺《ほんこくじ》を篤く外護《げご》し、元は本国寺と称したこの日蓮宗大本山に、みずからの名から「圀」の字を与えたことはよく知られている（こうした光圀以来の深い関係があったために、本圀寺は幕末京都における水戸藩の活動拠点となったのであり、やがて「本圀寺勢」と呼ばれる尊攘志士集団が形成されていくこととなる〈コラム「幕末京都の政治都市化と寺院」〉。ちなみにこの本圀寺南隣の西本願寺は、新撰組屯所〈第二期〉となったこともある〈論文「幕末護法論と儒学ネットワーク」〉。尊攘志士と新撰組のあまりに近すぎる位置関係は、幕末京都がどれほど政治的・思想的に濃密な空間であったかを改めて教えてくれる）。

このように仏教そのものを全否定することのなかった光圀は、同時に神道に対しても、これを無条件で肯定することはなかった。それは、仏葬を排するために定められた『葬祭儀略』が、実際には『文公家礼《ぶんこうかれい》』（朱熹《しゅき》〈文公、一一三〇〜一二〇〇〉作とされる礼儀作法書）に定められた儒葬に神道の要素を加えたものであったことからもわかる。彼がみずからの半生を回顧した「梅里《ばいり》先生碑文」（一六九一〈元禄四〉）に、「神儒を尊びて神儒を駁《ばく》し、仏老を崇して仏老を排す」（原漢文）と記したように、神儒仏老の諸教説を是々非々で受容する態度こそが彼の理想であっただろう。この点で、彼における神仏分離の営みは――少なくとも理念的には――各々の教説を独立・純化させる手段であったといえる。

3　水戸藩天保改革の影響

是々非々を理想とした光圀に対して、斉昭は、寺院整理や毀鐘鋳砲策など、極めて原理主義的な排仏政策を断行した。こうした「改革」は幕府の圧力によって頓挫するが、その排仏政策は、他の改革の試み（藩主親政・藩校設置・宗教統制など）とともに、藩政改革を進めようとする諸藩にも伝播した。例えば、津和野藩や長州藩では神葬祭が実施され（津田　二〇一二）、とりわけ後者では、吉田松陰を筆頭とする長州藩殉難者などを祀る下関・桜山《さくらやま》招魂社《しょうこんしゃ》（一八六五〈慶応元〉）が創建されるに至っている。殉難者をその時々で祀る招魂場はすでに存在していたが、こうした構築物をともなった招魂社の設置は、のちの京都・霊山《りょうぜん》の招魂社（一八六八〈明治元〉、現・京都霊山護国神社）や戦死将兵を祀る東京招魂社（一八六九、現・靖国神社）へと展開していく。

このように、水戸藩の神葬祭が招魂社・靖国神社の源流となったという認識は、水戸学を国民形成の論理としての国家神道の一淵源とみなす理解をもたらした（小林・照沼　一九六九）。たしかに水戸学者は、祭祀を通した人心

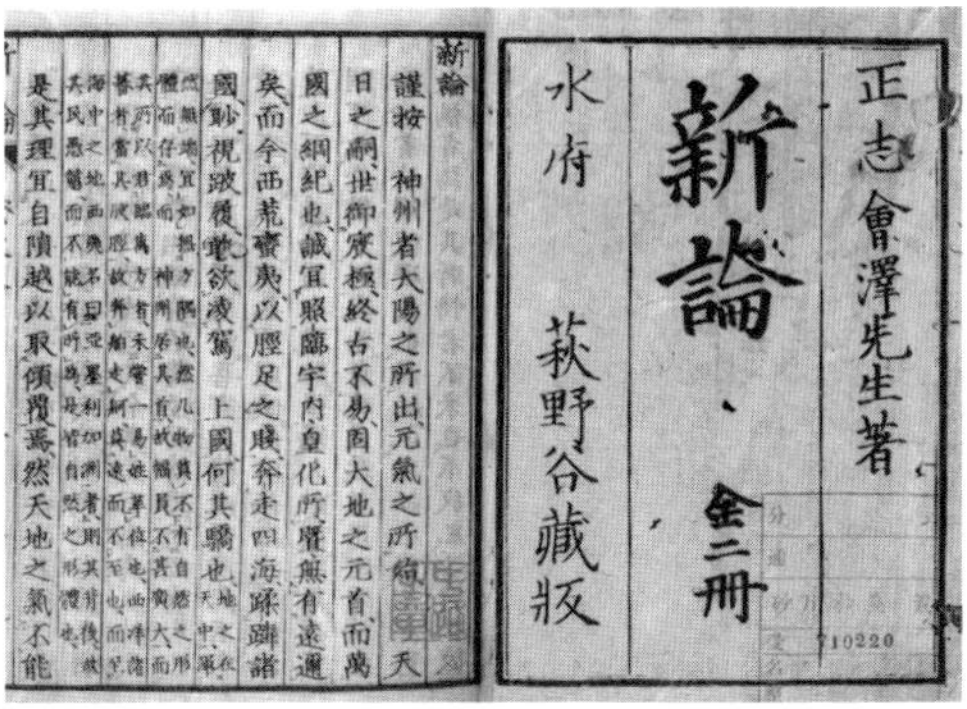

写真1　会沢正志斎『新論』（1825年、筆者蔵）

掌握を説いたのであり、そうした主張は、「後期水戸学の大成者」といわれる会沢正志斎《あいざわせいしさい》（一七八二〜一八六三）の主著『新論』（一八二五）に顕著にみることができる。

『新論』は、「祭は以て政となり、政は以て教となる」ような、祭政さらには政教の一致によって、「億兆（人民）心を一にして、皆その上に親しみて離るるに忍びざる」（会沢　一八二五、五二頁）に至るべきことを主張する。このことは、水戸学とりわけ会沢にとっての祭祀が、あくまで人心掌握のためのイデオロギーであって、それ自体が目的ではなかったことを意味している。それはまさに神道の政治的利用であった。

こうした手段としての神道の語りは、大国隆正《おおくにたかまさ》（一七九二〜一八七一）をはじめとする津和野派国学者たちに受け継がれた。隆正の高弟で、明治新政府の神祇《じんぎ》政策を推進した福羽美静《ふくばびせい》（一八三一〜一九〇七）が、伊勢神宮の鳥居の笠木が落下したという報《しら》せを「偶然」の一語の下に黙殺し、明治天皇の東京行幸を断行させたことは、彼らの「敬神」なるものの一面をよく示している（福羽　一八九八）。

4　斉昭の神道思想

このように考えると、水戸学の神道論と国家神道との親近性・継承性は極めて強いものがあるようにみえる。しかしながら、水戸学内部において、神道についての確固たる体系的理解があったかは、やや疑問である。それは天保改革を領導した斉昭自身においても同様であった。例えば彼はみずからの改革における中核の一角をなす藩校建設に際して、これにふさわしい祭神が必要であると主張し、最終的に孔子と建御雷神《たけみかづちのかみ》（常陸国一宮《いちのみや》鹿島神宮祭神）を奉斎したが、その構想段階においてはまったく異なった神々の名を挙げていた。

> 国許《くにもと》へ学校めきたる物も取立《とりたて》に相成様《あいなるよう》に候はゞ、神を中へ祭り孔子・扁鵲《へんじゃく》〔中国・戦国時代の伝説的名医〕・すくなひこな〔少彦名〕の神又は人丸〔柿本人麻呂《かきのもとのひとまろ》〕等客の如くに祭候て……中へ神を祭《まつり》候ならば、神は何如然《いかがしか》るべき哉。神武帝・応神帝・天智帝抔《など》にも之れ有るべき哉。三神一社に祭込候《まつりこみそうろう》も如何《いかん》。
>
> （徳川　一八三四、別記下巻二八三頁）

ここで斉昭は、実に多くの和漢の学問神を候補として挙げているが、驚くべきことは、当初は孔子ですら、あまたある候補中の一つでしかなかったことである。彼にとっては、その祭神がいかなる性格を有するかといった神学的な検討よりも、祭祀すること自体が重要なのであって、その意味で、あの「敬神崇儒」（「館記」）なる標語《スローガン》も目的ではなく結果であった。

また斉昭は、ここにもみえるように、主神として天皇の奉斎を求めていた。しかし臣子が天皇を祀ることは僭越《せんえつ》の極みであり、たとえ「天下の副将軍」であっても許されないのだ——と会沢や藤田東湖《とうこ》（一八〇六～五五）といった彼のブレーンたちは、この暴走しがちな主君を諌《いさ》め続けた。しかし、おそらく斉昭の意図としては、「東照宮」以上の存在を奉斎することで——少なくとも観念的には——みずからが「副将軍」以上の何者かになるところにあったのだろう。最終的に弘道館の祭神は、斉昭が候補にも挙げなかった建御雷神に落ち着くのだが、それまでには君臣間の思想闘争が繰り広げられたのである（桐原　二〇一四）。

三　尊王攘夷としての排耶

1　不思議なことば

しばしばいわれるように、「尊王攘夷」という四字熟語は、中国古典に存在しない和製漢語（近代漢語）であり、「館記」によって初めて世に問われたことばである。幕末日本をあれほど大きく揺さぶったこの語が中国古典にみえない一つの理由としては、漢文法上の問題があると考えられる。すなわち、「王を尊び、夷を攘《はら》ふ」というこの対句において、各々の句の主語が異なっているのである。

「王を尊ぶ」のが臣民であることは疑いないが、これに対して「夷を攘ふ」のは君主でなければならない。なぜならば、通常、「夷を攘ふ」ための軍事力の動員は君主の大権に属するものであって、臣下が行使することは許されないからである。したがって「尊王攘夷」は、その主語を分裂させている点で、矛盾をはらんだことばであったといえる。しかし「館記」は、この矛盾を次のように主語を限定させることで回避したのであった。

我が東照宮、撥乱反正《はつらんはんせい》、尊王攘夷、允《まこと》に武、允に文、以て太平の基《もとい》を開けり。

「東照宮」とは、徳川家康のことであり、天皇から征夷の職を任じられた将軍は、尊王も攘夷も同時に実践することが許された存在なのだ――と「館記」はいう。このことは、将軍以外の一般人士にとって、尊王はまだしも攘

写真２　弘道館に掛かる松延年《まつのぶとし》筆「尊攘」（1856年）

夷の実践は明らかな越権行為であることを意味したはずである。だが一八五〇年代後半には、こうした主語の限定性は忘却され、尊攘志士の闊歩《かっぽ》する時代が始まることとなる。

その原因の一つが、「館記」起草者の東湖が著した「館記」の漢文解説書である『弘道館記述義』（一八四七〈弘化四〉年成稿、以下『述義』）が、「尊王攘夷は、実に志士仁人の尽忠報国の大義なり」（藤田　一八四七、二九六頁）と定義したことにあった。すなわち、「尊王」と「攘夷」の双方を「志士仁人」の義務と彼が規定したことは、その実践の正当性を幕末志士に与えるものとなったのである。

2　水戸学にとって「攘夷」とはなにか

東湖自身、一八二四年に、常陸国大津浜（現・北茨城市）へ英国捕鯨船員が上陸した際、これを打ち果たすべく現地に赴かんとするほどであったから（ただし間に合わず未遂）、攘夷の実践をためらう人間ではなかったであろう。それゆえ水戸学の基本を「東湖流の考え方」ととらえると、「排耶論は必ら《ママ》ずしも水戸学の本質的属性とは言いがたい」（露口　一九八九）という見解も妥当であるともいえる。しかし『述義』における解釈をみる限り、攘夷は必ずしも「東湖流」の武力行使を意味していなかった。

戦国搶攘《そうじょう》の間《かん》、外夷覬覦《きゆ》し、我が政教の廃弛《はいし》に乗じ、すなはち敢《あ》へてその妖教を布《し》けり。豊臣氏嘗《かつ》てこれを禁ず。東照宮に至りて、更に大いに憲令を設け、天下を捜索して、ことごとくその寺を毀《こぼ》ち、その徒を戮《りく》す。後嗣、継述して懈《おこた》らず。ここに於て外夷の防、妖教の禁、永く憲法の第一義となれり。その果決明断して、夷《い》狄《てき》を攘除《じょうじょ》せらるるもの、蓋《けだ》しまたかくのごとし。（藤田　一八四七、二九七頁）

戦国末期のキリスト教宣教は、西洋諸国による日本支配の一環であり、豊臣秀吉に始まり家康によって厳格化されたキリシタン禁制は、徳川将軍代々の「憲法の第一義」であったと東湖はいう。こうした認識は、斉昭が「切支丹の儀は、御当家御法度の第一」（前掲）と記したことと軌を一にするものであろう。そしてこうした禁制こそが「夷狄の攘除」すなわち攘夷に他ならないと東湖は結論する。このような攘夷理解は、「館記」の和文解説書である会沢の『退食間話』（一八四二年序）においてもみることができる。

西洋の邪徒、神州を伺ふ事を〔家康は〕深く察し給《たま》ひ、其《その》禁を甚厳《はなはだげん》にし給ふ。台徳《たいとく》・大猷《たいゆう》〔秀忠・家光〕二公も、其遺志を継《つが》せられ、寛永の年までに尽《ことごと》く誅戮《ちゅうりく》し、永世の禍根《かこん》を絶《たち》給ひ、国威の外国に震ひしは、是皆《これみな》、東照宮の深謀遠慮に因《よ》る所なれば、攘夷の義と称し奉るべき也。（会沢　一八四二、二四七頁）

ここでも攘夷は西洋諸国と戦争することではなく、あくまでキリシタン禁制を意味しており、たとえ兵馬を動員する場合でも、島原の乱のように国内のキリシタンを弾圧するに留まっている。こうした記述から明らかになることは、水戸学における「攘夷」とは、対外的な軍事行動ではなく、キリシタン禁制すなわち「排耶」であったということである。

尊王攘夷の実践こそが、家康に始まる徳川幕府の存在意義なのだといった主張は、一九世紀転換期に成立する鎖国祖法観と無縁ではあるまい。三代将軍・徳川家光に始まる厳格な対外関係の制限を家康以来の「祖法」とみなす認識は、歴史的には誤っている。しかし、一八〇四（文化元）年に長崎へ来航したロシア遣日使節のレザノフに対して、「海外の諸国と通問せざること」は「歴世の法」（林編　一八五六、七巻一九三頁）なのだという論理で、幕府が国交樹立を拒否したように、鎖国祖法観は「鎖国」ということばの流布とともに広く受容されていった。

3　徳川幕府の存在意義

水戸学における排外主義もまた、このような時代状況のなかで形作られていったのであり、そのなかでも排耶論を理論的に展開したのが会沢であった。生前にまとめられた「常陸正志斎会沢先生著述目録」の「息邪《そくじゃ》編」（邪を息《や》む）すなわち、西洋の脅威を防ぐことを主題としたカテゴリには、五種の著作が記されており、そのうちの『豈《き》好弁《こうべん》』『両眼考』『三眼余考』の三種は排耶論に該当する。

最晩年の会沢は、これらの書の公刊を願って書肆《しょし》に働きかけたが、結局のところ、『豈好弁』のみが、その没する前年の一八六二（文久二）年に上梓されるにとどまった。その理由は、明末の排耶書をまとめた『両眼考』にせよ、聖書の叙述や教義を批判した『三眼余考』にせよ、批判するためにはその対象について詳述せざるを得ず、それゆえこれを出版すること自体がキリスト教の教義を公にする危険性をはらむものだったからであろう。とりわけ『三眼余考』は、新井白石『西洋紀聞』（一七一五〈正徳五〉年ごろ）に収められたイタリア人宣教師シドッチの口述になる教義解説への批判書である以上、その公刊の手続きには慎重にならざるを得なかったに違いない（「三眼」とは、明末の排耶書・蘇及寓《そきゅうぐう》『邪毒実拠』にみえることばで、「両眼」〈＝常人〉の明人に先んじてキリシタンを禁じた日本人の見識を評したものであり、会沢が好んで用いた)。

とはいえ、こうした「息邪編」に挙げられた書に限らず、会沢はさまざまな著作において排耶論を展開している。例えば『新論』で「彼〔西洋〕その恃《たの》みて以て伎倆《ぎりょう》を逞しくするところのものは、独り一耶蘇教あるのみ」(会沢一八二五、九五頁)と断じたように、彼は、西洋諸国の民心統一を実現し、さらに日本の民心をも誘引しうるキリスト教に対して強く警鐘を鳴らし続けた。そしてこうした警戒感は、彼の民心理解に由来していた。

民の利を好み鬼《き》を畏《おそ》るるは、その情の免《まぬか》るる能《あた》はざるところ、苟《いや》しくも潜《ひそ》かにその心を移す所以《ゆえん》のものあらば、すなはち厳刑峻法《げんけいしゅんぽう》といへども、また得て詰《せ》むべからざるものあらん。(同前、一〇四〜一〇五頁)

人民は利益を好み、鬼神《きしん》を恐れるものであり、たとえ厳しい法令があろうとも、これに惹《ひ》かれてしまうのだと会沢はいう。それは明らかな愚民観であり——事実彼は『新論』中でこの語を繰り返し用いている——、そうした認識であったからこそ、キリスト教の影響を受ける前に、新たな祭祀の体系によって人心を上書きしなければならないという結論が導かれることとなる。水戸藩天保改革における激しい神仏分離の断行は、来るべきキリスト教との対峙のために、みずからの宗教体制を純化させようとする試みであったといえよう。

4　幻影の脅威

水戸学者たちを駆り立てていたのは、二百余年ものキリシタン禁制を通して増幅された「妖教・妖法」といったイメージがもたらした幻影の脅威であったということもできるかもしれない(論文「幕末維新期のキリスト教という

「困難」」参照。また近世日本における幻影としてのキリシタン言説については、井上章一が参考になろう〈井上　二〇一三〉)。しかし『新論』を著す前年に、大津浜へ上陸した英国捕鯨船員を尋問した経験をもつ会沢にとって、キリシタンの脅威は決して観念的なものではなかった。すなわち、当時の水戸藩沿岸に出没していた西洋捕鯨船が、「辺民に邪教の書を授けし類の事」などを行なっていることを知った彼は、西洋諸国の「禍心《かしん》」(禍《わざわい》を加えようとする心)が現実のものであると認識するに至ったのである〈会沢　一八二四、四七八頁〉。

事実、当時の西洋船は、しばしば薪水を求めて沿岸漁民と物々交換を行なっており、漁民のなかの利に聡《さと》い者は、わざわざ物品を仕入れてこれに臨んだらしい。その結果、「水戸領内に目なれざる異国の品、大分《だいぶん》見当り、役人中も怪居《あやしみおる》」〈松浦　一八四一、四巻二三〇頁、一八二四年一一月記〉ようなありさまであったという。これらの品々のなかには、キリスト教関係の文物もあったであろうが、会沢にとって、こうした状況はまさに「民の利を好み鬼を畏るるは、その情の免るる能はざるところ」だったに違いない。

そして『新論』脱稿の二年後には、会沢の懸念を証明するかのように、京坂「切支丹」一件が露見する。それは、「厳刑峻法」だけではキリシタンを根絶することはできないという認識を、会沢をはじめとする水戸学者たちにいっそう強く印象づけたに違いない。かくて彼らは、キリシタンを「東照宮」以来の現体制のみならず、この「神州」の存立をも脅かしうる存在として、その敵視をいっそう強めていったのである。

5　紙上の攘夷

キリシタン禁制こそ攘夷の具体的内容であり、その実践こそ現体制の存在理由なのだと考える水戸の尊攘論者たちは排耶の声を高く挙げ続けた。それゆえ彼らは、たとえ日米和親条約(一八五四〈安政元〉)によって、「祖法」

であったはずの「鎖国」が終焉を迎えてもなお、尊王攘夷の旗を降ろすことはなかった。なぜならば、「鎖国」はあくまで手段であり、この尊き神州をキリシタンから守ること、すなわち排耶こそが、「東照宮」の実践した理想としての尊王攘夷なのだと彼らが考えたからである。

それはいわば、イデオロギーをめぐる観念的な紙上の攘夷であり、テクノロジーをめぐる物理的な戦場の攘夷が現実的に不可能であることが明らかになるにしたがって、そのトーンはいっそう強くなっていくこととなる〈斉昭自身も対米開戦の不可を認識し、阿部正弘にも内密にその本心を伝えていた〈徳川　一八五三、一三頁〉〉。こうした排耶の実践における金字塔ともいうべき事業が、『破邪集』（全八巻）と『息距編《そっきょ》』（全一二巻）という二つの排耶書集の公刊あるいは編纂である。それは、「水戸イデオロギーとは、何よりもまず「書くこと」、すなわち時の流れという力に抵抗して意味を意図的に確定しようとする試みであった」（コシュマン　一九九八、一五三頁）といわれるにふさわしい、まさに「紙上の攘夷」であった。

『破邪集』は、明末の排耶書集である『聖朝破邪集』（一六三九）を和刻し、幕府の許可を得て一八五六年に公刊したものである。編者は徐昌治《じょしょうじ》（一五八二～一六七二）、杭州の官僚を辞して出家し、『高僧摘要』（一六五四年自序）などを著した禅僧でもあった。当時の明は、冒頭で紹介したマテオ・リッチをはじめとするイエズス会宣教師が、キリスト教の教義や西洋学術を広く喧伝していた。こうした状況に対して、徐昌治は「天主教の以て真を乱し、仏を貶《けな》し、道を毀つに似る」（「闢邪《へきじゃ》題辞」原漢文）ことを憂い、「闢邪諸書」を抄録・編纂したのだという。

もとより原題の「聖朝」とは、徐昌治が属する明朝のことであり、自国である日本こそが「中国」とみなす水戸学者たちにとっては受け入れがたい表現であった。したがって、内題はそのままにするにせよ、外題《げだい》ではこれを除いて『破邪集』としたのは当然の配慮であっただろう。明朝皇帝などへの擡頭《たいとう》・平出《へいしゅつ》などは原文のままで、外見のみ日本化《ローカライズ》されたこの排耶書集を、斉昭は幕府や朝廷はもとより諸大名や有志の人士にまで贈り、また書肆を通して販売することでその普及を図った。事実、こうした試みは一定の成果を挙げている。すなわち、一八六〇年代以降に公刊される排耶書の多くは『破邪集』を典拠としており、また浄土宗の鵜飼《うがい》（養鸕）徹定《てつじょう》（一八一四～九一）による『翻刻闢邪集《へきじゃしゅう》』（一八六一年跋、明末の鐘始声《しょうししょう》編の排耶書）のような同種書が現れるに至ったのである。

6　幻の「日本破邪集」

明末の『破邪集』を受けて、日本における排耶関係文書を集めたのが『息距編』である。とはいえ、斉昭が藩の事業としてキリシタン禁制文書や排耶書の収集編纂を命じたのは、「館記」が成った直後の一八三八年五月であったから、実際には二〇年越しの事業であったといえる（鈴木　一九七六、一〇八二頁）。当初、『日本破邪集』と名づけられる予定であったこの書は、斉昭の失脚と復権を挟んだ一八五七年に脱稿し、『息距編』と名づけられた（「息距」とは「邪説を息《や》め、詖《かたよ》れる行ひを距《しりぞ》ける」〈『孟子』滕文公下九〉に由来する）。

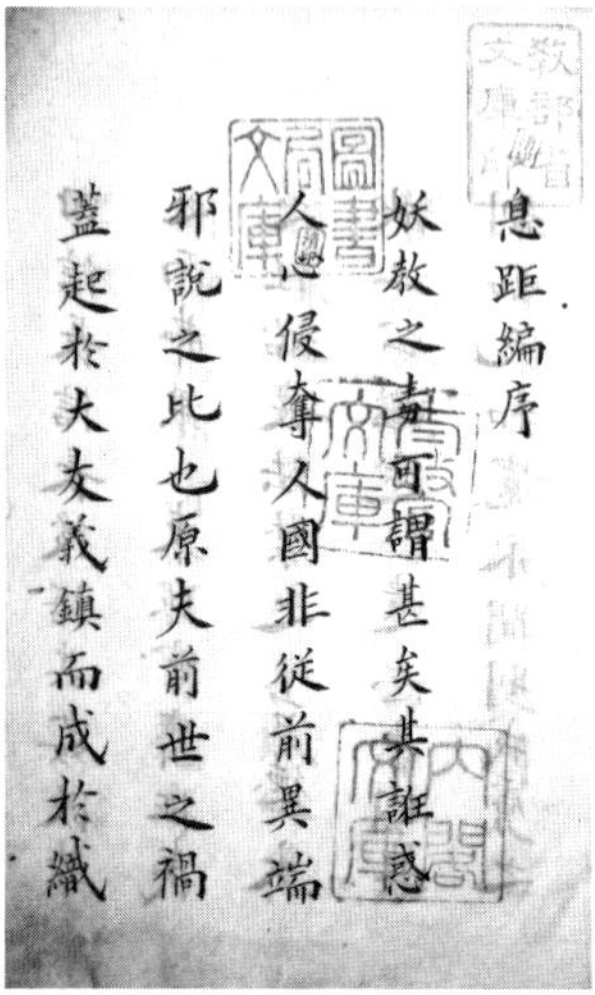

写真３　教部省旧蔵『息距編』
（1875年写、国立公文書館蔵）

『息距編』の跋（原漢文）で斉昭は、「東照宮」が征夷大将軍として尊王攘夷を実践すべく「妖法の禁」を厳しく定め、さらにその後継者が「祖訓を奉じて駆除蕩掃《とうそう》」したことを高く評価している。この「駆除蕩掃」とは島原の乱のことであり、彼はこれを「祖訓」の実践だと主張するのである。それは鎖国が終焉した時代における新たな「祖法」

表1　『息距編』編次

<table>
<tr><th>巻</th><th>編</th><th>書名</th></tr>
<tr><td>1</td><td>法令第一</td><td>起天正十五年至文政十三年〔1587～1830〕</td></tr>
<tr><td>2-8</td><td>事実第二</td><td>起享禄二年至文政十二年〔1529～1829〕</td></tr>
<tr><td>9</td><td rowspan="7">排邪第三</td><td>熊沢伯継〔蕃山〕説〔『集義和書』等抄録〕　切支丹物語</td></tr>
<tr><td>10</td><td>天文末録（上）〔太田全斎〕</td></tr>
<tr><td>11</td><td>天文末録　下</td></tr>
<tr><td>12</td><td>三眼余考〔会沢正志斎〕</td></tr>
<tr><td>13</td><td>五月雨鈔〔三浦梅園〕</td></tr>
<tr><td>14</td><td>破切支丹〔鈴木正三〕　破提宇子〔ハビアン〕</td></tr>
<tr><td>15</td><td>排切支丹（文）〔金地院崇伝〕　対治邪執論〔森尚謙〕　江戸物語
切支丹法器〔立原翠軒〕</td></tr>
<tr><td>16-19</td><td rowspan="2">平賊第四</td><td>島原記録</td></tr>
<tr><td>20-21</td><td>島原記</td></tr>
<tr><td>22</td><td>平賊第五</td><td>松平輝綱〔1620-71、川越藩主、島原従軍〕日記</td></tr>
</table>

の語りであり、排耶こそが尊王攘夷の実践なのだというテーゼを再生産するものでもあっただろう。

この『息距編』は、雑多に収集された文書集ではなく、一定の秩序をもって編纂されていた。すなわち、まず原則としての「法令」、さらにキリシタンの実態やその処分を記した「事実」、そしてキリスト教批判の理論を述べた「排邪」、最後に排耶の実践（実戦）としての島原の乱を記録した「平賊」といった次第でまとめられている。まず原理を掲げ、続いてその実態や理論、さらには実践について順を追いつつ展開する筆法は、会沢の『新論』（国体・形勢・虜情・守禦・長計）を想起させるところがある。いま、その詳細を掲げると**表1**のようになる。

これらの概要についてはすでに言及がある（露口　一九八九）ので、ここでは詳述を避けるが、事実編の末尾に記されている事件が、あの多くの断罪者を生んだ京坂「切支丹」一件であったことは、実態はいかにあれ、それが斉昭をはじめとする水戸学者たちにとって大きな衝撃を与えるものであったことを改めて教えてくれる。また「平賊」の事例として、島原の乱が執拗なまでに記録されている事実は、西洋諸国との直接的な戦闘は不可能であると認識している斉昭たちにとっての「攘夷」の内実を示すものでもあろう。彼らの敵はキリシタンとなった「愚民」だったのである。

こうした「人をして神国の神国たる所以、妖夷の妖夷たる所以を悟らしむる」（跋）ことを目的に編まれた『息距編』も結局は公刊されなかった。その理由としては、水戸藩を取り巻く政治的環境の激変があった。すなわち将軍継嗣と条約勅許の問題をめぐる対立の結果、大老・井伊直弼《なおすけ》から謹慎処分を受けた斉昭はふたたび失脚し（安政の大獄）、その最期まで復権することはできなかった。『息距編』自体は、その後も校訂が進められ、斉昭が没する前月に完成に至っていたものの、これを上梓するだけの余裕は、彼にも藩にもなかったのである。それどころか、これに先立って発生した水戸の尊攘浪士たちが井伊大老を襲撃するという事件（桜田門外の変）は、もはや攘夷としての排耶などという観念的なイデオロギー闘争ではなく、直接的・物理的な——あの大津浜に向かった東湖のような——行動こそが求められる時代の到来を告げるものでもあった。

四　水戸学排耶論の射程

1　イデオローグの「転向」と尊攘志士のゆくえ

桜田門外の変における斬奸状《ざんかん》に、「公辺へ御敵対申上候儀には毛頭《もうとう》之れ無し」と記されていたように、この暗殺者たちは、その主観においては反体制ではなかった。むしろ彼らは「洋教の禁を厳」にした「東照宮」や「邪徒を駆斥斬戮《くせきざんりく》」し、「三眼の明を四海に布《し》」いた「大猷公」（家光）を高く評価し、こうした排耶の原則が代々「遵奉」

されてきたのだと主張する（金子　一八六〇、一四九頁）。すなわち彼らも排耶こそが現体制の存在理由だと考えていたのであり、また会沢が好んで用いた「三眼の明」ということばを使っている点でも彼らは水戸排耶論の正統な継承者であった。

しかし、こうしたイデオロギーを主唱した会沢自身は、実際には尊攘派内における「鎮派領袖」となって「激派」の押さえ込みに奔走するようになっていた。やがて彼はかつての意見を変え、「開国」を唱えるに至る。なぜならば、たしかに鎖国は「大法」であったにせよ、しかしそれは「天朝の制」でも「東照宮の法」でもなく、また「宇内の大勢」が「一変」した以上、これを墨守することは適切ではないからだ――とこの偉大なイデオローグはみずからの転向を宣言した（会沢　一八六二、三六五頁）。

もとより国交を結ぶことでキリスト教が流入する危険性は高まる。しかし、長きにわたるキリシタン禁制の結果、その「邪」なることは広く知られているので、これが蔓延《まんえん》するまえにその芽を摘むことに傾注すればよいのだと会沢は主張する。そこには「開国」をやむなしとしつつ、排耶が実現できれば、現体制は維持される――排耶こそ尊攘の本質である――という認識をみることができるだろう。

だが、かつて会沢を敬仰していた尊攘志士たちは、こうした彼の主張を変節・背信であると強く指弾した。そしてもはや観念的なイデオロギー闘争ではなく、現実に存在する夷狄を撃攘する実践――異人斬りや公使館襲撃など――へと、いっそう傾斜していく。かくて水戸学排耶論は、幕末の尊攘運動の渦のなかに呑み込まれていったのである。

2　排耶言説の継承者たち

尊攘志士たちは、攘夷としての排耶という道を放棄したが、一方でこれを継承するものも現れた。それが仏者たちである。もちろん「護法・護国・防邪」を実践する勤王僧は、一八四〇年代から現れている（論文「幕末護法論と儒学ネットワーク」、コラム「勤王・護法の実践」参照）。しかし、キリスト教を批判する著述が多く現れるのは、『破邪集』や鵜飼徹定の『翻刻闢邪集』といった基礎資料的な排耶書集が刊行されてからのことであった。

とりわけ『破邪集』が、仏者として排耶を唱えた徐昌治により、儒仏の立場からなされた所説を収集したものであったことは、二世紀余りを経たこの東方の後進たちにも強い使命感を与えたに違いない。もとより排仏家たる斉昭たちも『破邪集』を翻刻する際に、仏者の著作が入っていることを厭《いと》わなかったわけではない。それゆえ彼らは「例言」に、「緇流《しりゅう》（僧侶）の言と雖《いえど》も、取りて以て息拒の用と為す」と断り書きを入れたのだが、このことはかえって、仏者たちに排耶というみずからの存在理由を再確認させたことであろう。

排耶が声高に叫ばれるようになるなか、「宗門檀那請合之掟《だんなうけあい》」（同名コラム参照）を真正の法令であると信じた仏者たちは、自分たちこそキリシタン禁制の最前線に立つ存在であることを改めて自覚するようになる。したがって徹定が国内外の排耶関係文書集である『闢邪管見録』（一八六一）にこの「請合之掟」を収めたのは当然であった。彼は、この寺請制度を、決してたんなる人民支配の装置だとは考えていなかった。すなわち、「各国僧徒をして耶蘇の余党（残党）を監察せしむ。蓋《けだ》し彼の司籍（戸籍管理）の官なり。攘夷の長計、此の挙に出づ」（鵜飼　一八六一、「序」二丁表）と記したように、彼にとって、宗門人別改《あらため》は「攘夷」にほかならなかった。仏者もまた、みずからの立場において、尊王攘夷を実践すべき時代の到来を彼は強く認識したのである。

彼の互市交易及び隣好海防等のことは、方外〔出家〕の徒の敢《あえ》て議すべき所にあらず。惟《ただ》教法の邪正についてては国家の禁条あるが故に、吾党《わがとう》口を緘《つぐ》むことを得ず。（同前「総論」一丁裏〜二丁表、原片仮名）

経済・外交・軍事といった俗世間の諸事は出家者の論ずべきことではないが、「教法の邪正」すなわち攘夷としての排耶を実践することはまさに自分たちの任なのだ──と徹定はいう。しかしここで彼は気になる一言を付け加えている。すなわち「口を緘むことを得」ないのは「国家の禁条あるが故」なのだと。この論理に従えば、排耶はあくまで「国家の禁条」の要請であり、宗教間の原理的対立からなされるものではないことになる。徹定は、「国恩仏恩均《ひと》しく報ぜんことを冀《こいねが》ふのみ」（同前、三丁裏）と記しているが、その両者における軽重は必ずしも「均しく」はなかったといえる。

それは、出家者が俗世間にむけてあえて言挙げすることへの弁明であったかもしれない。しかしその地上の国を第一に考える心性《メンタリティ》は、近世初期の仏者たちが、「大道」や「天道」といったみずからの超越的な世界観・宇宙観に基づいてキリスト教批判を展開したこととは大きく異なっている。幕末仏教排耶論では、まさに「虚空の忘却」（西村　二〇一八、二一一頁）ともいうべき超越性を喪失した思想状況が現出していたのであり、こうした現世性を重視した排耶言説の一つの源泉となったのが水戸学だったといえる。

しかし水戸学がキリスト教を批判する際に用いた「出世間《しゅっせけん》」（非人倫性）や「死後禍福」（彼岸性）といった表現は、一方で仏教批判においてもしばしばみられたものであった。事実、会沢にとって仏教は、キリスト教同様の「西方寂滅の説」であり、「生々を以て道と為」している神道や儒学のような「東方の教」とは雲泥の差であると考えられていたのである（会沢　一八四七、五一四頁、原漢文。なお、会沢の「東方」言説については別稿で論じた（桐原二〇〇六〉)。したがって水戸学的な排耶言説に依拠するかぎり、仏者もまた人倫性と現世性を強調した「東方の教」としてみずからを語らなければならなくなったのである。

もとより仏儒神の一致を「皇国の常典」(鵜飼 一八六一、「序」一丁表)と考える近世日本の仏者たちにとって、「東方の教」との同盟はそう難しいものではなかったであろう。しかし、水戸学的排耶言説を受け継ぎつつも、これを自民族中心主義的《エスノセントリズム》に再解釈し、排仏のみならず排儒をも掲げて絶対的な正統性を主張する「純粋」な神道(復古神道)が現れたとき、こうした予定調和は解体され、仏者には新たな弁証が求められるに至る。まさに徹定が『仏法不可斥論』(一八七一)を著さざるを得なくなった所以である。かくて彼らは、ある種の普遍性に基づいた「東方の教」としてではなく、ただこの固有な「皇国」のみに資する存在としての語りを紡いでいく。それはやがて現れる「日本仏教」なる言説を準備することとなるのである。

3 水戸学排耶論の終焉

「東照宮」によって立てられた体制が崩壊する直前の一八六七年六月、肥前国浦上村《うらかみ》(現・長崎市)の村民が、檀那寺での葬儀を拒否し、さらにキリシタンとしての信仰を表明して、ついには大量の逮捕者を出すに至る。これがいわゆる「浦上四番崩れ」の始まりである。このときはフランスなどの西洋諸国からの抗議もあり、彼らの拘禁は解かれて村預《むらあずけ》に処された。村預とはいえ、罪人であることには変わらなかったので、幕府倒壊後も継続されたキリシタン禁制下で、新政府は彼らの処遇に苦慮することとなる。新政府は最終的に浦上一村の総流罪を決定し、西日本諸藩に三千三百余人が送られた。

新旧いずれの政権においても、これらキリシタンは危険視された。事実、「神社の鳥居をくぐることをことのほか嫌がり、時には仏像や仏具を破壊するなど、過激な行動に出ることもあった」（家近　一九九八、二五頁）彼らを、政権担当者たちは、体制イデオロギーたる既存の宗教秩序を脅かしかねない存在であると考えたのである。こうした懸念を抱く者たちにとって、その最悪のシナリオとして想起されたのは、あの『息距編』の最終編を飾った島原の乱の記憶だったに違いない。それは、長いキリシタン禁制の末に、権力者たちが生み出した幻影の脅威の最終局面でもあった。

最終的にこれらキリシタンたちは解放される。一八七三年二月、キリシタン禁制の高札が撤去されたからである。この高札撤去から信徒解放に至る一連の展開は、しばしば西洋諸国からの抗議、とりわけ当時米欧回覧中の岩倉使節団からの要請によるものだといわれてきた。これに対して維新史研究者の家近良樹《いえちかよしき》は、むしろ「信徒の真実の姿があらわになった」ためであると指摘する。

キリシタンに対する偏見がひどかった当時にあっては、信徒は〔諸藩〕預託当初は、魔法を使う妖怪といった眼でみられることが一般的であった。ところが、長期間におよんだ預託生活は、当然のことながら、かれらがそういった類の存在ではけっしてなく、無学文盲であるが品行方正で、素朴かつ実直な農民や職人たちであることを周辺の人々に十分理解させることになった。すなわち、こと信仰の一点をのぞいては、なんら問題とはならないことが知悉されるにいたった。（家近　一九九八、一五一頁）

キリシタンたちは、自分たちとは異なった信仰を有しているが、しかし同じ人間であることには変わりがないという単純な事実は、彼らのみならず、キリスト教そのものに対する認識を大きく変えさせるものであった。結局のところ、為政者たちはその実態を知らなかったがゆえに、「島原の乱」の再現という幻影に恐怖していただけだったといってもよい。そして、そうした恐怖を幕末において増幅させたのが水戸学排耶論だったのである。

一八七三年におけるキリスト教の黙認とは、たんに制度的な変更だけではなく、政権担当者において、キリシタンがもはや主要な脅威として認識されなくなったことを意味する。もちろん「三条の教則」を掲げる教部省は存在していたが、それは明らかに排耶のみならず排仏をも掲げた神祇官時代の高邁《こうまい》な理想からは後退したものであり、その運動も結局は頓挫してしまう。かくて「東照宮」以来の攘夷としての排耶は、ここにその終焉を迎え、キリスト教批判の言説も、新たな段階へと入っていくこととなるのである。

参考文献

会沢正志斎『諳夷問答　弁妄附』一八二四年（武藤長蔵『日英交通史之研究』〈内外出版印刷、一九四二年〉）

——『新論』一八二五年（今井宇三郎・瀬谷義彦・尾藤正英校注『日本思想大系53　水戸学』〈岩波書店、一九七三年〉）

——『退食間話』一八四二年序（前掲今井・瀬谷・尾藤校注『水戸学』）

——『下学邇言』一八四七年稿（『国民道徳叢書』第二編〈博文館、一九一一年〉）

——「時務策」一八六二年（前掲今井・瀬谷・尾藤校注『水戸学』）

家近良樹『浦上キリシタン流配事件——キリスト教解禁への道』（吉川弘文館、一九九八年）

井上章一『日本人とキリスト教』（角川ソフィア文庫、二〇一三年）

鵜飼徹定『闢邪管見録』（古径堂、一八六一年）

金子孫二郎カ「水戸斬奸状」一八六〇年（吉田常吉・佐藤誠三郎校注『日本思想大系56　幕末政治論集』〈岩波書店、一九七六年〉）

桐原健真「東方君子国の落日――『新論』的世界観とその終焉」(『明治維新史研究』三号、二〇〇六年)
――「弘道館とその祭神――会沢正志斎の神道思想」(佐々木寛司編『近代日本の地域史的展開――政治・文化・経済』〈岩田書院、二〇一四年〉)
栗山潜鋒起草・安積澹泊修補「義公行実」一七二三年(千葉新治編『義公叢書』〈早川活版所、一九〇九年〉)
小島毅『靖国史観――幕末維新という深淵』(ちくま新書、二〇〇七年)
コシュマン、J・ヴィクター(田尻祐一郎ほか訳)『水戸イデオロギー――徳川後期の言説・改革・叛乱』(ぺりかん社、一九九八年)
小林健三・照沼好文『招魂社成立史の研究』(錦正社、一九六九年)
鈴木暎一「水戸藩の洋学と排耶思想」(『水戸市史』中巻五冊、一九七六年)
津田勉「幕末長州藩への水戸「自葬式」の伝播――桜山招魂社創建の信仰思想」(『國學院大學研究開発推進センター研究紀要』五号、二〇一一年)
徳川斉昭「青山延于宛」一八三四年一二月一八日付(『水戸藩史料』〈吉川弘文館、一九一五年〉)
――「十条五事建議書」一八五三年(前掲吉田・佐藤校注『幕末政治論集』)
露口卓也「水戸学派の排耶論――徳川斉昭と会沢正志斎を中心にして」(同志社大学人文科学研究所編『排耶論の研究』〈教文館、一九八九年〉)
西村玲『近世仏教論』(法藏館、二〇一八年)
林復斎編『通航一覧』一八五六年(国書刊行会、一九一二年)
福羽美静「御東幸の反対論」(『太陽』四巻九号、一八九八年)
藤田東湖『弘道館記述義』一八四七年(前掲今井・瀬谷・尾藤校注『水戸学』)
藤田覚『近世後期政治史と対外関係』(東京大学出版会、二〇〇五年)
松浦静山『甲子夜話』一八四一年擱筆(東洋文庫、一九七八年)
三浦周「排耶論の研究」(『大正大学大学院研究論集』三三号、二〇〇九年)
Paramore, Kiri. *Ideology and Christianity in Japan*. Abingdon: Routledge, 2009.

コラム

京坂「切支丹」一件

松金直美

事件の概要と「切支丹」の意味

一八二七（文政一〇）年、京都・大坂で「切支丹《きりしたん》」が発覚し、一八二九（文政一二）年一二月に処罰が下された事件が起こった（以下、「京坂「切支丹」一件」と称する）。浄土真宗本山である佛光寺の末寺である、摂津国西成郡北宮原村（現・大阪市淀川区宮原）にある円光寺の門徒であった〝さの〟という女性が捕らえられたことを発端として、次々に「切支丹」が摘発された。〝さの〟までには「水野軍記《ぐんき》→豊田みつき→きぬ→さの」と伝授された信仰であり、当該事件での処罰対象者は男女を含めて数十名に及んだ。ただしその信仰とは、井戸の水や滝にて浴水したり、山中での修行を積み重ねることで、病気平癒の加持祈禱ができ、吉凶や未来を見通せるようになるとするものである。つまりキリスト教の信仰とはいいがたく、民間信仰あるいは流行神《はやりがみ》に類似しており、キリシタンの信仰用語を取り入れた未完の創唱宗教とも評されている。

〝さの〟らの信仰は、教義の内容を基準に判断するならば、キリスト教的信仰とはとらえがたい。ここでいう当時の「切支丹」とは、奇怪な教説や妖術によって人々の心をとらえ惑わすもので、異端的な言説・集団・行動を集約する表象として用いられた呼称であった。そして世俗秩序の枠をはみ出したものの象徴として、社会や国家のみならず当事者も「切支丹」を認識しており、あえて逸脱することに救済を求めた人々が当該事件で処罰された「切支丹」であった。

幕府・大坂町奉行による対処

当該事件が落着した直後の一八二九年一二月、幕府から触書《ふれがき》が出された。それは京都の洛中洛外を始め、各地に広く達せられた。幕府が制禁とする「切支丹」として処罰されるに至った当該事件は、社会に多大な影響をもたらした。

この事件は、大坂町奉行によって取り調べられたのであるが、与力《よりき》として携わったのが大塩平八郎（一七九三〜一八三七、**写真1**）であった。のちに天保の飢饉に際する一八三七（天保八）年、貧民救済のために武装蜂起した（大塩平八郎の乱）ものの、半日で鎮圧されてしまった人物である。京坂「切支丹」一件は、大塩の与力職時代における功績として知られる。

大坂町奉行所によって書き残された吟味書によれば、天帝の姿を拝みたいと思った〝さの〟は、長崎にある踏絵に描かれていると知って当地に赴いた。そして「信心之念」から踏絵をすれば、罰を蒙らないと考え、実際に旅籠屋で踏絵を踏んだ。天帝の絵姿をみたことで、信心が増し、さらには次第に何でも見通せるようになったという。つまり「切支丹」が積極的に踏絵を行なっているのである。ただしこの証言は、最終的な吟味書から削除された。幕府は、従来の規定・秩序を維持するために、「切支丹」が積極的に踏絵したことを隠蔽したのである。〝さの〟の思想や行動から、国家の想定（「切支丹」は踏絵を拒む）を超える思想・信仰を民衆がもち得たといえる。さらに〝さの〟らは、

写真1　大塩平八郎像
（大阪城天守閣蔵〈無断転載禁止〉）

自らを「切支丹」であると自覚し、吟味に際して自ら表明した。

処罰された「切支丹」

教祖にあたる水野軍記と彼の男性の弟子は、西洋の学知に対する探究心からキリスト教への共感も生まれた人々で、「耶蘇《やそ》之書籍」を所持していたことが、「切支丹」として疑われた理由の一つであった。水野軍記は、一七世紀初めに明で布教を許されたイエズス会の宣教師であるマテオ・リッチ（中国名は利瑪竇《りまとう》、一五五二〜一六一〇、**写真2**）の漢文による著作で、禁書に指定されていた『天主実義』『畸人《きじん》十篇』などからキリスト教の知識を得ていた。また一八世紀になると、徳川吉宗（一六八四〜一七五一）の実学奨励によって、禁書政策はゆるめられ、教義に直接関係のない書物は輸入が許可されることになっていた。それによって西洋学術に対する知識が広まり、蘭学が隆盛した。キリスト教関係書は依然禁書ではあったが、それを内密に入手したり、写本をつくって読む人々が現れ、そうした知識に基づいて論を展開する書物も出てきた。こうした情勢は、西洋の学知に対する尊敬の念を養い、キリスト教への邪宗門観を後退させていくこととなり、幕府はそれを問題視して取り締まりを図ろうとしたのであった。

写真2　マテオ・リッチ
（平川祐弘『マッテオ・リッチ伝』1巻〈平凡社、東洋文庫（141）、1969年〉より）

一方で女性の弟子は、早くに両親を亡くしたり、結婚するも夫と離別・死別するなど、苦難を経た人々であった。そのような境遇からの救いを求め、妖術を身につけるために修行に励んだ。水野から教えを受けた豊田みつきは、土御門《つちみかど》家配下の陰陽師ともなった。土御門家は近世中期ごろから、都市で占いを行なう人々を積極的に取り込もうとしつつも、配下のことにほとんど関知しなかった。そのような土御門家によるゆるやかな陰陽師の支配・編成が、それまで陰陽師といえば男性であったところに、豊田みつきのような「女陰陽師」を生み出した。

このように、一口に処罰された「切支丹」といっても、男女で違いがあった。

仏教教団による対応

この事件では、「切支丹」のみならず、「切支丹」の旦那寺住持やその組寺も処罰を受けている。そのため、事件の全体像を明らかにするうえで、それらの寺院やその寺院が所属する仏教教団についてみていくことも必要である。

処罰された「切支丹」には、佛光寺門徒のみならず、東西本願寺門徒もいた。そのため真宗諸教団は、門徒から「切支丹」が発覚したことを住持による門徒に対する教諭が不充分であったためと認識した。そして、それまで一度のみであった宗旨請状（寺請状）の発行を、毎年行なうようにし、旦那と寺院の結びつきを強めて、教諭の徹底を図ろうとした。京坂「切支丹」一件は、異端の象徴とされる「切支丹」とは何かを改めて問い直し、それを取り締まるために宗門改めと教諭を強化する契機となったのである。つまり当該事件は、宗教政策の転換をもたらし、また幕末の排耶論に先行して、仏教教団による「切支丹」への対応をみていくことができる重要な事件と位置づけることができる。

社会的異端としての「切支丹」イメージ

以上のような事件における「切支丹」に対する当時の人々の認識を知ることができる記述として、平戸藩主であった松浦静山《せいざん》（一七六〇～一八四一）が見聞を筆録した、随筆『甲子夜話《かっしやわ》』続編巻七の「近歳邪蘇起る事」という項目がある。それによると、長い間、病に伏していた女子がおり、医薬も祈禱も効果がなく、死にそうな状態であった。そうしたところ町家にいた呪法をよくする者のおかげで病気が癒えたという。その者は邪宗門である耶蘇を秘かに継承し、「大阪落城の残徒」が町家に隠れて伝承したものという。松浦によれば、大坂町奉行から聞いた話であるため信憑性があるとしている。「大阪落城」が、一六一五（慶長二〇）年五月に徳川家康が豊臣氏を滅ぼした、大坂夏の陣であるならば、豊臣勢の残党を「切支丹」として語っていることになる。徳川の治める時代に、それと敵対した豊臣と「切支丹」が結びつけられていることは興味深い。

　このようにこの事件で構築された「切支丹」イメージは、近代にも引き継がれた。一八九六（明治二九）年五月一二日付の『中央新聞』で、天理教の教祖である中山みきは、豊田みつきの娘であり、「切支丹」の教えを受け継いでいると記述された。そして同新聞にてそれ以降、天理教に対する激しい排撃が主張されたという。

　また同時期、天理教と同様に信者を急増させていた蓮門《れんもん》教に対して、一八九四（明治二七）年に『万朝《よろずちょう》報《ほう》』という大衆新聞で、攻撃キャンペーンが半年間継続して行なわれた。同年三月二八日の記事で、蓮門教の教祖である島村みつを糾弾するに際して、豊田みつきを類似する存在として引きあいに出している。名前が似ていることからもイメージを重ね、みつきよりも一層劣った、人々を惑わす人物として批判しているのである。

　このように京坂「切支丹」一件を契機に、社会的異端としての「切支丹」のイメージが明確化し、幕末維新期を経たのちにまで影響を与えることとなった（本コラムで紹介したようなイメージについては、論文「幕末維新期のキリスト教という「困難」」も併せて参照されたい）。

維新前後の日蓮宗にみる国家と法華経
――小川泰堂を中心に――

ジャクリーン・ストーン

一　近代日蓮仏教運動の近世的根源をもとめて

明治時代の為政者が欧米列強に肩を並べるべく、日本の近代化に全力を尽くす一方、仏教各宗の指導者たちはみずからの伝統をいかに改革し、その現在価値を示せるかという問題に奮闘していた。とりわけ日蓮宗の場合、その根本教義にも深く絡み合った問題であった。宗祖日蓮（一二二二～八二）は法華経への信心をもって個人の即身成仏《そくしんじょうぶつ》（現世で、このままの救済）が達成されるだけではなく、あの「立正安国《りっしょうあんこく》」という言葉が表す通り、いまあるこの国土も理想的な仏国土《ぶっこくど》となる、と主張したからである。

もともと日蓮は、法華経を釈尊の最高の教えとみなす天台宗の出身であったが、彼の法華信仰は専修的なものであった。それゆえ、他教はすべて権教《ごんきょう》（不完全な仮の教え）であって、いまの堕落の世にはもはや無効な教えとなってしまっており、実教《じっきょう》（完全な教え）である法華経こそが個人の救済のみならず国土の守護をも保証するのだと断言したのである。この確信に基づいて彼は、「折伏《しゃくぶく》」という猛然たる化導弘通《けどうぐづう》の手法（後述）を通して、生涯にわたり法華経信仰を説き続けた。

近代国家建設に強い関心が寄せられていた明治時代において、日蓮の後継者と唱える改革者たちは、祖師が理想とした、現在のこの国土を安穏にし、仏国土とするという「立正安国」の思想に特別な使命と、さまざまな独自の解釈とを見出した。例えば、二〇世紀転換期に田中智学《たなかちがく》（一八六一～一九三九）と本多日生《ほんだにっしょう》（一八六七～一九三一）が始めた日蓮主義運動は特に有名であろう。

日蓮主義とは日蓮宗門・寺院の伝統的な仏教ではなく、在家を中心とし、積極的に折伏活動に取り組むとともに、新国家建設における具体的な諸問題に対応した運動であった。近現代の日蓮系仏教（広義の日蓮宗）は明治以降、寺院を中心とする諸門流とともに、さまざまな組織構造や教理解釈をもつ在家教団や新宗教、そして社会的運動なども含むようになっていったので、日蓮主義がその全体を代表するということはできない。とはいえ、その在家中心主義や精力的な折伏の促進、そして、ときに政治参加をも含んだ社会的行動などの特徴は、日蓮宗の内外を問わず幅広い影響を与え、日本の近現代における日蓮像の形成に大きな役割を果たしたことは確かである。

こうした近代日蓮主義の発生と展開については、近年の研究が新たな光を与えている（大谷　二〇〇一、西山　二〇一六）。しかしながら多くの先行研究では、日蓮主義の起源を主に明治以降の歴史的な文脈のなかで取り扱ってきた。だが近代日蓮主義の思想は、実際には徳川時代、特に幕末の思想状況に深く根差している。それゆえこの事実を検討することは、日蓮主義、さらに広くいえば近代の日蓮仏教がいかに形作られたのかを明らかにすることにほかならない。それは、明治日本における近代化と国家建設という同時代的な要求のみならず、遠くは日蓮宗内での伝統的な思想問題、そして近くは近世における在家仏教の展開などの影響をも視野に入れたものでもある。

こうした問題意識をもって、幕末・維新の激動期における日蓮法華宗（近代以前の呼称）の人々が、いかにその思想と活動を方向づけたのかを理解するため、本章は、この転換期に生きた在家居士《こじ》の小川泰堂《おがわたいどう》（一八一四～七八）を取り上げるものである。まず彼の残した極めて大きな二つの業績――文献批判をふまえて校訂された初めての日蓮遺文集である『高祖遺文録』と日蓮の伝記としては屈指の人気を誇る『日蓮大士真実伝』――を紹介したい。そしてさらに、彼が法華宗の指導者および明治政府の高官に対し、この未曾有の大変革期における「安国」のために、専修的な法華信仰を押し広めるべきことを訴えた建議書を検討することで、これまであまり注目されてこなかった彼の思想的側面に光をあてていきたいと考えている。

写真１　泰堂とその母（幕末明治の写真家・内田九一撮影）
（『小川泰堂全集　論義篇』〈展転社、1991年〉より）

二　泰堂と近世後期の在家日蓮学

泰堂は、時宗総本山・清浄光寺《しょうじょうこうじ》の門前町として知られる相模国藤沢に医師・小川天祐（孝栄《こうえい》）の長男として生まれた。時宗の檀家であった父の天祐は、医業を生業とするとともに、清浄光寺の檀林で和漢の学を講ずる人物でもあった。父の跡を継いで医術と学問の道に入った泰堂は、一八歳（一八三一）で江戸へ出て、その翌年より播磨国林田藩医であり、のちに幕府医官となった辻元崧庵《すうあん》（一七七七～一八五七）に学ぶとともに、書画や茶の湯、詩歌管弦などを通して江戸の文人とも深く交わり、二三歳（一八三六）で神田に医院を開いた。

一八三八（天保九）年のある夕暮れ、泰堂は往診の帰り道に浅草蔵前《くらまえ》の古本屋で、たまたま日蓮の『持妙法華《じみょうほっけ》問答鈔《もんどうしょう》』を手にする。それまで日蓮に対して傲岸な闘争的人物といった漠然とした否定的なイメージしかもたず、その著作に接したことのなかった泰堂にとって、それは人生を変える出会いであった。その夜、灯下で一気に通読した泰堂は、翌日から、全ての日蓮遺文を購求すべく手配し、その精読に日を費やした。このころの様子を、彼はのちに「初めて日蓮大士の書を通読し、これ禅念仏等諸宗の遠く及ばざる仏法秘妙の極説なる事をさと」った、と回顧している（『日並艸紙《ひなみぞうし》』〈小川雪夫『小川泰堂伝』〔以下、『伝』〕八四頁〉）。こうして日蓮遺文に接した彼は、そののち、法華宗の学僧のもとで学び、やがて日蓮への帰依を決めたのである。

1　一生を掛けた誓願

泰堂は法華宗各派それぞれの複雑な教理解釈を追求するのではなく、その著作そのものを通して、直接日蓮に近づこうとした。しかし、日蓮遺文を読み進めるにしたがって、彼は重大な問題にぶつかることとなった。

近世にはその時までは日蓮の膨大な著作集は幾度も版を重ねて刊行されてきた（石川　一九七七、七九〜八一頁、冠　一九八三、二一三〜二一八頁）が、数百年間の伝写過程に起こった文字の誤脱や衍文《えんぶん》・闕文《けつぶん》、そして本文に竄入《ざんにゅう》した諸師の傍注などもそのままに、校訂や編集もされることなく出版され続けていた。みずから「救世の聖籍」と評したテキストにこうした多くの錯謬《さくびゅう》があることに、和漢の学に通じた泰堂が深い慨嘆の念を抱いたのは当然のことであっただろう。そしてついに彼は、一八三八年、齢二五にして、日蓮遺文の校訂をその一生の仕事とすることを、みずから江戸の仏師高橋如水に彫らせた日蓮像に向かって誓願したのである。

幕末から明治の転換期にあって、泰堂がこの誓願を成就するまでには、ほぼ三〇年の年月が必要であった。その間、彼は日本各地を巡り歩き、日蓮遺文の所蔵寺院、もしくはそのゆかりある寺院を訪ねては、真蹟を探求し、ま

写真2　高橋如水作日蓮像
（『小川泰堂全集　論義篇』〈展転社、1991年〉より）

た書写本を校合する日々を送った。そして彼は、明らかな偽書や重複したものを除き、これに代えて未刊行の著作を加え、さらに分割されていたものを旧に復すとともに、誤って一本となっていた別個の著作はこれを分離したうえで、最終的に解決できなかった書誌学的問題に関しては、各遺文の末尾に註記することとした。これらの作業のなかで、日蓮宗内における伝統的な二つの遺文集――『録内御書』と『録外御書』――についても手が加えられ、これらを解体して編年体の形に再編成が施された。それによって泰堂は、日蓮における思想的展開の理解を大いに助けようとしたのである。

　こうして泰堂が遺文校訂の誓願を立ててより三〇年近くの歳月を経た一八六五年、『高祖遺文録』（以下『遺文録』）はその稿を整えるに至り、一八七六年まで上梓とそのための校正を続けた。『遺文録』は三〇巻三八七篇に及ぶ膨大なものである。一八六六年には、その過半にあたる一六巻が木版本で上梓された。しかしその後、足かけ一五年にわたって刊行が中断してしまい、最終的に全巻が完結したのは、一八八〇年のことであった。この二年前に泰堂は世を去ったが、文字通りその「畢生《ひっせい》の大業」であった『遺文録』は、近現代における日蓮遺文研究の基盤となったのである（『新刻高祖遺文引』〈『小川泰堂全集』〔以下『全』〕一四三～一五〇頁〉。『伝』八二～八七頁、石川　一九七七、七六～九三頁・一三〇～一四三頁）。

2　泰堂の『真実伝』と近代日蓮像

『遺文録』の成稿後の泰堂は、後世に広く影響を及ぼした日蓮の伝記も著している。近世に公刊された数多くの日蓮伝は、その初期には僧侶が漢文によって著されたものが多かった。しかし、出版技術の発展と並行した識字率の高まりとともに、漢文伝記に挿絵を加え、あるいは書下しや和文体に改めることで平易化したものが再版され、さらには初めから和文で著された伝記も出版されるようになった。

このような活況をみせる刊行状況を受けて、近世後期には、在家居士による在家のための日蓮伝もまた増加していく。これらの存在は、この時期に花開いた在家を中心とする法華宗の講中活動の多くにおいて、日蓮個人に対する信仰が極めて重要なものであったことを示すものであり、また彼らにおけるこうした祖師信仰をさらに促進させるものでもあった。在家を対象とした日蓮教義の体系的な手引きがいまだ存在しなかった時代に、日蓮について学ぶには、その伝記を読むことが最善の方法であった（冠　一九六九、七一～七八頁および一九八三、一一七～一七二頁参照）。

泰堂の『日蓮大士真実伝』（以下『真実伝』）全五巻は、維新の前年である一八六七（慶応三）年に上梓され、これ以降、諸版二〇種に至るまで長く刊行され続けた。ここに収められた九五の挿絵の下図は泰堂自身が描いたもので、長谷川雪提《せってい》（『江戸名所図会』〈一八三四～三六〉の挿絵家・長谷川雪旦《せったん》の長子）に描かせた。

『真実伝』の一つの特徴は、それまでの日蓮伝が「遺文」を「引用」として収載していたのに対して、これを日蓮の「語り」の形として本文中に編み込んだ点にある。生き生きとした劇的な文体をもつ『真実伝』は、一八八六年には歌舞伎の演目（中村座・日蓮役は中村福助）となって以降、繰り返し上演され、また明治から昭和にかけての

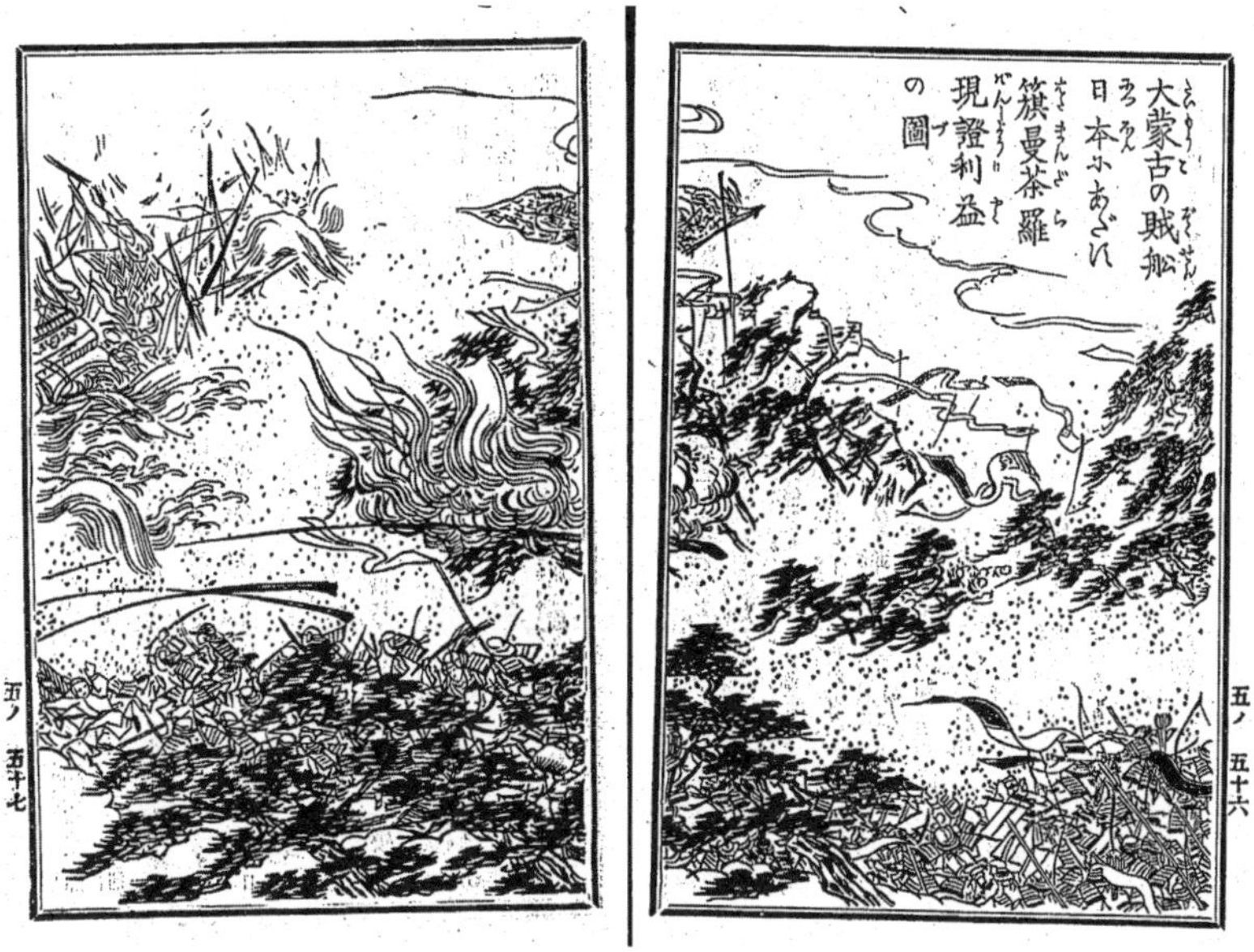

写真３　「大蒙古の賊船、日本にあだす。旗曼荼羅、現証利益の図」
（1884年刊『真実伝』〈国立国会図書館デジタルコレクションより〉）

日蓮を題材とした多くの演劇や小説に大きな影響を与え続けたのである（冠　一九六九、七八～八二頁および一九八三、一七五～一八二頁。石川　一九七七、九三～一一三頁）。

『真実伝』の語りは、伝承としての日蓮の「奇《き》瑞《ずい》」を詳述しつつも、日蓮の教説を読者の時代との関連性を強調するものであった。こうした傾向は、蒙古襲来・弘安の役（一二八一年）に関する叙述において、顕著にみることができる。

泰堂によれば、後宇多天皇が鎌倉幕府に対し「兼《かね》て数ヶ度の忠諫《ちゅうかん》に及びたる正法《しょうぼう》の行者日蓮聖人に護念の力をからん」ことを命じると、これに応じて「国恩を報じ奉るは唯今なり」と叫んだ日蓮は、大旗の両面に日月を描きその中央に法華大曼荼羅《ほっけだいまんだら》を書き込んだという。この大旗が博多の山上で掲げられると、震動雷電とともに大嵐が巻き起こり、「大元《だいげん》蒙古《もうこ》数万の軍船、風に木の葉を巻くが如く」うち壊され、泰堂は「九州の軍勢、刀《やいば》に血塗ずして十二分の勝利を得たること、ひとへに法華経の威力、日蓮聖人の守護なり」と結んでいるのである（小川泰堂　一九三六、三四一～三四二頁。「後宇多の事、日蓮の『報国』の宣言」、『全』判から抜粋）。

石川康明が指摘したように、泰堂の筆法には蒙古襲来については日蓮の遺文と視点に違いがある。すなわち、遺文において日蓮は、蒙古襲来による災厄を深く悲嘆すると同時に、これは法華経を捨て信じない日本人の謗法《ほうぼう》に対する悪報であり、彼らにその誤りを自覚させるためには不可避なものなのだという。しかし泰堂は、こうした日蓮の発言に触れることはなかった（石川　一九七七、一〇三～一〇四頁）。

実際には後宇多天皇も日蓮を知ることはなく、あの旗曼荼羅も彼の時代には存在しなかった。しかし泰堂の生きた幕末期において、旗曼荼羅は日蓮法華宗の大本山身延山《みのぶさん》久遠寺《くおんじ》とその末寺で、日本沿岸に頻出する外国船を退散させる修法儀礼で使用されており、江戸でも出開帳の際に掲げられ多くの人々が拝観していた（望月　二〇〇二、二五五～二七八頁）。このようなエピソードを通して、泰堂は、日蓮の教説には現在直面している脅威から日本を守る力があるのだと示唆するのである。日蓮を日本の救済者とする泰堂の描写は、明治以降に広まった愛国者としての日蓮像の定着に一翼を担ったことは疑いないだろう（冠　一九六九、八一、八七頁、注一一）。

泰堂の『遺文録』および『真実伝』は、仏教研究や仏教書の執筆・公刊が在家信者によって実践されるという新しい潮流を象徴する著作であり、それは明らかに法華宗檀林における伝統的宗学とは別のものであった。そもそも幕府による厳しい宗教政策下にあった近世日本では、かつての日蓮のような強烈な弘教は許されるものではなかった。それゆえ幕藩体制との摩擦や、若僧《にゃくそう》に日蓮の折伏精神をむやみに作興《さこう》する危険を避けるため、法華宗檀林では、初等・中等の教育課程で重点が置かれたのは包括的な天台学であり、日蓮遺文に接することが許されるのは高等課程においてであった（浅井　一九四五、八四頁。影山　一九六五、一八五頁）。その比較にはさらなる検討を要するだろうが、在家信者による日蓮学は、檀林の教学に比べて、日蓮の生涯と行動についての学びを中心としていたといえよう。少なくとも、泰堂自身に関していえば、日蓮における折伏の思想は、その思想の中核を成していたことは、次節にみる彼の警世書《けいせいしょ》からも明らかである。

三 「夜明け前」の諫暁書

一九世紀半ば、幕府が国内の政治的緊張や経済的不安、そして対外的脅威などへの対応能力を失いつつあったことは明らかであった。こうした内憂外患の状況は、泰堂にとって当時を去る約六〇〇年前の日蓮が生きた日本を思い出させた。

続発する天変地異・飢饉・疫病・蒙古襲来などの災厄に臨んだ日蓮は、その根本原因を、権力者および万民までがもはや無力となった権教に執着し、正法の法華経に背いていることに求め、諫暁《かんぎょう》の書である『立正安国論』(一二六〇)をもって鎌倉幕府に訴えた。彼は仏経典のなか、正法の教化法には「摂受《しょうじゅ》」と「折伏」の二つがあることを多くの遺文で指摘する。すなわち摂受が相手の誤りを暫時容認する寛大なアプローチであるのに対し、折伏は相手の迷乱を厳しく破折《はしゃく》して正法に服させるものであり、その選択はその時代によると日蓮は結論するのである。

当時の人々と同様、日蓮もまた、みずからが一〇五二年に始まったとされる末法という混乱の時代に生きていると考えていた。それゆえこの濁悪《じょくあく》の世では、円満具足の法華経によってのみ衆生救済や国家安穏が可能になると彼は主張したのである。彼にとって、かつては有効であった諸々の権教は、もはやその力を失っているだけではなく、法華経信仰を阻害する断固拒否されるべき存在であった。このように考える彼が選択したのが折伏であったのは当然であろう。

かつての日蓮のように、日本が直面する危機の究極の原因は仏教界の混乱にあるととらえた泰堂を始めとする幕末法華宗の思想家たちは、法華経への帰依以外に根本的な解決はあり得ないと考えていた。しかし幕府による厳しい宗教政策のもとで法華弘教をいかに進めるかは大きな課題であった。

1 「自行」としての折伏

日本の将来に対する危機感が強まるなか、一八六三年、泰堂は『信仏報国論』(以下、『報国論』)と題する法華宗への諫暁の書を著し、みずから浄書して日蓮宗諸本山や宗門の著名人士に進呈した(『伝』、一二九頁)。この書は、『立正安国論』と同様、執筆当時の災厄の叙述から起筆している。すなわち一八三〇年代後半の天保の大飢饉に始まり、ペリー艦隊が再来航した一八五四年を経て、壊滅的な地震や疫病などが頻発していた当時の状況が、そこには描かれている。

法華宗信者にとって、東海・南海・江戸とうち続いた安政地震(一八五四〜五五)は、日蓮が『立正安国論』を執筆する端緒となった正嘉《しょうか》の大地震(一二五七)を不気味に思い出させたことであろう。医者として被災者のために診療所を設け、その悲惨さを目撃した泰堂にとって、そうした想いはなおいっそう強かったに違いない。また彼が列挙した災厄は、地震にとどまらず開国期という時代特有のものも含まれていた。

安政元年甲寅〔一八五四〕亜墨利加《あめりか》の軍艦江戸洋《えどまえ》に入船す……横浜交易場建て五国の夷人《い》、気随《きまま》に武相〔武蔵・相模〕を徘徊し、これより米穀はじめ何品に限らず、其価前年に競《くら》ぶれば二倍三倍にいたる。(『全』、一三一頁)

安政五カ国条約締結後の日本では、交易による国内産品や金貨の海外流出が猛烈なインフレーションを引き起こしていた。祖師日蓮の時代から「五百有余年」が過ぎたが、この国難は、当時と同様に、仏教界の混乱に起因するものであり、それゆえその解決策は法華経への帰依以外にない、と泰堂は主張する。ここで焦点となるのが、護国の実践としての法華弘教を推し進めるためには摂受と折伏のいずれが当時の状況下にふさわしいのかという問題である。この問題に対して、法華宗内で論議されていた内容を、泰堂は次のようにまとめている。

彼の蓮祖〔日蓮〕の時は正しく創業ゆゑに折伏当然なり、今の時は大法既に国中に満《みち》たればもはや摂受の時節なるべしと。又はいまだ権門《ごんもん》も多く栄ゆる世なれば、摂折二門、車の両輪の如く双《なら》べ行ふべしと。又或ひは内心折伏にして外行《げぎゃふ》は摂受の時といひ、或ひは摂受七分三分にして当機に協《かな》ふべしといふ。（『全』、一二三二頁）

こうした見解に対し、泰堂自身は、「今諸宗権門の徒、我が宗に十倍し、盛んに彼の経々を弘通する真最中なれば、折伏の立行毫髪《けすじ》も弛《ゆる》むべき時にあらず」（『全』、一三五頁）と指摘し、折伏こそが時代の要求であると主張する。しかしここで泰堂は、日蓮の教えにはみられない「化他の折伏」と「自行の折伏」という新しい、二つの折伏概念を紹介し定義する。「化他の折伏」とは、命を惜しまずに権教への執着を破折するものであり、そこには、弘教にみずからの命を賭した壮年期の日蓮の行動が模範にされている。これに対して「自行の折伏」は、自著の執筆と弟子の教育とに身を捧げた晩年の日蓮の振る舞いを手本にして、みずからの修行を清めて強化し、余行を排し、専ら法華経を保つことを意味する。

末法の行法として南無妙法蓮華経の唱題を説いた日蓮は、それ自体が仏種《ぶっしゅ》である題目を耳にするだけでも法華経との結縁《けちえん》を得、将来の成仏を約束すると主張した。日蓮の時代には、こうした結縁すら得がたかったために「化他の折伏」が必要であったが、それから「五百有余年」を経た今日では、法華宗は「日本六十州」に広まり、帰依の有無は別として法華の妙法に縁を結ばない者はいないと泰堂は指摘する。それゆえ彼は、いま必要なのは「化他の折伏」ではなく「自行の折伏」であると結論し、さらに「自行の折伏」を次のように明確な形で説明したのであった。

唱題誦経《しょうだいずきょう》、作善仏事《さぜんぶつじ》に怠りなく、余力あらば書を読み、道を聴いて世を教へ人をも導き、王法に害あらぬよう一向に仏道を増進すべし。この万々の僧俗、清浄堅固の信力を合せて国土を守護なさば、経力仏力感応道交し、天地不例の悪気自然と順流し、日月清明にして風雨時を違《たが》へず、民心和融していつしか邪曲を離れ、伐たずして退き、教へずして化し、堯年舜日、四海泰平にいたるべし。

（『全』、一三七頁）

2　法華宗への諫言

当時の日本は王法・仏法両面での転換期にあり、やがて聖僧か賢君かのいずれかが現れ、大変革がもたらされるであろうと泰堂は考えていた。そして、もし聖僧が現れたならば、法華宗の堕落をも厳しく糾弾し、僧俗はともに「うち砕かれて微塵《みじん》となる」であろうし、あるいは賢君が現れたならば、無用の寺院を破却し、これを田畑に帰して、多くの僧尼を還俗《げんぞく》させられるに至るのだと泰堂はいう。この際、彼は、「賢君」の行動の事例として、会昌《かいしょう》の廃仏（八四五）に代表される中国諸王朝における仏教弾圧を挙げる一方、当時最新の海外知識を紹介する鶴峯戊申《つるみねしげのぶ》（国学者、一七八八〜一八五九）の『米利幹新誌《めりけんしんし》』（一八五五年刊、三巻五丁裏〜六丁表）を引いて「閣竜比亜《ころんびあ》といふ大国」でカトリックの僧尼が還俗させられた事例をも示している（『全』、一二三八頁）。こうした発言からは、泰堂がやがて来《きた》る廃仏毀釈《はいぶつきしゃく》を予見していたかのようにもみえる。

泰堂の予言は、来るべき変化への準備を怠っている現在の法華宗への警告であった。大寺院の住職を目指し、あるいはその参内や登城を飾るために学問に励む高僧のみならず、唱題誦経を稼業として酒色にふける一般の僧侶をも彼は批判した。そしてその矛先は、「仏道の本期」を顧みず、法華経のことも全く理解せず、ただ現世利益を求める在家信者にも及んでおり、彼は次のように求めていた。

万人に一人たりとも……身を修め職を励み、自行折伏の修行弛まざる者あらば、寸信の微力、よしや国土を擁護するに足らずとも、恩を知り国に報ずるの仏者にして法華正脈の人たるべし。（『全』、一二三九頁）

末法の世に折伏の必要性は「毫髪《けすじ》も弛《ゆる》むべき」ではないと断言しながらも、泰堂は法華宗の将来を危険に晒すような無謀な行動には慎重であったようである。それは彼が若いころにそうした危険を体験したことによるものであろう。

天保時代（一八三〇～四四）の社会不安のなか、日蓮遺文を熱読した結果、幕府の宗教規制への反発と諸宗への激しい批判を説き、専修法華を叫んだ在家信者たちが現れた。法華宗諸講のなかでも盛んな活動を展開していた寿講《ことぶきこう》の先達であった駿河屋七兵衛は、折伏を励行した結果、家業の古着屋の取り潰しならびに江戸追放となっている（なお、田中智学の父で医者の多田玄龍は、彼の高弟でもあった〈西山　一九八八、一三六頁〉）。また日本橋の薬種商に生まれた赤旗深行《あかはたじんぎょう》も、「念仏無間《むげん》・禅天魔・真言亡国・律国賊」という日蓮の諸宗に対する批判がスローガン化された四箇格言《しかかくげん》を染め抜いた赤旗を押し立てて、転宗禁断などの幕府の宗教政策を批判し、投獄され、ついには毒殺されている。そして泰堂自身も、この時期に折伏を実践していたのである。

一八二五年、浄土宗の浅草榧寺《かやでら》の僧唯誉《ゆいえい》は、一五九六年に同じ浄土宗の観阿によって増上寺で著された『四箇度宗論記』という日蓮批判書を再版した。唯誉はさらに日蓮に対する攻撃的な説教を展開しつづけた。この唯誉への反論書として泰堂は一八三九年に『曲林一斧《きょくりんいっぷ》』を著し、そしてこれに依拠しつつ浅草寺近くの茶屋の二階の部屋で唯誉らの浄土宗的主張に対して批判の説法を行なった。こうしたなかで、赤旗深行が泰堂に教示を求めたという噂が立ち、泰堂も奉行所のブラックリストに名を連ねることとなった。彼は度々召喚を受けて尋問されたが、かろうじて逮捕は免れることができたという（『伝』、八八～九四頁）。

この経験のためか、法華宗の教義を十分に理解しないうちに、「折伏」の名の下にみずからが信じる法華宗の正しさのみを無謀に主張することは、大きな危険を招くと泰堂は思ったようである。こうした危険性の譬《たと》えとして、『報国論』では、落語でも知られる「一眼国《いちがんこく》」の「俗譚《ぞくたん》」が紹介されている。一眼の人間を見世物にして一儲けすべく南海の一眼国に乗り込んだ男は、結局島民に発見され、その両眼の珍奇さゆえに捕縛され見世物に出されたというのが「一眼国」のあらすじだが、今の法華信者はこの両眼の男のようだと泰堂はいう。すなわち他宗の人々を自宗に帰伏させようと思い煩うが、自分自身は権実の分別も真の覚悟もないために、結局は相手にそのかされて同じ謗法に陥ることとなる。それゆえ彼は、「（人の）一目を奪はんよりは（自分の）両眼を失わざるの意得《こころえ》ありたし」と強く戒めたのである（『全』、一三九頁）。

3　幕末摂折論における泰堂の位置

『報国論』に対して、宗門からの反応は全くなかった（『伝』、一一九頁）。しかし、先例のない転換期に向かっている国を守るため、法華経をどう修行すべきかと真剣に考えていたのは泰堂だけではなかった。以下、同時代の二人の法華信者と比較することで「自行の折伏」を説く泰堂の立場をより明らかにしてみたい。

一人目は讃岐国高松藩主の松平頼儀《よりのり》の長男・頼該《よりかね》（一八〇九～六八）である。彼は生涯で高松八品講《はっぽんこう》を九三の講を数える全国的規模にまで発展させた在家法華運動の指導者であった。

泰堂の『報国論』が著された一八六三年、攘夷論が高揚するなかで、外国船の来航に備えて高松藩には海岸防備を固めるよう幕命が下る。この翌年、頼該は、『立正安国論』に倣って、敵国降伏を祈禱するための勅命を求めて上奏している。このなかで彼は、日蓮同様、対外的脅威の根本原因は邪教の広まりと正法の信仰の喪失にあると指摘し、その解決策は台場建設や銃砲鋳造ではなく法華経を正しく祈ることにあると主張した。そして、本来、こうした祈禱は寺院や僧侶が担うべきものだが、今日の僧侶は渡世に心が奪われ、鎮護国家や衆生救済の力を失っているため、やむを得ず自分のような在家仏教者が行なうしかないのだと結論したのである（冠　一九六九、八六頁および一九七〇、一九四～一九五頁）。

頼該は、みずからも属する法華宗八品派の僧侶たちから、彼の率いる八品講の急成長に対する反発を買い、ついに衝突するに至っている。それゆえ彼は、在家組織の指導者として、在家信仰の有効性を強調し、また宗門の世俗化と堕落を非難したのである。これに対し、こうした激しい衝突に直面することのなかった泰堂は、僧俗を選ばずその信仰の弛緩を糾弾できる立場にあった。頼該にせよ泰堂にせよ、二人とも対外的脅威は法華経からの乖離に原因があると主張したが、その具体的な打開策において大きく異なっていた。すなわち伝統的な祈禱によって法華経の守護力を引き出そうとする頼該に対して、泰堂は基本的に各人の信心を清めて強化すること——自行の折伏——が国を守る方法であると論じた。

泰堂と好対照をなすもう一人の人物が、近世日蓮教学を体制化し、明治初期の日蓮宗指導者たちを育成した学匠、優陀那院日輝《うだないんにちき》（一八〇〇～五九）である。富永仲基《とみながなかもと》（一七一五～四六）の文献学的な仏教批判や平田篤胤《ひらたあつたね》（一七七六～一八四三）の排仏書に接し、また水戸藩での徹底的な仏教抑圧を目の当たりにした日輝は、反仏教感情の高まりを痛感するに至った。このため彼は、仏教が思想的優位性を失いつつあり、また今後の法華宗は仏教内の他宗だけでなく、儒教・国学のみならず西洋の思潮との共存が必須であると考えた。そして弘教の手段は時代に即したものであるべきだという日蓮自身のことばに基づき、現在は摂受を徹底すべき時であり、折伏は過去の弊害として退けるべきだと彼は主張したのである。

折伏の基礎であるべき智恵と慈悲を失い、自宗だけの正しさを独善的に唱えることを戒めた日輝は、むしろこうした行動が為政者の敵意と知識人の軽蔑を招いてきたのだと、法華宗の歴史に対しても批判を加えた。そして彼はさらにラジカルに日蓮の『立正安国論』はもはや無用であると断じ、頼該のような立場とは正反対に「天下安泰なるは全く武徳によれり」（『庚戌雑答《こうじゅつざっとう》』〈『充治園全集』第四巻〉三七二頁、原カタカナ）と書き記し、社会の繁栄や国家の守護は法華経の力によるのだという日蓮以来の考えへの修正をも示したのである（小野　一九七七、四七～五五頁。宮川　一九七七、一一九～一二六頁。また Stone　一九九四、二四六～二四八頁も参照）。

折伏の名を掲げた他宗への無謀な攻撃は、かえって法華宗に害を及ぼすと考えた点で泰堂と日輝は共通している。一見、攻撃的な弘教を排して、一時的にであれ他宗との共存を認める点で、泰堂の「自行の折伏」は、日輝が説いた摂受と大きな相違がないようである。しかし泰堂は日輝と異なり、折伏とその目的としての権教の排除や法華経のみの興隆といった志を放棄することは決してなかった。法華宗が直面するであろう危機を乗り越えるためには、信者各々が折伏の厳しさをみずからの修行に対して課すことが必要であると、泰堂は強く信じていたのである。それゆえ、明治以後の新たな宗教政策により転宗が許されるようになったことは、彼における折伏への信念を表面化させることとなったようである。

4　汎仏教論への抵抗

維新前後、国学者や儒学者たちは、仏教は公益を損なう迷信的な過去の遺物であり、また本来の日本精神を歪曲した異質な外来思想であると――公伝以来すでに千三百余年の歴史を有するにも関わらず――攻撃を加えた。明治政府の指導者たちもまた、神道的国家イデオロギーを掲げ、旧体制たる徳川政権と強く結びついていた仏教を遠ざけようとした。一八六八年の神仏分離令に端を発する短命だが暴力的であった廃仏毀釈運動は、寺院における破壊や僧侶の強制的な還俗をもたらした。

このような危機的状況に臨んだ僧侶たちは、仏教を護持復興し、脅威としてのキリスト教に抵抗するため、いくつもの超宗派的な組織を形成したのであり、そこには日蓮宗の者たちもいた。明治の新たな宗教体制下で「日蓮宗」を公称した初代管長・新居日薩《あらいにっさつ》（一八三〇～八八）をはじめ、他宗派との協力を支持した日蓮宗の指導者の多くは日輝の弟子であり、彼の主張や学説は近代日蓮教学の基礎となった（宮川　一九七七、一三九～一四〇頁）。

日輝の唱える摂受重視の立場からは、他宗と協力することは教理上問題なく、むしろ日蓮宗の将来に必要とされた。しかし他方で、制度としての寺檀関係の廃止（一八七三年）により先祖代々属してきた宗派への拘束から人々が解放されたことを、国家と国民のために活発な折伏を復活し、法華経を唯一の真理であると公言できる絶好の機会だと確信した日蓮信者も存在した。例えば、日輝教学を否定し日蓮主義を掲げた在家信者団体の国柱会《こくちゅうかい》の創立者である田中智学や、しばしば彼と協力関係をもった本多日生はよく知られている。そして彼らだけでなく、日蓮宗宗門の一部からの一定の支持を得て、徹底的な折伏は復活されていった（Tanabe　一九八九、一九三～一九六頁。大谷　二〇〇一、五〇・七三・八七頁）。

こうした折伏重視の志向は、しかしながらほぼ一世代さかのぼって、小川泰堂が明治初期に執筆したもののなかに、すでにみることができる。彼にとって「御一新《ごいっしん》」は、『報国論』に予言された転換期の到来を意味した。それゆえ彼は、『報国論』執筆時には適当とされた「自行の折伏」論から離れ、新しい日本における精神的基盤としての法華信仰を積極的に弘教すべきことを主張したのである。

その最初の例として、泰堂が『建言用極』（一八七〇）において主張した諸宗同徳会盟《しょしゅうどうとくかいめい》からの即時脱退論が挙げられよう。諸宗同徳会盟は、廃仏毀釈への抵抗や仏教の近代化、そしてキリスト教への対抗のために、一八六八年に組織されたもので、翌年浄土宗の鵜飼《うがい》（養鸕）徹定《てつじょう》（一八一四～九一）が盟主となった。この会盟に対して泰堂は、その目的を評価しつつも、日蓮宗がそこに参加していることは「法華一宗」の優越性を否定するものであると断ずる。

法華経は王であり、諸経は臣民である。この国家の大事に臨んで、日蓮宗だけが方針を授け、導くことができる時期に「邪迷の徒と倶に混同入会して……群犬《ぐんけん》と伴に虚叫《きょべい》するは何事ぞ」と「同盟の徒党」に加わる宗門を泰堂は厳しく批判する。そして彼は宗門に対して、この機会を逃すことなく、諸宗を廃絶し「法華一宗」のみを唯一の仏道とするよう朝廷に上奏することを求めた（『全』、三八六頁）。

こうした泰堂の主張は、通仏教運動に反対した明治中期の日蓮主義者たちの先駆けとなった。すなわち『建言用極』から約一世代を経た一八九六年、仏教各宗協会による『仏教各宗綱要』の編纂に際して、「四箇格言」の掲載などをめぐり、本多日生が島地黙雷《しまじもくらい》（一八三八～一九一一）らを中心とする協会側と衝突し、広く報道される訴訟にまで発展したのはその一例である。この事件は日蓮門下における折伏が復活する大きなきっかけともなった（大谷　二〇〇一、七五～八一頁）。明治仏教の主要な思潮となった超宗派主義と日蓮門下の一部で復活復興しつつあった法華至上主義とは相容れないものであり、その衝突の兆候は、すでにこの泰堂の『建言用極』に現れていたといえよう。

日蓮が『立正安国論』を鎌倉幕府に諫暁の書として建白したことに倣い、日蓮の没後も、法華宗の指導者たちは国の平穏のため、他宗を排し法華信仰のみを真の仏教として認めるよう、天皇や将軍、高官らに訴え続けた。この「国家諫暁」という行為は国家的危機、あるいは政権交代のたびに新しく政権を握る権力者に受け入れられることを願って中世を通して行なわれてきた（渡辺　一九六七、一三五～一四〇頁）が、徳川政権下では法華宗の主流からは退場を余儀なくされていた。こうした状況において、泰堂の『建言用極』は、結果的に、この「国家諫暁」の復活を促すものとなったのである。

5　泰堂自身の国家諫暁

『建言用極』に対する日蓮宗門の反応についての明確な記録はない。それゆえか、一八七二（明治五）年以降、泰堂はみずから政府関係者に対して直接働きかけるようになった。この年、神祇省を廃して新たに教部省が設置されている。教部省は、神祇省時代には排除されていた神道以外の教説――仏教や儒学など――をも動員して国民教化を進めた。このとき掲げられた国家イデオロギーである「大教」とは、敬神愛国・天理人道の明徴《めいちょう》・皇上の奉《ほう》戴《たい》という「三条教則」を根本理念とするものであり、神職・僧侶などの宗教者にとどまらず、歌人・落語家などの民間の有識者も教導職として任命され、全国的なネットワークが作られた（Ketelaar 一九九〇、九六～一二〇頁）。当時、病いがちであった泰堂も教導職試補《しほ》として拝命を受けている。それはおそらく、教導職には、三条教則に違背しない限り、制限された範囲内にせよ、自分の解釈で説法する余地があったためであろう（『伝』、一七五～一七八頁。なお教導職については、コラム「仏教教導職の教化活動」も併せて参照のこと）。

しかし翌一八七三（明治六）年には、泰堂は、この教導職体制への不満を「建議書」として教部省に提出している。そこで彼は、教部省に対して仏教が「神教を補佐」することを直接否定はしなかったが、大教院の運営が神道に独占され、仏教が主体性を保てないこと、そしてそれぞれ教義の違う「八宗」（ここでは仏教宗派の全体）をなんの整合性もなく「単に聯合《れんごう》一致なさしめ」ていることを批判した。特に仏教界に関しては、「皇道」を助け護るべく、仏教の「七宗」（おそらく日蓮宗以外の諸宗）から優秀な僧侶を選び、釈尊の本来の正旨を保つ「一仏宗」に帰せしめることを主張している（『全』、四七〇～四七二頁）。ここで泰堂は「一仏宗」の具体的名を明言することは避けているが、それが「八宗」のうちの日蓮宗を指していたに違いない。

この「建議書」は泰堂が当時考えていたことを要約した短いものであったが、前年の一八七二（明治五）年に彼が居所の神奈川県に着任した権令の大江卓（一八四七～一九二一）に宛てた長文で具体的な建議書も残されている。ここで泰堂は、諸宗を廃絶し、日蓮法華宗のみを唯一の教法とするよう朝廷に対して明確に求めている。かつて建武の新政に際して、法華宗の僧侶が後醍醐天皇に自宗だけを正法として定めるよう上奏したように、泰堂は前年に断行された廃藩置県により樹立された体制での新たな権力者たる県令（権令）に同じ大義を訴えたのである。

王法と仏法の合体一致を主張する泰堂は、明治維新で王法は革新されたが、仏法の方はまだ「玉石混雑して邪正剖判《ほうはん》せず」という混乱状態が続いており、浄土・禅・真言などは経王たる法華経の位を奪い、愛国の道に背く「下剋上の宗門」なのだという。そして、今の正邪権実の混乱状態を、あたかも魚鳥の正肉とともにその骨腸も食らい、また瓜の甘い果肉をその苦い外皮もろとも味わうようなものだと喩《たと》える泰堂は、こうした状況である限り、キリスト教などの外教とその是非を争うことなどができないのだと断ずる。そうして彼はこの建議書を、六〇〇年前に日蓮が鎌倉幕府に訴えたように、公の場で法華経の優位を弁証するために、「速やかに日蓮宗の碩学《せきがく》及び宗宗をも召て、其邪正を究問せしめ給へ」と求めることで締めくくっている（『全』、四五六～四五九頁）。さらに彼は、日本の歴史上、仏教界内の混乱が同時に王法の衰退をもたらしてきたかを示すべく、建議書の附録として編年体の図表をも添えたのであった。

さらにこの建議書には後記において泰堂は、新日本社会での日蓮宗の役割を具体的に提案している。すなわち諸宗のなかから（おそらく日蓮宗に帰依してのち）「仏学清修」と「道念堅固」そして「才知弁達」といったいずれかの能力に長けた僧侶だけを選び、その他はみな還俗させ、高齢・病弱の者は「慈悲室」なる坊に住まわせ、戸籍不明者は北海道開拓に従事させるべきだと彼は主張する。そして、全国に三〇〇から五〇〇世帯ごとに寺を立て、僧侶三人を配置し、葬式を司り、村落の者を訓導し、またこれとは別に寺ごとに教師も任命し、児童に読み書き算盤《そろばん》を教え、小学校の機能を与えるべきだ、とも説いている（『全』、四六七頁）。ここでみられるように、他の明治初期の仏教思想家と同様、泰堂もまた、言論のうえでは、もはや既成事実となった廃仏毀釈を、仏教団を浄化し近代化する機会として積極的に受け止めていたのである。

建言書から約三〇年を経て、田中智学（ちなみに智学の妻泰子は泰堂の孫娘）は一九〇一（明治三四）年の『宗門之維新』で法華経に基づいた具体的な近代日本国家像を提示した。そこでは、刷新された日蓮宗は国会決議で国教となり、国民に精神的指導を与えるだけではなく、国家の海運業・輸送業・財政・報道などの近代社会国家基本的機関の運営をも担っている。これに比べると、資格のない僧を排し、僧伽《そうぎゃ》の純粋性を保証することは、伝統的な仏国王の責任であると明治政権に求め、また葬式・村落の訓導・寺子屋運営といった近世の村落寺院を理想視したような泰堂の日蓮宗イメージは、より古い時代に属することは明らかである。にもかかわらず、この建議書が近代日蓮主義およびその他の日蓮仏教運動における重要な特徴――法華経を基盤とした国づくりの色彩をもつ理想的な日本社会の具体的なビジョン――を示す極めて早い事例にほかならない。

6　本門戒壇建立の夢

この建議書では、泰堂は本門戒壇の建立についても訴えている。この「本門戒壇」とは法華経の本門（法華経二十八品のうち常住の仏を説く後半の十四品、日蓮教学で法華経の最重要部）をもとにして建立すべき全人類のための霊所であり、日蓮が、将来、法華経が広く受持された暁に建立することを弟子に託したものでもある。泰堂は、他宗を廃絶して日蓮法華宗のみを唯一乗法の宗とし、この本門の戒壇を皇城に併設し、大教授院と称して釈尊を本尊として安置すべきことを主張する。この大道場で万民が貴賤尊卑の区別なく、末法の唯一の大戒である法華経の題目を唱えることによって、「敬神愛国等の朝典広く諸州に耀《かがや》き、遠く万年に流布」するであろうと彼は断言する（『全』、四五八～四五九頁）。

こうした具体的な本門戒壇建立論の背景には、教部省の国民教化政策、とりわけ教導職育成の中央機関として芝・増上寺に大教院が設置されたことへの反発もあっただろう。すなわち増上寺の本堂を神殿とする大教院における祭祀が、すべて神道儀礼であったことは、泰堂のみならず仏教者一般からの猛烈な反対を招いていた。本門戒壇を立て、その本尊として釈尊を安置すべきであるという泰堂の主張には、法華経の釈尊の地位を高めるだけでなく、大教院での礼拝形態に対する仏教者としての批判もあったに違いない。

なお新政府が、この徳川家の菩提寺である増上寺を大教院の場所として選んだことは、旧体制における重要な霊場を明治イデオロギーの傘下に組み込む結果となった（Ketelaar 一九九〇、一二二頁）わけだが、本門戒壇を大授教院と名づけ、皇城に併設すべきだという泰堂の主張は、こうしたイデオロギー的戦略と相似形を描いている。すなわち彼の主張は、新たに樹立された明治政権の権威を、みずからが思い描く法華経を中心とした王法仏法の統一のうちに取り込もうとする試みを象徴的に表現するものであったからである。

この本門戒壇建立は、日蓮の入滅よりほぼ六〇〇年の間、その門下のあいだで、遠い将来において達成すべきであるという漠然とした夢として承け継がれてきたものであった。そのなかには、これを現実の建物としてではなく、どこであろうと題目を唱える場所こそ、本門の戒壇であり仏土であると、暗喩的に解釈したものもいた。これに対して、近い将来、決められた期限内に戒壇を実現するために、その具体的案を提示したことは近代日蓮仏教運動の特徴の一つといえる（Stone 二〇〇三、本化ネットワークセンター編 二〇一五）。そして管見の限りでいえば、そうした計画を提案したのは泰堂がはじめてであった。

大教院で神が祀られ、また三条教則などが神道中心的であることに対し、浄土真宗の島地黙雷を中心とした仏教界の抗議運動の結果、一八七七年、教部省が廃止され、宗教行政は内務省に移管された。これ以降、明治政府は政教分離と信教自由の政策を基調とするようになる。しかし、日蓮仏教の国教化を目指す動きは、決して泰堂で終わったわけではなく、日蓮門下の一部でこののちも続いたのであった。

7　万国の帰依を目指して

泰堂が構想した法華経に基づく理想社会は、日本に限らず全世界をその対象としたものであった。それは泰堂入寂の二年前の一八七六（明治九）年、おそらくは教部省に宛てられた『諸教帰一方策建白』という短い建白書にも明らかである。

その冒頭から、泰堂は次のように嘆いている。すなわち、世界の諸々の「教法」（「宗教」と共に当時使われた"religion"の訳語）は一本の大樹の根幹から分かれた枝葉のようなものでありながら互いに論争・誹謗が絶えないのだ、と。そして彼は、諸国との交流がますます増大しつつある時代にはそれら諸教のうちから人類の大本とするべきものを決定することが一大急務であると主張し、具体的に次のような提案をしている。

東京府下に「教法会議の一大場」を設け、国内外から宗教者や学者を招き、崇高な不偏不党の精神に基づいて毎月議論させる。これらは「貴賤道俗男女老少」を問わず公開され、ときに彼らがみずからの見解を表明することもできる。またその詳細な議事録は、毎回、「新聞誌」として国内外に頒布すべきである。そしてこの会議の費用は、入場料と「新聞誌」販売で賄うのだ――と。

もとより泰堂も、すぐにその結論が出ることはないと認め、少なくとも一〇年をかけて三〇〇回の会議が必要であろうと推測している。彼はこの建白書を閉じるにあたって、「数千百年偏固の惑執を脱却し、世界同一に真正の法教を受持奉戴するに至らば、天下人種の幸福これに過たる事なかるべし」（『全』、四八二頁）とみずからの理想を掲げたが、人類の大本たるべき「真正の法教」がなにものであるかは明言しなかった。だが、その内なる期待を改めて問う余地はなかろう。

四　結びにかえて

以上論じてきたように、泰堂は近代日蓮仏教、とくに日蓮主義運動の重要な先駆者であった。彼の存在は、日蓮主義を明治時代の近代国家創生の枠組みのなかだけではなく、日蓮仏教の長い歴史のうえでも、とくに幕末における法華信仰の社会的役割の変容、そして摂受―折伏論争の再燃といった背景のうちにとらえるべきことを示している。そしてまた日蓮宗という特定の宗派にとどまらず、近代日本における在家仏教運動や教団組織形成の先駆けとして、近世の活発な在家仏教をさらに深く検討すべきことを泰堂は教えてくれる。とりわけ近世の在家における仏教学の展開や仏教書の執筆・出版が、近代仏教にいかなる影響を与えたかを考察するにあたって、泰堂の営みは今後の研究における重要なテーマとなろう。また日蓮宗に関していえば、彼の存在は、幕末から明治初期において、折伏を復興しようとする動きが主に在家信者の手によって促進されたという問題への手がかりともなるに違いない。

泰堂が幕末・明治に提示した国家と仏教とのあり方は、近代化の特徴とされてきた政教や聖俗の分離に基づいた宗教概念の受容史の新たな側面に光を与えるものである。日蓮系仏教運動の多くは、時代に適した教学解釈や新しい教団形態への変革に力を注ぎ、直面する現実社会の問題に対応することで、日本の近代化への貢献に強い関心を抱いていた。しかし他方で、世俗的空間という概念それ自体を結果的には否定し、日蓮仏教の国教化を謀った人々もいた。日蓮主義を推し進め、「王仏冥合《おうぶつみょうごう》」（法華経に基づいての王法と仏法の一致）の実現のために国柱会を創立し、のちに政党・立憲養正会を組織した田中智学は顕著な例である。多少の違いはあるにせよ、第二次大戦後に結成され、日蓮信仰に基づく新宗教としての創価学会との関係を繰り返し議論される公明党も、本来、法華経に拠った理想的な「王仏冥合」の社会の実現と現代に適応した仏国の建設を目指す営為に根差している。
日蓮の掲げた「立正安国」の思想を、近代に適合した具体的なビジョンをもって初めて掲げた泰堂が、近代日蓮仏教の発展と解釈を理解するための一つの鍵であることはいうまでもない。しかのみならず、日本仏教史や宗教学などの視座においても、彼は幕末と明治とのあいだの断絶性だけではなく、重要な連続性を示す存在なのである。

参考文献

浅井要麟『日蓮聖人教学の研究』(平楽寺書店、一九四五年)
石川康明「小川泰堂――日蓮大士像の唱導者」(中濃教篤編『近代日蓮教団の思想家』〈国書刊行会、一九七七年〉)
小川泰堂全集刊行編集委員会編『小川泰堂全集　論義篇』(展転社、一九九一年)
小川泰堂『日蓮大士真実伝』(永田文昌堂、一九三六年)
小川雪夫『小川泰堂伝』(錦正社、一九六七年)
大谷栄一『近代日本の日蓮主義運動』(法藏館、二〇〇一年)
小野文珖「優陀那日輝――近代日蓮宗の先覚者」(前掲中濃『近代日蓮教団の思想家』)
影山堯雄「中世近世及び現代社会と法華教団との交渉」(坂本幸男編『法華経の思想と文化』〈平楽寺書店、一九六五年〉)
冠　賢一「近世後期における「日蓮聖人伝」の出版――小川泰堂を中心とした在家居士の著作活動について」(『現代宗教研究所所報』三号、一九六九年)
――――「幕末日蓮系新興教団の動向――高松八品講の成立と展開」(『現代宗教研究所所報』四号、一九七〇年)
――――『近世日蓮宗出版史研究』(平楽寺書店、一九八三年)
充洽園全集刊行会編『充洽園全集』五巻(大蔵出版社、一九七五年)
西山　茂「日蓮主義の展開と日本国体論――日本の近・現代における法華的国体信仰の軌跡」(孝本貢編『論集日本仏

教史』第九巻　大正・昭和時代〈雄山閣出版、一九八八年〉）

――『近現代日本の法華運動』（春秋社、二〇一六年）

本化ネットワークセンター編『本門戒壇論の展開』（本化ネットワークセンター、二〇一五年）

宮川了篤「新居日薩――日蓮宗復興をめざした明治仏教の旗手」（前掲中濃『近代日蓮教団の思想家』）

望月真澄『近世日蓮宗の祖師信仰と守護神信仰』（平楽寺書店、二〇〇二年）

渡辺宝陽『日蓮宗信行論の研究』（平楽寺書店、一九七六年）

Ketelaar, James E. *Of Heretics and Martyrs in Meiji Japan: Buddhism and Its Persecution*. Princeton University Press, 1990.

Stone, Jacqueline I. "Rebuking the Enemies of the *Lotus*: Nichirenist Exclusivism in Historical Perspective." *Japanese Journal of Religious Studies* 21, nos. 2-3 (1994): 231-259.

――. "'By Imperial Edict and Shogunal Decree': Politics and the Issue of the Ordination Platform in Modern Lay Nichiren Buddhism." In *Buddhism in the Modern World: Adaptations of an Ancient Tradition*, ed. Steven Heine and Charles S. Prebish, 193-219. Oxford University Press, 2003.

Tanabe, George J., Jr. "Tanaka Chigaku: The *Lotus Sutra* and the Body Politic," in *The Lotus Sutra in Japanese Culture*, ed. George J. Tanabe, Jr., and Willa Jane Tanabe, 191-208. University of Hawai'i Press, 1989.

（桐原健真訳および編集）

コラム

仏教教導職の教化活動

芹山真結子

明治初期、明治政府は新たな国家体制を構築していくなかで、国民教化政策にも着手した。その政策の担い手であった宣教使と教導職《きょうどうしょく》は、国民教化政策の紆余曲折を示すものとして関心が集められてきた。本コラムでは、宣教使・教導職の設立と廃止までの流れを押さえたうえで、仏教教導職を中心に、その活動の様相を紹介する。

教導職制度の展開

明治政府は、祭政一致の理念の下、キリスト教への対抗を目的に、神祇官を中心とした全国的な宣教の展開を試みた。一八六九（明治二）年一〇月一九日、神祇官の下に宣教使を設置し、教化を開始する。だが、人員不足と教化能力の低さ、浦上キリシタンへの対応をめぐる西洋列強諸国の抗議により宣教使体制は行き詰まる。

一八七二年三月一四日、神仏合同の宗教行政機関の教部省が設立された（神祇省〈神祇官が改組〉は廃止）。同年四月二五日、神官・僧侶から国民教化を担う教導職が選出される。そして同月二八日、説教の指針として三条教則（敬神愛国／天理人道／皇上奉戴・朝旨遵守）が制定された。さらに六月九日、管長が各宗に置かれ、宗派内行政を担った。

教導職の動向をめぐっては、一八七二年八月八日から神官全員が教導職に補任され、翌一八七三年二月一〇日から、神官・僧侶以外の有志の者も地方官などの推挙を受けて教導職になれるようになった。僧侶には、一八七四年四月に教導職試補《しほ》未満による説教の禁止、同年七月に試補未満の住職就任禁止が通達されている。

一八七三年五月、仏教各宗の提案を受け、大教院の設立が許可された（翌一八七三年一月に開院）。大教院は、教化内容や教化方法を研究する機関である。各地に設立された中教院・小教院の統括や、中教院の検査を経た者を教部省の許可を得たうえで教導職・教導職試補に任免するなどの役務を担当した。

　教導職制度が徐々に整備される一方で、当該時期の教部省政策は、薩摩系の官僚の台頭により、仏教を抑圧して神道を重視する方向へと進んでいった。欧州洋行中であった西本願寺僧侶・島地《しまじ》黙雷《もくらい》は、こうした国内の状況を知り、教部省政策批判を展開した。そして洋行から帰国後、黙雷を中心に真宗は大教院からの離脱運動を行ない、一八七五年、最終的に真宗は離脱する。大教院も解散されることになり、一八七七年一月一一日には教部省が廃止され、宗教行政を管轄する部局は内務省に移管された。また、一八八二年一月二四日には神官の教導職兼務が廃止され、一八八四年八月一一日、ついに教導職自体も廃止される。以降、住職や教師の任免などは管長へ委任された。

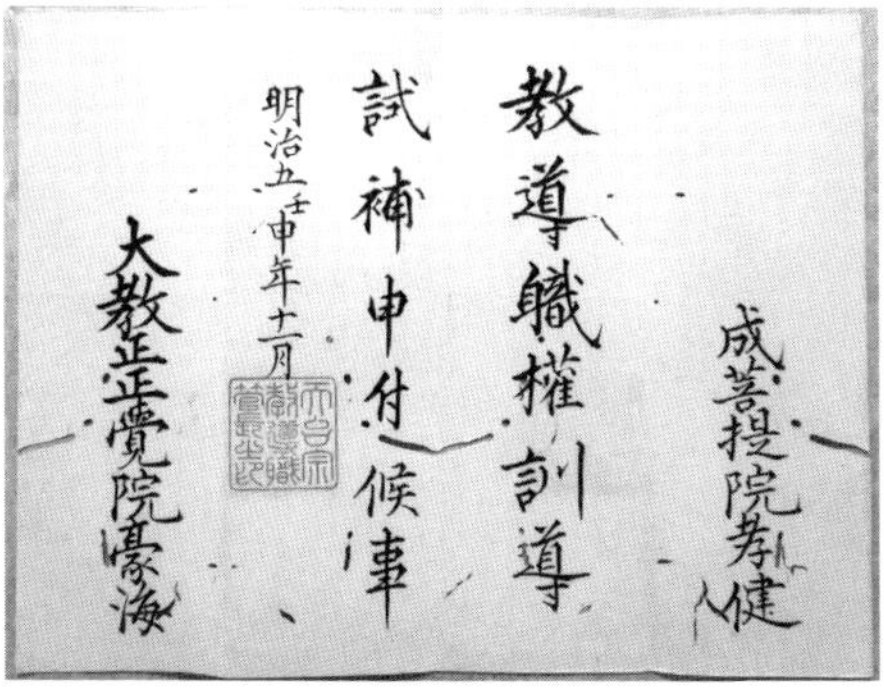

写真１　教導職免許状（成善提院蔵）

仏教教導職の活動

　仏教教導職はどのように教化に携わったのか。その活動を、いくつか紹介しよう。

　東本願寺では、一八七二年六月九日の教部省による各府県への布達（教導職による説教実施）を踏まえた教化活動を早速開始した。本山は、教学研究機関の学寮の講者をはじめとする僧侶を教導職に任命し、各地に派遣している。例えば、三河国安休寺晃耀《こうよう》・摂津国九条村勝光寺法鼓《ほうこ》が、六月二七日〜七月八日の期間、難波御堂《みどう》などで二日ずつ説教を執行している（大谷大学図書館蔵『教導維新録』）。また、両者による説教は、堺県（現・大阪府南西部および奈良県）の各所でも七月二七日〜八月六日にかけて行なわれた（同）。説教の日時は、難波御堂門前などに設置された立札や、各区間の回達で通知がなされた。

同時期には、門主や連枝《れんし》による巡回説教も実施された。西本願寺では、門主明如《みょうにょ》が一八七二年八月五日から一〇月二一日にかけ、九州の各地（真宗禁制の旧薩摩藩領は除外）を教化に回った。東本願寺も、約二カ月前の六月二五日〜九月一〇日にかけて、門主厳如《ごんにょ》七男の勝尊《しょうそん》や妙正寺香頂《こうちょう》らが同地方を巡回説教している（芹口　二〇一六）。門主や連枝の活動では、説教のほか、剃刀式（帰敬《ききょう》式）も執行され、多くの門徒の参集が確認できる。剃刀式とは、在俗の門徒に行なわれる儀式だが、門主と門主の血脈である法嗣・連枝だけが執行できた。このような仏教教導職の活動は、近世期以来の教団行政組織や門徒の信仰の下支えを受けて成立していた。説教の手法も、三条教則を軸にすえつつ、門主御書の拝読や先に述べた剃刀式の執行など、近世期の門主下向時に行なわれていた教化方法が活用されている。門徒側も、教化に対する報謝として金銭を上納した。

しかし、この一連の行為は、①教化方法が公務たる教導職としてふさわしいか、②謝金の授受が勧財にあたるか、をめぐり、地方官・祠官側の反発を招いた。勝尊一行による剃刀式を事例に、その摩擦の具体相をみよう。

剃刀式は、長崎県光永寺で一日半の短期間、四日市御坊で二日間開催された。このうち、剃刀式が問題となったのは長崎県である。同県で剃刀式を行なった結果、多くの門徒が詰めかけた。当時教導職として同地にいた西川吉輔は、勝尊一行と面談し、県と祠官側が剃刀式を問題視していることを伝えた。それを受け、勝尊一行は剃刀式を中止した。剃刀式が短期間の開催となったのは、かかる事情による。

長崎県はなぜ、剃刀式を問題視したのか。県の主張を先に挙げた①・②に沿って説明しよう。県は、①剃刀式は真宗独自の法式であり、公務である教導職が行なうべきものではない、②剃刀式で謝金を受け取ることは勧財に該当する、と認識していた。これに勝尊一行は、①′宗意や宗規を交えての教導は教部省が容認しているため、剃刀式の執行は問題ない、キリスト教の洗礼に対抗できる有効な手段でもある、②′教導職は無給なので信施を受けることは正当である、と認識していた。しかし、県側には①′の主張を述べる一方、②′の明言は避けている。なお、四日市御坊での剃刀式では、謝金は受け取っていない。

その後、教部省は、一八七二年一一月の各宗派管長に対する説諭のなかで、説教で宗意のみを談じることを禁止した。また、翌年二月一〇日には、三条教則を体認していれば宗儀を交えた教導を行なってもかまわないと通達している。一八七二年一一月以前の段階では、宗意を交えた教導の妥当性が不明確な状況であったため、地方官と祠官、仏教教導職との間に認識の齟齬が顕在化したと指摘できる。

三条教則・十一兼題・十七兼題と仏教

教導職は、三条教則に基づく説教を義務づけられた。その後、三条教則を補完する内容として十一兼題が一八七三年二月に、十七兼題が同年九月下旬から一〇月の間にそれぞれ作成される（谷川 二〇〇八）。三条教則には「敬神愛国」が掲げられ、十一兼題や十七兼題には神道的な題目が盛り込まれており、仏教側は対応を迫られた。特に、阿弥陀仏以外の帰依を不要とする真宗教団にとって、これらの諸題目と宗意との両立は、大きな問題となった。もっとも、真宗教団は近世期、祈禱や供養をめぐる独自の論理を編み出しており（上野 二〇一四、小林 二〇一二）、近代の真宗僧侶もこの蓄積を踏まえたうえで宗意の維持と敬神との両立の実現を試みている。

他方で、神道者・国学者も学派ごとにさまざまな立場があり、また、仏教教導職との競合のなか、民衆にとってわかりやすい語りを行なうことが課題となっていた。以上の状況下、多くの三条教則・十一兼題・十七兼題の解説書が著され、写本や版本で世上に流通することになる。現在は、こうした解説書の活字化も進められている（三宅編　二〇〇七）。近世時の教義のあり方を踏まえながら、教導職がどのような教えを構築し、布教したのか、さらなる解明が求められている。

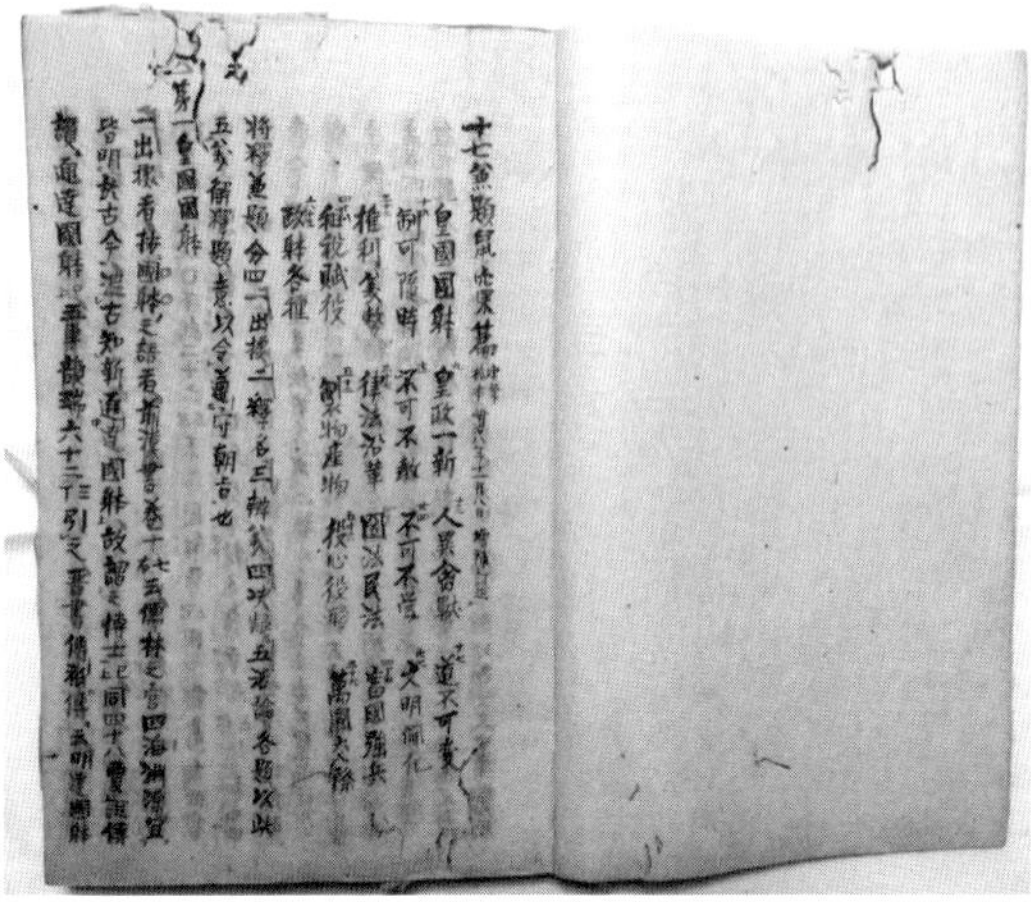

写真2　十七兼題鼠窠篇（筆者蔵）

主要参考文献

上野大輔「幕藩領主の呪術的儀礼と真宗僧侶」（稲葉継陽・花岡興史・三澤純編『中近世の領主支配と民間社会』〈熊本出版文化会館、二〇一四年〉）
小林准士「神祇礼拝論争と近世真宗の異端性」（『歴史評論』七四三、二〇一二年）
芹口真結子「明治五年東本願寺の九州巡回説教」（『國學院大學研究開発推進機構紀要』八、二〇一六年）
谷川　穣『明治前期の教育・教化・仏教』（思文閣出版、二〇〇八年）
三宅守常編『三条教則衍義書資料集』（明治聖徳記念学会、二〇〇七年）

明治維新にみる伊勢神宮
――空間的変貌の過程――

ジョン・ブリーン

一　序説

伊勢神宮は創立の七世紀から二一世紀の今に至るまで日本文化の中核的存在であり続けてきた。それは、伊勢神宮が時代ごとのさまざまな社会状況にうまく対応しつつ変遷してきたからに他ならない。千数百年にわたる極めて長い変遷に満ちた歴史をもつ伊勢神宮だが、一九世紀の明治維新ほど劇的な転換期はなかったと断言してよいだろう。この時期において決定的なのは、とりわけ伊勢神宮の天皇との関係にみる変遷であった。

前近代の天皇は、神嘗祭《かんなめ》、月次祭《つきなみ》、年初など年中行事の重要な儀礼の際に、また二〇年ごとの式年遷宮に際し勅使を伊勢に差し向け、幣帛料《へいはく》を献進した。神嘗祭ではさらに京都御所の天皇が伊勢を遥拝《ようはい》することもあった。これなどは徳川幕府の許諾を得た営みであったし、徳川幕府も重要な儀礼の度に名代を派遣するほか、神宮の年中運営費、式年遷宮の諸経費を負担した。伊勢神宮はこうして紛れもなく公共性、政治性をもっていたが、一方でまた庶民的性格の圧倒的に強い聖地だったとも位置づけてよいだろう。だが近代となるや、伊勢神宮は天皇と全く新しい関係性をもつようになり、その性格が大きく変わる。それは明治天皇が維新直後に行なった、史上初の天皇による参宮に端的に現れた新たな関わりである。伊勢神宮はこの画期的な参宮を受け、公共性、政治性に満ちた聖地へと変貌しだす。天皇が祖先神天照大神をまつる「大廟」へと生まれ変わっていくのである。

本章は、この転換期の力学を空間的にとらえる試みである。伊勢の空間を体験した参拝者やその空間を形成する行為者を視野に入れつつ、前半で維新前の近世後期に、後半で維新後の近代前期に焦点を当てる。まず前半で従来の研究が注目してこなかった伊勢の近世的空間的特徴を、その独自の俗性と聖性によって紐解いていく。後半では、伊勢の近世的空間の崩壊と、それに取って代わる近代的空間の構築過程を照射する。

二　伊勢の近世的空間

1　参拝者の伊勢体験

図1は一八五〇年代に京都と山田で刊行された「伊勢参宮名所一覧」である。参拝者用に作成されたこの「一覧」は、幕末期伊勢の空間を探るよい手がかりとなるが、同時期の一参拝者による日記を併せて用いながら、その空間を解き明かしていこう。参拝者とは、庄内藩清河村の武士、二五歳の清河八郎である。清河は、一八五五（安政二）年三月一九日に母親の亀代と下男の貞吉とともに庄内をあとにして伊勢に向かった。半年に近い長旅の始まりであった。

清河らは四月二七日に伊勢の宮川（1）を渡り、山田の町に入った。同日夜、投宿先の御師《おし》三日市太夫次郎邸でわらじをぬぎ、泊まる。翌二八日に太夫の案内で外宮（2）を参拝し、摂社巡り（3）をしてから高倉山（4）に

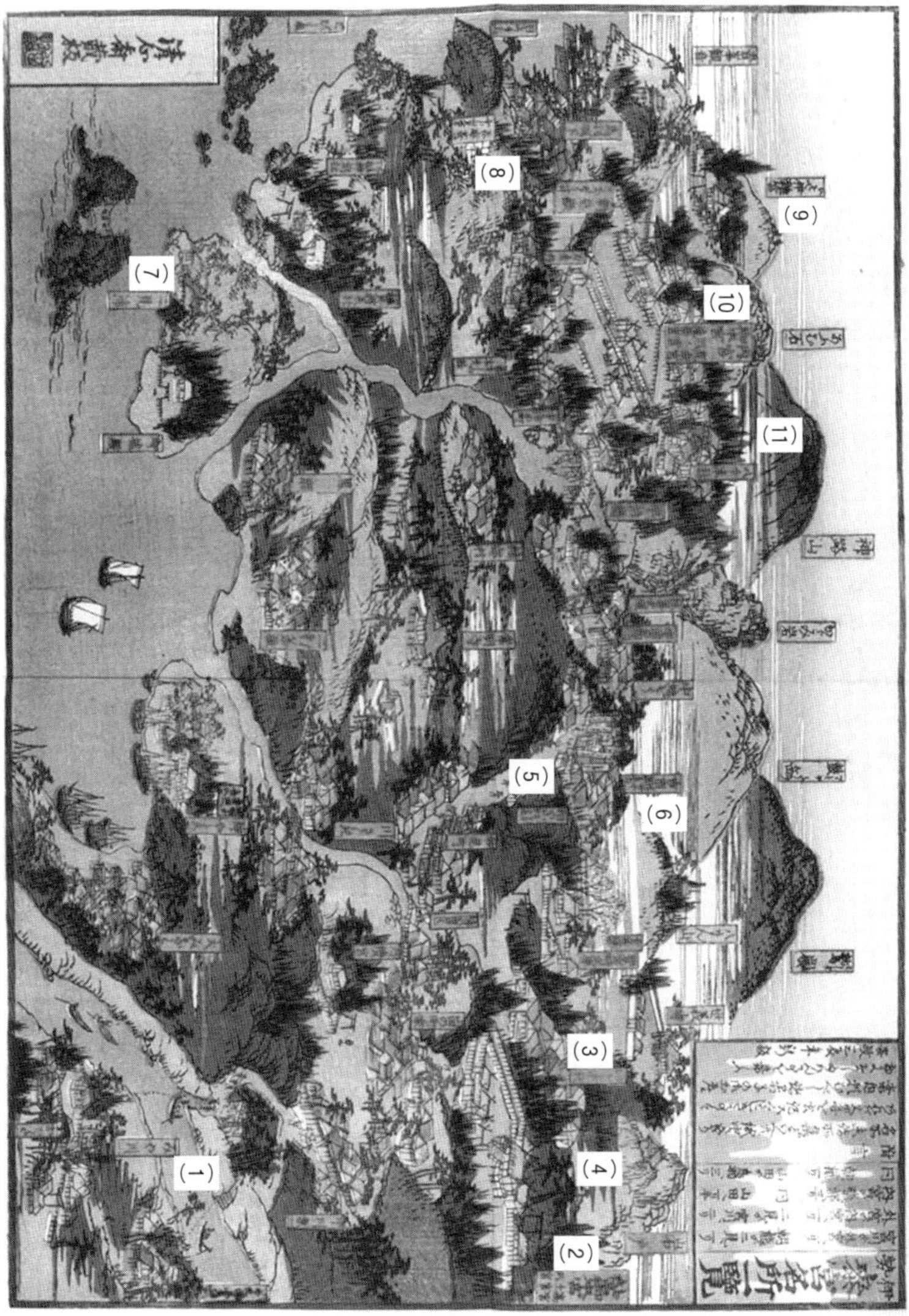

図1 「伊勢参宮名所一覧」（1856年、福井県文書館蔵）

登り、天岩戸で拝み、山田の景色を楽しむ。次に、参宮街道（5）を歩き出し、古市遊郭（6）を通って宇治に入るが、そのまま二見浦（7）まで足を延ばす。三日市太夫邸に戻るや、太夫に太々神楽を邸内神楽殿で奉納してもらう。その夜、太夫の案内で遊郭の妓楼油屋に上がった。翌二九日朝に朝熊山《あさまやま》（8）に登り、中腹にある金剛證寺《こんごうしょうじ》を横切って、展望台から伊勢湾を見下ろし絶景を楽しむ。昼過ぎから山を下り、今度は磯部神宮（9）まで旅をし、磯部で一夜を過ごす。翌五月一日朝、宇治まで引き返し内宮（10）やその摂社（11）を参拝する。同日の午後、一旦三日市太夫邸に戻り、荷造りをしてから、山田をあとにする（清河　一九九三、一一八～一二六頁）。

武士で儒学者でもあった清河は典型的な参拝者といえないが、清河一行が辿った参拝コースは、多くの参拝者と同じく一般的なものであった。では、「伊勢参宮名所一覧」と清河の日記から浮上してくる伊勢の空間的特徴は何か。それは伊勢の聖性と俗性の混在にみえる。伊勢は山田の外宮と宇治の内宮という二つの聖なるセンターからなる複合的聖地である。外宮と内宮はそれぞれ別の神を祀り、別の神職集団によって管理される。外宮と内宮との間に無視できない緊張状態もあったが、ここで注目したいのは、この二つの聖なるセンターの間に、俗なる古市遊郭が存在することである。日本三大遊郭の一つに数えられる時期もあった古市は、参拝者が山田から宇治などに行く際には必ず通る中核的位置にあった。聖なる外宮と内宮が俗なる遊郭を間に挟む混在は、まさに近世伊勢の一大特徴である。以下、前近代の伊勢にみる俗なる空間、聖なる空間を便宜上分けて、それぞれの形成過程や特徴を探る。

2　古市——伊勢の特殊的俗性

松木時彦の伊勢参宮説

参宮街道を跨ぐ古市遊郭が参拝者にとってきわめて重要な空間であったことを示す重要な史料がある。その史料の執筆者である松木時彦は、幕末期に外宮の最も有力な社家に生まれた神職である。松木は明治後期にかつての伊勢を省みる回想録をまとめ、それをのちに『神都百物語』として刊行したが、その正編第三の物語として掲載したのが「古市の遊郭」である。松木はそこでいう。

> 伊勢参宮と言えば、何人も古市を連想せざるなく、天下に其の名高き所以のもの、実に一朝の故にあらざる也。年に数万の旅客が我が神都に投ずる巨額の金圓は、大半之に吸収するの怪力盛んにして、夫《そ》の少壮血気の男子（中略）参宮の目的とする所は、固《もと》より神恩報謝の御神楽にもあらねば、家内安全の御祈禱にもあらず、一意専心、牛車楼上一宵千金の春を買わんとするにあるのみ。
> （松木　一九七二、三～四頁）

松木がいう「牛車楼」とは、備前屋という古市で最も著名な妓楼の俗称である。松木はここで伊勢参りを一種の買春ツアーと理解するように我々を仕向けるのである。すなわち備前屋などで「春を買う」ことこそ伊勢参りの目的であった、と。松木の記述はさらに伊勢参りが基本的に男性的な営みであったことを示唆する意味でも重要である。

参拝者の古市

さて、旅日記などから古市を訪ねた時の感想を探ることは基本的に困難である。例えば上野《こうずけ》国邑楽《おうら》郡の佐藤安次郎が一八三〇（文政一三）年の日記に記す「（二月）九日夜入、古市江、壱人にて罷り出」や佐藤良之助が記した一八六二（文久二）年の旅日記にみえる「（三月八日）同夜若者一同古市江遊びに参る」などは感想を述べない典型的な記述である（小川　一九九四、二二八、二七二頁）。先に引用した清河八郎は、母親と古市の油屋に上がったが、日記から判断する限りでは、性でなく遊女の伊勢音頭が主な関心であったようだ（清河　一九九三、二二一～二二二頁）。一方で相模国大山寺の手中敏景が幕末につけた『伊勢道中日記』は古市の感想を相当詳しく述べる珍しい事例である。「びぜん屋へ上がり、此の夜沙汰、筆紙難尽し」と書き、翌晩も備前屋で過ごし、「実に言語に難のベ《マ》テ《マ》ィ」とある（手中　一九九九、二三～二五頁）。一八五七（安政四）年春に川口紋三郎一行は青梅から伊勢を参拝し、五泊六日滞在したが、一泊目のみ御師邸に泊まり、他は油屋と備前屋であった。これなどは伊勢参りに買春ツアー的な側面があったことを示すに十分であろう（川口　二〇〇八、六九頁）。

　伊勢参宮と性との関係は、一七世紀までさかのぼり、古市は井原西鶴や近松門左衛門の作品にも登場し、一七〇〇年前後に「色茶屋六〇軒」「艶女一六二人」という有り様であった。古市は、参拝者数が増えるにつれますます発展していく。一八〇〇年前後の最盛期には、人家三四二軒、妓楼七六軒に遊女一〇〇〇人という発展をみせていた（伊勢市編　二〇一三、九五頁）。大衆文化の担い手たちが古市に注目するのは、この時期である。例えば一七九六（寛政八）年に油屋で殺人事件が起きた。内宮社家系の町医者孫福斎《まごふくいつき》なる男は、ある日油屋で遊女お紺の接待を受けていた。お紺が突然阿波の商人の接待を命じられると、孫福は嫉妬のあまり暴れ出し、油屋主人、遊女一人、阿波商人一人を斬り殺し、のちに自殺をした。この事件の劇的可能性にいち早く着目したのは、大坂の歌舞伎作家近松徳三であった。近松は事件直後にそれを歌舞伎『伊勢音頭恋寝刃《こいのねたば》』に脚色し、伊勢松阪で上演した（松木　一九七二、四四二～四五〇頁）。のちに、大坂、京都、江戸の劇場でも演じられた『伊勢音頭恋寝刃』は、大ヒットしたらしい。

　事件の翌年に秋里籬島《あきさとりとう》は『伊勢参宮名所図会』を刊行した。伊勢の案内書として最も広く流布したこの『名所図会』は、古市を大きく取り上げる。伊勢音頭を踊る遊女の前に参拝者が寛《くつろ》ぐ魅力的な絵図を解説付きで掲載する。そして、一八〇二(享和二)年に十返舎一九が『東海道中膝栗毛』を世に出した。江戸時代のベストセラーともなった『膝栗毛』は弥次郎兵衛と喜多八の旅話だが、主人公二人は伊勢まで足を運び、古市の千束屋と油屋が滑稽な場面の舞台となる。参拝者は普通外宮と内宮を参拝してから遊ぶが、弥次と喜多だけは妓楼を優先させ、参拝を後に回すことでも笑いをとる(十返舎　一九七三、一〇六頁)。

この古市の性格は微妙にではあるが、変容の兆しをみせる。備前屋、杉本屋、油屋の三大妓楼など大手茶屋は江戸後期から伊勢音頭の上演を売りどころにする。伊勢川崎の盆踊りに始まった伊勢音頭は、もともと参拝者を魅きつけるのを意図した芸能で、参拝者が遊女を選定する場とされた。しかし女性参拝者も増えた江戸末期には、女性も茶屋に上がり、伊勢音頭を鑑賞するケースすらある。清河八郎が母親とともに油屋に上がったのは先ほど述べた。清河は、伊勢音頭を踊る遊女をせりあげる仕掛けは「天下無双めずらしき興なり」とまで絶賛し、伊勢音頭の鑑賞を推薦したのが興味深い(清河　一九九三、一二二~一二三頁)。女性が古市で遊ぶことがそう珍しくなかったことは、例えば江戸神田の仲村いとの日記が示唆する。いとは一八二五(文政八)年に伊勢に旅をしたが、二晩続けて茶屋に上がり、伊勢音頭を楽しんでいる(片倉　一九九二)。

そもそも茶屋だけが古市の遊興施設でなかった。古市に常設の劇場は三つあって、それが早くも一八世紀の半ばまでに「田舎芝居の第一にたつ」と評価された。のちに三都の大芝居に次ぐ位置づけを付与された古市は、歌舞伎役者にとっては、京、大坂への登竜門ともなった。歌舞伎のほかにも浄瑠璃、からくり芝居、そして一時期女能も上演されることがあった(伊勢市編　二〇一三、六九〇~六九一頁)。聖地伊勢の中核にこのような、ユニークな俗なる文化圏があったのである。

この古市は、江戸の吉原、大坂の新町などと際立って違う点があったことにも最後に留意したい。まず、参拝者が必ず通ることで聖地に有機的に統合された遊郭は古市だけである。それに対し、江戸吉原などは、まちの周辺部に設定され、周囲を溝と塀で囲まれ、出入口を一カ所にして外部を遮断する仕組みだった。なお、古市は吉原と違って公認遊郭でなく、山田奉行が黙認する非公認遊郭であった。古市で妓楼を「茶屋」といい、遊女を「茶汲女」などと呼び、店頭には茶釜をおく習わしは、奉行の黙認を確保する戦略であった。近世の古市はそれゆえ吉原のように遊女の居並ぶ「張り見世」もなければ、ひやかす客もいない。

3　外宮と内宮にみる伊勢の特殊的聖性

緊張状態の要因

さて次に、外宮と内宮に目を向け、伊勢の特徴的聖性を検討したい。外宮は山田にあり、内宮は別のまち、参宮街道を六キロメートルほど南に離れた宇治にある。つまり伊勢は一つでなく、二つの聖なるセンターをもつが、この二つは常に緊張状態にあった。外宮の祭神と内宮の祭神は異なり、祭神にまつわる伝説も異なる。祭神を祀る神職集団も、外宮と内宮とで別々に組織され、別々の帰属意識をもっていた事実が、この緊張状態の背後にある。祭主の藤波家（京都在住）と大宮司の河辺家（山田在住）が神宮全体の政務や祭祀を司ることは確実だが、特別な神事や二〇年に一回の式年遷宮のほか、直接神宮に関わることは稀であった。むしろ神事・行政両方の実権を握ったのは、外宮・内宮の、一の禰宜《ねぎ》とも長官ともいう神職である。外宮の禰宜は代々度会《わたらい》姓、内宮は荒木田姓である。禰宜の下では、権禰宜《ごんねぎ》集団のほか神事に密接に関与する内人《うちんど》、物忌《ものいみ》などもいる。そしてこの長官の支配を直接受けない、また神宮の主要な神事に関わらない権禰宜級の師職＝御師もいる。

清河八郎の日記に登場する三日市太夫次郎は、最も有力な外宮御師である。関東から東北地方に及ぶ広い範囲で活躍し、三五万四〇〇世帯もの檀家をもっていた。清河家はその一つだが、江戸時代は全国世帯の九割までが伊勢御師の檀家であったといわれる（新城　一九八二、七六一～七六三頁）。徳川将軍も天皇もその例外でない。外宮御師の数が四〇〇家前後で、内宮は二〇〇家であり、外宮御師がもつ檀家数は圧倒的に多かった。三日市太夫は遠方からやってくる檀家を総面積一八〇〇坪の豪華な御師邸に泊め、丁重にもてなすほか、外宮や内宮、古市などの名所案内の役を務めた。三日市太夫などは、自治組織でも庶政を執り、近世の山田と宇治を自らの支配下に置く。なお、徳川幕府が配置した山田奉行が直接庶政に関わることは稀であった。

一方で御師とは「御祈禱師」の省略で、伊勢の聖性に深く関わる存在でもあった。檀家のため毎年祈禱を行ない、祈禱を行なった証拠として御祓大麻《おはらいたいま》（お札）を製造し、手代という下級役人に全国の檀家へ頒布させた。檀家は大麻を礼拝の対象にし、礼拝は伊勢の御師との縁をつなぐ装置でもあった。三日市太夫などは、さらにその邸内に神楽殿を設け、参拝者のため太々神楽を奉納し、天下泰平、五穀豊穣、家内安全などを祈願した。御師は、毎年地方の檀家からもらう初穂料と参拝者の神楽料と止宿料を主な収入源とする。檀家こそ御師の収入源であったため、御師同士で檀家を奪い合う事件がしばしばあり、訴訟が頻繁に発生した（宇治山田市役所編　一九八八、四三四～四四七頁）。

外宮と内宮の緊張状態の背後には、さらに中世以降尾を引いてきた神学論争があった。外宮の祭神等由気大神《とゆけのおおかみ》の正体、外宮と内宮の優劣関係は何かが論争の焦点であった。外宮説では、その祭神は、実は国常立尊《くにとこたちのみこと》あるいは天《あめ》御中主尊《のみなかぬしのみこと》に他ならず、その別名を天照止由気皇大神《あまてらすとゆけこうたいじん》という。周知の通り国常立は『日本書紀』に、天御中主は『古事記』に登場する天地開闢《かいびゃく》の始原神である。そして別名に「天照」を冠するのは内宮の祭神をも体現する存在

図2　安藤広重「伊勢参宮略図」（1856年、国立国会図書館デジタルコレクションより）

の意である。この説でいくと等由気大神を祀る外宮は内宮より遥かに優れていることになる。中世にさかのぼるこうした議論は近世前期に外宮神職の出口延佳《でぐちのぶよし》によって再発見され、広く流布し、外宮の定説となっていく（斎藤　二〇一六、一五二〜一五九頁）。この論破に乗り出したのが、本居宣《もとおりのり》長《なが》である。宣長は『古事記伝』などで外宮の祭神を国常立尊とみる説を「由なくいみしき強説」と一蹴する。等由気大神は、天照大神が高天原で拝むほど偉大だが、あくまで食事を供える御食津神《みけつかみ》にすぎないと。内宮は外宮より遥かに優等だとの主張である（同前、一五九〜一六八頁）。外宮側の御師、神職は、この宣長説へ反論する必要に迫られたのである。

参拝者の外宮と内宮

伊勢の近世的聖性は、こうして論争の対象となることからもわかるように、不安定なものであっ

た。外宮の御師は外宮説、内宮の御師は内宮説を宣言し、それが檀家、参拝者などに多大な影響を与えたと思われるが、これを明らかにする史料は少ない。日記をつけた参拝者が外宮と内宮にほとんど触れないのは、日記の性質上の問題なのか、参拝者には関心がなかったのか定かでない。幕末期のある日記にみえる「外宮へ参詣、四十末社廻り、内宮へ参り八十末社廻り、朝熊山へ参詣」の簡潔さは典型的である（甲斐　二〇一五、一六五～一六六頁）。感想を表現しないだけでなく、末社や朝熊山を外宮や内宮と同列に置くのも興味深い。先に紹介した清河八郎が相当詳しく記したのは、例外的である。清河は、外宮のことを「日本第一の御宗社」、「自然と威光あらわれ、無情の草木もおのずから人心を感ずるの勢いにて、金壁峨峨たる事はさらに無し」と賞賛する。御師の案内で「外宮本社の中に入り、細かに拝見」したらしく、「いと崇く思うなり」とまで畏敬の念を述べる。内宮についても清河は「天照大神宮の尊き事、筆紙にも恐れ多」いという（清河　一九九三、一二〇～一二二頁）。

日記ではない江戸後期の文献は外宮説の影響が多少強いことを示す。『東海道中膝栗毛』の弥次郎兵衛と喜多八は「豊受大神宮」つまり外宮の祭神を国常立尊と理解している（十返舎　一九七三、一二一～一二三頁）。大坂の一町人が幕末に認めた『浮世の有様』でも、外宮は天御中主神「即ち国常立尊を祭り奉るとぞ。尊は吾邦始祖のおおん神」という（庄司ほか校注　一九七〇、三〇八頁）。画像史料でも伊勢の近世的聖性の一端がみえてくる。図2は、安藤広重の一八五六（安政三）年作「伊勢参宮略図」である。「略図」は文字通り主要な場のみを紹介し、その余りを省略するが、外宮が前景を占め、内宮（1）が後景に退いていることはその意味で面白い。外宮こそ重要だと主張する画像だが、描かれた外宮も興味を引く。額《ぬか》づく参拝者と御祓いを行なう御師がみえるのは、玉串御門前（2）。参拝者は近代では考えられないほど中まで入っているが、玉串御門をここで「外宮拝殿」と銘打ち、拝む位置とする。拝む対象は門の下の鏡、すなわち神体である（3）。こうして直接拝ませるのは、江戸後期における外宮による工夫である。

今一つ気づくのは、末社（4）である。外宮に四〇あり、内宮も八〇あった末社（摂社ともいう）は、「伊勢参宮名所一覧」や『伊勢参宮名所図会』と『東海道中膝栗毛』などに大きく登場し、多くの日記にも現れる。近世後期の参拝者にとって重要な場であったことは明確だろう。なお、「伊勢参宮名所一覧」『伊勢参宮名所図会』などはさらに常明寺、世義寺《せぎでら》など寺院の存在を示すが、朝熊山の金剛證寺以外の寺院は参拝者の日記にほとんど登場しない。

奇跡の伊勢

江戸後期の伊勢参拝者数は例年三、四〇万人だとされるが、その一〇倍以上の人々が伊勢に押し寄せてくる年もあった。一七〇五（宝永二）年の三七〇万人、一七七一（明和八）年の二〇〇万人、そして一八三〇（文政一三）年の四三〇万人がそれである。「御陰参り」というこの集団参拝は、伊勢の近世的聖性の重要な現象である。ここでは便宜上、一八三〇年の御陰参りに限定し、簡単に述べる。例年の参拝者が圧倒的に男性であったことは指摘済みだが、男性は伊勢講を組織し貯金して、伊勢への参拝を実現する。御陰参りの年には、伊勢講に普段参加できない女性、子供、そして都市や農村の奉公人など身分の低い人々が思いつき的に、夫、親、主人などへの断りなしに伊勢へと出かける。ここで注目したいのは、この御陰参りにともなう奇跡の発生、奇跡譚の伝播である。

山田在住の箕曲在六なる人物は、参拝者などから聞いたその類の話を『御蔭参宮文政神異記』としてまとめた。

『文政神異記』は御陰参り発祥の瞬間をこう語る。阿波国のある町の八歳の子供が白馬に乗って伊勢に出かけた。帰ってきて馬を降りて振り返ると馬は消え、馬糞があったのみであり、近くに御祓大麻が落ちていた。この話は広く流布し、人々を刺激して伊勢へ出掛ける契機となったという（箕曲　一九二三、四九五頁）。子供が主役で、伊勢が奇跡的なパワーを発揮し、そして御祓大麻が登場するなど、伊勢にまつわる多くの奇跡譚と共通点をもつ話である。例えば同じ阿波国のある村の子供は参宮すると親にいい張ったが、親はだめだといい、子供を縛りつけて寝かせた。翌朝起きてみると子供はいない。縛ったはずの縄は御祓大麻に変身していた（同前、四九八～四九九頁）などである。

また、箕曲が蒐集した奇跡譚には、女性が主役のものも多い。伊勢を参拝するという妻に夫が怒り出し、殴ろうとするが、その拳が麻痺する。女の病気が奇跡的に治る、女は子供を川に落とすが、子供が救われる、子供を抱いて伊勢に行く途中、子供と逸れるが、「神の引き合わせ」で子供をみつけるなどなどである。空から降ってくる御祓大麻も重要なモチーフとなる。御師が例年檀家に配る御祓大麻はこの年に限ってほぼ全国に「降り」、人々を伊勢へと向かわせる。事例を一つだけ挙げよう。河内国で降った御祓を集め、焼き捨てようとする浄土真宗の信者がいた。しかし火は自分の体に飛び火して全身火傷した。大勢の信者たちはこれを神罰と解釈し、直ぐさま伊勢へと向かった、と（同前、五二七～五二八頁）。箕曲在六がまとめた奇跡譚の作成や伝播には御師が深く関わり、例年参拝しない子供や女性や浄土真宗の信者を伊勢へと誘致することを目論んだと思われる。いずれにせよ、こういった奇跡は、伊勢の近世的聖性の見逃せない一側面である。近世の伊勢は奇跡の場であったのだ。

以上、参拝者の日記、参宮案内書、文学作品、画像史料などさまざまな史料から浮上してくる伊勢の空間的特徴を検討してきた。この空間の形成に関わり、また参拝者の伊勢体験に寄与した行為者を確認しよう。それは①外宮や内宮の運営を管理し、その神事に携る禰宜などの神職、②外宮と内宮に所属しつつ、参拝者のさまざまな期待に応える御師、そして③参拝者の肉体的ニーズに応える茶汲女である。次節で述べるように、これらの行為者のうち、茶汲女だけは明治維新の改革をなんとか生き延びることができたのである。

三　伊勢の近代的空間

1　天皇の伊勢

図3　松岡映丘作「神宮親謁」
（1936年、聖徳記念絵画館壁画）

図3は、若い明治天皇が一八六九（明治二）年四月二三日の昼過ぎに内宮を参宮する姿を示す。京都から東京に向かう途中伊勢に立ち寄った天皇は、まず午前中に山田の外宮を参拝したのち、昼を挟んで参宮街道を進み、古市遊郭を経て宇治の内宮に至った。天皇は奥の正殿へと進み、階の下に立ち止まる。そこで天照大神に玉串をささげ、維新政府の成立を報告し、日本の発展を祈願する。これは史上初の画期的なイベントである。天皇を天照大神の子孫とし、伊勢神宮を天皇の大廟とする新たな想像力がここに至って、生産されることになった。この想像力は後期水戸学や本居宣長以来の国学に遠因をもつが、幕末期にはそれがますます現実性を帯びるようになってきたのである。

徳川幕府が孝明天皇の反対を押し切って米国と日米修好通商条約を締結したのは一八五八（安政五）年である。同年末久留米藩の尊王攘夷派志士の真木保臣《まきやすおみ》は、条約締結を理由に倒幕のマニフェストを認めたが、その内容は、天皇が自ら「神宮を拝し、事を告ぐ。熱田に至る。宝剣を奉」じ、のちに兵をあげ東征して幕府を滅ぼすものであった。孝明天皇の伊勢行幸は実現に至らなかったが、構想自体は幕末期にみる天皇と伊勢神宮の新たな関係の自然な進化であった。幕府は一八五三（嘉永六）年の黒船来航以後、伊勢神宮やその他の寺社に対し何度も攘夷祈願を命じ、一八五五年には孝明天皇をして攘夷祈願の勅使を伊勢に差し向けさせた。七年後の一八六二（文久二）年に長州藩の志士たちは真木のマニフェストを復活させた。同年は、家茂将軍の歴史的上洛、孝明天皇による前例のない賀茂社行幸、石清水行幸をみたのが背後にあった（ブリーン　二〇一一、四八〜八五頁）。長州藩は、こうして覆された天皇と将軍の権力関係を受け、天皇が今度伊勢に行幸し、天照大神に直接攘夷を祈願したのち、関東まで親征を実施し、幕府を打倒する、という計画を朝廷に建議した。天皇は一旦「攘夷親征」の詔を世に出したが、長州の倒幕姿勢にあくまで懐疑的であるため二の足を踏んで伊勢行幸自体をとりやめた。

さて、明治天皇が一八六九年に実現した歴史的な伊勢参宮は、神宮の抜本的改革の引き金となったことはもちろんである。改革の方向性は、「大廟」としての神宮、つまり近代君主が祖先を祀るにふさわしい神宮をめざすものであった。一八六八年から翌年にかけて軌道に乗り出した改革だが、その先頭に立ち、青写真をつくったのは維新直後度会府御用掛に採用された浦田長民である。浦田は元内宮の神職で熱狂的な廃仏家であったこともあり、まず実行したのは廃仏であった。彼は一八六八年夏に山田と宇治の寺院の閉鎖、仏堂、仏塔の破壊、僧侶の追放を度会府に提案した。これは、新政府が三月に発行した神仏判然令の権威に乗じた提案であった。度会府判事の元田直《もとだなおし》も「神州に仏法は無用の長物」で、「勅命をもって宮川内廃寺被仰出度」との立場であった（安丸ほか校注　一九八

八、一三頁）。歴代天皇が仏教信者で、しかも僧侶に祖先儀礼を委託した事実は、天皇を天照大神の子孫とする新たな想像力と相容れないものであった。伊勢の廃仏は、天皇の参宮を契機に実施された凄まじいもので、一八三もの寺院が廃寺となった。伊勢はほぼ一夜のうちに仏教の面影のない聖地となった（河野　二〇一六、一〇八～二〇五頁）。

明治天皇の伊勢参宮半年後の九月に、新時代に入って初の式年遷宮が実施された。徳川幕府が倒れる前に諸経費を負担した遷宮だが、新政府はそれを契機に内宮や外宮の正殿およびその周辺を、これまでと違うより大廟にふさわしい形にしたのである。時代は多少下るが、図4の「皇大神宮宮中之図」でその時の改革のありようを確認できる。詳細は別稿で述べたので、ここでは三点だけ指摘したい。①麁垣と外玉垣を正殿に新たに巡らしたこと。こうすることで正殿は四重の垣に包んだことになる。遷宮前のように垣越しに中をみることはもはやできない。同時に「玉串御門」が「内玉垣御門」へと変わったように、垣・門・鳥居などの名称も大幅に改名された。②遷宮は天照大神が古殿から新殿に引っ越す儀礼だが、明治前まで古殿をそのまま取り残す習わしがあり、庶民が間近にみることができた。しかし、この遷宮をもって古殿は分解され撤去され、更地となった。そして③明治前までは内宮と外宮にそれぞれ八〇と四〇の末社（摂社）があり、参拝者が必ず巡ったが、ここで確認できるようにこれらの祠が全て撤去されたのである。もはや庶民に馴染みのある内宮と外宮ではない（ブリーン　二〇一五、二五～二八頁）。

浦田長民の遺産

上にふれた浦田長民は数々の改革案を作成したが、その多くは政府が一八七一年に実現するものであった。浦田はのちに政府に才能を認められ、一八七一年東京の神祇省に奉職したが、翌年神宮小宮司として伊勢に戻った。浦

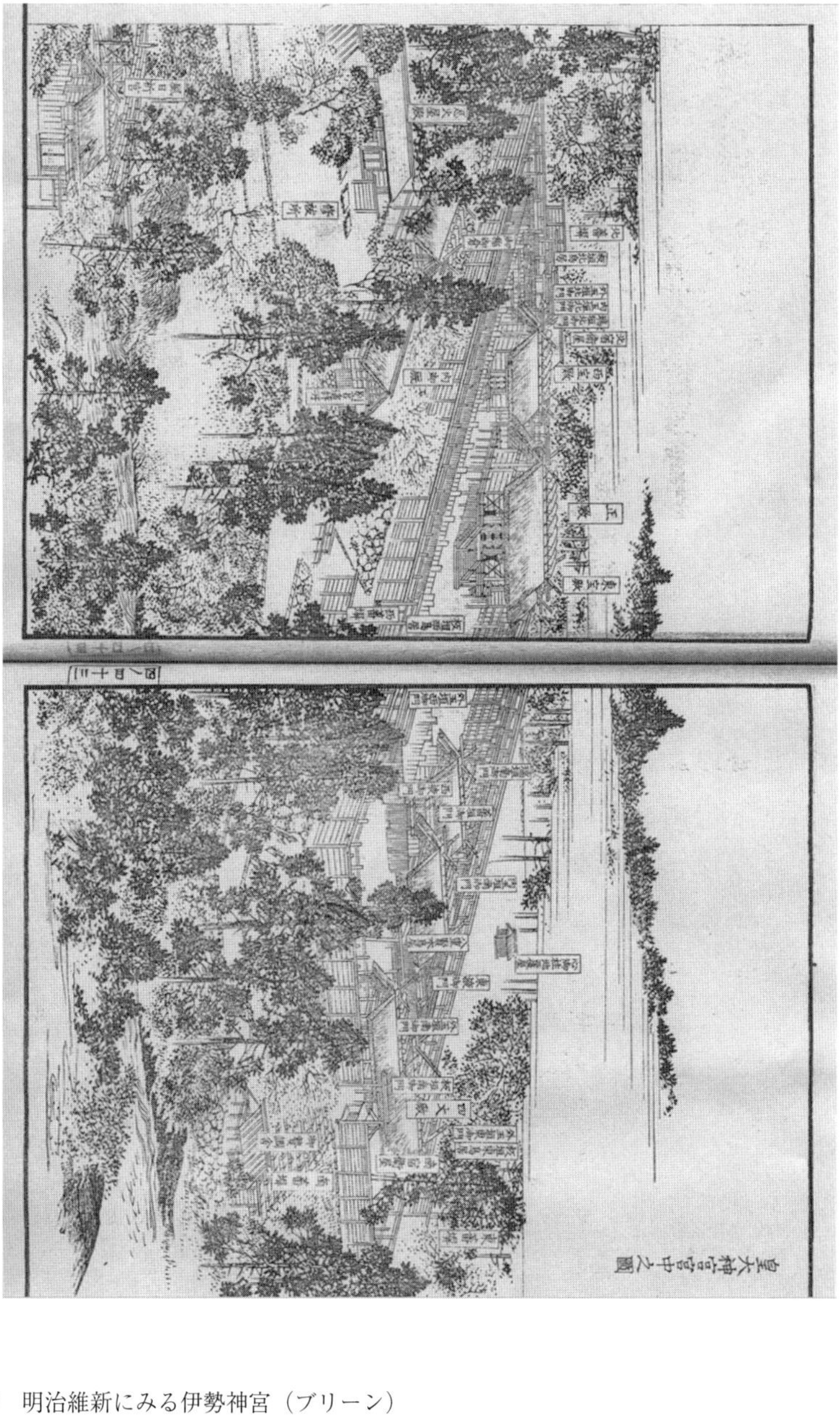

図4 「皇大神宮宮中之図」（神宮司庁編『神都名勝誌』〈神宮司庁、1895年、国際日本文化研究センター蔵〉より）

田の狙いは一貫して近世的神宮を近代的大廟に変貌させることであった。そうするには、神宮の非私事化、つまり公共化が欠かせない条件であった。その過程において決定的だったのはまず神職問題の処理であった。

浦田は維新直後から伊勢神宮の祭主、大宮司、そして外宮と内宮の禰宜職などの大幅な更迭を提案していた。提案は、新政府による祭政一致宣言を踏まえてのものであった。祭政一致とは、天皇や天皇の指名する者が祭祀＝儀礼を行ない、祭祀が公的性格をもつ原理をいうが、世襲職である近世的神職の存在はその原理に当然抵触する（三木　一九六六、一二三九頁）。政府は浦田案を受け、一八七一年に祭主の藤波家と大宮司の河辺家をまず神宮から外し、祭主には皇族を任じ、大宮司は元公家、元大名など社家でない華族を指名する。外宮と内宮それぞれを牛耳ってい た度会姓、荒木田姓の禰宜職も、同時に更迭し、以後「その姓に関わらず」選任を行なうこととした（宮地　一九八八、四四二頁）。

浦田が御師やその活躍を射程に入れたのも至極当然である。御師は維新直後に度会府が設置されるや山田と宇治の庶政から外されたが、政府が浦田案を受け御師に対して本格的に動き出すのは、一八七一年である。「師職並びに諸国郡檀家と唱え、御麻を配分するなどの儀を一切停止」との法令によって、六〇〇家もの師職＝御師を廃止した（同前）。御師が中世以来形成してきた檀家ネットワークはこれで崩壊し、それが参拝者の激減を当然導き、山田、宇治、古市の経済に大きな打撃を与えた。御師が檀家に頒布していた御祓大麻は、以後新設の神宮司庁が製造の責任を引き受け、府県知事が頒布責任者となる。また、檀家がこれまで御師に収めていた初穂料は初めて神宮に回ることとなった。御師が参拝者のため奉納し、大きな収入源であった神楽は、内宮新設の神楽殿で行なうことになり、その奉納金は伊勢神宮にとっても重大な収入源となる。こうしてあらゆる活動を禁止され、廃止となった御師は、三日市太夫のように旅館業となり、明治期でも繁盛する者もいたが、大多数は貧困に喘ぐこととなった。

浦田は神職、御師問題の処理と同時に、神職と御師が原因の外宮内宮の緊張問題解決にも着手した。「愚民二宮の別を知らず、甚だしきは、二宮とも同光一徳、皆天祖の御宮と心得」る事態を嘆く浦田は、外宮を内宮の宮域内に移し、内宮と外宮の政務や祭祀を統一的に扱う企画案を出した（三木　一九六六、二三七～二三八頁）。外宮移動論は実現しなかったが、政府は一八七一年に「皇大神宮豊受大神宮の儀は元より差等可有之（中略）中古以来同一に相成甚無謂事に候」と定め、内宮の優等性を主張する（宮地　一九八八、四四二頁）。明治前の神学論争の主体となった国常立尊と天御中主尊は、この時期を境に伊勢の言説から姿を消していく。政府が同年に内宮と外宮を統一的に司る神宮司庁を内宮に新設することで、数世紀にわたる外宮内宮の緊張状態が解消されていく。

浦田長民が企画し、新政府が実施した以上のような改革は神宮の非私事化、公共化の方向性が強いが、その延長線上で浦田が次に着手したのは祭祀＝儀礼の改革である。つまり神宮儀礼を皇室儀礼と有機的につなげることでその公的性格の獲得をめざしたものである。浦田は、小宮司として東京から伊勢に戻った一八七二年に「有名無実之行事を廃し、務めて陋習を去り、簡便を主」とする基本的立場を打ち出した（三木　一九六六、二四七頁）。翌年から本格的な祭祀調査を行なったのが、一八七七年に『神宮明治祭式』として実を結んだ。この『神宮明治祭式』の内容を受けた改革が実行された結果、伊勢神宮は明治前の祭祀を二六も廃止され、四二は改正を施されるほか、二一もの全く新しい祭祀が導入された（中西　一九九三、五九～六二頁）。浦田が制定する「大祭」の範疇には、神嘗祭、神御衣祭《かんみそさい》、月次祭など伝統的祭祀が改正のうえ残るが、そこに元始祭、祈年祭、新嘗祭《にいなめさい》が新たに加わる。「中祭」でも伝統的な神御衣奉織始祭や風日祈祭は改正されたのちも残るが、天長節祭、紀元節祭は新しい。新しいものはいずれも近代皇室儀礼である。

太田小三郎と近代伊勢の形成

以上は、明治政府が伊勢の空間に一〇年足らずで施した抜本的改革の概要である。しかし、明治期の伊勢神宮は、こうした（浦田長民を媒介にした）国家による上からの行為のみで理解できるものではない。この改革に刺激され、またそれに合わせた、地元民間人らによる下からの重要な動きもあった。それを考えた時に、最も重視すべき人物は太田小三郎である。企業心に富んだ太田は、実は古市遊郭の大手茶屋備前屋の主人であった。先述したように、維新の改革で参拝者が激減した関係で、古市も当然打撃を受けていた。それればかりか、江戸後期に山田の新道と新町にできた遊郭は古市の客を奪うほど幕末からますます繁盛していた（宇治山田市役所編　一九八八、六七九～六八二頁）。そのうえに明治政府が一八七二年に公布した娼妓解放口達で茶汲女が古市を離れ、茶屋が最盛期の半分以下の三二軒へと減った事情もあった（同前、六七七頁）。参拝者を伊勢に取り戻したい太田が動きだすのは一八八四（明治一七）年で、その直接の契機は、鹿島則文の新宮司赴任であった。茨城県出身の鹿島も、参拝者の激減を深く懸念して、同年の日記に「追々参詣人も少なく、社入減少、此まま打ち捨て置候節は、愈々《いよいよ》困難に陥り（中略）皇大神宮の体面にも相かかわり可申候（中略）本年は参宮人非常に少なく（後略）」と書いたぐらいである（鹿島ほか編　一九九八年、一七頁）。

共通の危機意識を抱いていた太田小三郎と鹿島宮司は早くから交流をもったようで、一八八六年に太田と鹿島宮司、そして度会郡長に転勤していた浦田長民、三重県県令石井邦猷《くにみち》が中心となって、神苑会という民間組織を立ち上げた。近代の伊勢を考えた時に太田小三郎率いるこの神苑会の遺産は、きわめて大きい（ブリーン　二〇一五、四六～五八頁、谷口　二〇一六、二〇七～二三四頁）。「神苑会規則書」でみると、その構想がわかる。神宮の性格や「臣民」の神宮との関係をまず描く。

我神宮は天祖天照大神の鎮座する所、天璽《てんじ》の永く皇祚を衍護《えんご》する所にして天下億兆の尊崇敬仰するは則我帝国の臣民其の心肝に銘じたるは自然天賦の義務也　（藤井編　一九一一、一五頁）

その義務を果たしてもらうのには、「伊勢の名勝古跡皆以って内外人士の遊覧に供す」るしかないという。ただ、「一たび宮域を出れば道路荒廃、榛荊《けいしん》地に満ち、人をして歔欷《きょき》流涕《りゅうてい》」させるのが現状である。また、「天下の勝区をして泯然荒寥陰鬱の中に埋没」させるのも「実に千載の遺憾」という。では、解決は何か。それはまず、内宮、外宮に近い人家を全て撤去し、「幽邃《ゆうすい》清潔の神苑と為」し、「市街の塵囂《じんごう》」を遠ざけたいという。内宮の人家とは宇治橋を渡ったところの館町である。以上が神苑会企画の第一段階。第二段階は、もっと野心的なもので、山田と宇治の間に位置する倉田山を購入して切り開くことにある。その倉田山では「一大壮観なる苑囿を開き、博物館・書籍館・水族館・禽獣園等」を設け、「宇内の天産人工を蒐集して公衆の耳目を渙発《かんぱつ》」する。そして最後に、山田と倉田山、倉田山と宇治を「車道」で連絡し、「秩然神都の規模整理」する、というのである（藤井編　一九一一、一六頁）。

こうした企画は莫大な資金を必要とし、資金を募るのには強固な組織は欠かせない。企画が軌道に乗るのは、太田小三郎と鹿島則文が一八八八年末に上京した際である。太田らが東京で土方久元《ひじかたひさもと》宮内大臣に働きかけた結果らしいが、それまで空席であった神苑会の総裁、会頭、副会頭、評議員などは補充できた。有栖川宮熾仁《たるひと》親王が総裁に、宮内次官の吉井友実が会頭に、帝国大学総長渡辺洪基《ひろもと》が副会頭にそれぞれ就任した。有栖川宮が任命した評議員の顔ぶれは、三条実朝内大臣、山田顕義司法大臣、松方正義大蔵兼内務大臣、渋沢栄一ら「国家の元勲名士」であった。これまでは地元に限定した募金活動は、全国的に行なわれるようになった。皇太后、皇后が神苑会へ御下賜金を賜ったのも、太田らの上京中であった。

神苑会が本格的な仕事に乗り出すのは翌年だが、以後、紆余曲折を経て二十数年の間、七一万円の寄付金（うち二三万円は神宮司庁の下付）をもって活動した。設立当初の狙いをほぼ成し遂げ、伊勢の空間を抜本的に変貌させることに成功した。一九一一年まで活躍した神苑会の遺産をまず視覚的に把握することが重要である。それを一九一一年刊行の「伊勢名所順路之図」（図5）で測ってみたい。天照皇大神宮（内宮）は図の右中央を占め、豊受大神宮（外宮）は左中央だが、目をひくのはむしろ太陽を背景としたその間の空間だろう。そこに徴古館、農業館、御物陳列場がみえる。これは神苑会が開拓した倉田山である。一九〇九年の式年遷宮の直前に開館したこれらの施設は、ユニークな空間を構成する。徴古館は日本初の歴史博物館で、農業館は日本「最古の市立自然科学博物館」だが、当時御物陳列場が特に人気を集めていたようだ。御物とは明治二年の式年遷宮で内宮と外宮から撤下《てっか》された神宝や装束で、太田らが当初から参拝者に展示する構想をもっていた。木造の農業館は京都の平等院鳳凰堂がモデルだったが、徴古館は、奈良、京都、東京それぞれの帝国博物館の設計で著名な片山東熊《とうくま》による洋風平屋建てであった。その庭園は宮内省の市川之雄《ゆきお》がベルサイユ宮殿の庭園を象って造形した。徴古館はテーマ別に日本の歴史を語る仕組みで、天孫降臨などの神話を語る空間は当初なく、その代わりに東大寺、薬師寺など廃仏毀釈で処分された宝物を展示していた。神話を語らず仏教史を語るのが徴古館設立当時の一特徴であった。

「伊勢名所順路之図」がうまく表現するのは、この倉田山が内宮と外宮の間に挟まり、近代伊勢の中核的位置づけを占めたことだろう。神苑会は、この倉田山を伊勢に有機的に統合していくため、一九〇三年に外宮から倉田山への道路を建設したが、三重県はその事業を引き継ぎ、内宮へとつなげていく。天皇の伊勢参宮に備えられたこの御幸道路が完成したのは、一九一〇年である。翌年からはバスが御幸道路を走る。その結果、外宮から内宮をめざ

図5 「伊勢名所順路之図」（飯田良樹蔵）

す参拝者はもはや幅の狭い急勾配の参宮街道を、古市遊郭経由で歩くことがなくなった。古市バイパスでもある御幸道路の完成にともない、古市は伊勢の中核から事実上外されることになった。見逃してはいけないのは、この皮肉である。すなわち倉田山計画を実現したのは一貫して神苑会を指導していた太田小三郎だが、この太田自身が古市の備前屋の主人であった、という皮肉である。

次に内宮と外宮で造られた神苑に注目したい。「伊勢名所順路之図」にみえる「征露記念砲」は、内宮神苑の中心である。この記念砲は、東郷平八郎連合艦隊司令長官が日露戦争の後に、神宮に奉献したもので、近代の神宮の軍部との密接な関係を雄弁に語る。この神苑の設計を依頼された小沢圭次郎は、戦争でなく、もっぱら参拝者の「快楽」を狙っていた。小沢が一八八八年に認めた「神苑名勝興造の大旨」をみれば、内宮神苑に数千坪分の芝生を敷き、砂利石も敷き詰め、松、白梅、桜、桃など千数百本の木や牡丹、菖蒲など数百株の植栽の計画がみえる。さらに「管玉《くだだま》の井」噴水を設け、浅瀬《あさせ》曲水《きょくすい》を造り、茶室「御蓋の亭」も建てる。外宮のみどころは、勾玉《まがたま》池と琵琶池と旧御師の表門の形をした「鴛鴦亭《おし》」を造る（藤井編　一九一一、一四〇〜一四三頁）。

神苑造成の条件は、募金活動だけでなく家屋と土地の買い上げや家屋の撤去であった。内宮の宇治橋を渡ったところの五十鈴川右岸には、人家は五〇あり、外宮宮域の北東部付近に一〇〇以上もあった。住民の強い抵抗があったらしく、さらに募金活動も思う通りにいかず、開苑式がやっと挙行されたのは一八九二年であった。茶室や鴛鴦亭が実現したかどうか不明だが、それでも当時の案内書などは神苑を絶賛していた。『伊勢参宮按内記』（一八九七年）は、内宮の「一大神苑」は、「苑の坪数二町五反一畝三歩にして五十鈴川に沿い、神路山に目にして四季の花木色を争い、風景の佳趣、最愛すべし」と絶賛し、外宮の勾玉池も「水洋々たり、白蓮、池の面を覆いて、水鳥時に浴し、松間の桜花、雪中の梅香、春の花、夏の涼み、秋の月、冬の雪、四季共に絶景の地」と高い評価を下した。

「伊勢名所順路之図」で最後に注目したいのは、宮川を渡る汽車と宇治と山田を行き来する路面電車である。神苑会の正式の事業でないが、太田小三郎など神苑会関係者が深く関わっていたため、簡単に述べる。神苑会幹事の太田は、一八八九年に上京した際、同会会頭の吉井友実から山田への鉄道敷設の必要性を説かれた。それを契機に太田は動き出し、翌年参宮鉄道株式会社を設立した。津—宮川間の路線が開通したのは一八九三年で、翌年に太田が社長に就任した。神苑会副会頭の渡辺洪基が社長を引き継いだ一八九七年に路線はやっと山田まで開通した。路面電車については、これも太田小三郎が立役者で、伊勢電気株式会社が山田—二見間の路線を開通したのは一九〇三年であった。一九〇六年に外宮—内宮の路線も敷かれた（伊勢市編　二〇一三、四一〇〜四一一頁）。

明治前の参拝者は、宮川を船で渡り、山田の御師邸に泊まる。外宮やその末社を参拝して参宮街道を古市経由で宇治まで歩き、内宮やその末社の巡りをする。二見や朝熊山、場合によっては磯部まで足を延ばす人も多いが、松木時彦にいわせると、古市遊郭こそ伊勢参りの圧巻であったようだ。その参拝コースは明治以後大きく変わる。神苑会が一九一一年に解散するまでには、参拝者は汽車で伊勢入りをし、山田駅周辺のホテルに泊まる。外宮やその神苑を訪れ、路面電車かバスで御幸道路を倉田山まで行き、博物館を見学し、その庭園を楽しむ。御幸道路をさらに宇治までいき、内宮神苑を散歩して内宮の参拝をする。路面電車に乗って二見まで行くこともある。以上は、少なくとも神苑会やその応援者の理想とする近代的参拝コースである。

明治維新に始まったこうした空間的改革には、見逃せない「想像力」の遺産もあった。明治前の参拝者は、伊勢を身体的快楽や奇跡発生の場と期待をかけて想像していた。しかし、明治期の参拝者は、伊勢神宮を全く別の場として想像するようになった。まずそれは、もはや個人的なニーズに応える庶民的聖地よりは、近代国家の君主が祖先を祀る大廟としての想像である。メディアなどをみれば、大廟概念は早くも帝国憲法が発布される一八八九年以後で定着し始めたらしい。新たな想像力のいまひとつの要素は、神都概念である。伊勢は東京、京都、奈良などの近代都市と相並ぶ都であるが、大廟としての神宮をその中核にすえるゆえ神の都＝神都と呼ぶに値する、という意の概念である。神苑会は、創立の一八八〇年代から全国に普及させた広報物などで神都概念を頻繁に使う。一九〇六年には、宇治山田町が宇治山田市となるが、神都概念が根を張っていくのはこの時からである。宇治山田市民にとっては、以後神都への帰属意識が強まっていき、神都を冠する組織やイベントが数多く現れる。神都が宇治山田市の、そして伊勢の代名詞となるのは、全国紙などメディアでみる限りは明治末期から大正にかけてである。大廟を中軸とする神都の概念が定着するのは、伊勢が近代になって見違えるほど転換してきたからに他ならない。

参考文献

伊勢市編『伊勢市史　三　近世編』（伊勢市、二〇一三年）
宇治山田市役所編『宇治山田市史　上』（国書刊行会、一九八八年）
小川八千代『昔の旅　伊勢参宮日記に見る』（里蓬舍、一九九四年）
甲斐素純『伊勢参宮日記を読む　北部九州編』（海鳥社、二〇一五年）
鹿島則良ほか編『神宮宮司拝命記』（深沢秋男〈私家版〉、一九九八年）
片倉比佐子「中村いと「伊勢詣の日記」」（『江戸期おんな考』三号、一九九二年）
川口文三郎「道中日記帳」（『青梅市史史料集』五四号、二〇〇八年）
河野　訓「伊勢における神仏分離」（ブリーン編『変容する聖地伊勢』〈後掲〉所収論文）
清河八郎『西遊草』（岩波文庫、一九九三年）
斎藤英喜「読み替えられた伊勢神宮――出口延佳、本居宣長を中心に」（ブリーン編『変容する聖地伊勢』所収論文）
十返舍一九『東海道中膝栗毛　下』（岩波文庫、一九七三年）

庄司吉之助ほか校注『日本思想大系58　民衆運動の思想』（岩波書店、一九七〇年）
新城常三『新稿　社寺参詣の社会経済史的研究』（塙書房、一九八二年）
谷口裕信「神苑会の活動と明治の宇治山田」（ブリーン編『変容する聖地伊勢』所収論文）
手中敏景「伊勢道中日記」（西和夫編『伊勢道中日記――旅する大工棟梁』〈平凡社、一九九九年〉）
中西正幸「『神宮明治祭式』について」（『神道学』一五七号、一九九三年）
藤井清司編『神苑会史料』（神苑会清算人事務所、一九一一年）
藤原長兵衛「伊勢参宮按内記」（神宮司庁『大神宮叢書　神宮参拝記大成』〈西濃印刷、一九二三年〉）
ブリーン、ジョン『儀礼と権力――天皇の明治維新』（平凡社、二〇一一年）
――――『神都物語――伊勢の近現代史』（吉川弘文館、二〇一五年）
――――編『変容する聖地伊勢』（思文閣出版、二〇一六年）
松木時彦『神都百物語』（古川書店、一九七二年）
三木章太郎「神宮祠官の活動――浦田町民を中心とする」（『明治維新神道百年史　3』〈神道文化会、一九六六年〉）
箕曲在六「御蔭参宮文政神異記　上下」（神宮司庁『大神宮叢書　神宮参拝記大成』〈西濃印刷、一九二三年〉）
宮地正人作成「宗教法令一覧」（安丸良夫ほか校注『日本近代思想体系5　宗教と国家』〈後掲〉所収）
安丸良夫ほか校注『日本近代思想大系5　宗教と国家』（岩波書店、一九八八年）

コラム　幕末京都の政治都市化と寺院

髙橋秀慧

「京都手入れ」と京都の政治都市化

「京都手入れ」という言葉がある。安政年間に起こった、「将軍継嗣問題」および「条約勅許問題」という二つの政争に際し、対立関係にあった一橋派および南紀派が、政局を自派に有利に進めるため、朝廷に働きかけた政治工作を指す。こうした政治工作に関与し、政争に敗れた一橋派の多数が、のちに安政の大獄で処罰されることになるが、この「京都手入れ」という言葉に端的に表れているように、幕末安政期において、京都はすでに政治の舞台となっていた。

もっとも、このころは一橋派であれば水戸藩、薩摩藩および福井藩、南紀派であれば彦根藩など、政争の当事者たる限られた大名やその家臣、志士らが公家や門跡などと接触していたに過ぎず、軍事力をともなう諸大名の上洛など、京都が本格的に政治都市の色を強めるのは、こののちの一八六二（文久二）年以降のことである。

将軍徳川家茂の上洛と諸大名による寺院の本陣化

四条大宮で質屋を営んでいた町人の鍵屋長治郎（高木在中）は、一八六三年二月二三日の日記に、上洛した諸大名の名前と投宿先（本陣）を書き残している（表1参照）が、その記述によれば加賀藩が建仁寺、長州藩が天龍寺、会津藩が金戒光明寺など、諸大名の多くが寺院を本陣にしていたことがわかる。

この時の諸大名による上洛は、徳川家光以来約二三〇年ぶりに実現した、同年三月の将軍徳川家茂の上洛に合わせてのものであるが、なぜ、多くの寺院が本陣となっていたのであろうか。この時期の京都の情勢を

表1　高木在中日記（文久三年二月二三日条）に記された諸大名の宿所

大名家	宿所
一橋慶喜	東本願寺
水戸藩	本圀寺
加賀藩	建仁寺
薩摩藩	藩邸、大運《ママ》院、本能寺
長州藩	天龍寺
芸州藩	仏光寺
仙台藩	妙真《ママ》寺
福井藩	藩邸
松平春嶽	東本願寺学林
会津藩	金戒光明寺
佐賀藩	真如堂
米沢藩	清水寺
高田藩	因幡薬師
小笠原図書頭	東本願寺惣会所
岡藩	三本木旅宿
宇和島藩	寺町綾小路旅宿
津藩	藩邸
藤堂淡路守	郡山屋敷

踏まえて考えてみたい。

この時期の京都は、諸大名に加え全国から尊攘派の志士が多数上京し、尊攘派の公家を動かして政治活動を行なっていた。特に一八六二年は尊攘派による暗殺事件、いわゆる「天誅」が立て続けに起こるなど、京都の治安は大きく悪化していた。

このような情勢のなか、幕府は同年閏八月に会津藩主松平容保《かたもり》を京都守護職に任命し、洛中の治安維持に当たらせたが、他方で朝廷は尊攘派の働きかけにより、同年一〇月に勅使を江戸に派遣し、幕府に攘夷の実行を迫った。これを受けて諸大名の上洛が相次ぎ、徳川家茂も翌年上洛を果たすことになるなど、京都の政治都市化が顕著になる。なお、新撰組が結成された契機も、家茂上洛に際し京都の治安維持を担うという目的によるものであった。

そこで、なぜ多くの寺院が本陣化されたのか、という点に話を戻そう。その最も大きな理由としては、諸大名は上洛に当たり多数の軍勢を率いていたから、兵士が宿営するためには藩邸だけでは手狭であり、寺院

写真１　西本願寺太鼓楼（写真提供：西本願寺）

が利用されたということが考えられる。現にこの時期には寺院の本陣化と並行して各藩の京都藩邸の改築や増築、複数拠点化などが盛んになっていたという。

またそれ以外にも、戦国時代以来、上洛した武将が寺院を本陣化する伝統があったという見方や、朝廷という政体の一部を構成する洛中の有力寺院への政治的意図を含んだ接近という見方も、先行研究によってなされている。

また、月性《げっしょう》や大洲《おおず》鉄然《てつねん》などの勤王僧を媒介として、長州藩との関わりを深め、「勤王の直諭」を門徒に向けて発信するなど、明確な勤王路線をとった西本願寺が、その牽制の意味も含めて新撰組の屯所にされたように、本陣とはなっていないが、寺院・宗派自体が政治的な主体性をみせることもあった。

土佐藩による智積院の本陣化

実際に施設を提供した寺院はどのような状況に置かれていたのか。ここでは一例として、土佐藩の陣所となった、新義真言宗の本山である智積院《ちしゃくいん》の場合について紹介したい。

智積院は元々紀州根来寺《ねごろじ》の塔頭《たっちゅう》で、学問所の性格をもつ寺院であったが、豊臣秀吉の焼き討ちにより学僧たちは根来寺を追われることになる。のちに学頭であった玄宥《げんゆう》が徳川家康の庇護を受け、京都東山にある豊国神社境内の建物および土地を与えられ、京都に智積院を再興したという経緯をもつ。

近世の智積院は「学山智山」と呼ばれ、境内には全国から集まる学僧を収容するための寮が多数存在していたが、幕末になるにつれ学僧は減少し、洛中では僧侶も天誅の対象になるなど、治安の悪化もあり、いよいよ山内の学僧も少なくなっていた。

写真2　智積院金堂（筆者撮影）

幕末における土佐藩と智積院が接点をもったのは一八六二年一〇月に、土佐藩の平井収二郎らが使者として智積院の寮舎などを借り受ける交渉を担ったことに始まるようである。平井は武市瑞山《たけちずいざん》（半平太《はんぺいた》）率いる土佐勤王党の幹部で、この当時、京都における土佐藩の周旋活動において重要な役割を果たしていた。同年一〇月は先にみたように、諸大名の上洛が活発化する時期であり、それにともない藩邸の他に適当な宿所を探していたと推察される。

この交渉は同年一二月に合意し、境内地のうち、方丈と寮の一部が土佐藩に貸与されることとなった。翌年には前藩主の山内容堂が度々智積院に宿泊し、その間も土佐藩の役人によって寮舎や堂宇のさらなる借用の交渉が続けられている。なお、この当時山内には約三〇〇名の土佐藩関係者が生活していたという。

また、智積院側では、堂宇を貸し出していることによる法要の短縮や実施場所の変更を余儀なくされ、さらには山内で死亡した土佐藩家来の葬儀を執行するなど、寺院側の山内運営にも少なからず影響を及ぼしている。

一八六七（慶応三）年には、さらに情勢が緊迫し、土佐藩から智積院への要求も過重なものとなってくる。例えば、土佐藩が山内に弾薬を持ち込みたいので、その置き場所として勧学院の利用と、不動明王像の遷座を依頼してきたため、代替案として浴室を置き場所にすることとなったという事例や、土佐藩から度々借金の依頼がなされ、山内借用の礼金のうち、未払い分を納めることを条件に、一〇〇両単位の大きな金額の貸与を行なうなど智積院側が困惑している様子がみてとれる。

極めつけは、一八六九（明治二）年、勧学院が爆発炎上した事件である。この件は、智積院側は弾薬保管上の問題とし、土佐藩は灯明から失火したと異なる主張をし、責任の所在は不明なまま終わったが、智積院にとっては、重要な堂宇を失うこととなった。

一八七〇年、とうとう土佐藩は智積院を引き払うこととなった。礼金として一二四〇両が智積院に支払われているが、これは伽藍の復興に使われたという。


以上みてきたように、智積院の場合は本陣化することにより、プラスの面よりも、明らかにマイナスの面が大きかったと思われる。

上洛した諸大名にとって寺院は政治活動、軍事活動のいずれを行なうにも都合のいい施設であったといえる。だが、一方で寺院側はこうした藩勢力の動きに対しどのように対応したのかという点については、先の西本願寺のように、政治的態度を鮮明にした寺院・宗派もあるが、その対応は多様であり、おそらくは智積院のように政局に翻弄された寺院の方が多かったのではないかと思われる。各宗派の動向については、今後の研究が望まれる。

参考文献

青山忠正『日本近世の歴史6　明治維新』（吉川弘文館、二〇一二年）
内田九州男・島野三千穂編『幕末維新京都町人日記　高木在中日記』（清文堂出版、一九八九年）
鎌田道隆「討幕と京都町人」『京都の歴史7』（京都市、一九七四年）

――――「幕末京都の政治都市化」（『京都市歴史資料館紀要』一〇号、一九九二年）
笹部昌利『幕末動乱の京都と相国寺』（相国寺教化活動委員会、二〇一〇年）
谷川　穣「明治維新と仏教」（末木文美士ほか編『新アジア仏教史14　近代国家と仏教』佼成出版社、二〇一一年）
――――「維新期の東西本願寺をめぐって」（明治維新史学会編『講座明治維新11　明治維新と宗教・文化』有志社、二〇一六年）
智山伝法院編『智積院略史』（真言宗智山派宗務庁、一九九六年）
智山年表編纂室編『智山年表近世編』（真言宗智山派宗務庁、二〇一四年）
村山正栄『智積院史』（弘法大師御遠忌事務局、一九三四年）

第III部 カミとホトケにおける「維新」の射程

創建当時の大浦天主堂（長崎市）

創建当時の大浦天主堂（長崎市）

大浦天主堂は、一八六四年にフランス人神父のプティジャンらによって創建されたカトリック教会堂である。現在の正式名称は、カトリック大浦教会。創建当初は比較的小規模なものであったが、当時の日本では珍しい建築物であり、「フランス寺」見物に訪れるものも少なくなかったらしい。しかし、やがてこの教会堂に現れた浦上村の人々が、その信仰を証したことで、キリシタン禁制下における潜伏キリシタンの存在が確認された。いわゆる「長崎の信徒発見」である。神父たちの指導を受けた浦上信徒は、一八六七年に仏葬を拒否したことを発端として、その信仰を公権力に知られることとなり、ここから浦上四番崩れが始まっていくのである（浦川和三郎『日本に於ける公教会の復活』前編〈天主堂、一九一五年〉より）。

幕末維新期のキリスト教という「困難」

星野靖二

一　「困難」の所在

幕末維新期のキリスト教を論じることにはある種の「困難」がともなう。

一つ、例を挙げてみたい。二〇一七年秋に一冊の『聖書』が京都の真宗東派の寺院、円光寺で発見された。その聖書は一八五五年に香港で刊行された漢文のもので、一八六五（慶応元）年に真宗東派の学僧で同寺の住職であった樋口龍温《ひぐちりゅうおん》が東京で入手したものとされる。当時龍温は、禁制であったキリスト教について警戒感をもち、それに対抗するために、護法の立場からキリスト教の内容を検討していた。

それは単に龍温の個人的な関心にのみ基づくものではなく、真宗東派は一八六二（文久二）年に龍温を耶蘇防禦《やそぼうぎょ》掛《がかり》に任命しており、また一八六八年に、護法のために宗学以外の学問を修める機関である護法場を設立した際に、龍温をその最高責任者の一人とし、そこでキリスト教の教義と歴史について考究していた。さらにいえば、西本願寺の学林も、一八六九（明治二）年にキリスト教について学ぶ「破邪学」を開講している。

写真１　「耶蘇罪科に処せらるる図」15丁表（右）、「耶蘇が母馬利亜神の告を蒙むる図」16丁表（左）（田島象二『耶蘇一代弁妄記』〈1874年〉より。挿絵は日本画家の小林永濯の手になる）。キリスト教批判書は、どういう形にせよキリスト教についての知識を提供するものでもあった。

ここで、この『聖書』発見をとりまく背景に目を向けるならば、そこには中国と日本、漢文と日本語、仏教とキリスト教、さらにはキリスト教に対する警戒感とキリスト教についての知識・研究といった多様な要素が折り重ねられているのをみてとることができる。加えて、ここに狭義の――あるいは常識的な意味での――「キリスト教徒」が登場していないということも指摘することができるだろう。

冒頭で「困難」と述べたが、どのような視点から検討すれば、この出来事をよくとらえることができるだろうか。もちろん「日本キリスト教史」や「護法論研究」といったすでに研究蓄積のある視点からみていくことも可能であるが、しかし逆にそうした既存の視点からは抜け落ちてしまう要素もあるだろう。その意味で、そこにみられる多様な要素を包括的に検討するためには、おそらくそのための視点の設定が必要であるように思われる。これまで龍温についての研究がほとんどなされてこなかったことに端的に示されているように、そもそも従来の視点において、この出来事を取り上げるのは「困難」であったのである。

本章はこの「困難」をあらためて考えようとするものであるが、それに先立って幕末維新期のキリスト教をめぐる基本的な出来事を概観しておきたい。

二　幕末維新期のキリスト教をめぐる出来事

1「外からもたらされた」キリスト教

幕末維新期のキリスト教を考える際に、キリスト教の伝道活動は、その出発点において外交政策の一環として消極的に認められた、ということをまず押さえておかなければならない。

江戸幕府は、対外的にはいわゆる鎖国政策をとって諸外国との間の交通・交易を制限し、国内的には切支丹《きりしたん》を邪宗門として禁じており、キリスト教の活動を積極的に承認する意図はもっていなかった。しかし、一八五八（安政五）年に締結された日米修好通商条約を皮切りに、諸外国と通商条約を結んでいくに際して、外国人居留地に滞日外国人のための宗教施設、すなわちキリスト教の教会堂を設けて宗教活動を行なうことを容認した。これは決して外国人宣教師が日本人を対象として伝道活動を行なうことを認めたものではなかったが、一八五九年にカトリックとプロテスタント諸教派の宣教師が横浜・長崎・函館などに来日し、ハリストス正教会のニコライは一八六一（文久元）年に函館に到着して、日本人相手の伝道活動を準備し、進めていくことになる（なお、特にプロテスタント諸教派の日本伝道については、コラム「幕末維新のキリスト教伝道」を参照されたい）。

また、浦上の潜伏キリシタンにまつわる一連の出来事も、明治政府の宗教政策との関連で取り上げられてきた。一八六五年に、カトリックのプティジャン司祭は長崎に大浦天主堂を建立するが、翌年浦上村の人々がそこを訪れ、

写真2　津和野・乙女峠のマリアと安太郎像（著者撮影、2015年）
浦上の潜伏キリシタンであった安太郎は、津和野に配流されて殉教するが、三尺牢に入れられて責め苦を受ける中でマリアをみたとされている。写真は、乙女峠に置かれている、その様子を描いた像。

自分達もキリスト教徒であると告げたとされる。これは日本に滞在していた諸外国の使節や宣教師たちの注目を集め、キリスト教国においてキリスト教の「復活」として広く報じられることになる。しかし、浦上の信者たちのなかから、檀那寺である聖徳寺との関わりを絶ってキリスト教式の葬儀を行なうものが出るに至って、一八六七年に江戸幕府は中心的な信者を捕縛している。キリシタンに対する検挙・弾圧事件を「崩れ」と呼ぶが、すでに浦上では三度に渡って「崩れ」が起きていたため、この一連の事件は「浦上四番崩れ」と呼ばれている。

明治政府は、この問題への対応を江戸幕府から引き継ぐことになるが、一八六八年に太政官より布告を出して「切支丹邪宗門の儀は堅く御禁制たり若《もし》不審なる者有之《これある》は其筋之役所へ可申出《もうしだすべし》御褒美可被下《くださるべき》事」（原カタカナ）とする、いわゆる禁制の高札《こうさつ》を掲示し、キリスト教に対する禁教政策を維持した。明治政府は三〇〇〇人以上の信者を捕縛して津和野など諸藩に配流し、説諭や拷問などによって改宗を迫った。諸外国の使節はこれを問題視して抗議し、のちには岩倉使節団が訪問先の諸国でこの点を批判されることにもなる。

この対外問題を一つの要因として、一八七三年に禁制の高札は撤去され、浦上の信者たちは釈放されるが、結果として六〇〇名以上の殉教者を出した。また、この高札の撤去は積極的にキリスト教を承認したものではなく、その際の布告に「従来高札面の儀は一般熟知の事に付向後《こうご》取除き可申《もうすべき》事」（原カタカナ）とあるように、キリスト教が禁制であることはすでに一般に熟知されているので撤去してかまわないとするものであり、その後もしばしばキリスト教式の葬儀が各地で問題となることになる。こうした状況を受けて、この時期のキリスト教のあり方については黙許《もっきょ》という言葉が用いられることがある。

このように、幕末維新期におけるキリスト教の位置づけを、諸外国との関係性を切り離したところでとらえることは難しい。これとあいまって、幕末維新期の、そしておそらくは今日に至るまで、日本における「キリスト教」の一般的なイメージには、何ほどか「外からもたらされたもの」というまなざしが結びつけられているのである。

2 外からもたらされた「キリスト教」

他方、そのもたらされた「キリスト教」の側にも目を向ける必要がある。キリスト教伝統のなかで普遍性が語られてきたとしても、非歴史的で抽象的な「キリスト教」がそのままもたらされたわけではなく、幕末維新期のキリスト教を考える際に、一九世紀中葉の東アジアにおけるキリスト教伝道という歴史的固有性を切り離して考えることはできない。

もちろん、その「キリスト教」は、単一の物語に回収して説明できるようなものではないが、しかし少なくとも初期に来日した宣教師たちのなかに来日以前は中国大陸において伝道活動に従事していたものが多かったこと、また中国伝道において用いられていた漢文キリスト教書が、特に初期の日本伝道においても大きな役割を果たしたことを指摘することができる。

なお、この時期以降の日本のキリスト教に大きな影響を与えることになるアメリカの宣教師たちには、一九世紀はじめにおける信仰覚醒運動の影響を受けたものがあり、概して強い福音《ふくいん》主義に基づいた伝道への強い使命感がみられた。その使命感は、一方においては社会の文明化――そもそも社会の文明化とキリスト教の伝道を即結合させていたものがあった――を推し進めようとすることにつながり、他方においては保守的なキリスト教理解と結びついて現地の文化伝統に対する対決的な姿勢となって現れることとなる。

しかし、日本人キリスト教徒たちは、必ずしもこうした対決姿勢をそのまま受け入れたわけではない。ここでは触れるにとどめるが、のちに日本の文化伝統と摺り合わせる形で自らのキリスト教理解を組み上げることを試みるものも出てくることになる。

3 日本人キリスト教徒たちと諜者たち

上述したように、江戸幕府も明治政府もキリスト教を禁制としていたが、一八五九年以降、来日した宣教師たちは居留地を中心として伝道の準備を進め、そして可能な範囲で伝道を試みることになる。

まず伝道の準備として、日本語学習と聖書の日本語訳が行なわれた。ヘボン式ローマ字にその名前を残すアメリカ長老教会のJ・C・ヘボンは、一八六七年に日本最初の和英辞典である『和英語林集成』を出し、またアメリカ・オランダ改革派教会のS・R・ブラウンと協力し、奥野昌綱《まさつな》らを助手として一八七二年に『新約聖書馬可伝《マルコ》』と『新約聖書約翰伝《ヨハネ》』、一八七三年に『新約聖書馬太伝《マタイ》』を出している。また、これとは別にアメリカ・バプテスト教会の宣教師であるJ・ゴーブルは『摩太福音書《マタイ》』を一八七一年に訳出している。なお、これらの聖書の日本語訳に際して、中国語訳聖書が大きな影響を与えていることが指摘されている（鈴木 二〇〇六）。

伝道の結果として、禁制の高札が撤去される以前に、受洗した日本人キリスト教徒が現れた。例えば横浜では、幕末のころからブラウンやJ・H・バラ（アメリカ・オランダ改革派）らが活動しており、バラは一八六五年に自らの日本語教師であった矢野隆山《りゅうざん》に洗礼を授け、一八七二年には日本最初のプロテスタント教会である日本基督《キリスト》公会を横浜居留地内に設立している。同教会の設立時に一一名であった日本人信者は、翌年に五八名を数えるに至り、そこには奥野昌綱、井深梶之助《いぶかかじのすけ》、植村正久といった、のちにキリスト教界で指導的な位置を占めることになる人物が含まれていた。また函館では、ハリストス正教会のニコライが、一八六八年に沢辺琢磨ら三名に洗礼を授けた。沢辺らは函館や仙台を中心に官憲の介入を受けながら伝道を行なって信者を獲得し、一八七五年ごろに函館教会は信徒三十余名を数えるようになったという。

こうした状況に対して、明治政府はキリスト教の活動を内偵するため一八七一年ごろに諜者を派遣しているが、諜者のなかにはそれ以前から排撃のためにキリスト教を学んでいた仏教僧侶が含まれていた（大日方　二〇一三）。例えば東本願寺の僧侶であった安藤劉太郎《りゅうたろう》と、西本願寺の僧侶であった正木護《まもる》は、ともに横浜で諜者として活動したが、両者とも政府の諜者となる前に長崎などでキリスト教を探っており、それは幕末以来、東西本願寺がキリスト教排撃を推進していたことを受けたものであった。なお、安藤と正木は一八七二年春に宣教師からの信頼を得るために相次いで受洗している。

日本人キリスト教徒たちについて、居留地ではないが、札幌と熊本においても高札撤廃に前後して、それぞれ信者の一群が形成され、横浜と合わせていわゆる三バンドとして語られてきている。札幌では、一八七六年に札幌農学校に教頭として米国より招かれたW・S・クラークが生徒たちに感化を与え、一八七七年に同校の第一期生がクラークの起草による「イエスを信ずる者の誓約」に署名してキリストを信ずる旨を表明した。のちに二期生のなかから宮部金吾、内村鑑三、新渡戸稲造らが出ている。熊本では、一八七一年に米国より熊本洋学校の教師として招かれたL・L・ジェーンズが生徒たちに感化を与え、一八七六年に海老名弾正《えびなだんじょう》、宮川経輝《つねてる》ら三五名がキリスト教を奉じることを述べた「奉教趣意書」に署名し、さらに小崎弘道《こざきひろみち》ら五名がのちに加わる。これが問題となって熊本洋学校は閉校となるが、これらの学生たちはジェーンズの口添えを受けて、新島襄が一八七五年に京都に設立していた同志社に移り、やはりキリスト教界で指導的な位置を占めていくことになる。

初期の日本人キリスト教徒たちについて、佐幕派の元士族が中心的な位置を占めたという山路愛山《やまじあいざん》のテーゼがあるが（「現代日本教会史論」一九〇五）、それらの日本人キリスト教徒たちは、高札が撤去されてのち、一八八〇年代にかけて日本各地で伝道を本格化させ、教勢を伸張させることになる。この時期、しばしば農村にキリスト教会が設立され、上・中層の農民がその担い手となった。これは、日本社会において「キリスト教」の可視性が高まっていったことを意味するが、同時に仏教徒を含めた地域社会からの反発を生じさせるものでもあった。

その後の日本人キリスト教徒たちの活動については、本書の射程から外れることになるため簡単に触れるにとどめる。一八八九年に発布された大日本帝国憲法において、条件つきではあれ信教の自由が認められ、キリスト教を奉じることが法的に承認されたことになり、多くのキリスト教徒たちはこれを歓迎した。しかし、一八九〇年におきた内村鑑三不敬事件や一八九三年の「教育と宗教の衝突」論争にみられるように、キリスト教に対する批判的なまなざしが日本社会のなかから無くなったわけではなく、日本人キリスト教徒たちはそうしたまなざしを向けられたなかで自らのキリスト教理解を組み上げていくことになる。なお、信徒層について、明治後期以降、プロテスタント・キリスト教が都市の中産知識層的な性格をもつようになっていくことが指摘されている（井門　一九七二）。

二　「困難」の検討

このように概観したうえで、あらためて冒頭で述べた「困難」について考えてみたい。常識的な意味において、「キリスト教」は「キリスト教徒」によって営まれるものであるが、それでは幕末維新期の日本列島において、「キリスト教徒」とはどのような存在であったのだろうか。

一方では来日した宣教師たちと、その周辺に集まる諜者をも含んだ日本人の集団が禁制の高札撤去前から形成されていたが、しかし一八七〇年代までは規模においても、地域的な広がりにおいても、限定的なものであったといえる。他方、潜伏キリシタンたちについても、基本的には「潜伏」しているべき存在とされていたのであって、江戸幕府も初期の明治政府も、その存在を積極的に承認していたわけではなかった。このようにみるならば、彼らが「キリスト教徒」かどうかという神学的な正統の問題を棚上げしたとしても、幕末維新期において、彼らによって生きられている実態としての「キリスト教」の可視性は限られていたということができるだろう。

しかし同時に、幕末維新期の日本社会において、近世における排耶論の伝統を引き継ぎ、あるいは漢文キリスト教書などから得た知識に基づいて、批判を基調として「キリスト教」に言及する文書は枚挙に暇が無い。その意味では、この時期の「キリスト教」については、実態としての「キリスト教」だけでなく、社会の側が「キリスト教」なるものに対して向けるまなざし——そこには邪教観も含まれる——にも焦点を合わせる必要があることになる。そしてそこで「キリスト教」は、浦上の事件にみられたように実際に外交政策と無関係ではなかったこともあって、しばしば諸外国と結びつけられ、また後述する新政反対一揆の際に用いられた「耶蘇」というラベルにみられるように、既存の秩序の外側にあるもの、それをゆるがすものとして描かれていた。

これに付け加えておくと、上述した三バンドがその典型であるように、積極的にキリスト教を評価し、それと関わる人々が一定数出てくることになる。そのなかには、教会を形成して実態としてのキリスト教を形作っていくものがあり、また自らの「キリスト教」についての自己理解――それが神学的に「正統」かどうかは別の問題である――を提示することで、社会に対して弁証を試みたものもあった。『七一雑報《しちいちざっぽう》』（一八七五年創刊）や『六合雑誌《りくごうざっし》』（一八八〇年創刊）のような初期のキリスト教メディアは、こうした流れにおいてとらえることができる。

このように述べたうえで、幕末維新期の「キリスト教」をあえて単純化して二つの視座からみるならば、一方に想像された表象としての「キリスト教」があり、他方に日本社会において実際に生きられている実態としての「キリスト教」があることになる。そして後者が、必ずしも権力によって積極的に承認されたわけではなかったにせよ、より可視的な存在として社会のなかに立ち現れてくるというのが幕末維新期の日本において生じた事態であり、かつ単純に後者が前者を塗り替えていったわけではなく、この二者は相互に影響を与えながら再帰的に展開していくことになる。

さて、ここで表象としての「キリスト教」と実態としての「キリスト教」という二つの視座を提示したが、私見では、それぞれの「キリスト教」を描く際にそれぞれに「困難」があり、さらにはこの二つの「キリスト教」を架橋することに関する「困難」もあるように思われる。以下これらについて考えてみたい。

三　実態としての「キリスト教」――「日本キリスト教史」の射程

先に、日本社会において、実態としての「キリスト教」をめぐる叙述がどのように行なわれてきたのかについて、従来の「日本キリスト教史」の営みを振り返りながらみておきたい。自明なようであるが、「日本キリスト教史」とは日本における「キリスト教」の展開を歴史的に検討しようとするところの学問分野である、とひとまずはいうことができる。では「日本キリスト教史」はどのような「キリスト教」を対象としてきたのだろうか（なお、日本キリスト教史については、以前方法論を中心に回顧した〈星野　二〇〇九〉）。

1　神学的正統と教会史

この何を「キリスト教」とするかという問いに対して、それは神学的な正統の問題であるとする立場があるだろう。例えばプロテスタント神学の立場から、そのような「キリスト教」の歴史をめぐる叙述が試みられており、代表的なものとして石原謙や熊野義孝の著作を挙げることができる〈石原　一九六七、熊野　一九六八〉。

しかし、端的にいって日本において「正統」的なキリスト教が形成されるのはいつなのだろうか。プロテスタント・キリスト教の文脈では、一九〇一年に植村正久と海老名弾正の間でなされたキリスト論をめぐる論争が転機として言及されることがあるが、神学的な視点、あるいは正統的な教会史の視点からなる日本キリスト教史の叙述においては、明治期から大正期と時代が下るにつれて日本の教会が発展・成熟していくとするのが基本的な姿勢となる。のちに確立された「正統」的なキリスト教の視点から歴史をさかのぼってみるならば、教会や神学教育の制度を模索しつつあった明治期の日本のキリスト教については高い評価は与えられておらず、さらにいえば幕末から明治初期にかけては、ほとんど取り上げられることはない。逆にいえば、神学の歴史を描こうとするならば、幕末維新期にはみるべき人や取り上げるべきテクストに乏しいということでもあろう。

また、当然のことでもあるが、これらの叙述は執筆者が属する教派を中心とするものであって、教派間における「正統」の差異は念頭に置かれていない。いいかえれば、それぞれに「正統」をもつさまざまな教派を横断的に叙述するためには、複数言語の運用能力のような実践上の困難をひとまず問わないとしても、少なくともそれらを俯瞰してとらえるための別の枠組みが必要になるということでもある。例えば、幕末維新期から明治期にかけて、ハリストス正教会の勢力は無視し得ないものであったが、プロテスタント・キリスト教における「正統」的な日本キリスト教史の叙述においては、それをうまく組み込むことは「困難」であるのである。

2　日本の近代化とキリスト教

こうした問題はすでに指摘されてきており、別の枠組みにおける日本キリスト教史の叙述も試みられてきた。例えば、戦後になって、日本の近代化というより大きな枠組みから日本のキリスト教、とりわけプロテスタント・キリスト教の歴史をとらえようとした一連の研究が行なわれるようになった。

この日本キリスト教史における「近代化」という視点の設定について、代表的かつその後に大きな影響を与えた論者として隅谷三喜男を挙げることができる（例えば隅谷　一九五〇）。そしてこの視点は、近代化論がきわめてアクチュアルな問題として議論されていたこととあいまって、狭い意味でのキリスト教の歴史を超えて読まれ、広く受け入れられていくことになる。

そこでは、概して明治中期までのキリスト教を、近代化を推進する社会的活力をもっていたものとして積極的に評価する一方で、明治後期以降の戦前のキリスト教については、国家によって馴致《じゅんち》され内向化してしまったものとして消極的な評価が与えられることになる。前述した石原謙らによるキリスト教史の叙述とは評価の軸が逆になっているのをみてとることができるだろう。

その意味で、これらの研究は明治前期におけるキリスト教に着目し、それを高く評価するものであったが、三バンドに代表される指導的な日本人キリスト教徒たちの本格的な活動にしても、農村を含めて日本各地に設立されることになる諸教会にしても、重視されているのは高札の撤去後から一八八〇年代にかけてのそれであり、幕末維新期は、触れられていないわけではないにせよ、前史的に扱われる傾向がある。また、そもそも「近代化」を是とする視点であるがゆえに、近世以前については、打破されるべき桎梏《しっこく》として描かれることはあっても、幕末維新期における近世と近代の連続性や混淆、あるいは選択や交渉などについては、あまり取り上げられないことになる。

このような「近代化」の視点からの叙述は、確かに近代日本におけるキリスト教のある一面をよく描くものであるが、同時に近代化の推進者としての性格を日本のキリスト教に規範的に読み込んでしまう面があった。その規範性に対する批判と、そして日本社会の近代化を問うという問題設定そのもののアクチュアリティが失われていったことなどを合わせ、「近代化」という視点は以前ほど強調されなくなってきているように思われる。

3　文化史的視点

その後も日本キリスト教史の方法は模索されてきているが、ここではより広く文化史的な視点を打ち出した近年の研究に触れておきたい。

例えば高橋昌郎《まさお》は、明治の日本社会・文化とキリスト教との関わりを広く取り上げ、プロテスタント・カトリック・ハリストス正教会に関わる出来事を横断的に叙述している（高橋　二〇〇三）が、その際に従来の日本キリスト教史のものとは異なる視点を採用したと自ら述べている。

また、鈴木範久は、すでに「日本および日本人にとって、キリスト教はなんであったか」（鈴木　二〇〇一、二〇三頁）という視点を打ち出していたが、二〇一七年に今後定本として使用されていくであろう『日本キリスト教史』を刊行した。同書は前近代から現代までを教派横断的に取り扱っているが、そこで鈴木は、「日本のキリスト教を考えるにあたり、教会内の信徒というマイノリティグループの人数のみを対象にするのでなく、広く日本の文化的・社会的広がりのなかでキリスト教の影響や役割を考慮する必要」があるとし、「教会外のいわば文化史的な見方」が必要であると述べている（鈴木　二〇一七、五頁）。

このように、高橋も鈴木も、「正統」や「近代化」ではない形で、より広く日本社会との関わりのなかにおける「キリスト教」を描き出そうとしており、その試みにおいて文化史的な視点が設定されているのをみてとることができた。

4　幕末維新期と日本キリスト教史

さて、このように従来の日本キリスト教史研究におけるいくつかの視点を概観したことによって、二つの論点を示した。

第一に、「正統」と「近代化」のいずれの視点においても、幕末維新期は充分に取り上げられてこなかったことを述べた。第二に、「正統」や「近代化」といった視点が規範的性格をもつことが反省的に検討されてきており、その乗り越えの試みのなかで「文化史」のように範囲をより広げていく方向への展開がみられたことを指摘した。

あらためて幕末維新期のキリスト教についての研究を振り返ってみると、浦上の潜伏キリシタンとその処遇に関する問題や、禁制の高札とその撤去に関する問題、あるいはそれと関連する諸外国との交渉、また信教の自由とその制度化など、制度的な面に焦点を合わせた研究が出されている（例えば山崎　二〇〇六）。

しかし、時代をさかのぼると小澤三郎や海老沢有道による一連の研究があった（小澤　一九七三、海老沢　一九六八）。小澤の著作はもともと一九四四年に出されたものであり、海老沢の著作も戦中に発表された論考を含むものであるが、上述した譯者の問題や、漢文キリスト教書の日本における受容の問題などを取り上げている。譯者の活動は仏教側のキリスト教研究と結びついており、また後述するように漢文キリスト教書の読者はキリスト教徒に限られていなかったため、これらの研究は、幕末維新期において非キリスト教徒たちがどのように「キリスト教」なるものをとらえていたのか、あるいはより広く表象としての「キリスト教」を問題とする方向へとつながりうるものであったが、戦後の日本キリスト教史の展開のなかでは、いくつかの例外（例えば中村　二〇〇〇）を除いて、それらの論点は十分に検討されてきていないように思われる。それらを「文化史」的な視点に基づいて再検討することを、今後の研究課題として考えることができるだろう。

四　表象としての「キリスト教」

次に、表象としての「キリスト教」をめぐる議論を検討していくが、まず幕末維新期においてキリスト教はどのように取り上げられ、論じられていたのだろうか。

1　キリスト教についての知識

先に、江戸後期以降、実態としての「キリスト教」が不在であっても、キリスト教についての知識が学ばれるようになっていたことを指摘しておきたい。

護法論や水戸学そのものについての議論は別章に譲る（特に論文「幕末護法論と儒学ネットワーク」および「排耶と攘夷」を参照のこと）が、例えば冒頭で触れた龍温のように、護法論とキリスト教についての研究が結びついていたものがあった。また、後期水戸学において、キリスト教を西洋諸国による侵略の一手段とみなし、これを排撃するという形で排耶論が展開されることになるが、その論者たちはキリスト教の教義について基本的な知識をもっていたことがうかがわれる。

写真3　『天道溯原』訓点版（1881年）
W・A・P・マーティン（丁韙良）による『天道溯原』初版は1854年に寧波で出され、同年あるいは翌年に日本に持ち込まれていた。明治初年に広く流通するようになっており、これに加えて中村正直による訓点版は1875年に刊行されて以来、20年近く版を重ねていくことになる。代表的なキリスト教文書としてみなされており、多くの排耶文書に言及されている。

視点を変えてみるならば、幕末維新期において、キリスト教についての知識を得るための有力な回路として漢文キリスト教書があったが、それらは中国の儒教的な世界観のなかでキリスト教を弁証することを試みたものであったため、儒教の素養を備えた日本の読者にとっても、ある意味で受け入れやすい面があった。実際に、横井小楠《しょうなん》や中村正直のように、排耶とは少し異なる文脈から、儒教を前提としてキリスト教、あるいはその「天」に関心をもったものもあり、特に中村は代表的な漢文キリスト教書である『天道溯原』に訓点を施して刊行し、これによって同書はより多くの読者を得ることになる（吉田　一九九二）。

また、平田篤胤《あつたね》の復古神道におけるキリスト教の影響については、村岡典嗣《つねつぐ》の指摘以来議論がなされてきているが、少なくとも南里有隣《なんりゆうりん》のように、実際に『天道溯原』を読んで自らの思索を展開させた国学者もあったのである（前田　二〇〇九）。

これらの議論は、何らかキリスト教についての知識を学び、検討しようとする姿勢を含むものであったが、しかしそれは多くの場合、キリスト教に対する警戒感と結びついていた。むしろ、キリスト教邪教観が社会の基調としてあったということができるだろう。

2　「耶蘇」と新政反対一揆

これについて興味深いのが、明治初年における「耶蘇《やそ》」や「異人」という言葉の使われ方である。一八七一年ごろから七六年ごろにかけて起きたいわゆる新政反対一揆において、農民たちから新政府の施策に対して暴力の行使を含む異議申し立てが行なわれたが、そこで受け入れがたいもの、排撃すべきものに対して「異人」や「耶蘇」という言葉が投げかけられた。そうした一揆の例として、一八七一年の三河における大浜騒動、広島における武一騒動、石見における邇摩《にま》郡騒動、また一八七三年の越前における護法一揆などが挙げられるが、武一騒動の際に、新政府が村役人たちに「耶蘇宗の秘仏」を渡して太政官の手先としているという流言があったことが、一揆を起こした農民に対する説諭文のなかに記されている（「芸備等十六郡騒擾説諭」〈安丸・深谷校注　一九八九、九八頁〉）。そこでは新政府の役人や、排除すべきであるとみなされた対象を「異人」や「耶蘇」と名指すことが行なわれていたことになるが、この場合の「異人」や「耶蘇」は表象としてのキリスト教であって、実態としてのキリスト教とは直接的な関係をまったくもたない。ここで問うべきは、この「耶蘇」が正しくキリスト教のことについて述べているかどうかではなく、なぜそこで「耶蘇」という名指しが行なわれたのかということであろう。

例えば深谷克己や安丸良夫《やすまるよしお》が指摘しているように、新政府への政治体制の移行は、より広い範囲での社会変動をともなうものであり、村落共同体における既存の秩序やコスモロジーは再編成を迫られ、かつ散髪脱刀令などによって生活世界が実際に目にみえる形で変容させられることになった（深谷　一九八九、安丸　一九八八）。

その過程において、新政府は外部から介入し、強制してくる圧倒的な他者としてとらえられ、これに対して「耶蘇」や「異人」が、既存の秩序を外部から揺るがすものに対するラベルとして用いられた。いうまでもなく、新政府は決してキリスト教に対して好意的であったわけではなく、その意味でこの「耶蘇」は、キリスト教であるかどうかを直接的に問題としていたわけではなかった。むしろ新政府のとった啓蒙的に開化を推し進めていく姿勢が「耶蘇」として名指された面があったことになる（安丸　一九八八）。越後の護法一揆では、かつて西本願寺の僧侶として護法のためにキリスト教を内偵していた石丸八郎《いしまるはちろう》に対して「耶蘇」を唱導しているという批判が投げかけられたが、それはまさに石丸が教導職として新政府による教化政策を推し進めようとしていたがゆえであった。

3　近世における「邪」と「正」

このような「耶蘇」観には切支丹を邪宗門とする近世以来の邪教観が流れ込んでいることになるが、近世の切支丹観についても、その展開を踏まえておく必要がある。近世の日本において「切支丹」は禁制であり、潜伏キリシタンが「潜伏」していたように、実態としてのキリスト教が可視的な存在としてあることは許されておらず、キリスト教についての知識も限定的であった。逆にいえば、近世において「切支丹」として語られていたところのものは、実態としてのキリスト教そのものを指し示していたわけではないのである。

これについて、大橋幸泰《ゆきひろ》が示唆的な議論を行なっている（例えば大橋　二〇一七）。ここでは本章との関わりで二つの論点を挙げておきたい。

第一に、大橋は実態としての宗教活動を指し示す「キリシタン」と、史料用語である「切支丹」とを区別し、前者は「近世期、宣教師時代の系譜を継承する実態としての宗教活動」を指し示しているのに対し、後者は「近世人が思い描いた虚構としての宗教活動を指す」（大橋　二〇一七、一二頁）とする。

第二に、近世期を通しての「切支丹」の肥大化である。大橋は、島原天草一揆を重要な契機として、「切支丹」に秩序を乱す「邪」であるというイメージが付加され、さらに実態としてのキリシタンの潜伏と不在を受けて、仮構としての「切支丹」が、いわば一人歩きする形で肥大化していくという基本的な見通しを示している。

この「邪」の問題について、大橋は近世の宗教的世界を正邪の軸においてみるならば、その中間に異端的宗教活動と呼ぶことができるようなさまざまな宗教実践があるとする。そして当初は「切支丹」を明快な「邪」とし、それ以外をどちらかといえば曖昧な「正」の側に位置づけるような統治者側の姿勢があり、そこで異端的宗教活動は、少なくとも「邪」ではないものとして容認されていたとする。これに対して、やがて「切支丹」イメージが肥大化していくとともに、さまざまな異端的宗教活動もまた「邪」の側に組み込まれていくとし、「近世から近代への転換に際して、明快な「邪」から曖昧な「邪」へ、曖昧な「正」から明快な「正」へ、という「邪正」の逆転が起こった」（大橋　二〇一七、三三二頁）と述べるのである。

近世においては、なおその明快な「正」の内実は模索されていたとされるが――大橋はその延長線上に近代の国家神道体制の形成を示唆している――重要なのは「切支丹」が「邪」である所以が、必ずしも実態としてのキリスト教との結びつきによってではなく、既存の秩序を揺るがすものであるかどうかに求められるようになった面があったという指摘である。

例えば、一八二七（文政一〇）年に京都・大坂で切支丹の疑いのある人々が捕縛されるという事件が起き、最終的に首謀者六名が「切支丹」として認定され、磔《はりつけ》にされている（この事件については、コラム「京坂「切支丹」一件」を参照されたい）。その「切支丹」たちは、同時代の民間信仰や流行神《はやりがみ》の延長線上に位置づけうる現世利益的な加持祈禱を実践していた一方で、例えば潜伏キリシタンたちに認められるような、キリスト教伝統との直接的な結びつきをもっておらず、それらの「切支丹」たちを積極的にキリシタンであったと論じる先行研究は少ない。しかしながら、その者たちは自らが既存の秩序から逸脱していることを自覚し、そのうえで「切支丹」であると自認していたのであり、またそうであるがゆえに磔にされたのであった。

これに、潜伏キリシタンたちにおいて、キリシタンである疑いが濃厚であったにも関わらず、幕府からみて「模範的な百姓」であったために問題化されなかった面があったという指摘（大橋 二〇〇一）を考え合わせるならば、近世後期の段階において、「切支丹」、すなわち表象としてのキリスト教については、何よりも既存の秩序との関係性が問題とされる面があったことをみてとることができる。

関連して、キリ・パラモア（Kiri Paramore）は、近世の日本の思想において、キリスト教を排する議論によって、思想の正統性を担保しようとするあり方がみられたと論じているが（Paramore 二〇〇九）、そのような思想的な展開と「切支丹」イメージの展開とを結びつけて考えることができるだろう。

4　表象としての「キリスト教」のゆくえ

このように、幕末維新期における表象としての「キリスト教」については、近世における展開を受けて邪教観を基調とするとしても、その現れには幅があり、場合によっては実態としての「キリスト教」と直接的な関係をもたない場合もあったことを確認することができた。

繰り返しになるが、こうした表象としての「キリスト教」は、やがて社会のなかで可視化されていく実態としての「キリスト教」と、お互いに影響を与えながら再帰的に展開していくことになるが、その際に近世以来の邪教観がすぐさまに誤解として捨て去られたわけではない。本書の射程外になるが、例えば明治中期以降の天理教批判において、表象としての「耶蘇」や「切支丹」が呼び覚まされ、重ねられるということもあったのである。

いずれにせよ、このように幅のある「キリスト教」表象をそれとして検討するためには、キリスト教の本質をめぐる議論を一度棚上げし、何がキリスト教として「みなされてきたのか」という問いにおいて考える必要があるだろう。しかし、そうした問いから、さまざまな事例――もちろんそこには資料的な制約があることになるが――を個別に検討していくことは可能であるとしても、それらを総体としてとらえるための視点の設定は、依然として「困難」であるように思われる。

五　「困難」を超えて

以上、本章では幕末維新期のキリスト教について、基本的な出来事を確認したうえで、実態としての「キリスト教」と表象としての「キリスト教」という二つの視点を設定し、前者を取り扱ってきた「日本キリスト教史」の営みにおいて、これまでの研究では幕末維新期のキリスト教を取り扱う際に「困難」があること、他方で「文化史」的な方向に開いていく動きがあることについて述べた。後者についてでは、それが多様であること、そこに近世における展開が流れ込んでいることをみたうえで、それらを総体的にとらえるための視点の設定に「困難」があると述べた。

これについて、日本キリスト教史において「文化史」的な視点を設定することで、表象としての「キリスト教」をも取り扱いうる、とひとまずはいうことができるが、その場合にも、どこまでをキリスト教に関わる文化としてとらえうるのかという問題が残る。これについて鈴木範久はまったく正当に「日本における聖書の思想」を基準点とするとしているが（鈴木　二〇一七、六頁）、例えば大橋のいう「切支丹」のような「キリスト教」表象は、そこにうまくあてはまらないことになるだろう。

おそらく、実態としての「キリスト教」と表象としての「キリスト教」をともに取り上げるためには、そのための俯瞰的・横断的な視点の設定が必要である。それを〈宗教〉史——歴史的な概念としての〈宗教〉をめぐる歴史——と名付けるかどうかは別として、それは実践的には仏教史や日本思想史、あるいは国学や儒学についての研究など、さまざまな研究蓄積を横断的に検討していく営みとして行なわれる必要があり、かつ日本という地域的な枠組みについても、これを外して考えていく必要があるだろう。

本書は、その副題に「交錯する宗教世界」とあるように、どのようにして宗教世界における「交錯」をそれとして考えることができるのかという問題意識を基底にすえるものである。本章では、幕末維新期におけるキリスト教を論じることに「困難」があることを述べてきたが、それはまた今後の研究の展開が見込まれるということでもある。まさに「カミとホトケ」――そのカミはGod／天主／上帝／耶蘇／神でもある――を俯瞰的にとらえるような視点と、それに基づく歴史叙述が求められているのである。

参考文献

「芸備等十六郡騒擾説諭」（安丸良夫・深谷克己校注『日本近代思想大系21　民衆運動』〈岩波書店、一九八九年〉）
井門富二夫『世俗社会の宗教』（日本基督教団出版局、一九七二年）
石原　謙『日本キリスト教史論』（新教出版社、一九六七年）
海老沢有道『維新変革期とキリスト教』（新生社、一九六八年）
大橋幸泰『キリシタン民衆史の研究』（東京堂出版、二〇〇一年）
――『近世潜伏宗教論――キリシタンと隠し念仏』（校倉書房、二〇一七年）
大日方純夫『維新政府の密偵たち――御庭番と警察のあいだ』（吉川弘文館、二〇一三年）
小澤三郎『幕末明治耶蘇教史研究』（〈新装版〉日本基督教団出版局、一九七三年）
熊野義孝『日本キリスト教神学思想史』（新教出版社、一九六八年）
鈴木範久『日本キリスト教史物語』（教文館、二〇〇一年）
――『聖書の日本語――翻訳の歴史』（岩波書店、二〇〇六年）
――『日本キリスト教史――年表で読む』（教文館、二〇一七年）
隅谷三喜男『近代日本の形成とキリスト教――明治初期プロテスタント教会史論』（新教出版社、一九五〇年）
高橋昌郎『明治のキリスト教』（吉川弘文館、二〇〇三年）
中村博武『宣教と受容――明治期キリスト教の基礎的研究』（思文閣出版、二〇〇〇年）
深谷克己「世直し一揆と新政反対一揆」（前掲安丸・深谷校注『日本近代思想大系21　民衆運動』所収）
星野靖二「キリスト教史と〈宗教〉史の〝あいだ〟」（市川裕・松村一男・渡辺和子編『宗教史とは何か』下巻〈リトン、二〇〇九年〉）

前田　勉『江戸後期の思想空間』（ぺりかん社、二〇〇九年）
山崎渾子『岩倉使節団における宗教問題』（思文閣出版、二〇〇六年）
山路愛山「現代日本教会史論」（『現代日本文学大系6　北村透谷・山路愛山集』〈筑摩書房、一九六九年〉）
安丸良夫「近代転換期における宗教と国家」（安丸良夫・宮地正人校注『日本近代思想大系5　宗教と国家』〈岩波書店、一九八八年〉）
吉田　寅『中国キリスト教伝道文書の研究――『天道溯原』の研究・附訳注』（汲古書院、一九九三年）
Kiri Paramore, *Ideology and Christianity in Japan*. Routledge, 2009

関連文献

同志社大学人文科学研究所編『排耶論の研究』（教文館、一九八九年）
Notto R. Thelle, *Buddhism and Christianity in Japan: From Conflict to Dialogue, 1854-1899*. University of Hawai'i Press, 1987

コラム

幕末維新のキリスト教伝道

落合建仁

はじめに

キリスト教にとって伝道は本質的な事柄である。なぜならば、イエスは地上の生涯の最後、すなわち十字架刑の後、墓から復活して天に上げられる（昇天）直前、弟子たちに向かって「全世界に行って、すべての造られたものに福音《ふくいん》を宣べ伝えなさい」（新約聖書「マルコによる福音書」第一六章一五節〈新共同訳〉）といわれたと、聖書に記されているからである。一五四九（天文一八）年、イエズス会の宣教師フランシスコ・ザビエルによって日本へ初めて伝えられたキリスト教は、一七世紀前半に相次いで出された禁教令以降、禁教下にあったが、幕末期になって外国人宣教師による伝道活動が再開されることになった。本コラムでは、幕末維新期に展開していった伝道活動のなかでも、プロテスタント・キリスト教による伝道の様子を概観していきたい。

プロテスタント伝道事始め

一八五八（安政五）年、日米修好通商条約が調印され（翌年発効）、その第八条によって居留地内における外国人の信仰の自由や礼拝堂の設置について認められることとなった。そこで、日本伝道の可能性を打診するためにアメリカンボード（一八一〇年に設立された外国伝道組織で会衆派《かいしゅうは》が主体）のS・W・ウィリアムズとアメリカ聖公会のE・W・サイルが、アメリカ・オランダ改革派教会（のちにアメリカ改革派教会）のA・J・ウッドとともに長崎に来着した。彼らは日本伝道の必要性を認め、アメリカ長老教会とアメリカ聖公会、オランダ改革派教会の伝道局本部に宣教

写真1　来日前、ニューヨークで開業医をしていたころのヘボン（野田秀三蔵）（『ヘボン在日書簡全集』〈教文館、2009年〉4頁より）

師派遣を要請し、それを受けて一八五九（安政六）年に続々と各教派の宣教師たちが来日することとなった（なお、琉球王国ではすでに一八四六〈弘化三〉年からイギリス海軍琉球伝道会宣教師のB・J・ベッテルハイムが、禁教下約八年間にわたって伝道しており、聖書の一部を琉球語に翻訳したほか、医療事業に従事、数人の受洗者も出ている）。

一八五九年五月二日にアメリカ聖公会のジョン・リギンズ、六月末に同会のC・M・ウィリアムズが長崎に到着したのを皮切りに、一〇月一八日にアメリカ長老教会のJ・C・ヘボン（**写真1**）、一一月一日にオランダ改革派教会のS・R・ブラウンとD・B・シモンズが神奈川に、一一月七日に同教会のG・F・フルベッキが長崎に着いた。翌年四月一日には、かつてペリーとともに日本開国に際して渡来した経験のあるバプテスト派教会のゴーブルも神奈川に着いた。日本におけるプロテスタント・キリスト教伝道の基礎を築いたのが彼らであることは、「その後ほとんど十年、幕末の激動する日本の社会のなかで、これら四つのボード〔宣教団体〕のほかは、新たに宣教師を派遣することがな」かったことからもわかる（杉井　一九八四）。アメリカンボードからは、少し遅れてD・C・グリーンが一八六九年に来日した。なお、〈宣教師のキリスト教伝道＝文化帝国主義〉または〈キリスト教化＝文明化〉とみなされるきらいがあるが、この時期の日本伝道に限っていえばその一般化は当てはまらないであろう。なぜならば、例えばアメリカンボードの場合、先行する他国への海外伝道における反省から、この時期は福音と文明を明確に区別して、福音のみを伝えるべきという方針をとっていたからである（ルーファス・アンダーソン主義）。

ヘボンの場合

さて、無事来日を果たした彼らではあったが、日本人のキリスト教信仰はなお禁じられていたため、医療活動や教育活動、聖書の翻訳などに従事して伝道の手がかりを得ようとした。例えば、「自分の天職」は「聖書の翻訳、この国に福音を伝えること」であると考えていたヘボンの場合、彼は医療宣教師として神奈川の成仏寺（写真2）に住み込みながら無償で医療活動を開始、日本語を研究して和英辞書『和英語林集成』（一八六七）の編纂を経て（その見出しの表記法はヘボン式ローマ字として普及した）、聖書の翻訳を志した（『新約聖書馬可《マルコ》伝』一八七二）。ヘボンは晩年、日本での働きを振り返り、「主イエス・キリストが、まずわたしを選び、日本人の間で主キリストのため働くよう、遣わしてくださったこと……、こんなに多くのキリスト教伝道の成果を見ることを許してくださったことを感謝している。今日、一般的にヘボンの名はヘボン式ローマ字との関わりで記憶されているが、彼は元来、キリスト教伝道のために来日したのであった。

同様のことは、大学南校教頭や明治政府の太政官顧問の位にあったことで知られる、フルベッキにも当てはまるであろう。長崎到着間もない時に彼は「以前か

写真２　神奈川宿成仏寺の宣教師たち
（横浜開港資料館蔵）（横浜開港資料館・明治学院大学図書館・明治学院歴史資料館編『宣教医ヘボン——ローマ字・和英辞書・翻訳聖書のパイオニア』〈公益財団法人横浜市ふるさと歴史財団、2013年〉13頁より）

らいるオランダ人にもわたしたちの働きは霊的な益であることを喜びとするものでありますが、それよりも、日本人にキリストの福音の使者として召命をうけたことを、わたしは本当に喜びとするものであります」と記している。フルベッキはまた、日本から欧米へ使節団を派遣すべく「ブリーフ・スケッチ」を明治政府要人に宛てて記したが、特に強調したのは「宗教的寛容についての覚書き」部分であった。

福音伝道の進展

さて、一八五九年以降、在日宣教師の人数はヘボンを含め五~七人で推移していたが、一八六五(慶応元)年一一月五日、記念すべき出来事が起こる。それは、元鍼《はり》医で、幕府老中の紹介を経てブラウンとオランダ改革派教会宣教師J・H・バラ(一八六一年来日)の日本語教師となっていた矢野隆山《りゅうざん》がバラから受洗したことである。彼は、バラの指示によって漢訳聖書を邦訳しているうちにキリスト教の理解が進み、のちに重い肺患を病み、病床で洗礼を受けたのであった(一カ月後に死去)。矢野は日本人として国内最初のプロテスタント信者となったのであり、ここに幕末期キリスト教伝道の一初穂をみることができる。

開港場の居留地に入った宣教師たちの下にはその後、英語を学ぶ目的で日本人青年たち(特に武士の子弟たち)が集い始めた。表面上は英語教授であった宣教師たちの伝道、そして日本人青年たちの熱心な祈りが契機となって、一八七二(明治五)年三月一〇日、日本人青年九人がバラから受洗、すでに受洗していた二人を加え、日本人による最初のプロテスタント教会である日本基督《キリスト》公会(横浜公会ともいい、今日の横浜海岸教会。なお、公会とは当時の言葉で教会を意味した)の成立へと至った。それは、二世紀半にわたるキリスト教禁教政策が事実上終わりを告げる、キリシタン禁制の高札《こうさつ》が撤去(一八七三)されるよりも前に起きた出来事であった。

その後、日本における諸教派協力の伝道方針を定めるべく、一八七二(明治五)年九月二〇~二四日に横浜で第一回宣教師会議が開催されるに至る。参加したのは三派（アメリカ長老教会、アメリカ改革派教会、アメリカンボード）であったが、主に次の三点が議された。すなわち、（一）聖書翻訳委員会の結成、（二）合同教会の設立、（三）伝道事業の諸分野（日本人教職の養成、文書伝道について、医療伝道とそれに関わる諸事業の結社の支持、ローマ字を使った教育システムの勧め）についてである。これら議事からもわかるように、全体として、幕末維新期におけるプロテスタント・キリスト教の宣教師たちの関心事は、どこまでも福音伝道に向かうものであったといえるであろう。

主な参考文献（入手しやすい日本語のものに限った）

大西晴樹『ヘボンさんと日本の開化』（NHK出版、二〇一四年）
岡部一興編、高谷道男・有地美子訳『ヘボン在日書簡全集』（教文館、二〇〇九年）
小檜山ルイ「海外伝道と世界のアメリカ化」（森孝一編『アメリカと宗教』〈日本国際問題研究所、一九九七年〉所収）
重久篤太郎『お雇い外国人⑤　教育・宗教』（鹿島研究所出版会、一九六八年）
杉井六郎『明治期キリスト教の研究』（同朋舎出版、一九八四年）
鈴木範久『日本キリスト教史――年表で読む』（教文館、二〇一七年）
高橋昌郎『明治のキリスト教』（吉川弘文館、二〇〇三年）
高谷道男編訳著『ヘボンの手紙』（有隣堂、一九七六年）
――編訳『フルベッキ書簡集』（新教出版社、一九七八年）
日本キリスト教歴史大事典編集委員会編『日本キリスト教歴史大事典』（教文館、一九八八年）
G・F・フルベッキ（田中彰訳）「ブリーフ・スケッチ」（『日本近代思想大系1　開国』〈岩波書店、一九九一年〉所収）

参考表

	プロテスタント信徒総数	総人口に対する信徒の比率	在日プロテスタント宣教師数	参考：政府雇い外国人数（但し、1872年以降）
1865年（慶応元）	1	——	7	——
1866年（慶応２）	4	——	7	——
1868年（明治元）	7	——	8	——
1869年（明治２）	11	——	13	——
1872年（明治５）	22	0.000063%	28	369
1873年（明治６）	59	——	55	507
1874年（明治７）	131	——	66	524
1876年（明治９）	596	——	87	469
1877年（明治10）	836	0.0022%	99	381

以上は、加藤邦雄「日本におけるプロテスタント教会教勢の一研究」（日本基督教団宣教研究所編『プロテスタント百年史研究』日本基督教団出版部、1961年所収）、G.F. フルベッキ（五十嵐喜和訳）『日本プロテスタント伝道史——明治初期諸教派の歩み〈下〉』（日本基督教会歴史編纂委員会、1985年）、梅渓昇『お雇い外国人——明治日本の脇役たち』（講談社、2007年）を参照して作成した。なお、初期のプロテスタント宣教師の多くはアメリカから来ており、イギリスやフランスからが多い政府雇い外国人の場合とは傾向が異なる。

幕末／明治前期の仏書出版

引野亨輔

一　日本近代出版史と本木昌造

これまでの日本近代出版史といえば、本木《もとき》昌造《しょうぞう》（一八二四～七五）という人物を中心にすえて叙述されることが多かった。その典型例として、『明治事物起原』（石井　一九〇八、八四～八八頁）の一節を抜粋してみよう。

我国にて活字の発明ありたるは、既に数百年以前のことなれども、正版の進歩するにも関はらず、活版は依然として一の進歩もなく、一々文字を木又は銅駒の一端に手刻し、之《これ》を罫版の間に植込み、又は活字のみ組合せて印刷するに過ぎざりしを以て、其《その》摺本も鮮明ならず、遂に擯斥《ひんせき》せらるゝに至れり。（中略）かくて、天保弘化以後に至りては、外船の渡来と同時に、精巧の印書続々舶来したれば、人々始めて我が印刷術の迂遠《うえん》なるを感じたるならん。茲《ここ》に長崎の人にて、和蘭通詞役本木昌造と云ふ人あり。年少の頃より西洋工芸の道に熱心なりしが、偶然の事より活字鋳造の工夫を思ひ立ち、（中略）自著和蘭通弁に関する一小冊を秘刊し、知己の朋友を始め和蘭人にも若干冊を贈りしに、（中略）是《これ》我国にて、鋳造の活字にて印刷したる嚆矢《こうし》にして、活字改良の第一着歩なるべし。（中略）東京にて最も早く活版印刷業を始めたるは、左院、日就社、蔵田活版所、横浜毎日新聞社等にして、何れも本木氏の活字を購求したるものなり。

『明治事物起原』は、本木の死去から三〇年程度しか時を経ていない一九〇八（明治四一）年に、在野の文化史研究者である石井研堂《けんどう》によって刊行されたものだが、すでに近代出版史の通説と呼び得る要素が軒並み登場しており興味深い。すなわちここでは、出版に手間のかかり過ぎる木版印刷が遅れた技術とみなされ、近世後期には次第にその価値が低下していたとされる。それゆえ、幕末期からいち早く日本語活字の改良に乗り出した本木の行動が、先見の明をもつものとして最大級に評価される。しかも、明治の始めに本木によって創設された築地活版製造所は、多くの出版社に日本語活字を提供したから、彼こそ日本における印刷術発展の恩人ということになるわけである。

もちろん、右のような「本木昌造中心史観」の見直しが、現在まで全く行なわれてこなかったわけではない。川田久長は、明治初期の東京に、本木系以外にも、さまざまな活字製造所が乱立していた状況を指摘し、それらの競合と試行錯誤のなかで、日本の印刷術が発展した事実を立証している（川田　一九八一、八七～一三八頁）。また鈴木広光は、一九世紀後半の中国で、欧米宣教師が電胎法（化学反応を利用した活字鋳造法）によって漢字活字を改良しつつあった事実を指摘し、そのような世界史的動向のなかで、本木らもスムーズに活版印刷を導入できたと結論づけている（鈴木広光　二〇一五、一一四～一二二頁）。

なるほど川田や鈴木の研究成果は、近代出版史に新知見を書き加えたが、遅れた木版印刷が最新の活版印刷によってたちまち駆逐されるという枠組みを書き替えることはなかった。しかし、そもそも明治初期の日本社会は、何を作るために活版印刷を必要としたのだろうか。その肝心な部分に迫り得ないで、新技術の受容史を描いたことにはならないだろう。

ここで西欧印刷史の権威であるアンドルー・ペティグリーの発言に注目してみたい。ペティグリーによれば、ヨーロッパで活版印刷を導入した黎明期の印刷業者は、次々と倒産の危機に陥った。というのも、数百部単位で複製される書物を、効率的に購買者へ送り届けるノウハウは、まだ確立されていなかったからである（ペティグリー二〇一五、九六〜九九頁）。たとえどれほど安価に大量の複製品を生み出す技術があっても、それらを売りさばく目算がなければ、商業出版は成り立たない。こうしたペティグリーの至極真っ当な提言を踏まえるなら、日本近代の活版印刷導入に関しても、技術的な画期性ばかりを強調するのではなく、その技術を活用する際の具体相に焦点を合わせる必要がある。

例えば鈴木淳は、明治初期の日本で最も積極的に活版印刷の導入を図った存在として、法治国家体制の整備を急ぐ新政府に注目している（鈴木淳　二〇一三、四九〜六二頁）。近代的な国家体制の樹立を目指し、日々発せられる法令を迅速かつ正確に全国へ布告するには、従来の木版印刷では対応不可能だったからである。このような国家事業であれば、印刷機導入という初期投資に対して、そこまで採算性を考慮する必要もない。日本社会における印刷技術の近代化は、その導入を必須要件とする官公庁において始められていった。

鈴木の指摘を踏まえるなら、情報の迅速性を最重要課題としていない専門書の場合、官公庁のように早急な活版印刷の導入が求められたかどうかは検討の余地がある。そこで以下では、専門書の一つである仏書に注目し、①木版印刷に基づく幕末期の出版業界は本当に技術的な限界を迎えつつあったのか、②明治前期の出版業界は活版印刷をいち早く必須の新技術として受け入れたのか、という二点の再検証を行なってみたい。

二　江戸時代における商業出版と木版印刷

1　書籍目録からみる江戸時代前期の仏書出版隆盛

ここではさかのぼりにさかのぼって、江戸時代前期の出版状況を検討してみよう。というのも、営利を目的とする本屋が、日本史上で初めて明確にその姿を現すのは、江戸時代前期の京都だからである。例えば『京羽二重《きょうはぶたえ》』は一六八五（貞享二）年に刊行された京都の名所案内であるが、そこには江戸時代を代表する一〇軒の本屋が紹介されている。そのうち、平楽寺《へいらくじ》（村上勘兵衛）と中野五郎右衛門は法華宗、前川権兵衛と中野小左衛門は真言宗、田原仁左衛門は禅宗、西村九郎右衛門は一向宗専門の本屋なので、実に六軒が仏書専門店ということになる。

右のような仏書出版の隆盛は、書籍目録と呼ばれる史料からも読みとり得る。書籍目録は、江戸時代に有志の本屋が、当時刊行されていた書物を列挙した販売図書目録である（慶應義塾大学附属研究所斯道文庫編　一九六二～六三）。**表1**は、そのうち一六七〇（寛文一〇）年版、一六九二（元禄五）年版、一七二九（享保一四）年版、一七五四（宝暦四）年版、一七七二（明和九）年版に列挙された出版書の数を分野別に示している。ただし、一六九二年版のみは一六七〇年版の増補なので、重出分と新出分を分けて示した。

まずこの表から読みとり得るのは、仏書出版の圧倒的な量である。一六七〇年版から一七二九年版に至るまで、仏書が全体のなかに占める割合は約四〇％に及ぶ。このような仏書隆盛の背景には何があったのだろうか。

ここで注目すべきは、江戸時代における仏教諸宗の分立と、近世檀林《だんりん》の誕生である。江戸幕府は諸宗の本山に僧侶支配権を分与し、宗派ごとに組織化させることで、仏教勢力の統制を図った。自宗派の僧侶掌握を幕府から強く

表１　書籍目録からみた分野別の出版書部数

	仏書	儒書	正史·神書·有職	文学書	字辞書	実学書	実用書
1670（寛文10）年版	1690	536	79	686	76	433	364
1692（元禄５）年版	2807 ［重出：1534］ ［新出：1273］	880 ［重出：473］ ［新出：407］	135 ［重出：72］ ［新出：63］	1659 ［重出：662］ ［新出：997］	179 ［重出： 72］ ［新出：107］	726 ［重出：399］ ［新出：327］	806 ［重出：338］ ［新出：468］
1729（享保14）年版	1328	454	96	354	58	357	693
1754（宝暦４）年版	435	421	40	701	71	159	848
1772（明和９）年版	452	570	34	471	86	253	1019

引野亨輔「仏書と僧侶・信徒」掲載の表を一部改変
註：「儒書」＝諸子・漢詩文・伝記・故事を含む,「文学書」＝和歌・俳諧・草紙など,「実学書」＝暦占・軍書・医書など,「実用書」＝謡・茶道・立花・書道手本など

要請された仏教諸宗は、浄土宗なら関東十八檀林、天台宗なら関東八檀林というように、僧侶養成機関の整備を進めた。こうして整備された近世檀林は、八宗兼学を基本とする中世の談義所と異なり、所属する宗派の住職資格を得るため修学が必須条件となる場である。そこで、檀林に大挙して押しかけることとなった修行僧たちは、師匠から授与される秘伝書ではなく、民間の本屋によって出版される刊本の教学書を手にして、一斉教化を受けるようになった（西村　二〇一〇、一八四～一九五頁）。

つまり、江戸時代前期における仏書特需とは、仏教諸宗教団と特定の本屋（例えば日蓮宗檀林と村上勘兵衛）が結託し、檀林教科書を修行僧に売りさばくことで、生み出された現象だったのである。この事実は、日本社会における商業出版の成立を考えるうえでも重要である。近年横田冬彦らの研究成果により、江戸時代を出版文化隆盛の時代ととらえる風潮が定着している（横田　二〇〇九、三一五～三七三頁）。ただし、不特定多数の購買者に向けて、ベストセラーになるかもしれない書物を販売する現代のような商業出版の姿を、そこに思い描くのは間違いである。少なくとも江戸時代前期段階の商業出版とは、仏教諸宗

教団のような知的特権層と結ぶことで、確実に購入が見込まれる読者層（例えば諸宗檀林の修行僧）を掌握し、着実に一定部数売りさばくのが一般的なかたちであった。

木版印刷が江戸時代の商業出版を支えていたことはすでに指摘したが、それも右の状況を踏まえれば当然であった。江戸時代初頭において短期間に流行をみせた古活字版の場合、一度に印刷できるのは一〇〇部程度であり、しかも再版には活字の組み直しが必要となる。しかし、木版なら一度に三、四〇〇部は印刷可能であるし、売れ行きが良ければ、生産調整しながら数千部程度まで増刷もできる（橋口 二〇一一a、九〇～九八頁）。仏教諸宗教団と結託し、檀林教科書を売りさばいていた京都の本屋にとって、木版印刷はきわめて親和性の高い技術だったのである。

2　江戸時代の文化環境と木版印刷の親和性

もっとも、このような仏書出版の隆盛が、幕末期まで変わらず続いていくわけではない。一六八二（天和二）年に井原西鶴の『好色一代男』がヒットを飛ばすと、その後も西鶴本の多くは大坂の新興本屋から出版され、彼らの地位を押し上げるに至った（中嶋 一九九四、一〇〇～一二〇頁）。不特定多数の庶民読者層に向けた文学書の売れ行きが、本屋の経営を左右するまでになったのである。なるほど**表1**で一六九二年版の出版書部数（新出分）を確認すると、文学書の分野は仏書に迫る勢いをみせている。その一方で一七五四年版以降、仏書の分野は急速に減少傾向を示していく。仏書出版のかげりは、このころまでに基礎的な教学書が多くの地方寺院にまで行き渡った影響によるものと考えられる。

ただし、だからといって不特定多数の購買者に向けた文学書が、江戸時代中期以降の主流商品になると、問題を単純化するわけにもいかない。表1を良くみると、文学書の勢いもまた、一六九二年版で頭打ちとなっているからである。そうしたなか、一七七二年版まで順調に右肩上がりの成長を示しているのが、実用書の分野、より具体的には謡本《うたいぼん》・茶道書・華道書・書道手本などである。謡曲《ようきょく》・茶道・華道・書道において、江戸時代には家元《いえもと》制度が確立し、仏教諸宗の本山や神道・陰陽道の本所同様に、堅固な門人組織が存在していたことは、周知の事実である（西山　一九五九、七～二六頁）。つまり、江戸時代中期以降も、本屋の経営を支えたのは、『観世流謡本』というように家元の名で権威づけを行ない、門人層へ着実に売りさばき得る書物であったことが、表1から確認できるのである。

ちなみに、広くアジアの政治思想を研究してきた渡辺浩は、中国・朝鮮半島と比較しつつ、江戸時代の文化環境を以下のようにとらえてみせた。科挙制度が敷かれている中国・朝鮮半島の場合、支配階級こそが最も優れた儒学的教養の持ち主でもあった。他方、武威によって天下泰平の社会を実現させた江戸幕府の場合、武士階級が教養を独占することで支配の正当化を図る必要はなかった。そこで、仏教諸宗の本山、神道・陰陽道の本所、謡曲・茶道・華道・書道の家元など、さまざまな文芸の教授を家業とする文化的権威が、民間社会において生み出されることとなった（渡辺　一九九七、一一五～一二五頁）。

民間社会にいくつもの文化的権威が乱立する右のような環境を、江戸時代の一大特徴とみるなら、本屋たちはその環境を最大限に活かして、商業出版に従事していたといえる。すなわち、江戸時代初頭には最も有力な文化的権威である仏教諸宗本山と結託し、中期以降に種々の家元制度が整い始めるとそれらとも結託し、三、四〇〇から一〇〇〇部程度の専門書を門人集団へ堅実に売りさばくスタイルこそ、江戸時代を通じて本屋たちが採用した出版戦略であった。なお、既述の通り、当初隆盛をきわめた仏書出版も、江戸時代中期以降になると、以前ほどは振るわなくなる。ただ、それでも仏書を中核商品としてきたいくつかの本屋たちは、永田調兵衛なら西本願寺、西村九郎右衛門なら東本願寺というように、特定の仏教本山との関係をさらに強め、寺院が板木を所有する基本仏典の委託販売を担うことで、しっかりとその経営を維持した（宗政　一九八二、一四〇～一四一頁）。文化的諸権威と結びつく本屋たちの出版戦略は、江戸時代中期以降もその意義を失ったわけではなく、むしろより細やかなコネクションを生み出し、完成度を高めていったとみなし得る。こうしてみると、日本の伝統的な木版印刷技術は、幕末期に至るまで専門書を扱う本屋との適合性を保ち続けたのであり、開版速度の遅さに対する不満は、さほど生じていなかったと考えられる。

三　西洋流印刷術の伝播と新旧の出版社

1　産業革命と西洋流印刷術の飛躍的進歩

さて、木版印刷が堅実に一定部数の書物を売りさばく出版戦略に適合的であり、そこまで技術的な限界に達していなかったことを縷々述べてきた。しかし、明治前期に伝播した西洋流印刷術が、当時の日本社会にとって、何ら衝撃を与え得ない技術だったわけではない。一七世紀段階に伝播した古活字版の技術と比較しつつ、一九世紀段階に伝播した新技術の革新性を検証してみよう。

古活字版が大量印刷に耐え得ない技術であり、それゆえ商業出版が確立する江戸時代前期に、木版印刷に取って代わられたことはすでに述べた。しかし、産業革命を経た一九世紀段階になると、動力印刷機の発明により、活版印刷の複製能力は、木版印刷のそれと比べものにならないほど高くなっていた。紙型《しけい》（紙製の鋳型）によって原版を保存できるようになったのも、一七世紀段階にはなかった大きな技術革新である。そして、最も重要な変化は、活字鋳造技術の進展である。アルファベットとは段違いで字画と種類の多い日本語の特徴は、活版印刷導入にとって最大の難関であった。ところがそれも、電胎法という化学反応を利用した活字鋳造法の登場によって解決されることとなった（印刷博物館編　二〇〇三、一二五～一二八頁）。印刷機導入のための初期投資さえ決断すれば、一九世紀段階の西洋流印刷術は、より高次な代替技術として、木版印刷に取って代わることが可能だったのである。

そこで、採算性をあまり考慮しなくてよい官公庁のみならず、新聞社などもいち早く活版印刷の導入に乗り出していった。新聞は日々刷新される情報を、迅速かつ大量に複製することで価値を生み出す近代の新たなメディアであり、その発展に活版印刷の導入は不可欠だったからである（永嶺　二〇〇四、三一～四六頁）。

その一方で、例えば儒学経典（経書）の場合、西洋流印刷術が広く一般化したとされる明治二〇年代になっても、木版印刷や和装製本（和綴じ）を使用した書物の出版が根強く続いていくし、謡本・書道手本などの書物でも同じ傾向が見出せる（国立国会図書館整理部編　一九七一～七三）。つまり、江戸時代から本屋と文化的諸権威の結びつきが濃厚な出版ジャンルの場合、新聞のようにスムーズな西洋流印刷術の導入は行なわれないのである。この事実は、幕末期の出版業界で木版印刷が必ずしも技術的な限界に達していなかったという推測を裏づけるものである。そこでいよいよ次に、江戸時代以来の長い伝統を有する仏書に焦点を定め、西洋流印刷術導入の具体相を検討してみたい。

2　井上円了の哲学書院創業と西洋流印刷術

明治前期の仏書出版に関して興味深いのは、東京で新たに創業し、一気にその地位を確立した二つの新興出版社、

表2　明治期（1868〜1912）の東京における主な仏教系出版社の仏書出版状況

出版社名（創業者名）	営業所	創業年代	木版・和装本の出版数	活版・和装本の出版数	活版・洋装本の出版数	合計
鴻盟社（大内青巒）	東京市麻布区北日下窪町	明治16年（1883）	10部	28部	113部	151部
哲学書院（井上円了）	東京市本郷区本郷６丁目	明治20年（1887）	1部	2部	102部	105部
擁万閣（森江佐七）	東京市麻布区飯倉町	幕末期	86部	9部	83部	178部

引野亨輔「日本近代仏書出版史序説」より抜粋

すなわち哲学書院と鴻盟社《こうめいしゃ》の動向である。というのも、表2をみれば一目瞭然であるが、この二つの出版社は、活版印刷・洋装製本などの西洋流印刷術に特化した出版活動を行なっているからである。幕末期にすでに創業していた擁万閣《ようまんかく》と比較すれば、哲学書院と鴻盟社の西洋流印刷術への傾斜はより明らかである。

それでは、これらの新興出版社が、仏書という伝統的な分野で出版業に携わりつつ、何のためらいもなく新技術を導入したのは、なぜだろうか。まず哲学書院の創業経緯をたどることで、その事情を探ってみたい（引野　二〇一六、七〜一二頁）。

哲学書院は、明治時代を代表する仏教系啓蒙思想家の井上円了《いのうええんりょう》（一八五八〜一九一九）が、一八八七年に創業した出版社である。ちなみに円了は、全く同じ年に一宗一派にとらわれない哲学教育を目指して哲学館（のちの東洋大学）を設立しているので、哲学書院創業のねらいもまた、哲学館で行なわれる教育内容のより広い発信であったと考えられる。

実際に円了は、哲学書院創業の年に自ら筆を振るい、活版印刷・洋装製本で『仏教活論序論』という書物を出版している。その緒言からは、彼の思想的立場が如実に読みとり得る。

今仏教は愚俗の間に行はれ、愚僧の手に伝はるを以て弊習《へいしゅう》頗る《すこぶ》多く、畢竟《ひっきょう》野蛮の教法たるを免れす（中略）当時の僧侶は大抵無学無気力にして仮令《たとい》之れと共に謀るも其志を遂くること能はさるは必然なり、故に余は世間の学者才子中苟《いやしく》も真理を愛し国家を護するの志を有するものあらは之と共に其力を尽さんことを期し、併せて学者才子に対して僧侶の外に其教の真理を求められんことを望むなり

（原文カタカナ）

円了がここで展開したのは、既成の仏教教団に所属する僧侶への徹底した批判である。昨今の僧侶は無学無気力でともに謀るに足らないとまで極論する円了は、その一方で、『仏教活論序論』を読むであろう世間一般の有志に対して仏教改良を呼びかけている。このあたりに、いち早く西洋流印刷術を導入した哲学書院のねらいが、垣間見えるのではないだろうか。江戸時代の仏書出版とは、版元が仏教本山と結託し、特定宗派の修行僧にとっての必需品を三、四〇〇から一〇〇〇部程度売りさばいていくものであった。しかし、『仏教活論序論』の緒言をみる限り、哲学書院の出版戦略は、どの宗派に属するわけでもない不特定多数の購買者をねらって展開されている。大量の複製品を安価に生み出す活版印刷や洋装製本が、哲学書院によって選びとられたのはいわば必然であった。

3　出版文化の江戸と明治

さらに『仏教活論序論』の緒言を読み進めると、以下のような主張もみられる。一見すると、新技術の導入と何ら関わりのない主張だが、この一文にも少し注目してみよう。

余生来頑僻《がんぺき》の性ありて其自ら盟《ちか》ふ所の人の為めに序を作らす、人に乞ふて序を作らしめす、人の為めに文を飾らす、人に乞ふて文を飾らしめす

（原文カタカナ）

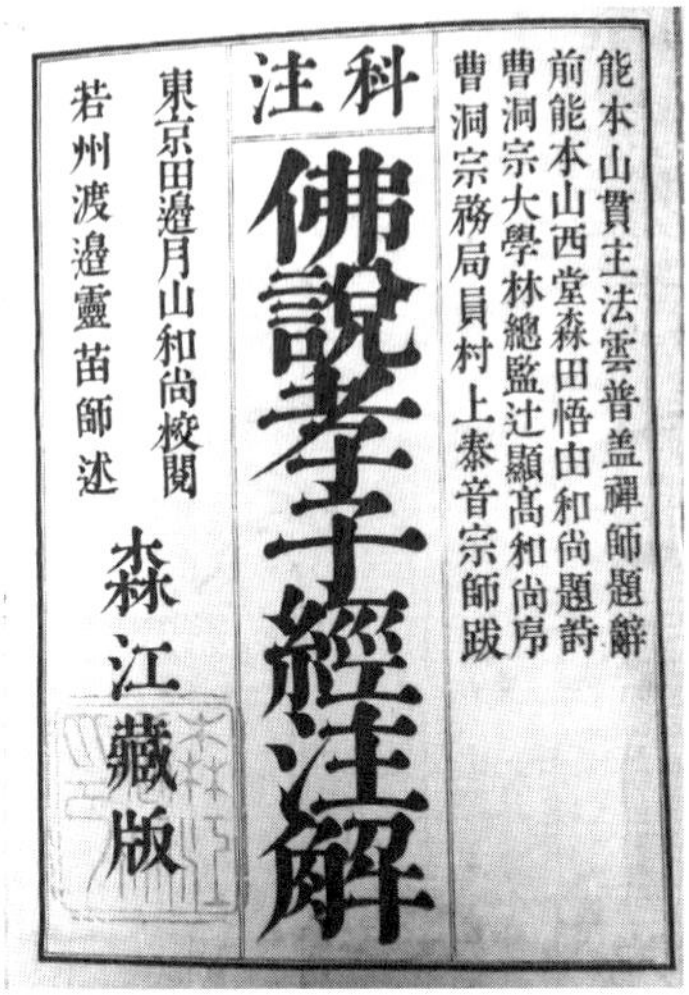

写真1　『科注仏説孝子経注解』
（筆者蔵）

円了は自らの頑固さを告白し、書物に序文を付して飾り立てることなど好まないと述べる。しかし、そもそもここでいう序文で飾り立てた書物とは、いかなるものであろうか。

おそらく**写真1**などは、その典型的な事例といえる。**写真1**は、森江佐七（擁万閣）から一八八九年に出版された『科注仏説孝子経注解』という木版・和装本である。著者は渡辺《わたなべ》霊苗《れいみょう》であるが、**写真1**をみる限り、より強調されているのは、曹洞宗大本山総持寺の貫主《かんす》である畔上楳仙《あぜがみばいせん》（法雲普蓋《ほううんふがい》）が題辞、同じく総持寺の西堂である森田悟由《ごゆう》が題詩、曹洞宗大学林の総監である辻顕高《つじけんこう》が序文、曹洞宗務局員である村上泰音《むらかみたいおん》が跋文を付していることであろう。つまりこの書物は、曹洞宗の高僧たちが題辞・題詩・序文・跋文で飾り立て、同宗に属する修行僧であれば買わざるを得ないように工夫を施したものなのである。ちなみに、畔上楳仙の題辞は四字二行、森田悟由の題詩は六字三行と、本文より大きな文字サイズで記され、書体もそれぞれに異なる凝った作りとなっている。江戸時代の木版本は、筆跡が忠実に再現できる技術的特質を活かし、序跋文の文字サイズや書体を替えて、その書物の格式を示したとされるので（岩坪　二〇一五、五一～八〇頁）、『科注仏説孝子経注解』はそのような文化的伝統を忠実に継承していることがわかる。

筆者は、明治二〇年代にもなりながら、木版印刷・和装製本を用い、これでもかと著名人の序跋文を付したこの書物が、珍しい存在だと主張したいわけではない。むしろ仏書の世界では、当該期にこの手の書物はまだまだ健在であった（引野　二〇一六、三一～七頁）。それを踏まえると、円了が西洋流印刷術にこだわった理由として、安価な書物を大量に用意するという実践性とともに、もう一つ別の側面を付け足しておかなければなるまい。特定宗派の僧侶に購買者を限定せず、広く世間一般への発信を目指す哲学書院が、自らの出版戦略に対する親和性の高さから西洋流印刷術を選びとったことは確かだろう。しかし、たとえ旧来の木版印刷・和装製本では生産が間に合わないほどベストセラーにならなくとも、既成教団の権威を象徴するような伝統的技術で自らの書物を出版することは、円了にとって不本意だったに違いない。明治時代に創業した哲学書院からすれば、活版印刷・洋装製本という新技術は、開明思想を載せる新たな器としても大きな意味をもっていたのである。

4　大内青巒の鴻盟社と仏教演説会

次に鴻盟社に焦点を移そう。鴻盟社は、円了同様に明治時代を代表する仏教系啓蒙思想家の大内青巒《おおうちせいらん》（一八四五〜一九一八）が、一八八三年に創業した出版社である。青巒もまた、鴻盟社創業の翌年に自ら筆を執り、活版印刷・洋装製本を用いて『仏教大意』という書物を出版している。この書物も、仏教思想に初めて触れる一般人へ向けた入門書としての性格を有しているので、鴻盟社が哲学書院と同じく、特定宗派の修行僧ではなく広く世間一般に購買者を求めるタイプの出版社であったことは間違いない。

さらに興味深いのは、青巒が仏教演説会を通じて、盛んに自らの考えを発信する人物だったことである。演説は、明治時代に登場した思想発信の新しい手段であるが、長い伝統を有する講義や説教と対比しつつ述べると、その特徴は以下のようにまとめられる（星野　二〇一二、七七〜八二頁）。講義とは、そもそも特定宗派の僧侶に向けて行なわれていたものであり、伝統的な仏典の解釈を主眼としている。説教とは、特定宗派の信者を対象とするものであり、そこでは信仰の高揚をもたらすために、通俗的なたとえ話なども多用された。他方、演説とは、仏教に無関心な者をも含む不特定多数の聴衆を対象とするものであり、講義や説教ではあり得ないことだが、仏教とは何かという根本的な議論が不可欠となった。

つまり、青巒の仏教演説は、口述か筆述かの違いはあるものの、哲学書院から出版される啓蒙的仏書同様に平易な内容をもち、不特定多数の人々に向けて発信されるものであった。そして、明治時代に流行した仏教演説は、速記法を用いて文字化され、後日演説集となって出版されることもあった。仏教演説の名手と称された青巒は、国会開設や開戦といった時事ネタを多く盛り込む人物でもあったので、明治政府の布告書ほどではないにせよ、時代遅れにならないための円滑な出版は不可欠となる。実際、鴻盟社が明治時代に出版した仏教演説集は、例外なく活版印刷・洋装製本を使用しているのである。大量複製の面のみならず、開版速度の面でも、西洋流印刷術は、鴻盟社の出版戦略に適合していたといえる。

ただし、安価に大量複製できる西洋流印刷術こそ一般読者層をターゲットとした哲学書院の仏書出版にふさわしいとか、鴻盟社の仏教演説集を円滑に開版するには活版印刷が最適であるといった論理は、あくまで売り手側の言い分であり、買い手側の共感を十分に得られていたわけではない。というのも、多くの仏教演説集には、誤字脱字の多さをあらかじめ謝罪する序文が付されているからである。江戸時代の仏書とは、多くの門弟を駆使して校正を重ね、万全の状態で出版されるものであった。それとは対照的に、速記法でいち早く仏教演説を文字化する演説集の場合、臨場感という新たな売りを獲得する代わりに、文字情報の正確さを犠牲にしてしまうことになったのである。

さらにいえば、本格的な仏教経典やその註釈書を出版するうえでも、西洋流印刷術には克服すべき課題が多くあった。というのも、旧字・異体字・特殊記号などを多用する仏教経典の場合、黎明期の活版印刷でそれを忠実に復元するのは難しかったからである。そうしてみると、明治前期の一般的な読者層にとって活版・洋装本とは、誤字・脱字はやや多いものの、初歩的な知識であれば学び得る安価な小冊子であり、その簡易さを武器にして徐々に社会へ浸透していった可能性も高い。

5　京都の老舗出版社と伝統的印刷術への固執

さて、ここまで哲学書院・鴻盟社という東京の特徴的な新興出版社を取り上げ、その出版戦略と高い適合性を有するゆえに、西洋流印刷術がスムーズに導入されていく様相を確認した。ただし、これをもって明治前期における仏書出版の全体像を描き得たとするには、かなりの無理がある。というのも、諸宗本山と結託して仏書出版を牛耳っていた京都の老舗は、明治になっても生き残り、東京の新興出版社以上に多くの仏書を生み出し続けるからである。そこで次に、京都の仏教系老舗出版社へ焦点を移し、彼らの視線から西洋流印刷術伝播の衝撃を考えてみたい。

表3は、京都の主な老舗出版社における仏書出版状況を示したものである。護法館・法藏館なら東本願寺、永田文昌堂なら西本願寺というように、ここに挙げた出版社は、いずれも江戸時代から特定の仏教本山と強いコネクションを有している。なお、京都にも明治二〇年代に創業し、老舗に匹敵する地位にまで成長した顕道書院・興教書院という新興勢力が存在するのだが、紙数の都合もあり、今回は考察対象から除外した（引野　二〇一六、一八～二二頁）。

さて、**表3**からわかるように、京都の老舗出版社のなかには、哲学書院や鴻盟社と同じレベルで活版印刷・洋装製本へ特化していくものはいない。ただ、**表3**の数値を、老舗特有の保守的な姿勢により、新技術の導入が長く拒否された結果と理解するのも、問題を単純化し過ぎている。例えば永田文昌堂は、明治時代を通じて木版・和装本

表3　明治期（1868～1912）の京都における主な仏教系出版社の仏書出版状況

出版社名（創業者名）	営業所	創業年代	木版・和装本の出版数	活版・和装本の出版数	活版・洋装本の出版数	合計
護法館（西村九郎右衛門）	京都市下京区下数珠屋町東洞院西入	江戸時代前期	217部	67部	94部	378部
法藏館（西村七兵衛）	京都市下京区東六条	幕末期	87部	31部	220部	338部
永田文昌堂（永田調兵衛）	京都市下京区花屋町	江戸時代前期	98部	9部	12部	119部
沢田文栄堂（沢田友五郎）	京都市下京区五条通高倉東入	幕末期	36部	6部	22部	64部
平楽寺書店（村上勘兵衛）	京都市上京区曇華院前之町	江戸時代前期	40部	11部	13部	64部
真宗高倉大学寮	下京区高倉通魚棚上ル	明治29年（1896）	1部	29部	2部	32部

引野亨輔「日本近代仏書出版史序説」より抜粋

を主力商品としているが、一八七七年にはすでに活版印刷を導入して『仰信余筆《ごうしんよひつ》』という書物を出版している。『仰信余筆』の場合、活版印刷を導入しつつ、製本は昔ながらの和装を用いているが、法藏館が一八八七年に出版した『真理金針《しんりきんしん》』になると、活版印刷・洋装製本がともに使用されている。付言しておくと、この書物の著者は井上円了であり、内容も進化論を用いてキリスト教に対する仏教の優越を説いた開明的なものであった。こうして少し取り上げただけでも、京都の老舗出版社が意外にも積極的に新技術の導入を試みていたことは明らかである。

ただし、東京の哲学書院や鴻盟社と決定的に異なるのは、京都の老舗出版社が、ある分野の書物には積極的に活版印刷や洋装製本を用いながら、並行して別の分野の書物にはかたくなに木版印刷や和装製本を用い続けた点である。彼らはどのような事情から伝統的技術に固執したのだろうか。

6　読書実践に結びついた伝統的技術

明治後期になっても木版印刷・和装製本で出版され続けた典型的な仏書は、折本経典や在家勤行《ごんぎょう》集などである。これは考えてみれば当然である。読経という実践と強く結びついた経典類の場合、現在でも読みやすさを配慮して大文字で刷り、折本（蛇腹に折り畳んだ形態）で販売されることが多い。活版印刷や洋装製本を導入すると、そうした利便性が全て奪われてしまうのである。在家勤行集の場合、折本形態ではなく袋綴じで製本され、袖珍本《しゅうちん》（袖のなかに入れて持ち運べる小型本）として出版されることも多いが、やはり半丁に二行や四行の大文字で刷られるため、活版印刷を導入するメリットがあまりない。しかも、これらの書物こそ、仏教僧侶や信者が必ず購入するため、老舗出版社が江戸時代以来長くドル箱商品としてきたものである。彼らは伝統的技術に固執することで、最も安定した売り上げが見込まれる商品を守り抜いたといえる。

もっとも、木版印刷・和装製本で出版され続けた仏書は、読経用の経典類だけではない。伝統的技術の使用が長く継続するのは、いかなる性格の仏書であろうか。

京都の老舗出版社から出された仏書のなかには、「当宗」や「我宗」の表現を頻用する木版・和装本が多くある。「当宗」「我宗」が無前提に特定の宗派を指し示すことはあり得ないから、要するにこれらの書物の著者は、自分が属する宗派の門人集団のみを購買者と想定しているわけである。護法館・法藏館から出版された書物であれば東本願寺大学寮、永田文昌堂から出版された書物であれば西本願寺大学林の教学指導者によって著されたものに、こうした表現は多くみられ、「当宗」「我宗」はおのずから浄土真宗を指すことになる。ここに、出版社が文化的権威と結託し、門人集団に向けて一定部数の専門書を売りさばく、伝統的な出版戦略の残存を読みとることは容易であろう。

明治時代になって一宗一派に縛られない井上円了や大内青巒のような仏教系知識人が登場すると、広く世間一般に向けて発信される仏書も増えた。京都の老舗出版社も、そのような動向に無知だったわけではなく、活版印刷や洋装製本を用いて、一般向けの仏教入門書や仏教演説集を積極的に出版している。しかし、新時代の到来とともに、仏教諸宗に属する僧侶たちが、本山の指定する機関で自宗派の教学を学ばなくなったわけではない。特に一八八四年に教導職制度が廃止されると、宗教者を明治政府が任命する時代は終わり、住職任免権は諸宗の管長へ委任された（羽賀　一九九四、一九一〜二二〇頁。なお教導職については、コラム「仏教教導職の教化活動」を参照されたい）。それとともに、僧侶養成機関は再び宗派の枠組みに依拠して整備されていくのである（林　二〇〇八、七二〜七四頁）。そ仏教諸宗本山と結託して門人集団に一定部数の書物を売りさばく江戸時代以来の戦略が、完全に破綻しない限り、京都の老舗出版社が、木版印刷・和装製本で修行僧向けの教学書を出版し続けるのは当然であった。

ただし、修行僧向けの教学書の場合、木版・和装本のみが主流を占めたわけではない。再び**表3**に注目してみよう。ここには、江戸時代から仏書を専門に取り扱ってきた老舗出版社とともに、あえてその基準から外れる真宗高倉大学寮の仏書出版状況も挙げておいた。真宗高倉大学寮とは、伝統的な教学研究や僧侶養成を担うため、一八九六年に東本願寺大学寮から分出された機関である。当然この機関から出版される仏書の大半は、修行僧に教学を学ばせるためのものだが、三二部中二九部という高い割合で活版・和装本のかたちをとる。

活版・和装本とは、紙の表面のみに活版印刷を施し、袋綴じで製本した、過渡期的とも呼び得る書物である。真宗高倉大学寮出版の仏書に注目すればよくわかるように、修行僧向けの教学書は、木版・和装本とともに、この活版・和装本として出版されることが多い。時に一〇〇〇部に及ぶ教学書を安居《あんご》（僧侶が集まって集中的に教学を学ぶ期間）のたびに出版し続けないといけない大学寮や老舗出版社が、安価な大量複製技術として活版印刷の可能性を見出していくのは、容易に想像できる。しかし、その際に両面印刷可能な活版と、親和性が高いはずの洋装製本を、合わせて導入しないのはなぜだろうか。おそらくそこには、江戸時代から檀林の場で実践されてきた修学スタイルが関係していると思われる。

江戸時代の人々が書物に直接毛筆で句読点・訓点や註釈などを施しつつ、修学していたのはよく知られているが（橋口　二〇一一b、二一九〜二五〇頁）、諸宗分立的な近世檀林でも、宗派ごとに定められたルールの下で、修行僧たちは仏書にびっしりと書き込みを施しつつ、教学研鑽に励んだ。そこで、伝統的な修学スタイルを守る明治前期の修行僧たちにとって、薄手の洋紙に両面印刷を施す洋装製本は、いささか使いづらい書物となる。こうしてみていくと、和装製本は、江戸時代の出版戦略にとって適合的だっただけでなく、購買者の利用という側面でも良く配慮された技術だったことがわかる。読経や書き込みによる修学といった伝統的実践が生き残っていく限りにおいて、伝統的技術もまた老舗出版社によって活用され続けたのである。

四　新旧の印刷技術・出版社のその後

さて、本章では、明治新時代に伝播した西洋流印刷術が日本の伝統的技術をたちまち駆逐していくという単純化された通説に対し、仏書出版の観点から再検討を試みてきた。それによって明らかとなったのは、おおよそ以下の事実である。

江戸時代の本屋にとって主軸となる出版戦略は、仏教諸宗本山のような文化的権威と結託して、門人集団に一定部数の専門書を売りさばくことであった。そこで、幕末期に至るまで、木版印刷はその出版戦略に親和性の高い技術であり続けた。つまり、明治前期の出版界、特に専門書の出版に携わるような人々が、木版印刷を見限り、西洋流印刷術に飛びつく土壌はそこまで整っていなかった。しかし、哲学書院や鴻盟社のような東京の新興出版社は、一般の仏教初心者に向けて入門書を売る新戦略を打ち出したため、安価に大量複製できる活版印刷・洋装製本が積極的に導入されることとなった。その一方で、京都の老舗出版社は、読経用の経典類や修行僧向けの教学書をドル箱商品としていたため、伝統的技術を完全に手放すことはせず、明治二〇年代以降も木版印刷や和装製本は根強く生き残った。

もっとも、右のような成果は、時期を幕末から明治前期に絞り、素材も仏書に絞ったことでみえてきた限定的結論でもある。明治前期段階では、専門的な経典註釈書を出版する技術としていまだ信頼を得ていなかった活版印刷・洋装製本であるが、明治三〇年代以降になると、新技術の強みを活かし、一冊一〇〇〇頁にも及ぶような仏書が次第に出版され始める。そこにどのような価値転換があったのか。さらなる考察を進める必要があるだろう。また、本章では、明治時代の僧侶養成について、江戸時代以来の諸宗分立的な性格が残存する側面を強調した。しかし、伝統的な教学研鑽の場にも、当然一宗一派に縛られない通仏教的な価値観は浸透していく（江島・三浦・松野編 二〇一四、一六九～一七八頁）。経典に逐語《ちくご》的な解釈を施す伝統的な修学スタイルは、明治時代になってどのように姿を変えていくのか。それにともなって、老舗出版社の戦略はさらなる変化を遂げるのか。これまた興味深い課題である。以上のように、残された課題は多いが、通説の再検討を一通り終えたところで、ひとまず筆を擱くこととしたい。

参考文献

アンドルー・ペティグリー『印刷という革命――ルネサンスの本と日常生活』（白水社、二〇一五年）
石井研堂『明治事物起原』（橋南堂、一九〇八年）
岩坪充雄「本の文化と文字環境」（若尾政希編『書籍文化とその基底』〈平凡社、二〇一五年〉）

印刷博物館編『活字文明開化――本木昌造が築いた近代』（凸版印刷、二〇〇三年）
江島尚俊・三浦周・松野智章編『近代日本の大学と宗教』（法藏館、二〇一四年）
川田久長『活版印刷史』（印刷学会出版部、一九八一年）
慶應義塾大学附属研究所斯道文庫編『江戸時代書林出版書籍目録集成　一～三』（井上書房、一九六二～六三年）
国立国会図書館整理部編『国立国会図書館所蔵明治期刊行図書目録　一～四』（国立国会図書館、一九七一～七三年）
鈴木　淳『シリーズ日本の近代　新技術の社会誌』（中央公論新社、二〇一三年）
鈴木広光『日本語活字印刷史』（名古屋大学出版会、二〇一五年）
中嶋　隆『西鶴と元禄メディア――その戦略と展開』（日本放送出版協会、一九九四年）
永嶺重敏『〈読書国民〉の誕生――明治30年代の活字メディアと読書文化』（日本エディタースクール出版部、二〇〇四年）
西村　玲「教学の進展と仏教改革運動」（末木文美士ほか編『新アジア仏教史13　庶民仏教の定着』〈佼成出版社、二〇一〇年〉）
西山松之助『家元の研究』（校倉書房、一九五九年）
羽賀祥二『明治維新と宗教』（筑摩書房、一九九四年）
橋口侯之介『和本への招待――日本人と書物の歴史』（角川学芸出版、二〇一一年a）
――『江戸の本屋と本づくり――〈続〉和本入門』（平凡社、二〇一一年b）
林　淳「宗教系大学と宗教学」（『季刊日本思想史』七二号、二〇〇八年）
引野亨輔「仏書と僧侶・信徒」（横田冬彦編『読書と読者』〈平凡社、二〇一五年〉）
――「日本近代仏書出版史序説」（『宗教研究』三八五号、二〇一六年）
星野靖二『近代日本の宗教概念――宗教者の言葉と近代』（有志舎、二〇一二年）
宗政五十緒『近世京都出版文化の研究』（同朋舎出版、一九八二年）
横田冬彦『日本の歴史16　天下泰平』（講談社、二〇〇九年）
渡辺　浩『東アジアの王権と思想』（東京大学出版会、一九九七年）

コラム

絶対的創造神への批判——釈雲照のキリスト教観①

船田淳一

明治仏教と排耶論

従来、近代仏教史研究といえば、浄土真宗系と日蓮宗系がその中心を占めている。その傾向は現在にも及んでおり、真言宗系は概して低調なままであるように感じられる。そこで本コラムでは、幕末・維新の激動期から明治時代終わりころまでを生きた真言宗僧として著名な釈雲照《しゃくうんしょう》（一八二七～一九〇九）を取り上げたい（以下、雲照とする）。だが雲照とて、同じく明治を生きた島地黙雷《しまじもくらい》や清沢満之《きよざわまんし》や田中智学《たなかちがく》らとは研究蓄積が比較にもならない程に少ない。雲照といえば従来、十善戒《じゅうぜんかい》運動（戒律復興・持戒主義）で知られており、先行研究でも特にそこが注目されてきたが、ここでは雲照のキリスト教観についての言説分析を行ない、その議論の特徴について述べてみたい。

一八七三（明治六）年にはキリスト教が解禁され、明治一〇年代（一八七七～八六）には日本人キリスト教徒による布教活動が活発化し、これに危機感を覚えた仏教各派からさまざまに排耶《はいや》論（キリスト教批判）が唱えられた。真言宗では雲照も、その論陣を張っている。ここでは雲照のテクストとして『密宗安心義抄』における排耶論を瞥見したい。同書は、いわば時

写真１　釈雲照
（草繫全宜編『釈雲照　上編』〈東洋書院、1978年〉より）

代の要請として著されたものであった。真言宗では、神仏合同による国民教化のための国家機関であった大教院が廃止されたのち、明治八年に新義・古義の両派（さらに多数の流派に細分されるが）合同による宗門の教化機関として真言宗大教院が設置され、その「教科書」として、釈良基《りょうき》が『密宗安心《あんじん》鈔』（一八七七年）を著した。それに続いて明治一〇年代には「安心」の語を含むタイトルの種々の短編テクストが新義・古義両派の諸学僧によって著される。そのなかでも『密宗安心義抄』は真言宗本末合同大成会議の委員長であった雲照が、諸師の提示した安心論を踏まえたうえで一八八三（明治一六）年に撰述したものであって、真言宗諸派（合同真言宗）が共有すべき安心論（宗意安心）という意味合いを有していた。そして同書は上下二巻からなり、真言宗安心論テクストとしては分量の多いものである。また排耶論は、雲照以外の諸安心論テクストでは、特には展開されていないことも注目される。

創造神と悪の問題

『密宗安心義抄』は全一六章より構成されているが、実は下巻のほぼ全てが「第十五　問答決疑章」によって占められており、ここに雲照の個人的思想・信条や仏教観・宗教観が問答体（自問自答）によって全面的に打ち明けられ、排耶論も繰り返し語られるのである。雲照は始めに宗教の世間的効能とは何ぞやという問いを立て、因果応報思想に基づき勧善懲悪の実践を説く仏教を理想とし、「是に於いて一類狡智《こうち》者の曰く」と続ける。一類狡智者は「天地万物は皆主ありて之を造すること」を説く者たちであるから、創造主を奉ずるキリスト教者を指す。雲照はキリスト教を批判し、絶対的な造物主が存在するならば、「神は吾人に於いて等しく慈しみて憎愛無かるべ」きだが、この世が憂苦に満ちているのは、そのような天地一切を支配する絶対神など存在しないことの証左だと述べる。

　また別の問答でも、雲照は同種のキリスト教批判を展開し、「今此の人類の如きは、同一人種なりと雖も、而《しか》も尊卑貴賤利鈍善悪、相同じからざること天懐なり」といい、「若《も》し是《こ》れ同一造物主の所造にして、別の原因無しと云はば、何が故に是の如く異を致すぞや」と難じる。人間には善人もいれば悪人もいるのが現実であり、それは仏教的には善悪の業因として説明可能だが、神による創造説をとるキリスト教では悪(悪人)の存在が説明しがたいことを衝《つ》いている。よって雲照は「彼の造物主よ、其れ不善不肖の民を造らんよりは、寧ろ造らざるに如かざるべし。若し所由無くして妄りに此の不肖人を造ると云はば、造物主は果たして全能に非ず。是れ不能の神なり。若し又知りて故《いたず》らに此の不善人を造ると云はば、不祥の過神なり……何為ぞ此の生民に悪性を与へて、悪の自由を得せしめ、己他の損害を生ぜしむるや……」などさまざまに難詰し、「既に全智全能に非ざる時は、此れを奉ずとも、其の益なからんや必せり」と結論する。

なぜ善なる神・慈愛の神が創造した世界から悪や苦が尽きないのか、それは道理に合わないというのは、キリスト教に対して異教から投げかけられる疑問・批判としてはありがちなものであろうが、それ以前にアウグスティヌス(三五四~四三〇)といったキリスト教神学者がこの難問《アポリア》に直面し、それに答えるべく「神義論(弁神論)」と呼ばれる神学体系を構築してきた伝統がある。雲照のキリスト教への理解は、「神義論」にまで及んではいないが、ここで注目したいのは、雲照は決してキリスト教の神の存在を否定しているのではないということである。

インド的天主とキリスト教の天主

さらに雲照は『大日経疏』から、インドの創生神である大自在天主《だいじざいてん》(仏教世界に包摂されたヒンドゥー教の最高神シヴァのこと)を崇拝しても「外道」たちは救われないとする教説を引く。これも「外教の徒」(キリスト教徒)の信仰を迷妄であると批判することの一環だが、仏教でも大自在天主の存在を認めているように、「天上に実に神無しと云ふには非ず」と断っている。そこから雲照は独自にキリスト教の神が、仏教的世界観のいかなる位置にあるものかを明らかにするべく議論を展開しているようにみえる。仏教では「天堂に総じて二十八天あり」とされ、そうした天上の諸世界を統べる存在として四種の天主、すなわち「帝釈天《たいしゃくてん》主」「大自在天主」「梵天主」「毘《び》舎《しゃ》闍《じゃ》摩《ま》醯《けい》首《しゅ》羅《ら》天主」があるという。キリスト教の神も中国で聖書が漢訳されて以来、「天主」と称されるため両者の間に類比《アナロジー》が成立しやすい。むしろこの類比のために、あまり一般的とはいいがたい「大自在天主」「梵天主」などの名称を用いていると思われ（通常は大自在天・梵天など、帝釈天主のみ用例が多い）、雲照はキリスト教の神もこれらのインド的天神（天主）の一種とみなしているようであり、そもそもこうした発想法は中国の排耶論にさかのぼる。

写真２　大自在天
（『図像抄』所収、大正新脩大蔵経図像部データベースより）

　インド的天主を外道は、常住不滅で因縁・因果を超越した本源的な存在だと誤認しているが、仏教的にはそれらの天主も前世の善業の果報として天主たり得ているのであり、善業が尽きれば死して輪廻し下界へと転生することを免れず、因果応報の理の内にある神々に過ぎない。「大自在」とはいってみても、それは実際には非常に限定的な意味でしかないのだ。そして人間の禍福・苦楽もそうした天主が管掌するものではなく、人間の善悪の行為が導く結果に他ならないと雲照は強調する。そうした意味で先述のように、雲照は天地一切を支配する絶対神など存在しないと説いたのである。それは絶対的創造神を根拠とする運命論的・決定論的な思惟傾向を排し、あくまでも人間個人の倫理に基づく主体的実践の側から、現実をとらえることにこだわる雲照の基本姿勢の現れであり、すでに仏教の戒律を世俗の倫理へと展開させるべく、十善会を組織していた雲照の基底をなす志向性に他ならない。要するに雲照の宗教的射程には、絶対的創造神を許容する余地が含まれてはいなかったのである。

仏教天文学を学ぶ人のために
——佐田介石と幻の京都「梵暦学校」が意味するもの——

谷川　穣

一　仏教天文学とは？

　大正から昭和初期にかけて活躍したインド哲学・原始仏教の研究者に、木村泰賢《たいけん》という人がいる。一九二四年の夏、東京帝国大学印度哲学講座教授の職にあった木村には、ちょっとした困りごとがあった。「仏教の物理的世界観の講究をせねばならぬ」必要に至ったのだが、それに関する数冊の蔵書が、どうもみつからない。幾度かの引っ越しのせいで紛失した（前年の関東大震災の影響もあったろうか）それらを、知り合いの仏教学者たちも誰ももっていないという。困り果てた木村は、ある新聞の「探してゐるもの」欄に頼った。「須弥山《しゅみせん》説を以《もっ》て近代の天文学に対抗しようとし」た「佐田介石《さたかいせき》」なる僧侶の「著書と、謂はゞ須弥山儀ともいふべきもの」とのありかを知らないか、と尋ねたのである（『東京朝日新聞』一九二四年九月一二日付朝刊）。

　幸い、さっそくにその所在について、続々と返事が届いた。「民本主義」の提唱者にして明治文化研究者の顔ももつ吉野作造からの連絡を皮切りに、現物貸出の申し出も含め、北海道から九州まで二十数件の情報提供があった。

写真1　木村泰賢と視実等象儀
（『東京朝日新聞』1924年10月24日付夕刊）

木村は東京浅草の伝法院から借用したゼンマイ仕掛けで動く器械を手に（写真1）、懸案だった講義を無事行なったと後日報告するとともに、仏教天文学に関する書物が、アカデミックな仏教学界では知り得ぬ意外な広がりをもって伝播していたことを痛感したのだった（同前、同年一一月二二・二三日付朝刊）。

仏教天文学。木村はともかく現代の私たちには、確かに耳慣れない語だ。簡単にいえば、仏典に記された世界観に即して、天体の航行を説明し、暦の作成にも役立てていく学問、となろう。その世界観・宇宙観の基礎には、須弥山説というものがある。宇宙の中心には須弥山という巨大な高山がそびえ立つ。周囲を九つの山・八つの海が交互に囲み、その最も外側の海に四方の島が浮かび、その南の島（南贍部洲《なんせんぶしゅう》、閻浮提《えんぶだい》ともいう）に人間が住む。須弥山の頂には帝釈天《たいしゃくてん》以下三十三天の宮殿があり、中腹の周りを太陽や月、星座が回っている――。なんとも、荒唐無稽に聞こえるだろうか。「有頂天」や「金輪際《こんりんざい》」といった語に、その痕跡を現代にもとどめてはいるのだが。

幕末から明治前期にかけて、須弥山説を追究し、その正当性を説いて回ったのが、先に出てきた佐田介石である（写真2）。介石はいくつかの著作を公刊するとともに、のちに木村が手にする器械「視実等象儀《しじつとうしょうぎ》」を示しながら、庶民の前へ出て東京やその近郊、あるいは京都・大阪などへ至り、各所で熱弁をふるった。その結果、介石を熱狂的に支持する数多くの庶民、そしてなかには「梵暦《ぼんれき》学校」の設立を試みる者までもが現れた。古代インドの暦も援用し、数理的に須弥山の存在を証明する暦法を「梵暦」というが、この学校は須弥山説および仏教への支持を象徴する場所として、明治一〇年代前半の京都に作られようとしたのである。

仏教天文学に関わった僧侶たちの歴史的動向は、先行研究がかなり明らかにしている。昭和戦前期にはすでに、明治維新と国学的運動への着目から論じられ（伊東　一九三四、板沢　一九四一）、佐田介石の天文論も西洋に抗した志士的位置づけとともに紹介された（浅野　一九三四）。これらは国際的孤立、そして対英米総力戦をも意識した超国家主義的思潮の昂揚のなかで、反西洋的精神の発掘の一環として注目されていく側面があった。そのため、第二次大戦後はわずかな仏教史研究を除くと、ほぼ顧みられなくなる。だが一九八〇年代以降には、西洋科学が漢訳書を経て日本へ導入される実態に注目した科学史（吉田　一九八六）、前近代日本の地図・絵図の考察に関して仏教的世界観を検討した地理学（海野　二〇〇六）や古代以来の日本における宇宙論の展開（荒川　二〇〇一）など、国家主義的色彩から少し離れた位置で、世界観・宇宙観への関心から扱われていく。二〇〇〇年代に入ると近代主義批判の文脈から、仏教を科学として自己定位しようとする一九世紀の仏教の動向として、その意義に注目する宗教学・思想史の研究者（岡田正彦　二〇一〇、西村　二〇一三）や、科学史的関心から天文学者同士の学説的相違にも分け入る考察もみられる。

写真２　佐田介石の肖像画（筆者蔵）

そして、仏教天文学が梵暦運動として広がった幕末における畿内近国地域の事例を通じて、その維新以降への展開可能性も示唆され（井上　二〇〇五）、それが明治期に啓蒙運動として引き継がれた面を強調し、梵暦関連書籍や天文器械、あるいは結社の事例発掘を精力的に探る研究（岡田正彦　二〇一四・二〇一六）まで登場するに至っている。後者は、自らを論理学・哲学へと練り上げていく明治中期以降の仏教思想を視野に入れ、そこに連なる「時代遅れ」ではない仏教天文学の意義を見いだす点で興味ぶかい。だが、にもかかわらずそれが衰退していったという現実をどう説明するのか、という問いへも誘う。

本章はそれら先行研究に大いに学びつつも、もっぱら幕末に登場した佐田介石という代表的な仏教天文学者を軸に、一八八〇年代初頭の「梵暦学校」に至る歩みを検討する。介石が仏教天文学を牽引し、その影響力を及ぼした社会的様相と、その行く末を垣間見てみよう。

二　幕末期の仏教天文学――介石現る

1　円通の登場と梵暦運動の広がり

仏教的世界観を基礎づける仏教天文学および梵暦は、近世日本における仏教の正当性を示す重要な試金石であった。近世初期に中国在住のイエズス会士によりヨーロッパの天文学の体系が、ついで一八世紀に蘭学者により地動説が紹介されるに至り、この世界観は根本的な批判にさらされる。ヨーロッパにおけるキリスト教がそうであったように、日本の仏教もまた、地動説によりその正当性に大きな疑義を突きつけられた（吉田　一九八六）。

幕府もこの西洋天文学を踏まえた暦（太陰太陽暦）を作成していった。渋川春海《しぶかわしゅんかい》が作成した貞享暦の実施（一六八五年）につづいて、一八四二（天保一三）年まで三度の改暦がなされた。幕府天文方は寛政・天保の改暦で、オランダ語・英語習得による西洋天文学の原典精読、観測データの継続的集積、観測器具の製作を行ない、より正確な暦の作成に必要な知識を蓄え、算出方法を精緻化した。それを踏まえた注を加えて、各地で出版されたのである。

西洋天文学を仏教教理の根幹を否定するものとみて危機感を覚えた僧侶たちは、それへの応答を試みた。ある者は、西洋天文学は日食や月食の起こる道理を説明するが、仏教ではそれらは煩悩の比喩ととらえ、世間の道理を超えた真実を説くのだと切り返す（普寂《ふじゃく》『天文弁惑』、一七七七年刊）。またある者は、貞享暦作成にも影響を与えたという漢訳の西洋天文学書『天経或問』に向き合い、反論につとめた（文雄《もんのう》『非天経或問』、一七五四年序）。そのなかで最大の応答・反論となったのが、天台宗の円通らによる梵暦研究である。

円通は『仏国暦象編』（一八一〇年序、一八年刊）を著し、中国やヨーロッパなどの暦法は全て梵暦に淵源すると説いて地動説を否定した。いわば、学問的な方法で自己確認を行ないつつ、教理体系の正当性を示し、仏教の科学性をも証明しようとした。同書で掲げる数値は中国や西洋の暦のそれを借用し増減させただけだ、といった批判に当初からさらされたが（伊能忠敬『仏国暦象編斥妄』など）、円通は一八二一（文政四）年、暦を作成し人々に頒布する梵暦授与の官許を得るに至る。円通はさらに『梵暦策進』などの著書や「須弥山儀」「縮象儀」と呼ばれる動く模型も用い、須弥山の存在や地動説否定を説いた。

最初に述べた説明でもすぐ気づくだろうが、ではなぜ須弥山はみえないのかという点が、この須弥山説最大の疑問となる。これについて円通は、現実にみえる様相が説と一致しないのは修行不足だからである、それゆえ修行して「天眼」を得、実際に観察すればみえるようになる、という論法をとる。科学的でない、と一笑に付すことは容易である。だがそうした不可知的な説明にも関わらず、運動の参加者・受容者は実際に現れた。その最大の理由は、西洋に対する不安・嫌悪をともなったことにある。僧侶からすれば、キリスト教の流入・普及と仏教の破壊へ展開することが危惧されたし、檀家・庶民からすれば、生活の基盤を脅かすのではないかという想像もなされただろう。仏教天文学や梵暦運動は仏法を守らねばならないとする「護法」意識と、そして国学の高まりと絡み合う排外的な思潮とも結びつき、進められていった（伊東　一九三四）。

2　学習の系譜と地域への広がり

さて、円通のもとには全国・各宗派から修学を志す者が集まってきた。例えば周防出身の環中は臨済宗、のち梵暦の結社拡大につとめた信暁は真宗佛光寺派であるが、円通の弟子となっている。実際円通も比叡山延暦寺で学んだのち、智積院《ちしゃくいん》（真言宗）に住し、のち江戸の増上寺（浄土宗）へと移っている。これは、仏教天文学が新しい学問だったからという理由にもよるだろう。西本願寺の最高学府・学林では、一八三六（天保七）年に学階進級試験の科目として暦術科が定められたが（龍谷大学三百五十年史編集委員会編　一九八九、五七頁）、本来はその正当性が揺らぐはずのないものであり、あえて考究すべき対象とみなされていなかったのである。しかし学林でも暦や天文の研究が必要だと考えられるようになるのは、円通とそのフォロワーたちの護法意識が、それなりに広く共有されていたからでもある。東本願寺のほうでも、一八六三（文久三）年に同派妙光寺（伊勢国員弁《いなべ》郡）の霊遊によって、天文学研究についての嘆願書が本山へ提出されている。彼は、梵暦に明るい人物を登用するとともに、その研究への支援、そして尾張・三河・美濃・伊勢・近江各国に広がるという梵暦研究の門人らとの連携支援などを、東本願寺に要望したのである（東本願寺宗学院編修部編　一九七三、七二一〜七二三頁）。

幕府は前述のように仏教天文学研究や暦の頒布を容認はしたものの、それは運動を担う結社の内々に限ったものであった。しかし天文学への関心は学僧たちだけの閉じた動きにとどまらず、梵暦の正当性を確かめ、また結社自体を世俗へ広めようとする動きを生んだ（井上　二〇〇五）。例えば、天保暦は土用の期間が不正確だとする疑義などは、土用が病気にかかりやすい時期という認識もあり、庶民生活とも密接に関わって支持を得るものであった。

霊遊はまさにその一人で、俗人宅でも講義を行なったが、他にも畿内では先述の信暁ら梵暦運動を担った人々が各地域で多数活躍した。河内国八上郡金田村（現・堺市）の真宗佛光寺派僧侶・聖意は、紀伊や越前へも出向いて天文学を講義して回り、僧侶のみならずその檀家も結社に加入した。彼を中心とした結社では筑後や越中など遠方からも門弟が集まり、学習会や書籍の貸出、そして望遠鏡を用いた日月食の観測を行なうなど、仏教天文学に触れる機会を社会に提供していった。

3　介石の登場

こうした運動の盛り上がりのなか、円通の孫弟子として天文を学んだ僧侶の一人が、佐田介石である（谷川　二〇〇二）。介石は一八一八（文政元）年に肥後八代の西本願寺派寺院に生まれ、養子として熊本の同派正泉寺へと移った。幼名を観霊という。地元の儒者に五経の学を授かったのち上京、西本願寺学林で仏教修学に打ち込む。一旦の帰郷を経て一八四七（弘化四）年に再上京し、三〇歳のとき円通の直弟子である嵯峨・天龍寺の環中について仏教天文学を学んだ。このころに近世中期の水戸学者・森尚謙《しょうけん》が著した『護法資治論』を読み、その「仏法の大難天文地理より起る」の一節から研鑽につとめていったとされる。そして学林でさらに学問に励み、やがて天文器械の製作を志す。観霊から介石と名を改める一八五五（安政二）年には、本山御用掛の松井中務《なかつかさ》らの詮議のうえ、製作が許可された。一〇〇両という費用のうち三〇両を大坂の豪商加島屋から寄附されるなどして（廣岡家研究会二〇一七）、介石の研究成果を凝縮した器械、視実等象儀が完成した。

視実等象儀では、中央にある長い心棒が須弥山を、その上の輪が天体の航行を示す（写真3）。四つの島はその周囲に配置されている円形部分である。介石は、太陽や月などの天体は見かけ上、大陸を覆うドーム部分の天空

写真3　視実等象儀（筆者蔵〈写真〉）

（視象天）を航行しているかのようだが、実ははるか上空、須弥山の回りをめぐる本当の天空（実象天）が存在すると主張する。さらに、天体は北極星を中心に航行しているのではという疑義にも備え、南の島のすぐ上空に、細い心棒に支えられた小さな輪で北極星の位置を示している。実象天はこの北極星に隠れて全貌がみえず、はるか遠くにあるはずの太陽も月も北極星の回りを廻っているようにみえてしまうのだと説き、「視」覚上の航行と真「実」のそれとを、遠近法の論理で説明するのである。修行して「心眼」を獲得すれば認識できるとした円通の議論から、より〈論理的〉・〈実証的〉に須弥山の存在とその不可視のメカニズムを導き出そうとしたといえよう。一八五九年には、江戸出府途中の熊本藩主細川斉護《なりもり》、そして西本願寺法主の広如へも展覧し、評判も上々であった。

しかし、その視実等象儀は焼失してしまった。一八六二（文久二）年の騒乱によるとする文献もあるが（浅野　一九三四）、この年京都で該当するような戦乱はなく、実情は不明である。翌年、西洋天文学書『地球説略』への反論書である『鎚地球説略』を刊行した介石だが、以後は長州藩と幕府との内戦を回避するため一橋慶喜ら要人への工作を試みたり、政情探索の結果を郷里・熊本藩へ報告したりといった、政治活動に身を投じていく（谷川　二〇〇五）。攘夷を志向し朝廷寄りの政治的姿勢をとった幕末の西本願寺に身を置きつつも、介石はその護法意識を単純な攘夷・反幕府へと振り向けたわけではなかったようにも映る。

幕末の仏教天文学は、日常生活の暦改良と結びつき広がり、また護法の象徴として仏教の学習においても重要性を増していった。その天文学の学識を高く評価された僧侶・佐田介石は、視実等象儀を製作し、やがて明治の世でも活躍していくことになる。

三　明治初期の仏教天文学——「須弥山儀」説教禁止通達と介石

1　太陽暦採用と西洋天文学の正統化

明治維新による新政府の登場は、暦をめぐる運動や天文学の発展にも重大な変化をもたらした。旧幕府天文方の観測器械は開成学校に引き継がれ、天文暦道をつかさどる部局として星学局（のち天文局）が東京に置かれた。一八七二（明治五）年一一月には、それまでの太陰太陽暦を太陽暦（グレゴリオ暦）へと改め、西洋諸国に合わせる改暦に踏み切った。これは大蔵卿大隈重信らによる官吏給与削減策ともいわれるが（岡田芳朗　一九九四）、ともかく西洋の暦が正式に採用されたのである。もちろん、農事に適した暦として依然として旧暦も用いられ、一般に刊行された暦にも天保暦が一九〇九（明治四二）年まで併記され続けた。とはいえ、西洋天文学を否定してきた仏教者にとっては、重い事実として受け止められたことは想像にかたくない。また、日本は西洋諸国の重要な天文観測の舞台ともなり、一八七四年一二月には金星の太陽面通過観測のため、アメリカ・フランス・メキシコの調査隊が日本を訪れた。編暦事業は天文局から文部省、内務省へと主管が移り、また天文観測の施設に関しても内務省地理局、海軍省水路局でそれぞれ設置に向けた動きがあり、文部省も七七年に成立した東京大学理学部に星学科を置き、翌年観象台を設けるなど、西洋天文学の重要性は政府内でも認識されていった。

2　「須弥山説」か「須弥山儀」か

そうなると、仏教天文学は公的には「適切でないもの」と位置づけられていく。一八七六（明治九）年六月二二日付で、教部省は仏教各宗派の管長へ次のように通達した。

教導職ハ各自ノ教義ヲ以《もっ》人心ヲ誘導シ隠然政治ノ稗《ママ》益ヲ成スモ妨害ナキヲ要スヘキハ勿論ノ処該職中説教之節或ハ須弥山儀等ヲ主張スルモノ之レアリ遂ニ太陽暦推歩ノ術ト抵牾《ていご》シ其カ為人民ノ疑惑ヲ生スルニ至リテハ教則ノ旨ニモ悖戻《はいれい》シ不都合ニ候条自今説教中須弥山儀等交説不致様教導職ノ者へ丁寧説諭シ屹《きっ》度《と》可為心得置候事

教導職（民衆教化にあたる神官・僧侶の役職。なお教導職については、コラム「仏教教導職の教化活動」を参照された い）の説教において「須弥山儀」などを主張するのは太陽暦と合わない、不都合だから今後は止めさせろ、との指令であった（『明治九年　島根県歴史政治部』、松江市史編集委員会編　二〇一七、六〇五頁）。

この通達の発端は、前年末に島根県で起こった小さな事件である。当時、教部省は宗派の総本山を大教院、府県における同派の中心的寺院を中教院と定め、末寺を統括する制度を神仏各宗派へとらせていたが、この一八七五年一二月五日、島根県の真言宗中教院で教導職の試験が県官吏の立合のもとで行なわれた。そこで、同県を巡回説教中であった京都勧修寺《かじゅうじ》住職・釈雲照《しゃくうんしょう》が、「地体不動ノ説」を唱え「小学教師地体旋転ノ説ヲ以テ幼童ヲ教誨スルハ甚シキ癖説」だと非難して、試験聴衆を驚かせた。県庁は、小学校の学科規則に対する干渉で政府批判にあたり、教導職の務めに反する行為であると雲照へ書面で伝え、すぐに説教を止めるべき旨を通達した。だが雲照の地動説批判は止むどころかエスカレートし、学校教育そのものを非難する説教を各所で行なっていたことが、出雲大社の千家尊福《せんげたかとみ》や地元小学校教員らから県庁へ報告された。曰く、学業上達すれば官吏に採用される、その職につけば祖先累代の財産を手放すことになる、だから学校へは行かせるな、といった「奇異ノ論説」を雲照は触れ回った。学校教育の振興につとめ、手応えを感じつつあった県庁にとって、これは許しがたい出来事であった。そのため雲照に説教停止を厳命したうえ、真言宗管長および教部省へもこの件を上申するに至る。雲照は地動説のみならず、引力の存在を煙や蒸気が立ち上ること、地球の円球形も河川の水が平地で穏やかに流れることを挙げて否定するなかで、地球が太陽の周りを回るという説も「是眼力ノ至ラ」ないための誤謬《ごびゅう》であって、須弥山の周りを回る粟粒であるに過ぎないとなぜわからないのか、と非難した。円通以来の理解を披瀝したともいえるだろう。また、平田篤《あつ》胤《たね》を西洋の暦の誤りを見抜けぬ人物と批判したうえ、「外教ヲ防クモノハ独我カ仏教ニ在テ神教ノ能ク堪ル所ニ非サル」と主張したという。これらが問題視されたのだ（同前、七五四〜七五六頁）。

ではこの通達に対して、僧侶たちはどのように反応したのだろうか。まず通達日から五日後、仏教雑誌『明教新誌』は、通達に過剰反応せぬよう呼びかけている。あくまでこれは「須弥山儀」を交えて説くことだけを禁じており、教義には全く支障はない、仏教廃滅につながると騒ぐことなく、須弥山儀のような「古説」を用いず説教すればよいだけの話だ、と（三〇六号、六月二七日付）。ついで各宗派からは、教部省へ通達内容を確認する伺いも出された。例えば七月六日、浄土宗管長の養鸕徹定《うがいてつじょう》は、通達はあくまで須弥山儀、交説の禁止で、須弥山説は説いてよいかとたずね、それなら支障はないとの返答を得て（三一五号、七月一五日付）、「儀」と「説」を弁別するよう同宗派の寺院へ伝えている（三二三号、七月三一日付）。また、政府に近い論調の『東京日日新聞』が七月八日に、通達に従わず須弥山儀で太陽暦を否定する僧侶には厳しく処すべきと主張したことに対しても、反論が重ねられた。

一例のみ挙げると、名東県《みょうどう》（現・徳島県）の真言宗僧侶・薬師寺快厳は、須弥山儀のしくみを理解できずとも仏教は信仰できるとしたうえで、梵暦が太陽暦と適合しないというのは誤解で、また須弥山説を「想像説」にすぎないと論難するのも信教の自由への抑圧だ、と反発した（三二四号、八月二日付）。

このように、須弥山説は想像上の作り事ではなく、それを説くことは依然として問題ないし太陽暦とも齟齬しない、それへの介入は信教の自由を侵すものだ、というのが仏教者の主たる論調で、教部省もそれを承認した。釈雲照も、真言宗管長に島根県下での説教と県庁とのやりとりにつき弁明書・進退伺いを提出し、最終的には八月一八日付で県内での説教停止を解除されている（松江市史編集委員会編　二〇一七、六〇五頁）。

だが須弥山「説」の維持は同時に、須弥山「儀」という器械を使用した説教が問題であると、仏教者自らが認めることと引き換えで得たお墨付きだった。仏教の世界観の根本としての須弥山説を護る一方、わかりやすく解説するための器械を用い天文学普及につとめた梵暦僧は、仏教界からも切り捨てられかねない事態に瀕したのである。

3　介石、再び起つ

となれば、祖師円通以来の器械による仏教天文学の提示と、その啓蒙活動を志していた介石にとって、この通達は大きな打撃となるはずであった。

維新後に東京へ移った介石の関心は、むしろ明治新政府のもとで形成される経済・社会に対して向けられていた。地動説そしてキリスト教の流入についで、西洋からの輸入品による国内諸産業への影響、そして多様な商業活動が阻害されることに、強い危惧を抱いていたのである。介石が構想したのは、身分・貧富の差に即した多様な消費活動の活性化であった。それにより、三都を中心に輸入品に頼らずとも在来産業が庶民の需要を満たしうるし、外国への正貨流出を防げる、という経済論であった。介石は舶来品を無理に流通させず「皇国固有ノ開化」を志向するよう、建白書提出や島津久光、木戸孝允らへの意見申し入れ、雑誌の刊行などを通じて政府へ訴えた。さらには、在来産業保護と消費の活性化という「国益」に仏教がいかに役立つかを建白した。だがそれらはいずれも採用されず、挫折しつつあった（谷川　二〇〇二・二〇〇五）。

このころより介石の活動は、ふたたび仏教天文学へと重心を戻していく。もちろん彼の学識は忘れられていたわけではない。通達直前の一八七六年三月、兵庫県の曹洞宗中教院において禅僧たちが集会し、梵暦と太陽暦との是非を討論するという報道があり、会場に介石を招くとの噂も報じられた（『明教新誌』二六二号、三月二九日付）。依然として、天文学僧として有名なあの介石、という認識があったことが理解できよう。

介石は手始めに、幕末に焼失したあの天文器械の復活を企図した。視実等象儀である。同年六月二日、東京・銀座にいた「からくり儀右衛門」こと田中久重のもとを初めて訪問した。田中は西洋の技術を取り入れた万年時計の製作や、佐賀藩精煉方《せいれんかた》として蒸気船や大砲など軍事技術開発に従事したことでも知られ、維新後に東京へ出て一八七五年に田中製造所（現・東芝）を興した。介石がその田中に製作を依頼したのは、技術面の確かさもさることながら、弘化年間（一八四五〜四八）に京都へ出て天文学を学ぶべく暦学の土御門《つちみかど》家に入門、その後一八五〇（嘉永三）年には須弥山儀を改良製作した、うってつけの人物だったからである。京都にいたころ親交があってもおかしくないが、田中の日記には「介石ト申僧来、佐賀詮中（嵯峨・環中）和尚之弟子」とあり（小林　一九七一、七四頁）、初対面という可能性もなくはない。ともあれ田中は介石の申し入れを承諾し、製作を進めていった。

その矢先に、例の通達が出された。介石は切り捨てられる側に置かれた。しかし彼はひるむことなく、一八七七年八月に政府主催で東京上野にて開かれた第一回内国勧業博覧会に、完成した視実等象儀を出展するのである。そ

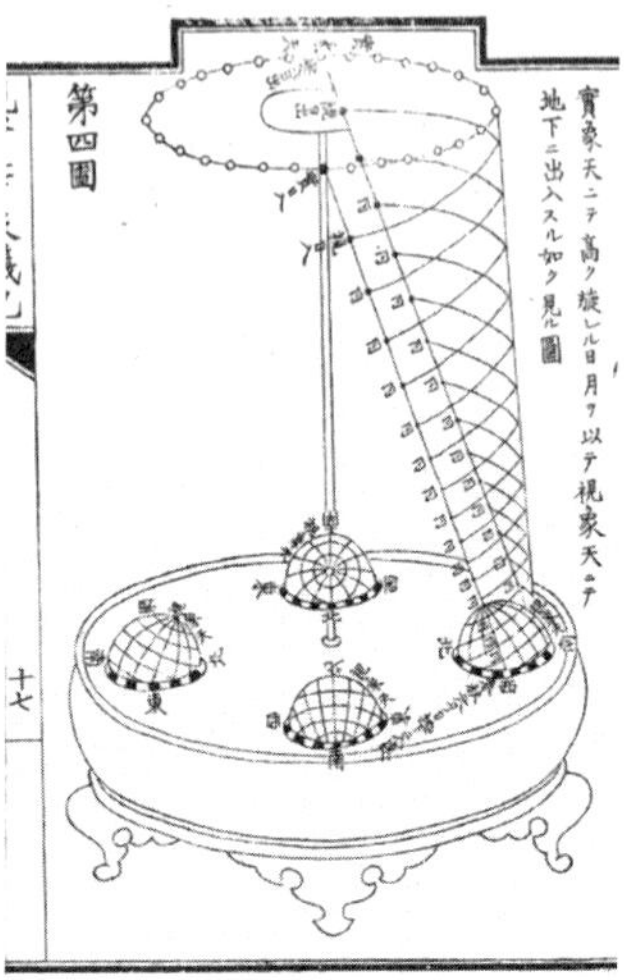

写真4　『視実等象儀記』初篇
（国立国会図書館デジタルコレクションより）

れは大きな評判を呼んだ。解説書『視実等象儀記』初篇（**写真4**）も直後に刊行、翌年からは評判に応えて、等象儀を携えつつ東京および近郊の各宗派寺院を訪れ、仏教天文学の講義・説教に邁進していく（谷川　二〇〇二）。

なぜ通達にもかかわらず、それらが可能だったのだろうか。理由はいくつか考えられる。教導職としての説教、すなわち政府が示した徳目を庶民へ解説するという職務を通じて行なった活動ではなかったこと。通達に従わない僧侶を各宗派がとがめず、また行政の側も政権や政策への支障にならない限り不問に付したこと。あるいは単純に、彼の用いたのが「須弥山儀」でなく「視実等象儀」だったこと。だが何より、幕末の霊遊や聖意が行なったように、普及のため各地を回り講義するのが天文学僧のつとめ、重要な行動様式だったのではないか。そして、それを招聘し受容する各地の寺院・檀家との結びつきが、現在の私たちの想像をはるかに超えて緊密だったとみるべきであろう。介石の個性がなせるわざ、と片付けるよりは、近世以来の寺院をめぐるネットワークと説教を通じた社会的重要性が依然として続いていた面に、注意を向けておきたい。

もっとも、介石の話術自体が関心をひいた面も確かにある。一八七八年五月中旬に浅草伝法院で行なった講義には、落語家・三遊亭円朝も弟子を引き連れ来聴している（『明教新誌』六四〇号、五月二〇日付）。また同七月には視実等象儀を天台宗大教院や平間寺《へいけん》（川崎大師）が注文し、新たに模造するという報道もなされた（同前六七二号、七月二六日付）。九月から翌年三月まで、介石は東海道筋の各県を巡回して講義を重ね、賛否両論をまきおこす活況を呈していく。

四　「梵暦学校」は成ったのか――介石とその死の意味

1　校主・角谷隆音

介石は、かつて過ごした京都へも招かれて演説を行なうことになった。一八八〇（明治一三）年四月五日、伏見に到着した介石は、京都の知恩院と聖光寺、および大阪で待ち受ける支持者に会う予定であるとの書簡を東京へ出している。この聖光寺というのは京都下京の寺町にある浄土宗寺院で、そこには介石の天文学を熱烈に支持する住職がいた。名は角谷《すみや》隆音《りゅうおん》といい、神阿上人とも呼ばれた僧侶である（以下、断らない限り聖光寺所蔵文書による）。

隆音は一八一七（文化一四）年三河に生まれ、幼くして得度をうけ、その後武蔵川越で修学のうえ上京、一八四五年より浄土宗・定信院の萩園念誉に師事しつつ勤王僧として活躍し、維新後の一八七二年には『勅五憲法』なる書物を刊行する。この本は一七世紀後半に発見された偽書の翻刻で、聖徳太子が「三法を篤く敬え、その三法は儒・仏・神なり」と述べたとする書物であったが、出版条例によって取り締まりを受けた。その後乙訓《おとくに》郡菱川村（現・京都市伏見区）西向寺住職、一八七五年末に聖光寺の住職へと転じた。神道や儒教をも交えた護法を模索した隆音にとって、二〇年ほど在京期間が重なる介石に、接触する機会もあったかもしれない。

加えて一八七六年一一月には、仏教美術のコレクターとして知られるフランス人エミール・ギメと京都で教理について対論している（ジラール　二〇一五）。対論の記録では、須弥山を意味する「高妙山」の語に「タカマガハラ」との読みを付しており、神道と一体で仏教を護る意志を表明していたことがわかる。一八八〇年に介石が入洛した時、隆音は介石を歓迎しており、すでに仏教天文学をその護法の旗印として広める意欲に満ちていた。介石は、神仏混淆による護法は必ずしも考えていなかった。だが往々にして、支持する側の意図としては、そうした差異はあまり問題にしないものである。

隆音は手始めに、須弥山の山頂を模した像を建設することを思いつく。同年九月一四日、隆音は聖徳太子が造営したという「南都法隆寺宝塔中須弥山之頂」の模造品を製作すべく、その費用の寄附を、伊勢神宮祭主の座にあった久邇宮朝彦《くにのみやあさひこ》に依頼した。久邇宮は幕末政局では公武合体派の重鎮として活躍したが、もとは法親王《ほっしんのう》として青蓮《しょうれん》院門跡《いんもんぜき》をつとめた人物でもある。隆音としては、神道・仏教双方に理解のある大物として期待したのだろう。ただ、久邇宮がどう応じたかは明らかではなく、以後新聞報道などもみられず、当て外れに終わったと思われる。

2　幻の梵暦学校

その一方で計画していたのが、梵暦学校の創設である。

一八八〇年一一月、隆音は同校を設置することを京都府に届け出た。翌年一二月に「天地公道梵暦学校主神阿」と名乗っている書が、聖光寺内に額装で現存していることから、学校自体はすでに開校、またはそれが間近だったことになろう。そして一八八二年一月一九日、隆音と檀家総代らは、一丈六尺（約四・八メートル）の須弥山像と「日月模造昼夜時計」などを備える講堂を聖光寺内に建設することを京都府へ申請し、許可を得た。さらに、この学校の「有志」として、「東西本願寺講師」たる倉谷哲僧と禿安慧《かむろあんね》という二人の天文学僧が、賛同を示した。安慧は介石とは学説的に対立する関係にあったとされるが（梅林・宮島　二〇一一）、仏教天文学を学び広める学校設置を「急務」とした点で、隆音を通じてつながっていた。聖光寺には、隆音が住職にあった時期に「天旋地球器」「窺天度量器」といった天文学の器械を買い求め、所蔵していたという記録が残っている。

では、梵暦学校はどのような教育内容で、誰を対象に開かれたのだろうか。

実はその肝心なことが、わからないのだ。幕末の梵暦運動の広がり方から類推すれば、僧侶のみならず、篤信の仏教徒、そして天文学を志す市井の人々も対象に考えていたのではないかと思うのだが、記録は残っていない。

同年三月二八日付『朝日新聞』によれば、隆音が講堂建設と「二丈八尺」の土石製須弥山の設置をめざし、奔走中であるという。当初予定より高く報じられるなど、いまだ姿は不確かなのだが、実際にはどうやらその須弥山像は完成していたようである。というのも、京都北白川に住む石細工師・田中五兵衛が、細工も念入りにして築造した旨、石材の供給元や一九七五円六〇銭という費用の総額、そして図面ともども報告した書類が残っているのである（写真5）。その書類には「明治十五年年孟春」との記載があり、新暦になおしたとしても一八八二年二月下旬から三月中旬には、この像はできあがったことになるだろう。しかし、そのことは新聞報道には見当たらない。講堂完成とともにお披露目する予定だったためかもしれないが、それも報じられてはいない。

また私塾や私立の各種学校的な教育機関なら、設立に際して京都府へ開示するはずの教科内容に関する書類も、府庁側の文書には不思議と残っていないうえ、新聞報道も管見の限り見いだせない。もし完成して介石がその開校式に招待されたなら、おそらく学校の宣伝としては最高のパフォーマンスとなっただろう。しかし、それもついに叶わなかった。それもそのはず、介石はこの年一二月、演説先の上越高田にてその生涯を閉じるのである。

翌年三月六日の『朝日新聞』には、「西京梵暦学校大講義神阿　介石師追薦　日月横旋須弥山儀器械説教　本月十一日十二日十三日午後一時ヨリ北野太融寺ニ於テ」という広告が出ている。この段階でも、隆音が梵暦学校の主

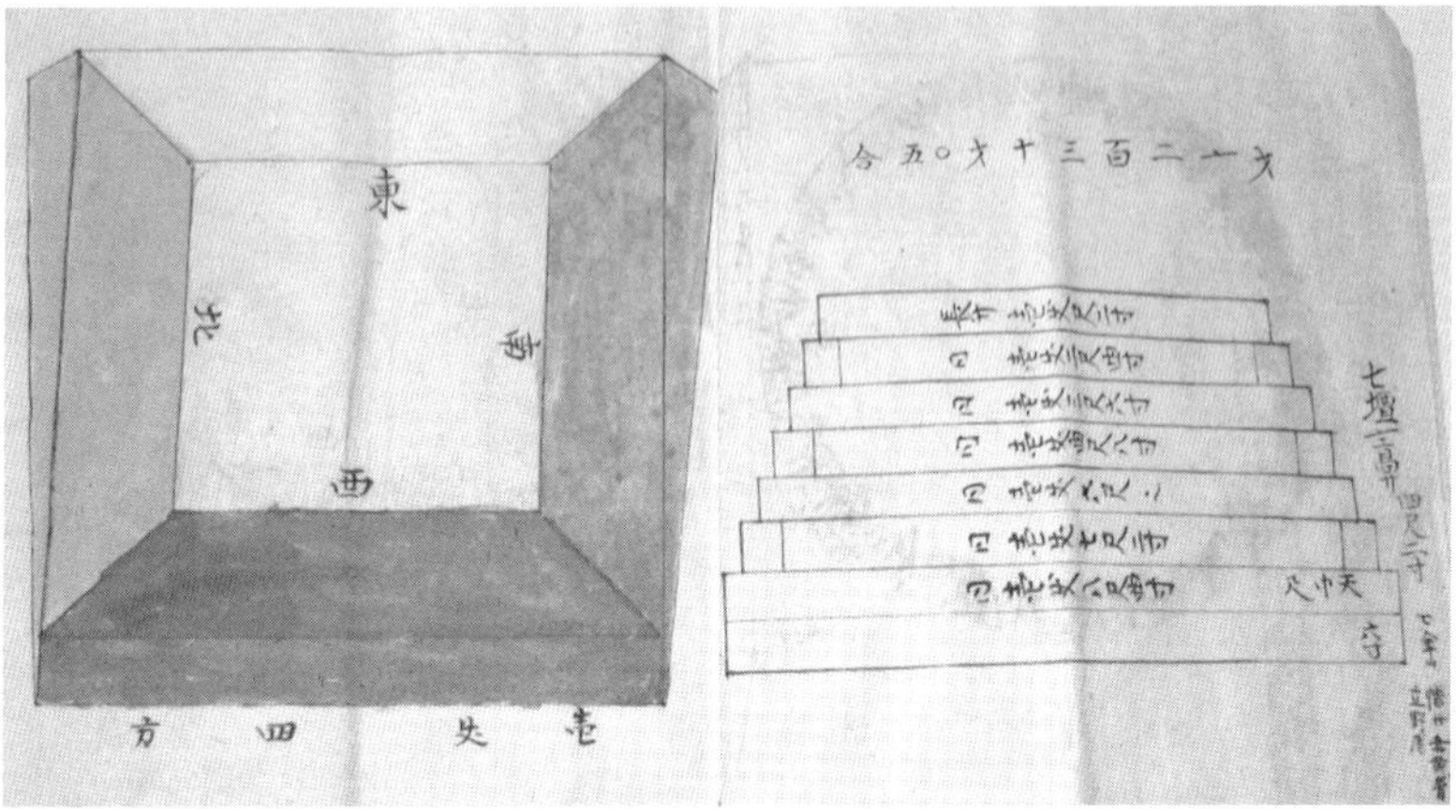

写真5　須弥山像の絵図面（台座部分）（聖光寺所蔵）

であったことは読みとれるものの、学校の実像をとらえることは、残念ながら今のところ難しい。さらにこの広告には、介石を追弔する意図から「大講義」という職位をもつ教導職が「須弥山儀」の説教をする、と明記されている。一八七六年の通達は、有名無実となっていた。

いや、須弥山儀を用いて天文を説く僧侶がいたとしても、もはやそれは大した問題ではなくなっていたのだ。信教の自由という観念がある面では浸透し、またキリスト教布教に対する仏教側の巻き返しと排耶《はいや》（反キリスト教）演説が流行となっていた当時の状況が、こうした説教の実施を後押しした面はあろう。しかし私は、介石の死と、様子のうかがい知れない梵暦学校の幻に、仏教天文学の寿命をみる思いがする。

3　介石と仏教天文学の行方

視実等象儀を中心にスタートした介石の講義・演説活動は、ふたたび経済を主題にすえるようになっていった。といっても、以前の消費社会論ではなく、輸入品排斥にその焦点が絞られていた。それは保護貿易の必要性を説く官僚から、ランプに象徴される舶来品に生業を脅かされる職人や商売人、そして単に新しい世の到来という雰囲気に当惑する庶民まで、僧侶のみならず介石を熱狂的に支持する人々の数は、三都を中心に膨れあがった。東京では井上毅や小野梓ら官僚たちによる自愛社なるグループや、舶来品の代用品製作にも力を入れる結社・観光社ができた。大阪の介石支持結社・保国社では、加入者は五万人を超えた。隆音らの努力の甲斐あって、一八八一年には京都にも同様の結社・六益社ができ、大店の下村大丸（現・京都大丸）も社員を一斉に入社させた（谷川　二〇〇二）。

天文から経済まで、縦横無尽に説く介石の弁舌は、聴衆の様子からもうかがえる。伏見で介石の説教をきいて感動したという宗教家・川合清丸《かわいきよまる》は、すべて罵詈《ばり》の嵐で仏教の「ブ」の字も述べずに「よくさばけた」話しぶりであったと評し、その場で介石の経済書『栽培経済論』と天文書『視実等象儀記』を購入している（川合清丸全集刊行会編　一九三三、三七一～三七三頁）。また、直接説教を聞いていない者にも、そうした評判が立っていた。一八八一年五月、当時信貴山《しぎさん》中に滞在していた奈良・十市郡生田村（現・桜井市）の旧庄屋・高瀬道常は、日記に「海〔介〕石」という高名な天文学者が器械を用いて持論を説きつつ、「洋品不用」を説いて「報〔保〕国社」を結成した、と記していた（廣吉・谷山編　一九九九、四五一頁）。いきおい、仏教天文学を支持する者は、西洋化・舶来品に反対する者とイコールとみなされた。

介石の没した一八八二年、日本の貿易収支は輸入超過から輸出超過へと転じた。そして大蔵卿松方正義が主導する財政によってデフレは深刻化し、人々の購買力も大きく減退していった。介石の宇宙・世界観や社会論の前提が正当性を失っていくとともに、仏教天文学は西洋嫌いの頑固者・排外主義者たちが信じる内輪の世界、という印象だけが強く残ることになった。介石が視実等象儀を用いて牽引したがゆえに盛り上がり、またそれゆえに彼の死とともに急激にしぼんでいく。仏教を、世界観を含んだ哲学・科学としてとらえなおそうとする者は、確かにその後も現れた。しかし彼らにとっては、介石らの仏教天文学を旧態として退けることが、その前提となっていったように映る。

介石があおった熱が急速に冷めていくなかで、隆音も一八八三年六月、この世を去る。梵暦学校は、学ぶ人たちのために何をなしたのか、そもそも門戸は開いたのか。いまだ幻のまま、いささか尻すぼみといった様子で、仏教天文学は一つの時代を終えた。もちろん、他の天文学僧の活動との関わりを十分に検討していない本章の記述は、一面的にすぎるのかもしれない。しかしともかく、本章冒頭で紹介した木村泰賢によって仏教天文学が少しく陽の目をみるのは、四〇年後のことであった。ただし介石の天文学はほどなく、排外主義的イメージとともに、国際的に孤立する満州事変以後の日本において、その「自尊心」の似姿として消費されていくのである。

参考文献

浅野研真『佐田介石　明治初年の愛国僧』（東方書院、一九三四年）
荒川　紘『日本人の宇宙観――飛鳥から現代まで』（紀伊國屋書店、二〇〇一年）
板沢武雄「江戸時代に於ける地動説の展開と其の反動」（『史学雑誌』五二巻一号、一九四一年）
伊東多三郎「近世に於ける科学的宇宙観の発達に対する反動に就いて――特に僧侶の運動に就いて」（『宗教研究』一一巻二号、一九三四年）
井上智勝「幕末維新期の仏教天文学と社会・地域――梵暦運動研究の射程」（明治維新史学会編『明治維新と文化』〈吉川弘文館、二〇〇五年〉）
梅林誠爾・宮島一彦「佐田介石と禿安慧――明治初年の仏教天文学論争」（『同志社大学理工学研究報告』五一巻四号、二〇一一年）
海野一隆『日本人の大地像――西洋地球説の受容をめぐって』（大修館書店、二〇〇六年）
岡田正彦『忘れられた仏教天文学――十九世紀の日本における仏教世界像』（ブイツーソリューション、二〇一〇年）

――――「近代的世界像と仏教――梵暦運動と須弥山儀」（島薗進ほか編『シリーズ日本人と宗教② 神・儒・仏の時代』〈春秋社、二〇一四年〉）
――――「梵暦運動史の研究――一九世紀の日本における仏教科学の展開」（吉田公平ほか編『近代化と伝統の間――明治期の人間観と世界観』〈教育評論社、二〇一六年〉）
岡田芳朗『明治改暦――「時」の文明開化』（大修館書店、一九九四年）
川合清丸全集刊行会編『川合清丸全集』第一〇巻（川合清丸全集刊行会、一九三三年）
小林正彬「日本機械工業と「からくりや儀右衛門」（六）」（『経済系』八八集、一九七一年）
ジラール、フレデリック「Emile Guimet エミール・ギメ（1838―1918）時代の仏教と宗教学」（『国際哲学研究』四号、二〇一五年）
谷川　穣「〈奇人〉佐田介石の近代」（『人文学報』八七号、二〇〇二年）
――――「周旋・建白・転宗――佐田介石の政治行動と「近代仏教」」（前掲『明治維新と文化』、二〇〇五年）
西村　玲「須弥山と地球説」（『岩波講座日本の思想4　自然と人為』〈岩波書店、二〇一三年〉）
東本願寺宗学院編修部編『東本願寺史料』第三巻（名著出版、一九七三年）
廣岡家研究会「廣岡家文書と大同生命文書」（『三井文庫論叢』五一号、二〇一七年）
廣吉壽彦・谷山正道編『大和国高瀬道常年代記』上巻（清文堂出版、一九九九年）
松江市史編集委員会編『松江市史』史料編九近現代Ⅰ（松江市、二〇一七年）
吉田　忠「近世における仏教と西洋自然観の出会い」（安丸良夫編『仏教と日本人11　近代化と伝統――近世仏教の変質と転換』〈春秋社、一九八六年〉）
龍谷大学三百五十年史編集委員会編『龍谷大学三百五十年史』史料編第二巻（龍谷大学、一九八九年）

※なお、本文中で用いた「明治九年　島根県歴史政治部」は竹永三男氏から、聖光寺所蔵文書については彌永信美氏とフレデリック・ジラール氏から、それぞれご教示を賜った。聖光寺様には、貴重な史料の閲覧をお許しいただいた。記して感謝申し上げる。

コラム　天主とは何者か——釈雲照のキリスト教観②

船田淳一

天主を同定せよ

雲照は『密宗安心義抄』下巻「問答決疑章」で、種々の問答（自問自答）を重ねているが、繰り返しキリスト教批判が現れており、「今洋教に尊奉する所は、何れの天主なりとせんや」と、先述したキリスト教の天主と仏教における天上の神々の関係を、さらに独特の考察によって突き詰めて考えている箇所もある。しかし、結果的にそれは思いがけない結論へと転じていく。

雲照は「約書」（漢訳の新約聖書・旧約聖書）の記述に沿って考えるならば、洋教（キリスト教）の天主は、「既に無色無形《むしきむぎょう》なりと云へば、色界天の摂に非ず。進みて無色天とせんと欲すれば、無色天は既に色形なし。色形なくんば、此の山河大地及び人畜等の可見有対の色を造すべからず」という。神仏合同の大教院は明治八年に廃止されるが、そこでは新旧の聖書が学ばれていた。だが雲照がどこまで聖書そのものを読み込んでいたのかは疑問である。この「無色無形」も、江戸初期に不干斎ハビアン（一五六五～一六二一）が『破提宇子《はだいうす》』において、神を「無色無形」としており、さらにイエズス会宣教師のマテオ・リッチ（一五五二～一六一〇）が中国で出版した『天主実義』に確認できるものである。よって、物質的身体（色）をともなわない精神的存在界である仏教の無色天（無色界）に、キリスト教の天主を類比することが可能となる。だがキリスト教は「無色無形」の非実体的原理であるような神を造物主と解しているものの、そのような精神的存在では天地万物（色）を創造できないというのが雲照の論理である（彼の独想ではないが）。

ではキリスト教の天主は無色界の下位にある色界に該当するだろうか。それも違うと雲照は考える。「彼れ忿怒することを説けり」がその理由だ。『新約聖書』と異なり『旧約聖書』においては、例えば退廃都市たるソドムとゴモラを滅ぼしたように、神は激しく怒る存在でもある。色界はいまだ物質的身体から自由でないものの、一切の欲望をすでに断じた静寂の天上世界である。キリスト教の天主が、仮にそうした境位の存在ならば、怒りの感情などあろうはずもないという理屈だ。この色界も四層に細分されるが、初禅天《しょぜんてん》の天主である大梵天（梵天主）には、怒りの感情が無いという。まして色界の最上天である第四禅天《だいしぜんてん》の天主である「毘舎闍摩醯首羅《びしゃじゃまけいしゅら》天主」に、洋教の天主は該当しようはずもないと説かれる。

では大自在天主はどうか。雲照によれば、この大自在天主は、物質的身体も欲望も備わったままの天上界であり、六層からなる欲界（六欲天）の最上天である他化自在《たけじざい》天の天主であるという。この天も寿命は長大だが限りがあるので、「無始無終」というキリスト教の天主にはそぐわないし、この天には淫欲もあって天主は后妃を有する。それも「独一真神」＝唯一神とされるキリスト教の天主の属性に反する。ならばさらに

写真１　大梵天
（『図像抄』所収、大正新脩大蔵経図像部データベースより）

写真２　摩醯首羅天
（『図像抄』所収、大正新脩大蔵経図像部データベースより）

写真3　帝釈天
（『図像抄』所収、大正新脩大蔵経図像部データベースより）

下位の欲界の天主である帝釈天《たいしゃくてん》か。しかし淫欲があって后妃がいる時点で、これ以上、下位の欲界の天主については考察するだけ無駄であろうが、雲照としては、帝釈天レベルでは万物創造の権能など無い、ということをもって否定の理由としている。

　かくしてキリスト教の天主は、仏教の神々には該当できないこと――むろん雲照的には、という限定が付くものの――ひとまず明らかとなったわけである。ではキリスト教の天主とは一体何者なのか。

密教修法と燔祭

　ここにおいて雲照は、遂に次のように語るのである。「今謂《おも》へらく、彼の約書中に往々神、鳥形にして、燔《はん》祭《さい》の処に降ることあり。以て考ふるに、恐らくは六字経中に説く天狐の類ならん」と。燔祭とは『旧約聖書』「レビ記」においてモーセが定めた動物供犠《くぎ》の一つで、牛や鳩などを祭壇で完全に焼き尽くすのである。決して神が鳥（鳩）として化現するものではなく、ここでも雲照の聖書理解の程がうかがえるようだが、あるいは意図的な誤読でもあろうか。鳥といえば、神の位格《ペルソナ》の一つである「聖霊」の象徴が鳩であることに想到すべき所であろうが、雲照の目が炎の祭祀たる「燔祭」に向いたことには理由があり、単に聖書理解力の不足ともいい切れない。雲照はこの燔祭を、「六字経法」という伝統的な密教修法に類比しているからだ。

　雲照は『六字経』に説く天狐とは何かについて、「六字経法中に天狐《てんこ》・地狐《ちこ》・人狐《にんこ》を説く。天狐は鳥形にして虚空《こくう》に住し、人類に禍《わざわい》を与ふる者なり」と説く。六字経法とは『六字神呪経』の所説に基づき、平安時代以降の貴族社会において怨敵への呪詛《じゅそ》・調伏《ちょうぶく》の目的で修された祈禱である。真言僧が修法の次第を類聚した諸書に説かれ、よく知られたものであった。ごく簡略化して述べるが、まず護摩壇を設え、その周囲に大刀や多くの弓矢を備えるというから、実にものものしい。そして紙、または団子などで作った天狐（鳶《とび》）・地狐（野干《やかん》＝狐）・人形の「三類形」を用意する（**写真4**参照）。この三類形に怨敵の姓名を書き込んで祈禱し、さらにこの怨敵を象徴する三類形を刀で切り裂き、護摩壇で焼き尽くすという。まさに呪いの儀式というにふさわしい。この天狐は鳩ではなく鳶であるが、雲照にとってはそうした細部は関係ないらしく、護摩も基本的には火中に供物を投じて神仏に供養する儀礼であるから、燔祭との共通点を探ることは不可能ではない。

かくして天上界にその居場所を特定してもらえなかったキリスト教の天主は、人類に災禍をもたらすゆえに調伏される天狐の如きものであると、急遽同定されてしまったのだ。いうまでもなく燔祭とはユダヤ教が行なうのであって、キリスト教では行なわないのだが、ともかく雲照の懐く洋教の天主観には、こうした密教修法の世界が影響していたことは興味深い。このことは、雲照が密教の事相（修法などの実践面）を重んじ、維新に際して廃止された真言密教最高の鎮護国家の祈禱である後七日御修法《ごしちにちのみしゅほう》を再興せんと努めたこととも決して無関係ではないはずだ。ともあれ、この洋教の天主＝天狐という言説は、キリスト教を貶めようとする意図にのみ還元できないものを孕んでいる。

写真4　六字経法の三類形
（大正新修大蔵経78巻所収『諸尊要抄』より）

両部神道というキー概念

雲照はさらに『大智度論』の一節を引く。「魔、実相を縁ずれば、魔として実相ならざるはなし」と。仏法における真理に照らしてみるならば、否定すべき魔といえども真理に他ならない、とでも超訳できようか。続けて少々混乱をきたしたかのような説が語られるため割愛するが、動物供儀のような殺生によって祭祀される「実類の鬼神」であっても、「行者、如実知の三平等実相観を以って之を供すれば邪神も自ら正神となりて国家を擁護するなり。両部神道の深義等、深く思ひて之を解すべし」と、雲照は問答を結ぶ。真言密教における悟りの境地に住して祭祀するなら、魔・邪神・鬼神も正統なる守護神に転じるということで、真言密教の押しつけだといってしまえばそれまでだが、ここにはキリスト教を単純に排除するのではなく、逆に密教思想をもって仏教的世界観の内にとらえこもうとする志向があり、その邪を正に転ずる鍵こそが「両部神道」なるものらしい。仏教とキリスト教の習合思想といってもよい。『密宗安心義抄』はこれ以上は語らないため、雲照が没した翌年に刊行された説教記録である『金剛経講解』(一九一〇年)をみよう。そこでは両部神道の意義を説く部分があり、そのなかに「耶蘇宗をして直《す》ぐ成仏せしむるのが真言宗じゃ。婆羅門をして直ぐ成仏せしむるのが真言宗じゃ……真言宗の流義は、神道の国に往けば両部神道を説き、儒道の国に往けば両部儒道を説き、婆羅門《ばらもん》の国に往けば、両部婆羅門を説き、若《も》し西洋へ仏法を弘むる時には、両部耶蘇宗を開く」という特徴的な一節がみえる。

両部神道とは、中世に真言密教の理論を背景として展開した神道思想を指すが、近世でも新たな発展をみせた。雲照のそれは近世両部神道を受けたものである。即興の説教を記録したものであり、真意の伝わりにくい憾《うら》みはあるものの、真言宗系神道である両部神道は世界の諸宗教と融即し、それらを成仏へ導く媒体だといっているようである。「両部耶蘇宗」とは奇異な概念であるが、単純な排耶論と同一視することは躊躇される。そして仏教へ改宗させるというのでもない、この言説の包摂主義的でトランスナショナルな性質には注目しておくべきではないか。唯一神教のキリスト教さえ、仏教的救済の範疇に収まるのであって、排除されてはいないのである。とはいえ、真に宗教の多様性とその価値を認めているのなら、こうした言説形成がなされるはずもないわけではあるが。

社寺領上知令の影響
――「境内」の明治維新――

林　淳

一　版籍奉還と近代的土地私有

六世紀に百済から伝来した仏教が、長い時間をかけて日本社会に浸透し、文化や思想の面で大きな影響を与えてきたことは歴史的な事実である。古代には国家仏教という形で国家の庇護を受け、中世の荘園公領制の時代には寺院が荘園領主になって、寺院の外と内で権力を保持した。近世には由緒のある寺院は朱印地・黒印地を与えられ、中小の寺院は田畑を所有し、檀家制度の下で経済的な安定を保障されてきた。時代によって国家権力と仏教との関係のしかた、仏教の社会的な形態は大きく変化してきたが、大部分の寺院が土地所有によって経営を成り立たせてきたことは紛れもない史実であった。一八七二年に政府は社寺に対して上知《あげち》令を布告し、社寺から土地を没収しようとした。このことは、長い仏教史のなかでも先例のない衝撃的な事件であった。

幕末になると薩摩藩・水戸藩は、寺院を整理し寺領を没収し、軍備のために財政の確保につとめた。成立したばかりの政府は、一八六九年に版籍奉還を断行し、翌年に社寺領の上知を布告した。上知については、近代的土地私有の確立という観点から歴史的意義が従来説かれてきた。例えば豊田武は、「明治初年に於ける寺領没収の問題は、これを新政府樹立の目的たる、封建的勢力の一掃、近代的土地私有制度の確立と関連させて考へる時、はじめて正当な理解に到達することが出来る」（豊田　一九八二）と述べて、社寺領上知が近代的土地私有制度の一環であったことを強調した。

しかし上知は、明治初年の法令ですべてが完了したわけではなかった。一八七四年一一月の太政官布告によって社寺領境内地は官有地に属した。一八九九年四月に国有土地森林原野下戻《さげもどし》法が公布され、土地森林の還付申請が可能になる。同年八月に社寺保管林制度ができて社寺林は、社寺が保管すべきものになった。二〇世紀になると、寺院による境内地下戻の訴訟が相次ぎ、行政裁判所が、政府の指令を取り消して山林・立木を原告に下戻すべしという判決を出した。第二次世界大戦後に日本国憲法が施行されると、一九四八年「社寺等に無償で貸付けてある国有財産の処分に関する法律」が出され、社寺境内地は社寺へ無償譲与されるようになった（大石　一九九九）。このように長いスパンで歴史を回顧すると、上知は単純な過程ではなく、時代とともに激しく揺れ動いていたことがわかる。「下戻」「譲与」が行なわれた歴史的な経緯から判断して、はたして社寺領の処分が近代的土地私有制度の確立に寄与できたかどうかは疑問が残る。

明治初年の政府は、確かに近代的土地私有制度の確立を目的に上知令を出した。しかし旧藩主が領土と領民を朝廷に返上した版籍奉還と、社寺領上知では歴史的条件が異なっていた。旧藩主は華族となり、旧武士は士族・卒族となって、近代社会において新しく職業についた。それに対して神職・僧侶の場合、新しいポストや職業が用意されていたわけではなかった。神職・僧侶は、生活のために社寺領からの収入・収益に依拠せねばならなかった。もし上知令に版籍奉還と同じ機能をもたせるのであれば、政府は神職・僧侶を解雇し、新たな職業につかせて、神社・寺院の土地を国有地化し、神社・寺院を潰し、別な土地使用をすればよかったのである。

さらにいうと、明治憲法第二八条において信教の自由が定められたが、寺院の境内地は官有地のままであった。管見のかぎりでは、このことについて政府による説明はなかったように思われる。近代的土地私有制度確立のために上知令が出され、それが日本の近代化にとって不可欠な政策であったと研究者が発言することは、被害に遭った神職・僧侶の不満の声をかき消すことであった。およそ四〇年が経ってから僧侶の声は、境内地還付の訴訟としてやっと社会にこだまするようになった（仏教連合会　出版年不明）。本章は、社寺領上知の処分を検討し、行政と法律と学術の関係を考察する試みである。

二　二つの上知令

一八六八年閏四月に政府は、社寺の領地を改正するので旧幕府から受けた判物書類を提出するように布告を出した。同年六月に鎮台府から民政社寺市政三局および諸藩に対して社家寺院の判物を出させるように命じている。一八六九年二月に政府は、各府県の歳入を調べ、同時に社寺領の収入も調べた。同年六月に版籍奉還によって、旧藩主は領地・領民を朝廷に返還することになった。一八七一年一月に上知令（本章では以下、「第一次上知令」と呼ぶ）が布告された。

諸国社寺由緒の有無に拘わらず朱印地・除地等、従前の通り下し置かれ候処、各藩版籍奉還の末、社寺のみ土地・人民私有の姿に相成り、不相当の事に付、今度社寺領現在の境内を除の外、一般上知を仰せ付けられ、追

て相当の禄制を相定められ、更に廩米を以て下賜すべき事

但し当午年、収納は従前の通り下され候事

一　領知の外に、旧政府並びに領主等より米・金寄附の分、旧貫により当午年迄下され候向も之あり候処、来未年より止られ候事

上知の田畑百姓持地に之なく社寺にて直作し或は小作に預け之ある分、年貢諸役百姓並み相勤るに於ては、従前の通り社寺にて所持致し苦しからず候事

但し地所に関係の事務は、村役人差図を致すべき事

右之通仰せ出され候条、府藩県に於て管内の社寺へ相達すべく候事　〈梅田　一九七一、傍線は林〈以下同〉〉

明治維新以後も、朱印地・除地《じょち》の徴税の権限は社寺に与えられていた。一八六九年六月に旧藩主が版籍奉還として支配領地を政府に返還した後、社寺のみが土地と人民を私有していることは不当であると法令にはある。法令は、「現在の境内」を除いて社寺領は政府に上知するように命じ、その代わり禄制を定めて廩米《りんまい》を下賜するともある。旧幕府、旧領主からの米・金の寄附は一八七一年に停止になる。百姓地同様の年貢地は、従来通りに上知の必要はないとある。また、社寺へ命令の伝達は、府藩県からなされるとある。江戸幕府であれば、本山、触頭《ふれがしら》を通じての伝達であったのが、その命令系統は使用されずに、府藩県に伝達を委ねていることは注目に値する。第一次上知令は、社寺領上知の歴史的展開の出発点になった。第一次上知令の後に、いくつもの法令が追加されて調整されていく。上知処分の調整について、つぎに禄制、区画、林木の順にみていく。

第一に、禄制についてである。上知令が出される前から、上知に対する給付処置の必要は、太政官・民部省にお

いて議論されていた（岡田　一九三六）。第一次上知令が出されて、そこには廩米下賜が行なわれるとある。一八七一年六月の太政官布告によって社寺の禄制が定められ、同年七月には朱印地・黒印地の高に対する半額を毎年支給するとある。その後、年貢地である場合に年貢の半分を社寺に下すことも決まる。一八七四年九月には社寺逓減《ていげん》禄の制が出されて、朱印地・黒印地・除地が上知される場合、一〇年間は禄が与えられるが、一一年目からは禄は停止されるとある。一八九五年一一月に米額であった逓減禄は、金禄に改訂されることになった。このように禄制の規程は細かく変更を加えられた。

第二に、社寺領の区画について。境内地といわれても、どこまでが境内地であるのかは個別の事例や関係者の認識によって異なっていた。一八七四年一一月に太政官布告「地所名称区別改訂」が出されて、官有地・民有地の区分の基準が明確にされた。神社は官有地第一種（郷社は民有地）、寺院は官有地第四種となった。一八七五年三月に内務省と大蔵省の間に地租改正事務局が置かれる。一八七五年六月に内務省地租改正事務局から府県長宛てに「社寺境内外区画取調規則」（本章では「第二次上知令」と呼ぶ）が出された。第一条、第二条を引用してみる。

> 第一条　社寺境内の儀は祭典法用に必需の場所を区画し更に新境内と定め、其余悉皆上地の積取調べき事
> 　但し民有地の社寺は従前の通心得べき事
> 第二条　新に経界を定むるには溝・塹・堤・墻又者道路等の地形に拠り判然区域取締取調標示建置くべき事
> （梅田　一九七一）

第一条で「新境内」が定義されている。第一次上知令では、「現在の境内」を除く土地が、上知の対象になった

が、どこまでが「境内」かについて個々の事情や関係者の認識によって異なっていた。ここでは明確に「祭典法用に必需の場所」を「新境内」として、それ以外の末社・子院や埋葬地などは境内外地として上知の対象になった。寺院についていえば、第二次上知令は法要を行なう本堂以外の土地を上知せよという命令である。第六条は、現境内地の調査上申を命じたが、調査上申は難航したようである。この「新境内」の定義は社寺に深刻な打撃を与え、社寺の不満の種となった。

第三に、森林について。林野をめぐる行政は、複雑な経緯をたどった。政府が厳しい基準をもって上知を進めたため、社寺が自由に扱える林地が大幅に減少した。社寺は、上知される前に社殿堂宇の修理などの目的で森林を伐採し売却した（福田　二〇一二）。伐採願いが多くなるなかで政府は、上地林を直接に政府が管理するよりも、社寺に保管させて、林産物の一部を譲渡することを適切な対応だと考えるようになる。社寺林は、景観を維持する「風致保全」の役割をもち、保護されるべきという新しい認識が生まれた（丸山　一九八七）。一八八一年に農商務省が設置されて、山林の事務は内務省から農商務省に引き継がれた。時代とともに森林に関する政府の対応は、管理から保全・保管へと移っていった。

以上、禄制、区画、森林の観点から第一次上知令以降の政府の政策をみたが、いくつもの問題点を抱え、たえず調整されていったことがわかる。第二次上知令が公布され、かえって社寺の困窮をもたらし、不満や怒りを引き起こした。社寺領の収入や収穫物によって生活の糧を得ていた神職・僧侶は、上知によって経済的苦難を強いられた（丹羽　一九八八）。

三　国有土地森林原野下戻法の影響

一八八四年に農商務省は、社寺官林委託規則を制定し、官林を社寺に委託管理できることとした（松波　一九一九）。委託官林の保護栽培の費用は社寺負担とした。その代わりに社寺は落葉、樹実などを採取し、竹林は建築・修繕のために払い下げることができた。この委託林制度が、のちの社寺保管林制度の起源になったといわれる（小寺　一九四九）。しかし社寺に保護管理の負担を押しつけ、官林の風致を保存しようとしたことに対しては、社寺側からの不満は強かった。一八九五年に今井磯一郎ほか三名が、「社寺境外上地林還付に関する法律案」を帝国議会に提出し、上知令は不法であり、社寺の衰退は社寺林の上知に始まったのであるから、上地林を還付するのが当然だと述べた。

一八九九年三月に国有林の管理について統一化された法令として国有林野法が出された。そのなかでは委託林制度を発展させて、社寺が上知の森林を保管できるようにする条文が記された。同年八月に社寺保管林規定が出されて、社寺の保管義務が細かく規定されるとともに、社寺による、主産物伐採量の半額の無償取得、副産物の無償採取が権利として認められた。社寺が上地林の管理を行なうことによって、社寺の風致的環境を整えることと、社寺の財源の確保という二つの問題の解決が同時に図られた。

一八九九年四月には国有土地森林原野下戻法が成立し、境内地の下戻の問題が浮上した（古館　二〇一三）。農商務省は、すでに一八九〇年の訓令二三号で、地租改正で官有の森林原野に編入されたものに民有地があることを認識し、各府県に調査して証拠がある場合には伺出すように指令した。その後も農商務省は、地租改正にともなう官民有区分の誤りを是正したが、出願・申請を際限もなく認めるわけにはいかず、申請の基準と期限を明示し打ち切ることとした。そして出願申請の不許可処分に対して不服がある者は、行政裁判所に出訴できる法律が準備された。こうした背後には、第二次上知令や地租改正によって社寺が経済的に打撃を蒙った、だから社寺領を返還すべきだという議員の活動があった。政府としても、従来の下戻政策を打ちきり、社寺地の所有権の帰属を最終的に確定しようとした（吉岡　二〇〇八）。

国有土地森林原野下戻法では、第一次・第二次上知令によって没収されて国有になった土地・森林・原野について、寺院の所有であったという証明ができる証拠がある場合に一九〇〇年六月三〇日までに申請するようにとあった。とはいえ下戻の申請の条件である証明する書類の提出は容易ではなく、提出期間が短かったこともあり、申請できない寺院が多かった。しかも下戻の申請をしても却下された。国有土地森林原野下戻法、下戻申請の却下をきっかけにして、却下された寺院はまとまって行政裁判所へ訴訟を起こした（仏教連合会　出版年不明）。近世の朱印地・黒印地・除地が、公権力がもった官有地であるのか寺院の私有地であるのかどうかを論点として、専門家の間で熱く議論されるようになった。

この時期に法制史学者の中田薫《なかたかおる》と、国史学者の三上参次《みかみさんじ》・辻善之助《つじぜんのすけ》・芝葛盛《しばかずもり》の間で寺領をめぐって論争が起こった。論争の直接の契機は、国有土地森林原野下戻法の訴訟にあった。政府の立場は、「朱印地はもともと官有地である」から、第一次上知令によって寺院は朝廷に寺領を返還したという認識であった。しかし仏教界は、朱印地は私有地であり、第一次上知令は違法とは考えないが、第二次上知令は違法であると認識していた。多くの寺院が、上知処分の違法性を認識し訴訟を起こし、行政裁判所へ境内地の還付を訴えた。

四　研究者の介入

1　中田薫の第一論文

日本法制史学の中田薫は、東京帝国大学で鎌倉時代の法制を研究し、一九〇六年に『王朝時代の庄園に関する研究』を発表した。村の入会地《いりあいち》に関する研究を行ない、当時の現行法上の入会問題の解明に貢献をした。一九〇七年に中田は、『国家学会雑誌』に「御朱印寺社領ノ性質」という論文を投稿している。論文の冒頭で中田は、「御朱印寺社領は寺社の所有に属するものなりや否やとの疑問は、国有土地森林原野下戻法の適用として従来屢々《しばしば》起りし所にして、今日猶《な》ほ未決の問題たるに似たり、本論は聊《いささ》か此疑問の解決に資する所あらんが為めに草したるものなり」と執筆目的を書いた。この論文は、中田がいうように国有地下戻訴訟の解決のために書かれたのであった。中田は、朱印状の文言の分類を手がかりにして、**表1**にみられるような文言の分析を行なった。

写真1　中田　薫
(国史大辞典編集委員会編『国史大辞典』第10巻〈吉川弘文館、1989年〉より)

中田は、さまざまな朱印状を分類して、朱印状とは租税・地子銭《じしせん》の徴収権や人足徴発の権限など公法的な権利を付与するものだと結論づけた。朱印状は、土地所有権の付与を意味するものではないことも中田は強調する。

御朱印状なるものは寺社に対して、或は特定の土地よ

表1　中田による朱印状文言の分類

文言の種類	疑問	中田の解答
（1）収納文言	①石数は収納の石数か「高」か ②寺社の所有地への文言か ③文言の意味	①「高」 ②寺社の所有地への文言 ③租税免除の意味
（2）寄附文言 1　寺社領寄附文言	①寄附の目的物は所有権か租税徴収権か	①租税徴収権
（2）寄附文言 2　境内門前等寄附文言	①寄附の目的物は所有権か租税徴収権か	①租税徴収権
（3）免除文言 1　諸役免除文言	①文言の意味	①租税の免除
（3）免除文言 2　山林竹木免除文言	①寺社の所有地の山林竹木か、村方の山林竹木も含むか ②伐採権は制限を受けるか ③幕府公有の山林は寺社に譲られるか ④竹木の所有権を取得したか	①後日の研究に譲る ②修造・採薪の目的に限る ③幕府に所有権、寺社は伐採権のみ ④修造・採薪のための竹木の権利はあるが、総立木の所有権はない
（3）免除文言 3　人足免除文言	①文言の意味	①人足徴発の権限の付与
（3）免除文言 4　地子銭免除文言	①文言の意味	①地子銭徴収権
（4）守護検断不入文言	①文言の意味	①有名無実

り租税を徴収し、或は特定の地域内より人足を徴発し、或は特定の山林竹木を或る目的の為めに伐採し、或は特定の土地に課すべき租税を免除する等、諸種の公法上の特権を付与し、若《も》しくは已《すで》に付与したる此等の特権を確得するものにして、その特権の客体たる土地山林竹木が何人の所有に属するや等の私権問題とは、毫《ごう》も相渉《あいわた》る所なきものなる事を知を得べし（中田　一九〇七）

朱印状には土地・山林が寺社の所有地であることを証明する効力はないと中田はいう。中田によれば、朱印状をもって境内・敷地が寺社の所有地かどうかを決定しようとすることは、「木に縁《よ》って魚を求むるの類」で、ありえない無駄なことである。しかしだからといって、社寺に境内地や境内外地の所有権がないかというと、そうではない。例えば「御朱印地社領とは……若しくは御朱印状に依て租税の免除、竹木伐採禁止の解除を受けたる寺社の所有地なりと」、「境内門前寺廻屋敷の如きは、もとより寺社の所有地たる事疑なし」（中田　一九〇七）と社寺の所有地があることをよく認識していた。

行政裁判所は、原告側の社寺が山林を自由に使用し収益してきた事実や朱印状保持を以て、所有権を主張したことに対して、用益権・管理権は所有権ではないと反論し斥けた。行政裁判所は、立木の伐採・売却、あるいは山林に対する貢租徴収や利用料の徴収が、地盤所有権を証明するものでないとする裁判例を積み重ねた。朱印状は、下戻を請求する原告の主張する所有の事実を示すには十分でない。そうなると所有の事実の証明など難しく、下戻は事実上ありえない。実際にもほとんどの下戻の訴えは、却下される結果となった。

中田と行政裁判所の見解は、朱印地では所有権を証明できないという点で共通していた。しかし中田は、社寺が境内・敷地などの所有権をもつ場合も認めており、その点では行政裁判所とは真っ向から対立した。中田の議論では、公法と私法を分け、双方の次元の違いを明確にした。朱印状は、土地所有権を証明するには不十分であるという従来の行政裁判所の見解も不十分なのである。なぜならば双方の次元が違うのであって、公法的権利による私法的所有権の証明は、法の論理として不可能だというのが中田の主張であったからである。寺社領寄附文言の検討では、中田は、朱印状による租税徴収権の付与を強調したが、だからといって社寺の所有権はなかったことにはならない。ここに中田と行政裁判所との見解の違いがあった。

2　行政裁判所の判断の変化

一九一〇年の栃木県西明寺の訴訟判決において行政裁判所が、被告の政府側の主張を斥けて、原告である西明寺の訴えを認めた。行政裁判所の判断は、一八〇度転回したことになる。そこには中田論文の影響が二点あった。第一点は、行政裁判所が諸役免除の文言を租税免除と解釈した点。第二点は、社寺の所有権の存在を認めた点である（吉岡　二〇〇八）。とはいえ行政裁判所が提示した新たな論理は、中田説の受け売りではなく、自前で構築されたものであった。この判決は、重要なターニングポイントになった。つぎに行政裁判所の判決の一部を引用する。

境内即土地に対する租税を免除せらるるは該土地が租税を賦課せられ得べき性質の者なることを示すのみならず、右租税が土地に対するものなる以上は其種類名称の如何を問わずして毛上税と云うべからざるを以て、該土地が官有にあらずして私有なる事実を推定せしむるに十分なりとす、而して之を私有地なりとせば其何人に属するやは反対の証拠なき限り、現に右租税を免除せらるべき旨を達せられ且実際に於て之を境内として占有する朱印状名宛の社寺有と認むるを相当す

（行政裁判所　一九一〇）

ここで書かれていることを筆者なりに整理するとつぎのようになる。

（A）　諸役免除文言の朱印状は、土地に対する租税を免除する効力をもつ
（B）　それは、本来はその土地は租税賦課の地であったことをしめす
（C）　租税を払うのであるから、その土地は私有地であり、社寺の私有地と推定できる

この論理は、中田論文にはなかったものであり、行政裁判所が独自に構築したものであった。さらに行政裁判所

は、第一次上知令の問題点を指摘した。第一次上知令では、武家の領地と社寺領が同性質だとして、版籍奉還に倣って上知が正当化されていたが、条文の文言では公領地と私有地とを混合していて明確ではないとする。行政裁判所としては、この不明確な第一次上知令に依拠せずに、国有土地森林原野下戻法に基づいて私有地の上知があったかどうかを判断すればよいという立場をとる。そのように検討すると、社寺境内は公領地であったという被告の国の主張は説得力がなく、原告西明寺の私有であるという訴えが正当だと結論づけた。この判決以降も行政裁判所は寺院の訴えを支持して、境内地返還の訴訟は頻繁に起こされるようになった。

3　三上参次・辻善之助・芝葛盛『社寺領性質の研究』

三上参次・辻善之助・芝葛盛による『社寺領性質の研究』（一九一四年）は、東京帝国大学史料編纂所の国史学者によって書かれた社寺領の実証的な成果であった。農商務省の委託研究であったことが、序で記されている。この書物は、行政裁判所の新見解を批判し、再度、境内官有説に戻すことを意図して編まれたものであった。彼らは、朱印状・黒印状の文言を整理、分析し、文言の内容の分析から境内地の私有権を証明できないことを論じる。結論は、六点にまとめて記されている。

（1）社寺が狭義の社寺領に対する権利関係は公領関係にして収納権を有する
（2）社寺が境内地に対する権利関係は個々別々である
（3）朱印状免除文言は山林・田畑・宅地などからの利益の収納権をしめすが、境内地の私有権を証しない
（4）除地に対する権利関係は朱印状免除地に准ずる

写真３　辻善之助
（辻善之助先生生誕百年記念会編『辻善之助博士自歴年譜稿』〈続群書類従完成会、1977年〉より）

写真２　三上参次
（『東京帝国大学五十年史　下冊』〈東京帝国大学、1932年〉より）

東京帝國大學文科大學紀要　第一

社寺領性質の研究

文學博士文學士　三上參次
文學博士文學士　辻　善之助　著
文　學　士　芝　葛盛

写真４　『社寺領性質の研究』

（5）門前地に対する権利関係は朱印状免除地に准ずる
（6）一部の社寺は社寺領に対して行政権・司法権の一部を有する

三上・辻・芝は、境内地は社寺の私有地だとする行政裁判所の新見解を否定して、朱印状免除文言は境内地の私有権を証しないことを論じている。（a）免除文言の効力範囲、（b）免除文言の意味、（c）社寺の成立経緯という三側面から批判する。

（a）では、三上・辻・芝は「境内主域」と「境内従域」に分け、境内従域における収納物がある場合に免除文言が効力をもつと述べる。免除文言は境内主域に関わらないことを以て、三上・辻・芝は、免除文言が境内の全域に及ばないことを示唆し、境内地全体の私有権を証明するものではないと述べる。（b）朱印状は、年貢などの正租の免除ではなく、雑税の免除を保障する。このことから免除文言が租税免除の意味ではないとする。（c）社寺設立の経緯から、官有と私有を区別することができる。朝廷・幕府・領主によって建立された社寺は、官公社寺であり、私社寺と区別されるべきである。官公社寺は「国家の一の機関として設立せられ、官庁と同じく看做《みな》さる、されば其行為も、亦一個の官庁の職務を履行したるものにして、一の公法人格を有したるものとす、故に其の社寺の境内の土地は、官有地なりしこと論を俟《ま》たず」（三上・辻・芝　一九一四）と結論が導かれる。

（a）（b）は、西明寺訴訟の判決の（A）の立論を否定するためのものである。諸役免除文言が租税免除を意味しないことを、三上・辻・芝は立証しようとした。（A）の論拠が崩れれば、（B）（C）は成り立たなくなる。三上・辻・芝は、西明寺訴訟の判決以前の判決に復帰できる理路をつくろうとした。ただ、このような議論では（3）にあるように、「朱印状は私有権を証明し得ない」とまでいえたとしても、「社寺に境内地の私有権はない」

とは断じることはできない。そこで三上・辻・芝が新たに導入したのは、(c)の社寺設立の経緯という論点である。これによって朝廷・幕府などの為政者が建立させた寺社の境内地は、官有地だという新見解を打ち出したのであった。

4 中田薫の第二論文

中田の論文「徳川時代ニ於ケル寺社境内ノ私法的性質」(一九一六年)は、三上・辻・芝の研究を批判するために書かれたものである。三上・辻・芝の書が、初歩的な法理論に無知なため、官庁と法人を両立させた説を展開していることを、中田は徹底的に批判する。三上・辻・芝は、「社寺は官庁なり故に公法人格者なり故にその境内は官有地なり」という論理を展開したが、中田によれば国家と法人は相容れない存在である。法学の通説によれば、官庁には人格(法人)がないことは明確である。社寺が法人であれば、独自の財産をもっており、したがって国家の所有にはならない。「抑々《そもそも》も法律上人格者とは独立して権利義務の主体たるものを云う、私法上に於て云えば自己の名義を以て財産を享有し取得し法律行為を為し債権を有し債務を負う能力を有するものこれなり、此意味に於て吾輩は徳川時代に於ける社寺は人格者なりと解す」(中田　一九一六)と中田は、その根拠を以下の六点にまとめる。(1)金子・動産の寄附贈与を受ける能力をもつ、(2)不動産の寄附・譲を請けることができる、(3)不動産の貸借ができる、(4)金銭の貸借ができる、(5)寺院財産は住職財産と別である、(6)寺院の債務は住職の債務と別である、の六点を挙げて、近世の社寺は法人であることを中田は論証する。

さらに幕府より公認された寺社境内の地種を、(1)借地、(2)預り地、(3)求地、(4)貰地、(5)寄進地、(6)拝領地、(7)年貢地、(8)町役地、(9)地子、(10)除地、(11)見捨地、(12)無年貢地、(13)御朱印地の一三種に分けて、中田はそれぞれの私法的性質を検討する。検討の結果、中田はつぎにように結論を導く。

吾輩は徳川時代に於て此の如き無人格無能力無資産なる社寺が存在せしことの一の実例をも知らず、却て反対に官設社寺と雖も幕府其他より寄付を受け預入を受くるの人格を有せし明証が存在すること前記の如し、之に加えて社寺建立者の公私と建立社寺人格の有無とは法理上何等必然の関係にあるにあらず……而して徳川時代に於ては実に官設社寺も亦た常に独立人格者として建立されたるものなり　（中田　一九一六）

中田は、三上・辻・芝の、建立者の公私が社寺の性格を決めるという見解を批判して、徳川時代の社寺は法人であり、私法的な権利・義務を果たすことのできる資格をもち、社寺領は私有地であったと断定した。この中田による批判に対して、三上・辻・芝からの反論はなかった。その結果、行政裁判所の新見解、中田の第二論文が、この件に関する学界の定説となったようである。辻善之助の門下であった豊田武は、中田説が「すべての人に承認された説ではない」ことを指摘し、近代的な公法・私法という法律観念を近世に投影したという問題点を挙げて中田説を批判したことはあった（豊田　一九八二）。豊田の発言自体が、中田説が大多数の支持を得てきた学界の状況をよく示している。

五　仏教界の動向

一九〇九年から一九一〇年にかけて行政裁判所は、延暦寺、増上寺、西明寺、飯福寺《はんぷくじ》、鶏足寺《けいそくじ》、石山寺などに対して原告勝訴の判決を出した。原告からみると、農商務省が出した下戻申請の不許可は誤った処分であるので、すぐにでも境内地還付をすべきなのである（仏教連合会　出版年不明）。仏教界は、大隈重信をリーダーとして境内地還付の運動を展開した（福田　二〇一二）。一九一一年三月には仏教宗派管長九名が、第二七回帝国議会に対して、社寺境内地を還付するよう請願を提出した。そこには「之〔境内地〕を寺院に還付し之を旧態に復せしめ以て寺院をして興学布教四民徳化の目的を達せしめんことは蓋し為政者の責務」（仏教連合会　出版年不明）であると述べられて、法案の制定を請願している。これを受けて、衆議院の請願委員会では「社寺境内地還付法案」を作成し、一九一二年の第二八回帝国議会に提出し本会議でも可決された。その後も何度も帝国議会に提出されるが、貴族院で審議未了、衆議院の会期終了のために未決などで法案の成立には至らなかった。法案不成立の背景には、政府による反対があったと思われる。

一九一二年の内務省による三教会同を契機に、同年に仏教宗派が仏教各宗派懇話会を結成し、一九一六年に仏教連合会と改称した（大澤　二〇一五）。仏教連合会は、境内地還付の運動を展開して、冊子を作成・配布して、法案の制定を訴えつづけた。

こうした仏教界や議員の運動の高まりを受けて、一九一七年に社寺保管林規則が、社寺に有利になるように改正された。一九二一年には国有財産法が改正されて、国有地にある寺院境内は、寺院に永久無償貸付したものとみなすことになった。政府としてみれば、仏教界に譲歩して、事実上、境内地還付と同じ効力を与えることになった。政府は、第一次・第二次上知令を間違いであったと取り下げるつもりはなく、寺院の経営を実質的に支えることで解決を図ろうとしたと考えられる。

六　民法的思考と国史学的思考

国有土地山林原野下戻法が公布され、中田第一論文、西明寺下戻請求の訴えに対する行政裁判所判決、三上・辻・芝論文、中田第二論文が出て、社寺上知をめぐる論争は活発に行なわれた。とりわけ西明寺の訴訟における行政裁判所の判決文は、社寺の所有権の解釈において画期的であった。それだけではなく、判決文は、第一次上知令にさかのぼって、それが適正かどうかという問題にも踏み込んだ。それに対して被告となった国は、朱印状を以て旧藩主の領知権同等の領知権を付与したものだという解釈を保持しつづけた。

西明寺の訴訟における行政裁判所の判決は、朱印状を使って社寺の所有権を承認する内容であった。それは、本来社寺は租税負担すべき立場にあるのだから、社寺に土地の所有権があると推定できるという論理であった。さらに判決では、行政裁判所は「社寺が持っていたのは旧藩主同様に領知権のみだ」とする国の見解を批判した。

地租改正局に勤務して第二次上知令制定に関わった目賀田《めがた》種太郎が、「其当時境内地と云う地目を設け社寺に所有権を付与し安定せしめたるも其知識なきを以て今に社寺をして不安に置くは遺憾なり」（仏教連合会　出版年不明）と悔恨した。一八七五年段階では、官有地・私有地の二種の地目の区別しかなく、社寺領は官有地に組み入れられた。目賀田は、もし境内地という地目があり、そこで社寺の境内地所有が認知されていたら、下戻訴訟が頻発する事態には至らなかったと悔やんでいた。二〇世紀になって寺領の下戻訴訟が数々起こって、社寺領をめぐる議論が交錯し、ついに行政裁判所が国の従来の見解を批判した事態を目撃すれば、当事者から目賀田のような悔恨談が出てきても不思議ではない。

中田第一論文、第二論文は、公法・私法・法人などの概念を前提にして寺院の土地所有権を認めて、行政裁判所の判決を補強した。中田第二論文は、三上・辻・芝の論文による「歴史的に見て社寺領は官有地だった」という主張を徹底して批判し、謬見だとした。中田からすれば、国史学者は法学の基本である公法・私法の違い、法人概念を全く理解できておらず、かれらの議論は法律論のテーブルにのせることすらできなかった。

一八九八年民法施行法が出されて、その第三六条に「民法に定めたる物権は民法施行前に発生したるものと雖も其施行の日より民法の定めたる効力を有す」とある。これに従えば、朱印状の文言がどうであれ境内地が社寺の所有地であることは十分に承認される。それに対して三上・辻・芝は、国家のみが所有権の源泉であって、それ以外の組織は国家の権限を譲渡され分有していたと理解する。そこには学説上の相違というより、拠って立つ学術分野が前提としている社会観の相違が影を落としていた。民法的思考がもつ公私観や法人概念と、国史学的思考がもつ国家中心史観との間には、埋めがたい溝が横たわっていた。どちらかが正答であるわけではない。ただし法律論のテーブルにのるかどうかとなると、中田説が一頭地を抜いていたことは疑いなかった。

参考文献

梅田義彦編『改訂増補日本宗教制度史〈近代篇〉』(東宣出版、一九七一年)
大石　眞「いわゆる国有境内地処分法の憲法史的考察——その合憲性の問題に寄せて」(『法政研究』第六六巻第二号、一九九九年)
大蔵省管財局編『社寺境内地処分誌』(大蔵財務協会、一九五四年)
大澤広嗣「昭和前期の仏教界と連合組織——仏教連合会から大日本戦時宗教報国会まで」(『武蔵野大学仏教文化研究所紀要』第三一号、二〇一五年)

岡田　実「明治維新に於ける社寺領の処分」（『温知会講演速記録』第五六号、一九三六年）
行政裁判所編『行政裁判所判決録』第二一輯第一～五巻（中央大学、一九一〇年）
小寺俊吉「社寺保管林制度の諸問題」（『造園雑誌』第一三巻第一号、一九四九年）
豊田　武「明治初年の上知問題」（『豊田武著作集　第五巻』〈吉川弘文館、一九八二年〉）
中田　薫「御朱印寺社領ノ性質」（『国家学会雑誌』第二一巻第一一・一二号、一九〇七年）
――――「徳川時代ニ於ケル寺社境内ノ私法的性質」（『国家学会雑誌』第三〇巻第一〇・一一号、一九一六年）
丹羽邦男「明治政府の社寺地処分」（『歴史と民俗』三〈平凡社、一九八八年〉）
福田　淳『社寺と国有林――京都東山・嵐山の変遷と新たな連携』（日本林業調査会、二〇一二年）
仏教連合会編『寺院境内地還付法律制定請願に関する理由書』（出版年不明、東京大学経済学部図書館所蔵）
古館清吾『近代的土地所有権の形成と帰属』（テイハン、二〇一三年）
松波秀美『明治林業史要　上巻』（原書房、一九九〇年〈復刻原本、原本は一九一九年刊〉）
松隈秀雄『寺院等ニ無償ニテ貸付シアル国有財産ノ処分ニ関スル法律ノ解説』（財団法人仏教連合会、一九二九年）
丸山　宏「明治京都における社寺土地林の風致」（『京都大学農学部演習林報告』第五九号、一九八七年）
三上参次・辻善之助・芝葛盛『社寺領性質の研究』（東京帝国大学文科大学紀要第一）』（東京帝国大学、一九一四年）
吉岡祥充「明治期における社寺境内下戻問題と境内私有説の論理――中田薫・土地所有権史論への序論的考察」（鈴木龍也編『宗教法と民事法の交錯』〈晃洋書房、二〇〇八年〉）

※引用に際しては、カタカナを平仮名に直し、適宜文字を補い、読点を入れたところがある。

コラム　明治は遠くなりにけり――明治仏教史編纂所のこと

大谷栄一

明治は遠いか、近いか

「降る雪や明治は遠くなりにけり」。これは俳人の中村草田男《くさたお》が一九三一（昭和六）年に詠んだ有名な句である。しかし、昭和初期、「明治」をまだ遠いものと感じていなかった人物もいた。「史的対象として明治時代は余りに近いとの感じを与えてゐた」。これは、明治仏教史編纂所研究員の上坂倉次《こうさかくらじ》による一九三四年の発言である。

　明治仏教史編纂所。今はもうないこの研究機関は、一九三三年三月に東京銀座のビルディングの三階に開設された。井上哲次郎を名誉所長、境野黄洋《さかいのこうよう》を所長とし、友松円諦《ともまつえんたい》が代表理事、増谷文雄が主事に就き、所員を務めたのが吉田光覚、牧野内寛清《まきのうちかんせい》、そして上坂だった（境野は同年一一月に死去したため、常盤大《ときわだい》定《じょう》が二代所長に着任）。その名称の通り、明治仏教史料の収集を目的とし、最終的には『綜合大明治仏教史』全一二巻の刊行をめざした（写真1）。

　この事業を計画し、主導したのが、仏教学者の友松だった。慶應義塾大学と大正大学で教鞭をとっていた友松は、一九二七年にヨーロッパに留学し、ドイツとフランスで原始仏教の研究に取り組んだ。フランスで師事した有名な東洋学者のシルヴァン・レヴィから、「今のうちに明治仏教史料を集めておくように」と助言されたことで、日本仏教の価値に気づいた。一九三一年四月に帰国した友松は恩師の薦めにしたがい、まるで何かにとりつかれたような熱意をもって全国を駆け回り、史料収集に精力を注ぎ、一九三三年に編纂所を設立する。

　翌年三月、友松は東京放送局（現・ＮＨＫ）で「法《ほっ》句経《くきょう》講義」というラジオ講義を行なう。この講義は大反響を呼んだ。その講義録が出版されるや、瞬く間にベストセラーとなり、「宗教復興」と呼ばれる戦前の仏教ブームのきっかけを作った。一躍、時代の寵児となる友松が取り組んだ数多くの活動のひとつが、この明治仏教史料の収集だったのである。

写真1　昭和8年当時の明治仏教史編纂所
（一番左が友松円諦、後列右から三人目が上坂倉次）
（『人の世をうくるは難く――友松円諦小伝』より）

『明治年間仏教関係新聞雑誌目録』の刊行

じつは、大正後期から明治時代を回顧する風潮が高まっていた。一九二〇（大正九）年一一月の明治神宮の創建前後から、明治時代の回顧的研究が盛んになる。それを象徴するのが、一九二四年一一月、吉野作造、石井研堂、尾佐竹猛《おさたけたけき》らが結成した明治文化研究会の活動である。吉野らは『明治文化全集』全二四巻を一九二七年から一九三〇年にかけて刊行した（ちなみに、第一一巻が「宗教篇」で一九二八年九月に発売）。

また、当時の仏教アカデミズムでも、「明治仏教」の回顧的研究が行なわれ始めていた。一九三〇年八月刊行の『龍谷大学論叢』二九三号は「明治仏教研究」を特集している。また、日本宗教学会の機関誌『宗教研究』七三号（一九三三年三月）では「日本文化と仏教」の特集が組まれ、椎尾弁匡《しいおべんきょう》が「明治以降の仏教」、徳重浅吉《とくしげあさきち》が「明治仏教研究資料論」を寄稿している。同年六月には、雑誌『現代仏教』で「明治仏教の研究・回顧」が七八〇頁にわたって大々的に特集された

写真2　雑誌『現代仏教』の表紙

（写真2）。

　こうして明治時代と明治仏教の回顧の機運が高まるなか、編纂所の活動は始まったのである。友松は全国各地への出張の際には寺院を回って史料収集に努め、古書即売の案内が来ると、必ず出かけていったという。また、『中外日報』や『現代仏教』などの新聞・雑誌に史料の提供を呼びかける広告も掲載した。

　編纂所では、史料収集と明治の仏教事情を当時の長老から聞くために明治仏教談話会を全国一五カ所に設けた。また、編纂所とは「密接不離異体同心」の組織として、明治仏教研究会も創設された。毎月一回、例会を開催し、雑誌『明治仏教』を刊行した。編輯発行人は、上坂が務めている。

写真3　「明治年間仏教関係新聞雑誌」

　編纂所の開所以来、史料収集に邁進した結果、一九三四年七月に『明治年間仏教関係新聞雑誌目録』（明治仏教史編纂所）が刊行された。A5判の全四八頁からなる目録で、明治年間に創刊された約七六〇種類の仏教関係の新聞・雑誌のリストが収録されている。ちなみに、私の手元には、この目録の前身となった謄写版印刷の「明治年間仏教関係新聞雑誌」のリスト（一九三三年五月）もある。本文は手書きで、表紙には「上坂氏用」と記されている（写真3）。

『明治年間仏教関係新聞雑誌目録』には、上坂による「仏教関係新聞雑誌目録編纂に就て」が収録され、この目録作成の経緯と苦労が記されている。このなかで、上坂は「史的対象として明治時代は余りに近いとの感じを与えてゐた」と語り、しかし、「時の流れは、何時も手近にそして容易に接し得ると思つたものを遠慮なく、手の届き難いところ不可能な堺へ押し流し始めてゐた」とも記している。約七六〇種類の新聞・雑誌のデータは集めたものの、実際に編纂所で集めることができた現物は約二七〇種類で、リストの三六%に過ぎなかった。その意味では、昭和と明治と距離は遠かったのである。

明治仏教編纂所のその後

『綜合大明治仏教史』の刊行に向けた史料収集は続けられたが、しだいに戦争の足音が大きくなっていった。編輯員や協力者で亡くなる者も現れ、所員も異動するなど、事業は停滞するようになる。しかも、友松は一九三四年一月に大日本真理運動という新しい仏教運動を立ち上げており、その活動に忙殺され、事業の続行は不可能になっていた。

一九四一年一二月、太平洋戦争が始まり、翌年四月には東京に初めての空襲があった。友松は、史料を芝公園内の浄土宗寺院・妙定院の蔵の二階に移した。戦火が激しくなるなか、友松はあらためて『綜合大明治仏教史』の編纂に力を注ぎ、まず、「人物篇」二〇巻の刊行に取りかかることにした。

戦時下、「勤皇僧伝」九巻を講談社から出すことに決まり、出版契約も交わした。月照、月性、天章、宇《う》都宮《つのみや》黙霖《もくりん》、胤康《いんこう》、大洲鉄然、華園《はなぞの》攝信《せっしん》、与謝野《よさの》礼厳《れいごん》、智隆《ちりゅう》、願海《がんかい》などが候補に挙がり、執筆者への依頼も終え、原稿も編纂所に保管されていた。その第一巻が友松による『月照』だった。菊判七五〇頁の大著で『文藝春秋』にその広告文まで出たが、一九四五年三月の東京大空襲で原稿は灰燼に帰した（ただし、手元に残っていた原稿をもとに戦後に刊行）。

こうして、編纂所の刊行計画は頓挫する。

終戦を迎え、一九四六年四月、東京の神田神保町に友松の新たな拠点・神田寺が落成する。転々と移動した明治仏教史料は、この神田寺に収まり、編纂所も同寺に設置された（ただし、当初、史料は未公開）。

一九七二年六月、新たに『明治仏教史編纂所蔵目録』が刊行された。一九三四年の目録刊行以降、約四〇年の間に新たに寄贈されたり、購入されたものを加えた改訂版である。B6判で二一六頁からなり、明治年間創刊のデータに加え、大正・昭和年間発刊の新聞・雑誌のデータも加わり、さらに和漢図書のリストも付加された。

目録刊行の前年、一九七一年三月、友松が亡くなる（享年七八歳）。編纂所所蔵の史料は、改訂版の目録刊行をきっかけとして公開された。その後、これらの史料は、一九八三（昭和五八）年に慶應義塾大学斯道《しどう》文庫に寄託される。その数は、新聞・雑誌七二七種類、和漢書約二五三〇冊を数えた。編纂所の歴史は幕を閉じたが、収集された史料は東京三田に現存する。

明治維新から一五〇年。私たちにとって、明治は遠くなったのだろうか。インターネット環境が発達し、友松や上坂らの尽力によって整理された明治仏教史料のデータにアクセスしやすくなった現在、明治そして明治仏教は遠いようで、近しいものなのかもしれない。

参考文献

友松円諦編『明治年間仏教関係新聞雑誌目録』（明治仏教史編纂所、一九三四年）
——編『明治仏教史編纂所蔵目録』（明治仏教史編纂所、一九七二年）
友松諦道・山本幸世編『人の世をうくるは難く——友松円諦小伝』（真理運動本部、一九七五年）

あとがき

本書は、学術研究助成基金助成金（以下「科研」）・基盤研究（C）「近代移行期における日本仏教と教化」（課題番号一六K〇二一九〇、二〇一六〜一八年度、岩田真美研究代表）の成果として企画したものである。しかし、さらにさかのぼれば、二〇一〇年に組織された「幕末維新期護法思想史研究会」や、その後の科研・基盤研究（C）「幕末維新期護法論の思想史的研究」（課題番号二四五二〇〇七八、二〇一二〜一四年度、桐原健真研究代表）といった活動があり、これらを引き継ぐ形で本研究は進められてきた。その意味で本書は、二〇一〇年以来、続けてきた共同研究の成果であるともいえよう。

本書の成り立ちは、こうした共同研究と密接に関わっていることから、学会や研究会でのパネルセッションなど主だったものを中心に、共同研究の軌跡を記しておきたい。

・**日本思想史学会二〇一一年度大会**（同年一〇月三〇日、会場・学習院大学）

パネルセッション「幕末維新期の護法思想・再考」（代表：桐原健真、司会：オリオン・クラウタウ、コメンテータ：林淳、発表：上野大輔「真宗僧侶による護法の社会的展開」、桐原健真「護法・護国・夷狄」、岩田真美「幕末維新期の真宗思想——護法論から近代仏教へ」）

・佛教史學会月例会（二〇一三年一月二七日、会場・龍谷大学）

ミニシンポジウム「近世仏教とその彼方——他者としてのキリスト教と思想の再編成」（司会：守屋友江、コメンテータ：末木文美士、谷川穣、オリオン・クラウタウ、発表：松金直美「近世仏教教団の「切支丹」に対する認識と対応——京坂「切支丹」一件を通して」、岩田真美「幕末維新期における真宗僧のキリスト教観」、西村玲「近世・近代仏教におけるキリスト教観——禅仏教の視点から」）

・日本思想史学会二〇一四年度大会（同年一〇月二六日、会場・愛知学院大学）

パネルセッション「近代日本仏教の「前夜」——幕末維新期における護法論の射程」（代表・司会：オリオン・クラウタウ、発表：西村玲「近世排耶論の思想史的展開」、松金直美「真宗僧侶にみる自省自戒意識——近世後期における護法思想として」、上野大輔「戦時下における真宗護法論の様相」、岩田真美「明治期の妙好人伝にみる護法思想」）

・2016 Association for Asian Studies Annual Conference, Early Modern Japan Network（二〇一六年四月二日、**会場・Sheraton Seattle & Washington State Convention Center**（米国・ワシントン州シアトル市））

パネルセッション *Toward Restoration? Japanese Religion during the Edo-Meiji Transition*（司会：Jessica MAIN、コメンテータ：Janine T. SAWADA、発表：John BREEN, "Prostitutes, Pilgrims and Priests: Transforming Ise in Mid-Nineteenth Century Japan," Orion KLAUTAU, "In Defense of the Dharma: Buddhism and its 'Others' in Late Edo Japan," Takashi MIURA, "The Gods are Renewing the World: Rethinking the Significance of Eejanaika as a 'World-Renewing' Event")

・幕末維新期護法思想研究会　国際ワークショップ（二〇一六年七月三〇日、会場・龍谷大学）

ワークショップ「近代移行期における宗教空間──課題と展望」（コーディネータ：オリオン・クラウタウ、司会：星野靖二、コメンテータ：上野大輔、発表：桐原健真「内憂外患の時代──宗教モザイクとしての幕末維新」、三浦隆司「世直しとYonaoshi──幕末民衆運動と千年王国主義」、ジョン・ブリーン「転換期にみる伊勢──参拝体験の再構築」、岩田真美「明治期の妙好人伝と教化──「妙好人」になった吉田松陰の家族」）

・2016 American Academy of Religion Annual Meeting（二〇一六年一一月一九日、会場・San Antonio Convention Center〔米国・テキサス州サンアントニオ市〕）

パネルセッション *An Ancient Doctrine for New Times: The Shinzoku Nitai in Modern Japanese Buddhism*（司会：Daniel G. FRIEDRICH、コメンテータ：Micah AUERBACK、発表：Mark BLUM, "Shinzoku Nitai in Buddhism," IWATA Mami, "The Shinzoku Nitai Doctrine and Jōdo Shinshū in Meiji Japan," Orion KLAUTAU "The Two Truths in Modern Academia: Murakami Senshō and the Shinzoku Nitai," Jeff SCHROEDER, "Rethinking the Two Truths: The Interwar Views of Sasaki Gesshō and Kaneko Daiei," Gereon KOPF, "Shinzoku Nitai and the Development of 'Buddhist Philosophy': The Kyoto School and Beyond")

・15th International Conference of the European Association for Japanese Studies（二〇一七年八月三一日、会場・Nova University of Lisbon〔ポルトガル・リスボン市〕）

パネルセッション *Defending the Dharma in Nineteenth-Century Japan*（司会：Paul L. SWANSON、コメンテータ：HAYASHI Makoto、発表：Janine T. SAWADA, "Buddhist Apologetics: Defense or Reinterpretation?," Orion KLAUTAU, "By Pen and Sword: Varieties of Gohō Strategies in Bakumatsu Japan," HOSHINO Seiji, "Buddhist Apologetics around 1880: Wakeikai and Buddhist Speech [Bukkyō enzetsu 仏教演説]")

・日本宗教学会第七六回学術大会（二〇一七年九月一六日、会場・東京大学）

パネルセッション「仏教における〈教化〉の諸相――近世から近代へ」（代表：岩田真美、司会：星野靖二、コメンテータ：谷川穣、発表：芹口真結子「近世における東本願寺僧侶の教化活動――加賀藩領を事例に」、星野靖二「明治一〇年代の仏教演説における教化の諸相」、岩田真美「明治期の妙好人伝と女性教化」、ユリア・ブレニナ「田中智学の日蓮主義運動における教化の諸相」）

・日本思想史学会二〇一七年度大会（同年一〇月二八日、会場・東京大学）

パネルセッション「カミとホトケの幕末維新――交錯する宗教世界」（代表・司会：桐原健真、コメンテータ：林淳、発表：桐原健真「すべては「排耶」から――幕末維新の宗教空間における水戸学の位相」、青野誠「「民衆宗教」概念の形成と変容」、上野大輔「神仏分離研究の視角をめぐって」）

〔以上、敬称略〕

上記のような学会発表などと併せて、基盤研究（C）「幕末維新期護法論の思想史的研究」（二〇一二～一四年度）の最終年度にあたる二〇一五年三月には、これまでに発表した論文をはじめとする研究成果を編集・再録した小冊子『幕末護法論とその周辺』を上梓した。この小冊子は、これまでの共同研究の歩みを回顧し、今後のさらなる展開を期したものであった。しかしその翌年に、共同研究のメンバーであった西村玲氏が逝去されたことは、あまりに突然のことでもあり、私たちに大きな衝撃を与えるものであった。氏が開拓された近世仏教思想史には多くの魅力と可能性があっただけに悔やまれる。ただ共同研究において、西村氏と問題意識を共有してきた私たちとしては、その遺志を引き継ぐ意味でも研究を前に進めることができればという想いをもっていた。

そんな折、基盤研究（C）「近代移行期における日本仏教と教化」（二〇一六～一八年度）を取得することができた。そして幕末維新という時代を、宗教という側面から描き出す入門的研究書を出版しようという構想がもち上がった。それは二〇一六年一一月、サンアントニオで開催されたＡＡＲの学会大会に参加していたときのことであった。同科研の最終年度にあたる二〇一八年は明治維新一五〇年の節目でもあり、この機会に本を出版しようという話になった。オリオン・クラウタウ氏の陰なる尽力もあって、その構想はあっという間に形となっていった。これまで全体像が描かれにくかった当該期の宗教世界を明らかにするためには、共同研究のメンバーを越えたより広い視野が必要であると考え、研究会などでご縁があった先生方にもお声掛けしたところ、論文やコラムの執筆につきご快諾をいただくことができた。

翌二〇一七年の一〇月一四日には、出版準備研究会と称し、ほぼすべての論文執筆者が一堂に会して、自らの進捗と課題を確認し合う機会を得た。会場は龍谷大学大宮学舎、本学は維新の動乱とも少なからず関わりがあった。龍谷大学の前身である学林は一八六四年の「禁門の変」によって類焼し、西本願寺の北集会所を代用していたが、新撰組の屯所として借り上げを要請され、その後、一八七九年に現在の地に竣工されたという歴史をもつ。その大宮学舎において行なった各々の発表では、これまでにはない切り口や、ほとんどのものが知らなかった事実などが提示された。これらは活発な議論を喚起し、最終的には当日のスケジュールを大幅に超過させてしまったことは、司会たる編者の不手際であるにせよ、同時に本書が大変興味深い一冊となるであろうことを改めて認識させてくれるものであった。

かくして、日本の文化・社会・制度が大きく変容した幕末維新という時期における思想・宗教・文化研究にあらたな学的地平を切り開くべく、二〇名余りの執筆者たちと一緒に作り上げたのが本書である。幕末維新期の叙述を通して学問的断絶のみられる近世と近代を架橋させることを目的とし、宗教学・仏教学・思想史学・歴史学・社会学・日本学など、さまざまな専攻の研究者に、既存の時代区分を相対化した立場から、最新の成果や独自の視点を盛り込んでいただいた。こうした諸論攷による点と点とが、線としてつなげられることにより、一九世紀日本の宗教におけるあらたな一面を描き出すことが本書最大の目的にほかならない。いまだ残された課題も多くあることと思うが、一国史・宗派史あるいは近世・近代といった枠組みや通念を乗り越えて、知られざる幕末維新期の宗教世界の魅力を、読者の方々にお伝えすることができれば、この上ない喜びといえるだろう。

本書の出版にあたっては、龍谷大学龍谷学会より出版助成をいただいたことを厚く御礼申し上げます。また、近年の学術出版における状況のなかで、本書の刊行をお引き受けくださった法藏館、そして法藏館編集部の編集者・丸山貴久氏にも深謝申し上げたい。とりわけ丸山氏には、原稿のルビや形式の統一など細部までご配慮いただき、本書の企画の段階から刊行に至るまでご尽力いただいた。氏の迅速で丁寧なサポートがなかったならば、おそらく本書は今年中には刊行できていなかっただろう。また、本書の装丁をご担当下さったデザイナーの高麗隆彦氏や、薩摩の総禅寺跡の写真（第一部扉）をご提供いただいた川田達也氏をはじめ、関係者各位に改めて心からの感謝を申し上げる次第です。

二〇一八年八月

岩田真美

執筆者紹介（五十音順）

青野　誠（あおの　まこと）
一九九一年生まれ。専攻は日本思想史・民衆史。一橋大学大学院社会学研究科博士後期課程／日本学術振興会特別研究員（DC2）。主な論文に「幕末期民衆における「家」・「個人」意識と超越観念――菅野八郎の士分化運動を事例として」（『日本思想史研究』第四八号、二〇一六年）がある。

岩田真美
↓奥付に記載。

上野大輔（うえの　だいすけ）
一九八三年生まれ。専攻は日本近世史。慶應義塾大学文学部准教授。主な論文に「幕末期の戦争と寺院・僧侶――長州藩の事例より」（『史学』第八四巻第一―四号、二〇一五年）がある。

大澤広嗣（おおさわ　こうじ）
一九七六年生まれ。専攻は宗教学。文化庁宗務課専門職。主な著書に『戦時下の日本仏教と南方地域』（法藏館、二〇一五年）がある。

大谷栄一（おおたに　えいいち）
一九六八年生まれ。専攻は宗教社会学・近代仏教。佛教大学社会学部教授。主な著書に『近代仏教という視座――戦争・アジア・社会主義』（ぺりかん社、二〇一二年）がある。

碧海寿広（おおみ　としひろ）
一九八一年生まれ。専攻は宗教学・近代仏教。龍谷大学アジア仏教文化研究センター博士研究員。主な著書に『入門　近代仏教思想』（ちくま新書、二〇一六年）がある。

落合建仁（おちあい　けんじ）
一九八一年生まれ。専攻は日本プロテスタント・キリスト教史。金城学院大学文学部准教授。主な著書に『日本プロテスタント教会史の一断面――信仰告白と教会合同運動を軸として』（日本キリスト教団出版局、二〇一七年）がある。

桐原健真
↓奥付に記載。

Klautau Orion（クラウタウ　オリオン）
一九八〇年生まれ。専攻は宗教史学（近代日本仏教）。東北大学大学院国際文化研究科准教授。主な著書に『近代日本思想としての仏教史学』（法藏館、二〇一二年）がある。

Stone Jacqueline（ストーン　ジャクリーン）
一九五四年生まれ。専攻は日本仏教。プリンストン大学宗教学部教授。主な論文に「日蓮と法華経」（小松邦彰・花野充道編『シリーズ日蓮1　法華経と日蓮』春秋社、二〇一六年）がある。

芹口真結子（せりぐち　まゆこ）
一九八八年生まれ。専攻は日本近世史。一橋大学大学院社会学研究科特任講師。主な論文に「近世真宗教団と藩権力――一九世紀初頭の異安心事件を事例に」（『史学雑誌』第一二三編八号、二〇一四年）がある。

髙橋秀慧（たかはし　しゅうけい）
一九八四年生まれ。専攻は日本宗教史（近世・近代）。大正大学大学院文学研究科宗教学専攻博士後期課程。主な論文に「勤王僧」再考――戦前における研究状況を中心に」（『大正大学大学院研究論集』第四二号、二〇一八年）がある。

谷川　穣（たにがわ　ゆたか）
一九七三年生まれ。専攻は日本近代史。京都大学大学院文学研究科准教授。主な著書に『明治前期の教育・教化・仏教』（思文閣出版、二〇〇八年）がある。

林　淳（はやし　まこと）
一九五三年生まれ。専攻は日本宗教史。愛知学院大学文学部教授。主な著書に『近世陰陽道の研究』（吉川弘文館、二〇〇五年）がある。

引野亨輔（ひきの　きょうすけ）
一九七四年生まれ。専攻は日本近世仏教文化史。千葉大学人文科学研究院准教授。主な著書に『近世宗教世界における普遍と特殊――真宗信仰を素材として』（法藏館、二〇〇七年）がある。

舩田淳一（ふなた　じゅんいち）
一九七七年生まれ。専攻は日本中世宗教思想史。金城学院大学文学部教授。主な著書に『神仏と儀礼の中世』（法藏館、二〇一一年）がある。

Breen John（ブリーン　ジョン）
一九五六年生まれ。専攻は日本近代史。国際日本文化研究センター／総合研究大学院大学教授。主な著書に『儀礼と権力　天皇の明治維新』（平凡社、二〇一一年）がある。

朴澤直秀（ほうざわ　なおひで）
一九七一年生まれ。専攻は日本近世史。日本大学法学部教授。

主な著書に『近世仏教の制度と情報』（吉川弘文館、二〇一五年）がある。

星野靖二（ほしの　せいじ）
一九七三年生まれ。専攻は近代日本宗教史。國學院大學研究開発推進機構日本文化研究所准教授。主な著書に『近代日本の宗教概念――宗教者の言葉と近代』（有志舎、二〇一二年）がある。

松金直美（まつかね　なおみ）
一九七九年生まれ。専攻は日本近世仏教史。真宗大谷派教学研究所助手。主な論文に「京坂「切支丹」一件に対する佛光寺教団の対応」（『歴史の広場』第一九号、二〇一六年）がある。

三浦隆司（みうら　たかし）
一九八五年生まれ。専攻は宗教学。アリゾナ大学東アジア研究学科助教。主な著書に *Agents of World Renewal: The Rise of Yonaoshi Gods in Japan*（University of Hawaiï Press、二〇一九年夏刊行予定）がある。

編者略歴

岩田真美（いわた　まみ）

1980年生まれ。専攻は真宗学（教学史）。龍谷大学文学部准教授。主な論文に「幕末期西本願寺と『仏法護国論』をめぐって――月性「護法意見封事」との相違について」（『仏教史学研究』53巻２号、2011年）がある。

桐原健真（きりはら　けんしん）

1975年生まれ。専攻は近代日本倫理思想史。金城学院大学文学部教授。主な著書に『松陰の本棚――幕末志士たちの読書ネットワーク』（吉川弘文館、2016年）がある。

龍谷叢書46
カミとホトケの幕末維新
――交錯する宗教世界――

二〇一八年一一月一五日　初版第一刷発行
二〇一九年　六　月二八日　初版第二刷発行

編　者　岩田真美
　　　　桐原健真
発行者　西村明高
発行所　株式会社　法藏館
　京都市下京区正面通烏丸東入
　郵便番号　六〇〇-八一五三
　電話　〇七五-三四三-〇〇三〇（編集）
　　　　〇七五-三四三-五六五六（営業）

装幀者　高麗隆彦
印刷　立生株式会社／製本　清水製本所

ISBN 978-4-8318-5555-8 C1021

近代仏教スタディーズ　仏教からみたもうひとつの近代　大谷栄一・吉永進一・近藤俊太郎編　二、三〇〇円

近世宗教世界における普遍と特殊　真宗信仰を素材として　引野亨輔著　二、八〇〇円

近世仏教論　西村　玲著　四、八〇〇円

語られた教祖　近世・近現代の信仰史　幡鎌一弘編　五、〇〇〇円

近世民衆宗教と旅　幡鎌一弘編　五、〇〇〇円

近代日本思想としての仏教史学　オリオン・クラウタウ著　五、八〇〇円

近世仏書の文化史　西本願寺教団の出版メディア　万波寿子著　七、五〇〇円

近世庶民仏教の研究　柏原祐泉著　一一、〇〇〇円